복 있는 사람

오직 여호와의 율법을 즐거워하여 그 율법을 주야로 묵상하는 자로다.
저는 시냇가에 심은 나무가 시절을 좇아 과실을 맺으며 그 잎사귀가 마르지 아니함 같으니
그 행사가 다 형통하리로다. (시편 1:2-3)

날마다 읽는 마틴 로이드 존스

D. MARTYN LLOYD-JONES
Walking with GOD Day by Day

날마다 읽는 마틴 로이드 존스

마틴 로이드 존스 지음 | 박혜영·정상윤 옮김

복 있는 사람

날마다 읽는 마틴 로이드 존스

2005년 12월 30일 초판 1쇄 발행
2024년 10월 25일 리커버판 1쇄 인쇄
2024년 11월 1일 리커버판 1쇄 발행

지은이 마틴 로이드 존스
옮긴이 박혜영·정상윤
펴낸이 박종현

(주) 복 있는 사람
주소 서울특별시 마포구 연남동 246-21(성미산로23길 26-6)
전화 02-723-7183, 7734(영업·마케팅) 팩스 02-723-7184
이메일 hismessage@naver.com
등록 1998년 1월 19일 제1-2280호

ISBN 979-11-7083-139-6 03230

Walking with GOD Day by Day
by David Martyn Lloyd-Jones

Copyright © 2004 by David Martyn Lloyd-Jones
Published by Crossway
a publishing ministry of Good News Publishers
Wheaton, Illinois 60187, U.S.A.

This Korean translation edition © 2005, 2024 by The Blessed People Publishing Inc., Seoul,
Republic of Korea.
This edition published by arrangement with Crossway through rMaeng2, Seoul, Republic of
Korea.
All rights reserved.

마틴 로이드 존스가 30년간 사역했던 웨스트민스터 채플 내부. 설교단에서 바라본 모습이다.

서문

하나님의 말씀인 성경과 함께 시간을 보내지 않고 영적으로 성장하기란 불가능합니다. 주일에 말씀을 듣고 주중에 간간이 듣는 것으로는 부족하므로, 매일 스스로 말씀을 먹어야 합니다.

하지만 매일 말씀 앞으로 나아가는 일은 쉽지 않습니다. 이때 우리는 경건한 목회자들이나 저자들의 저작을 통해 도움을 받을 수 있습니다. 마틴 로이드 존스는 그중에서도 가장 탁월한 인물입니다. 그는 30년간 런던 웨스트민스터 채플에서 사역한 목회자로서, 복음적인 교리를 선포하며 20세기 최고의 설교자로 기억되고 있습니다. 대부분은 그가 본향으로 돌아간 후에 출판되었던 그의 수많은 저서를 통해 여러 해 동안 말 그대로 세계 곳곳에 있는 수많은 독자들이 영적으로 깊이 도전을 받았습니다.

로이드 존스는 영국에서 가장 촉망받는 의사였습니다. 그러나 의사로 활동하던 초기에 '더 고귀한 부르심', 곧 '영혼의 치료자'가 되라는 부르심을 받고 의료계를 떠났습니다. 그는 인간의 상태를 꿰뚫는 진단을 내리고, 그 유일하고도 충분한 해답으로서 복음을 설득력 있게 선포했습니다. 이 책은 그 귀한 사역의 연장선에 있습니다.

『날마다 읽는 마틴 로이드 존스』는 그리스도인들을 매일 경건의 자리로 이끌고자 로이드 존스 목사의 설교에서 본문을 발췌한 책으로, 우리에게 크나큰 힘과 빛과 도전을 주는 내용들이 담겨 있습니다. 이 책을 읽는 사람은 누구나 성경적인 진리를 확실히 알게 될 것이며, 믿음이 자라가는 가운데 그리스도께 더 가까이 나아가는 방법을 배우게 될 것입니다.

마틴 로이드 존스의 설교에서 고르고 골라 정수만을 남긴 이 짧은 본문들이, 그리스도와 동행하는 여러분을 양육하며 무장시켜 주기를 기도합니다.

Crossway 발행인

차례

서문

찾아보기

1월

성령 안에 있는 새로운 삶

성령의 여러 이름

주 여호와의 영이 내게 내리셨으니.
이사야 61:1

성령에 대한 교리에 접근하는 가장 좋은 방법은 이 복 되신 분에게 붙여진 이름들이나 그를 묘사하는 명칭들에 주목하는 것입니다.

무엇보다 먼저, 성령의 이름 중에는 성부와 관련된 것들이 많습니다. 몇 가지만 열거하면 "하나님의 영"(창 1:2), "주의 성령"(눅 4:18), "우리 하나님의 성령"(고전 6:11) 등이 있습니다. 또 이사야 61:1에는 "주 여호와의 영"이라는 이름이 나옵니다. 주님은 마태복음 10:20에서 "너희 아버지의 성령"이라고 부르고 계시며, 바울은 "살아 계신 하나님의 영"이라고 부릅니다(고후 3:3). 하나님은 창세기 6:3에서 "나의 영"이라고 하시며, 시편 기자는 "내가 주의 영을 떠나 어디로 가며 주의 앞에서 어디로 피하리이까"라고 질문하고 있습니다(시 139:7). 민수기 11:29은 "그의 영"―하나님의 영―이라고 말하며, 바울은 로마서 8:11에서 "예수를 죽은 자 가운데서 살리신 이[성부 하나님]의 영"이라는 표현을 사용합니다. 이 모든 것은 성령을 성부와 관련하여 묘사하고 있는 명칭들입니다.

둘째로, 성자와 관련된 명칭이 있습니다. 무엇보다 중요한 것은 "누구든지 그리스도의 영이 없으면 그리스도의 사람이 아니라"는 표현입니다(롬 8:9). 여기에서 "영"은 성령을 가리킵니다. 바울은 빌립보서 1:19에서 "예수 그리스도의 성령"이라고 말하며, 갈라디아서 4:6에서는 "하나님이 그 아들의 영을 우리 마음 가운데 보내사"라고 말합니다. 마지막으로 성령은 "주의 영"으로 언급되기도 합니다(행 5:9).

셋째는 성령 자신을 직접 가리키는 명칭으로서, 그 첫 번째는 당연히 거룩한 영(Holy Spirit) 또는 거룩한 신(Holy Ghost)입니다. 이 두 용어 사이에서 혼동을 느끼는 이들이 있는데, 둘 다 똑같은 의미를 지닌 말입니다. 영어는 여러 다른 언어에서 비롯된 혼합어로서, 'Ghost'는 고대 앵글로 색슨어에서 나온 말이고 'Spirit'은 라틴어 'spiritus'에서 나온 말입니다.

성령께 붙여진 이름이나 그를 묘사하는 명칭에 주목하십시오.

거룩한 영이라고
부르는 이유

왜 성령을 거룩한 영이라고 부를까요? 그 분명한 답은 그리스도의 구원 사역을 적용하는 모든 과정 가운데 거룩함과 질서를 만들어 내는 특별한 사역을 하시기 때문이라는 것입니다. 성령의 목적은 거룩함을 만들어 내는 것으로서, 그는 인간 안에서뿐 아니라 자연과 피조세계 안에서도 그 일을 하십니다. 그러나 그의 궁극적인 사역은 우리를 거룩한 백성으로, 거룩한 하나님의 자녀로 만드시는 것입니다. 또한 다른 영들—악한 영들—과 구분하기 위해 거룩한 영이라고 부른다는 것도 설득력 있는 설명입니다. 성경이 우리에게 영들을 시험하고 따져 보아 하나님으로부터 온 영인지 분별하라고 명하는 이유가 여기 있습니다(요일 4:1).

그다음으로 중요한 문제는, 성령의 인격 내지는 인격적 특질에 대한 것입니다. 성령의 인격적 특질을 잊는 것은 이른바 자유주의 신학이나 현대주의 신학뿐 아니라 우리도 종종 범하는 잘못입니다. 저는 가장 정통한 신앙을 가졌다는 사람들조차, 성령이 어떤 영향력 내지는 능력에 불과한 존재인 양 '그것'이라고 부르거나 '그것의' 영향이라고 말하는 소리를 듣곤 합니다. 그 같은 실수는 찬송가에도 종종 나타납니다. 이처럼 사람들은 성령에 관해 혼동하고 있으며, 우리 중 많은 이들이 성부와 성자보다는 거룩하고 복된 삼위일체 안의 셋째 위격인 성령을 이해하는 데 좀 더 어려움을 겪고 있다고 저는 확신합니다.

성령을 어떤 능력이나 영향력 내지는 감화력으로 생각하는 경향은 왜 생긴 것일까요? 여러 가지 답변이 나와 있지만, 전부 충분한 이유는 되지 못합니다. 그의 사역이 비인격적으로 느껴지는 것은 그것이 신비하고 비밀스러운 일이기 때문입니다. 그는 은혜를 가져오시며 열매를 맺게 하십니다. 은사를 주시고 다양한 능력을 주십니다. 그 때문에 우리는 그를 어떤 영향력인 양 생각하려는 경향이 있습니다. 저는 이것이 자세히 해명되어야 할 중대한 부분이라고 확신합니다.

성령의 특별한 사역은 거룩함을 만들어 내는 것입니다.

성령의 인격성

주 예수 그리스도의 은혜와 하나님의 사랑과 성령의
교통하심이.
고린도후서 13:13

성령은 인격이라는 점에서 성부, 성자와 동일한 분입니다.
이렇게 말하는 중요한 논거가 두 가지 있습니다. 첫째는 세례를 줄 때
사용하는 공식 문구입니다. "아버지와 아들과 성령의 이름으로 세례를
베풀고"(마 28:19). 이 구절은 성령이 인격이시라는 점을 당연히 지적하
면서, 그분을 성부, 성자와 연계시키고 있습니다.

둘째 논거는 고린도후서 13:13에 나타난 사도의 축복입니다. "주 예
수 그리스도의 은혜와 하나님의 사랑과 성령의 교통하심이." 분명히 성
령이 한 인격으로 성부, 성자의 인격과 나란히 등장하고 계십니다.

성령의 인격성을 입증하는 아주 흥미로운 방법 한 가지는 성경이 성
령을 그리스도인들과 나란히 등장시킨다는 사실을 밝히는 것입니다.
사도행전 15:28을 보십시오. "성령과 우리는 이 요긴한 것들 외에는 아
무 짐도 너희에게 지우지 아니하는 것이 옳은 줄 알았노니." 이것은 초
대 교회 교인들이 합의한 결정 사항으로서, 그들이 인격인 것처럼 성령
도 인격이신 것이 틀림없습니다. "능력과 우리는……옳은 줄 알았노니"
라고 말할 수는 없는 노릇입니다. 능력이란 우리 안에서 작용하는 것이
기 때문입니다. 그런데 여기에서는 우리 외부에 있는 누군가를 가리키
고 있습니다. 즉 "그와 우리는……옳은 줄 알았노니"라고 말하고 있는
것입니다.

성경에는 성령의 인격적 특질들이 나오고 있습니다. 예컨대 그에게
는 지식이 있습니다. 바울은 말합니다. "사람의 일을 사람의 속에 있는
영 외에 누가 알리요 이와 같이 하나님의 일도 하나님의 영 외에는 아무
도 알지 못하느니라"(고전 2:11).

성경은 성령을 그리스도인들과 나란히 등장시키는 방식으로 그 인격성을 보여주고 있습니다.

생각하시는 성령

마음을 살피시는 이가 성령의 생각을 아시나니.
로마서 8:27

성령은 분명히 생각하시는 분입니다. 로마서 8:27에는 "성령의 생각"이라는 말이 나오는데, 이것은 기도와 관련해서 나온 말입니다. 또한 "성령의 열매는 사랑"이라는 말씀이 있습니다(갈 5:22). 그는 사랑하시는 분으로서, 하나님의 사랑을 우리 마음에 부어 주는 일을 하십니다(롬 5:5). 그와 마찬가지로, 성령을 "근심"시키지 말라는 에베소서 4:30을 통해 그가 근심하실 수 있는 분이라는 사실도 알게 됩니다.

실제적이고 경험적인 관점에서 볼 때 성령에 대한 최고의 교리는, 내 몸 자체가 성령의 전이므로 내가 어디에 가서 무엇을 하든지 그가 나와 함께하신다는 것입니다. 이 사실을 깨닫는 것만큼 우리를 성화시키고 거룩하게 만드는 일은 없습니다. 우리 몸으로 하는 모든 일에 성령이 관여하신다는 사실을 늘 생각하기만 한다면! 바울이 음행을 경고하면서 이 내용을 가르쳤다는 사실 또한 기억하시기 바랍니다. 그는 "너희 몸은 너희가 하나님께로부터 받은 바 너희 가운데 계신 성령의 전인 줄을 알지 못하느냐"라고 말합니다(고전 6:19). 그리스도인들이 음행은 생각지도 말아야 하는 이유가 여기 있습니다. 하나님은 성령 안에서 우리 안에 거하십니다. 어떤 영향력이나 능력이 아닌, 우리 때문에 근심하실 수 있는 한 인격 안에서 우리 안에 거하시는 것입니다.

제가 이것을 자세히 다루는 이유는 학문적인 관심이 있어서도 아니고 갑자기 신학적인 태도를 보이고 싶어서도 아닙니다. 그렇습니다. 저는 다만 그리스도인의 삶을 살고자 하는 한 개인으로서, 또한 영혼을 돌보는 목회자로 부름 받은 자로서 관심을 갖는 것이며 사람들의 행동과 행실과 영혼에 책임감을 느끼는 것입니다. 여러분이 그리스도인이라면, 어디에 가서 무엇을 하든지 성령이 여러분 안에 계실 것입니다. 진정으로 구원의 복을 누리기 원하는 사람은 자신의 몸이 성령의 전임을 깨달음으로써 그 복을 누릴 수 있습니다.

여러분이 그리스도인이라면 성령이 여러분 안에 계실 것입니다.

막으시는 성령

그가 나를 증언하실 것이요.
요한복음 15:26

성령은 인격체만 할 수 있는 일을 하십니다. 예컨대 고린도전서 2:10에는 "성령은 모든 것 곧 하나님의 깊은 것까지도 통달하시느니라"는 말씀이 나옵니다. 통달하는 것은 인격체만 할 수 있는 일입니다. 또한 성경은 성령이 말씀하신다고 분명히 기록하고 있습니다. 요한계시록 2:7은 "귀 있는 자는 성령이 교회들에게 하시는 말씀을 들을지어다"라고 말합니다. 또한 성령은 우리를 위해 중보하십니다. 바울은 로마서 8:26에서 이렇게 말합니다. "우리는 마땅히 기도할 바를 알지 못하나 오직 성령이 말할 수 없는 탄식으로 우리를 위하여 친히 간구하시느니라."

그는 또한 증언하십니다. 주님은 "그가 나를 증언하실 것이요"라고 말씀하셨습니다(요 15:26). 그는 주님을 증언하십니다. 그것은 인격체만 할 수 있는 일입니다. 또 주님은 이렇게도 말씀하셨습니다. "그가 너희를 모든 진리 가운데로 인도하시리니"(요 16:13). 실제로 구약성경에도 성령이 진리 안에서 가르치고 교훈하시는 분으로 나오고 있습니다. "또 주의 선한 영을 주사 그들을 가르치시며"(느 9:20).

사도행전 16:6-7은 성령의 또 다른 인격적 행동을 보여줍니다. "성령이 아시아에서 말씀을 전하지 못하게 하시거늘 그들이 브루기아와 갈라디아 땅으로 다녀가 무시아 앞에 이르러 비두니아로 가고자 애쓰되 예수의 영이 허락하지 아니하시는지라." 이 또한 참으로 의미 있고 적절한 진술임이 분명합니다. 바울 일행은 아시아에서 말씀을 전하고 싶었지만, 성령이 막으셨습니다. 그래서 비두니아로 방향을 돌렸는데, 그 또한 허락하지 않으셨습니다. 이것은 명확한 성령의 행동인 동시에 그가 인격이심을 보여주는 확실한 증거입니다.

성령은 인격체만 할 수 있는 일을 하십니다.

위로자

내가 떠나가는 것이 너희에게 유익이라.
내가 떠나가지 아니하면 보혜사가 너희에게로 오시지
아니할 것이요.
요한복음 16:7

성령이 맡으신 직무는 그 자체가 인격적인 것입니다. 그는 보혜사이신데(주님은 요한복음 14:16에서 "또 다른 보혜사"라고 부르고 계십니다), 보혜사란 우리 옆에서 도와주는 자를 가리킵니다. 같은 단어가 때로는 대언자로 번역되기도 합니다. 주님의 말씀은 요컨대 이런 것입니다. "지난 3년 동안 내가 직접 너희와 함께 지내면서 가르치고 인도하며 사명을 주어 파송한 것처럼, 앞으로도 너희를 아무 위로 없이 내버려 두지 않겠다. 또 다른 보혜사를 보내 줄 테니 걱정하지 마라. 너희는 고아처럼 버림받지 않을 것이다." 이처럼 성령은 주님을 대신하는 분입니다. 그가 우리 안에서 친히 우리를 인도하시며 지도해 주실 것이기 때문에 주님은 "내가 떠나가는 것이 너희에게 유익이라. 내가 떠나가지 아니하면 보혜사가 너희에게로 오시지 아니할 것이요"라고까지 말씀하셨습니다(요 16:7). 이것은 분명히 인격적인 직무입니다.

성경의 가르침을 살펴볼 때 성령이 인격이시라는 또 하나의 큰 증거는 그가 사람에게 어떤 대접을 받느냐에 민감하시다는 것입니다. 다시 말해서 성령은 우리가 그분께 무슨 일을 할 때 인격체만이 보이는 반응을 보이십니다.

첫째로, 성경은 사람이 성령을 속일 수 있다고 말합니다. 사도행전 5장에서 아나니아와 삽비라가 심각한 사건을 일으켰을 때 베드로가 무슨 말을 했는지 보십시오. "아나니아야, 어찌하여 사탄이 네 마음에 가득하여 네가 성령을 속이고 땅값 얼마를 감추었느냐"(3절). 아나니아와 삽비라는 땅 판 값 전부를 내놓았다고 공언했지만, 베드로는 그들이 성령님을 속였다고 책망했습니다. 이렇게 볼 때 성령은 어떤 영향력이나 모호한 능력이 아닌, 인격체이심이 분명합니다. 둘째로, 성경은 우리가 성령을 모독할 수 있다고 말합니다(마 12:31-32). 셋째로, 우리는 성령을 욕되게 할 수 있습니다(히 10:29). 마지막으로, 우리는 그를 근심시킬 수 있습니다(엡 4:30).

성령은 사람에게 어떤 대접을 받느냐에 민감하십니다.

성령의 신성

은사는 여러 가지나 성령은 같고……또 사역은
여러 가지나 모든 것을 모든 사람 가운데서 이루시는
하나님은 같으니.
고린도전서 12:4, 6

우리는 성령의 신성을 입증해야 합니다. 이것은 삼위일체 교리의 극히 중요한 부분입니다. 이 교리를 믿는 이들은 오직 그리스도인들뿐입니다. 다른 모든 종교나 사이비 종교, 이단에는 이런 교리가 없습니다. 삼위일체 교리는 모든 진리를 여는 열쇠입니다. 그러므로 마땅히 그 증거를 찾아보아야 합니다.

우선 성경 자체가 명확하게 성령의 신성을 주장하고 있습니다. 아나니아와 삽비라가 일으킨 심각한 사건으로 돌아가 봅시다. 베드로는 "아나니아야, 어찌하여 사탄이 네 마음에 가득하여 네가 성령을 속이고 땅값 얼마를 감추었느냐"라고 물은 다음, 연이어 이렇게 말하고 있습니다. "사람에게 거짓말한 것이 아니요 하나님께로다"(행 5:3-4). 요컨대 그의 말은 이런 것입니다. "너는 이 무서운 짓을 저지르면서 우리 사도들과 다른 그리스도인, 즉 사람들만 속인다고 생각했겠지만, 그렇지 않다. 너는 하나님을 속인 것이다." 그는 바로 직전에 아나니아가 성령을 속였다고 말했습니다. 그렇다면 이것은 성령이 곧 하나님이시라는 명확한 선언인 것이 분명합니다.

또한 성령의 이름이 하나님의 이름과 나란히 등장하는 것은 그의 인격성뿐 아니라 신성까지 확증해 줍니다. 우리는 그것을 세례식에서 쓰는 공식문구와 사도들의 축도, 고린도전서 12장에 나오는 바울의 말— "은사는 여러 가지나 성령은 같고……또 사역은 여러 가지나 모든 것을 모든 사람 가운데서 이루시는 하나님은 같으니"(4, 6절)—에서 찾아볼 수 있습니다. 바울은 성령이 여러 가지 은사를 주신다고 말한 다음, 그분이 곧 하나님, 모든 것을 모든 사람 가운데서 이루시는 같은 하나님이시라고 말함으로써 그의 신성을 입증하고 있습니다.

성경은 명확하게 성령의 신성을 주장합니다.

성령의 신적인 행동

하나님의 영이 나를 지으셨고 전능자의 기운이 나를 살리시느니라.
욥기 33:4

성경을 보면, 오직 하나님만 하실 수 있는 일을 성령이 하시는 모습을 보게 됩니다. 무엇보다 창조가 그렇습니다. 창세기 1:2에는 "하나님의 영은 수면 위에 운행하시니라"는 말씀이 나옵니다. 태초에 그런 일이 있었습니다. 욥도 이렇게 말합니다. "하나님의 영이 나를 지으셨고 전능자의 기운이 나를 살리시느니라." 이것은 성령의 창조 사역으로서, 이 또한 그의 신성을 보여주는 증거입니다. 우리가 중생이라고 말하는 특별한 일도 그가 하신다는 점을 기억해야 합니다. "거듭나야 하겠다"는 요한복음 3:7은 그 점을 영원히 흔들리지 않는 사실로 못 박고 있습니다. "사람이 물과 성령으로 나지 아니하면"(요 3:5). 이것은 성령이 하시는 일입니다. 그가 다시 태어나게 하십니다. 태초의 창조와 새 창조 모두 성령의 특별한 사역입니다. 주님은 거듭해서 말씀하십니다. "살리는 것은 영이니"(요 6:63).

감동을 주시는 것도 성령의 사역입니다. 베드로는 말합니다. "성경의 모든 예언은 사사로이 풀 것이 아니니……오직 성령의 감동하심을 받은 사람들이 하나님께 받아 말한 것임이라"(벧후 1:20-21). 모든 성경이 이렇게 기록되었습니다. 여기서 성령의 '감동하심'을 '추진하심' 혹은 '몰아가심'이라고 해도 좋습니다. 성령은 성경 저자들이 오류를 범하지 않도록 감동을 주시고 그들을 통제하셨습니다. 그래서 성경 무오의 교리를 주장할 수 있는 것입니다. 이것은 그가 하나님이시라는 명확한 증거입니다. 진리를 주시며 사람을 감동시켜 그 진리를 기록하게 하실 수 있는 분은 하나님밖에 없습니다.

부활도 성령이 하신 일입니다. 이 말에 놀라는 이들이 많은데, 로마서 8:11은 다음과 같이 분명히 말하고 있습니다. "예수를 죽은 자 가운데서 살리신 이의 영이 너희 안에 거하시면 그리스도 예수를 죽은 자 가운데서 살리신 이가 너희 안에 거하시는 그의 영으로 말미암아 너희 죽을 몸도 살리시리라." 그러므로 우리의 결론은 이것입니다. 성령은 한 인격, 신적인 인격이십니다.

성령은 한 인격, 신적인 인격이십니다.

성령은 누구에게 종속되시는가

그가 내 영광을 나타내리니 내 것을 가지고 너희에게
알리시겠음이라.
요한복음 16:14

성경은 성령이 성부와 성자에게 종속되신다고 가르칩니다. 이것이 요한복음 16:13이 가르치는 바입니다. 주님은 "그가 스스로 말하지 않고"라고 말씀하셨는데, 이것은 성령이 자신의 말을 하시지 않고 받은 말씀을 전하신다는 뜻입니다. 실제로 성경은 그리스도를 영광스럽게 하는 것이 성령의 일이라고 말합니다(요 16:14). 성령은 자신의 영광이 아닌 성자의 영광을 나타내십니다.

놀랍지 않습니까? 삼위 안에 종속관계가 있고, 역할 분담이 있습니다. 성자는 성부의 영광을 나타내시기 위해 오셨으며 성령은 성자의 영광을 나타내십니다. 각 위가 다른 위의 영광을 반사합니다. 지금 우리는 복되신 삼위일체 하나님에 대한 신비하고도 놀라운 교리를 살펴보고 있습니다. "그가 내 영광을 나타내리니 내 것을 가지고 너희에게 알리시겠음이라"(요 16:14). 제가 볼 때 이것이야말로 성령에 관한 성경의 교리 중에서도 가장 놀랍고 주목할 만한 부분입니다. 성령은 자신을 숨기시며 감추시는 듯 보입니다. 말하자면 늘 성자에게만 초점을 맞추시는 것입니다. 우리가 성령을 받았는지 알아보는 가장 좋은 방법은 성자에 대해 어떻게 생각하며 무엇을 알고 있는지 자문하는 것이라고 굳게 믿는 이유가 여기 있습니다. 성자가 나에게 생생한 실재로 다가옵니까? 그렇다면 그것은 성령이 하신 일입니다. 성령은 언제나 성자를 가리키심으로써 간접적으로 영광을 받으십니다.

그렇습니다. 우리는 성령이 우리 안에 거하신다는 사실도 알아야 하지만, 그가 우리 안에 거하면서 성자의 영광을 나타내시고 성자와 그의 놀라운 사랑을 아는 복된 지식으로 인도하신다는 사실도 알아야 합니다. 성령이야말로 그리스도의 이 사랑을 알게 하려고 우리 속사람을 능력으로 강건하게 하시는 분입니다(엡 3:16-19).

성령은 자신의 영광이 아닌 성자의 영광을 나타내십니다.

성령과 창조

오순절 전에 성령이 어떤 활동을 하셨는지 성경을 통해 알아봅시다. 무엇보다 먼저 살펴볼 것은 세상을 창조하신 일입니다. 성경 첫 책 둘째 절에 나오는 말씀은 "하나님의 영은 수면 위에 운행하시니라"는 것입니다. 세상이 창조될 때 성령이 역사하셨습니다. 성부 하나님이 성자를 통해 성령으로 모든 것을 만드셨습니다. 복 되신 삼위일체 하나님은 모든 일을 항상 같이하시되 분담해서 하십니다. 성령이 특별히 사람의 창조에 관여하셨다는 사실을 여러분은 당연히 기억할 것입니다.

둘째로 살펴볼 성령의 사역은 피조세계를 유지 내지 보전하시는 일입니다. 이에 대한 말씀이 많지만 지금은 두 군데만 찾아보겠습니다. 이사야 40:7은 이렇게 말합니다. "풀은 마르고 꽃이 시듦은 여호와의 기운이 그 위에 붊이라." 그보다 더 놀라운 내용이 시편 104편에 나오는데, 우리는 거기에서 성경 어느 곳에서도 찾아볼 수 없는 창조에 대한 웅장한 묘사를 보게 됩니다. 시편 기자는 주께서 피조세계에서 물러나시거나 그 능력을 철회하시거나 주의 영을 물러가게 하시면, 모든 것이 시들고 쇠하며 사멸하고 죽을 것이라고 말합니다. 그러다가 주의 영을 다시 보내시면 모든 것이 되살아납니다. 피조세계를 유지하는 분은 성령이십니다. 성경에는 성자가 그 일을 하신다는 말씀도 나오는데, 물론 그에 대한 대답은 성자가 성령을 통해 세상을 유지하신다는 것입니다. 이처럼 성령은 태초부터 우주를 유지하고 보존해 오셨습니다.

성자는 성령을 통해 피조세계를 유지하십니다.

성령과 일반 은총

참 빛 곧 세상에 와서 각 사람에게 비추는 빛이 있었나니.
요한복음 1:9

이른바 일반 은총을 담당하는 분은 성령이십니다. 그 말뜻을 살펴봅시다. 일반 은총이란 하나님이 그 원대로 남녀노소를 불문하고, 그 뜻에 따라 자기 백성들뿐 아니라 세상 모든 사람들에게 내려 주시는 일반적인 복을 가리키는 말입니다. 다시 말해서 일반 은총이란 성령의 일반적인 역사를 가리키는 것으로서, 사람의 마음까지 새롭게 하는 것은 아니지만 도덕적인 영향력을 행사함으로써 죄를 억제하고 사회 질서를 유지하며 시민의 권리를 향상시키시는 사역을 말합니다. 이것이 일반적인 정의입니다. 성령은 태초부터 세상에서 일해 오시면서 구원받지 못하고 영원한 멸망에 처한 사람들에게도 영향을 끼치고 효력을 미치셨습니다. 사람들은 성령의 구원 사역까지는 아니더라도 이렇게 일반적인 사역의 영향 아래 살게 되어 있습니다. 이것이 일반 은총입니다.

그렇다면 성령은 어떻게 이 일을 하실까요? 자, 여기에는 여러 가지 대답이 있을 수 있습니다. 여러분은 요한복음 서론부에 나오는 말씀을 기억할 것입니다. "참 빛 곧……각 사람에게 비추는 빛이 있었나니"(요 1:9). 이 구절은 어떻게 번역하든 상관없습니다. 흠정역(KJV)에는 "참 빛 곧 세상에 와서 각 사람에게 비추는 빛이 있었나니"라고 되어 있으며, 또 다른 번역본에는 "만인을 비추는 빛이 세상에 왔으니"라고 되어 있습니다. 이 빛[그리스도께서 각 사람 안에 주시는 빛]은 일종의 타고난 빛이요 깨달음입니다. 이것은 양심 안에 있는 빛으로서, 세상에 태어난 모든 사람이 가지고 있는 것입니다. 이것이 성령의 일반 은총 사역 중 한 가지입니다. 이 빛은 그리스도께로부터 나오는데, 그 이유는 그리스도가 인류의 머리시기 때문입니다. 그러나 태어나는 모든 사람 안에 이 빛을 두시는 분은 성령이십니다.

일반 은총이란 하나님이 그 원대로 남녀노소를 불문하고 내려 주시는 일반적인 복을 가리키는 말입니다.

고넬료의 집

내가 말을 시작할 때에 성령이 그들에게 임하시기를
처음 우리에게 하신 것과 같이 하는지라.
사도행전 11:15

오순절은 그리스도의 몸인 교회가 공식적으로 출범한 날이라고 할 수
있습니다. 예전에는 전혀 볼 수 없었던 새로운 무언가가 그날 생겨났습
니다. 구약성경에도 어떤 의미에서 교회라고 부를 만한 것이 분명히 있
었지만, 오순절 이후 생겨난 교회와 똑같지는 않았습니다.

고넬료의 집에서 일어난 일에 주목하시기 바랍니다. 물론 베드로는
유대인이었기 때문에 이방인들이 참으로 자신들의 공동체 안에 들어올
수 있다고 믿기는 매우 어려웠을 것이 분명합니다. 지붕 위에서 그에게
환상이 임한 이유가 여기 있습니다. 그가 기도하고 있을 때 큰 보자기가
위에서 내려왔는데, 그 안에는 정결한 짐승과 부정한 짐승과 여러 새가
담겨 있었습니다. 그리고 그것들을 잡아먹으라는 하나님의 음성이 들
렸습니다. "하나님께서 깨끗하게 하신 것을 네가 속되다 하지 말라"(행
10:15). 이 환상만으로는 충분하지 않았다는 암시가 본문에 있습니까?
이 환상은 고넬료의 집으로 가서 평소처럼 설교하게 만들기에 충분한
것이었습니다. 더 나아가, 베드로가 그렇게 설교하던 중에 성령이 고넬
료와 그 집 안에 임하셨습니다. 베드로와 동행했던 유대인들은 깜짝 놀
랐습니다. 그것은 몹시 이해하기 힘든 일이었지만, 이방인들이 방언을
말하며 하나님을 높인다는 엄연한 사실만큼은 인정해야 했습니다. "베
드로와 함께 온 할례 받은 신자들이 이방인들에게도 성령 부어 주심으
로 말미암아 놀라니"(행 10:45).

후에 베드로는 자신이 말하고 있을 때 성령이 임하셨다는 사실을 이
렇게 강조했습니다. "내가 말을 시작할 때에 성령이 그들에게 임하시기
를 처음 우리에게 하신 것과 같이 하는지라"(행 11:15). 고넬료의 집에서
무슨 일이 일어났는지 이제 알았을 것입니다. 하나님은 거기에서 교회
가 유대인과 이방인으로 이루어진 곳임을 선포하신 것입니다.

하나님은 교회가 유대인과 이방인으로 이루어진 곳임을 선포하셨습니다.

오순절의 의의

여호와께서 그의 영을 그의 모든 백성에게 주사 다 선지자가 되게 하시기를 원하노라.
민수기 11:29

오순절의 주요 목적은, 나사렛 예수가 하나님의 아들이시며 세상의 구주시라는 사실을 최종적으로 입증하는 것입니다. 하나님은 그 사실을 널리 선포하셨습니다. 둘째 목적은 그리스도의 몸인 교회의 장대한 출범입니다. 그리고 셋째 목적은 교회에 가입한 다양한 사람들이 그리스도의 몸을 이루는 지체가 되었음을 입증하는 것입니다. 물론 구약성경에도 성령이 사람들과 함께하시거나 그 위에 임하신 이야기가 나옵니다. 이를테면 그 때에는 사람들 밖에서 역사하신 것입니다. 여러분은 다윗이 "주의 성령을 내게서 거두지 마소서"라고 말한 일을 기억할 것입니다(시 51:11). 그는 성령이 그동안 자신과 '함께' 계셨던 듯 표현하고 있는데, 이것이 구약성경의 표현법입니다. 그러나 신약성경의 표현법은 '안에, 속에'입니다. 그는 사람들 속에서 역사하시며 사람들 속에 거하십니다. 구약 시대에는 사람들 위에 머물다가 떠나셨습니다. 그러나 신약 시대에는 우리가 그리스도의 몸을 이루는 지체가 되었기 때문에 그 안으로 들어오십니다. 머리 되신 그리스도로부터 나와 온몸을 채우시는 것입니다. 이처럼 성령은 우리가 그 몸을 이루는 지체라는 이유 때문에 우리 안에 온전히 거하십니다. 제가 볼 때에는 이것이 이 문제와 관련된 가르침의 핵심입니다.

오순절 날 급하고 강한 바람과 불의 혀같이 갈라지는 모습을 통해 특별히 강조되고 있는 것은 성령 충만이 아니라 한 성령으로 세례를 받아 한 몸이 된 일, 곧 교회의 출범입니다. 그 때문에 이렇게 특별한 현상이 일어난 것입니다. 불의 혀같이 갈라지는 모습은 그 후 다시는 나타나지 않았습니다. 땅이 진동하며 벽이 흔들린 적은 몇 번 있었지만 그날 그 특이한 소리와 함께 일어난 특별한 현상은 다시 일어나지 않았고, 그로 인해 오순절 사건은 다시는 반복되지 않는 유일무이한 일이 되었습니다. 성령 충만은 반복될 수 있는 일이며 실제로도 종종 반복되었습니다. 그러나 오순절 사건의 핵심은 성령 충만에 있지 않습니다. 오순절이 강조하는 사실은 교회가 그리스도의 몸이 되었다는 것이며, 그 몸을 충만하게 하기 위해 성령이 주어졌다는 것입니다.

오순절에 그리스도의 몸인 교회가 출범하였습니다.

하나님의 말씀과 성령

너희가 거듭난 것은 썩어질 씨로 된 것이 아니요 썩지 아니할 씨로 된 것이니 살아 있고 항상 있는 하나님의 말씀으로 되었느니라.
베드로전서 1:23

성령은 하나님의 말씀을 사용하여 일하십니다. 첫째로, 그는 말씀을 통해 죄인들을 향한 하나님의 큰 사랑을 일반적으로 계시하십니다. 이를테면 "하나님이 우리를 사랑하신 그 큰 사랑을 인하여"(엡 2:4)와 같은 말씀을 사용하여 계시하시는 것입니다.

둘째로, 그는 그리스도 안에 있는 구원을 나타내고 제시하십니다. 성령의 사람들을 통해 그리스도에 대한 사실들을 전하십니다. 복음 설교자가 하는 일이 바로 이것입니다. 그들은 주님의 삶과 죽음, 부활과 부활하신 모습에 대한 기록을 전합니다. 설교가 무엇입니까? 그리스도와 관련된 이러한 사실들을 선포하는 것입니다. 그뿐 아니라 그 사실들을 설명하고 그 의미를 밝히며 그것들이 구원과 어떻게 연결되어 그 근거와 방법을 이루는지 설명하는 것입니다. 이처럼 설교자는 성령의 능력으로 말씀을 전하면서 주님에 대한 사실들과 그 해석을 제시합니다.

그다음으로 성령은 우리를 불러 회개하라고 하십니다. 앞서 말한 이러한 사실로 인해, 천하를 공의로 심판할 "정하신 사람"의 존재로 인해, 사방의 모든 사람을 불러 회개하라고 하십니다(행 17:30-31).

마지막으로 성령은 우리를 불러 그리스도를 믿으라고 하십니다. 바울이 에베소 교회와 작별할 때 했던 말을 다시 봅시다. 바울이 증거한 내용이 무엇입니까? 그가 설교한 내용이 무엇입니까? "하나님께 대한 회개와 우리 주 예수 그리스도께 대한 믿음"입니다(행 20:21). 그가 사람들을 불러 그리스도를 믿으라고 한 것은 죄 사함을 받고 영원한 생명을 기업으로 받게 하기 위해서였습니다. 이것이 주님이 다메섹 도상에서 바울에게 맡기신 사명이었습니다. 주님은 그를 이스라엘과 이방인들에게 보내겠다고 하시면서 그들을 "어둠에서 빛으로, 사탄의 권세에서 하나님께로 돌아오게 하고 죄 사함과 나를 믿어 거룩하게 된 무리 가운데서 기업을 얻게 하리라"고 말씀하셨습니다(행 26:18).

성령은 하나님의 말씀을 사용하십니다.

중생

영으로 난 것은 영이니.
요한복음 3:6

중생이란 무엇입니까? 새로운 영적인 삶의 원리가 심겨서 그동안 영혼을 다스려 온 성향에 근본적인 변화를 일으키는 것입니다. 여기에서 중요한 것은 성향이라는 개념을 온전히 파악하는 일입니다. 우리에게는 영혼의 기능만 있는 것이 아니라 배후에서 그 모든 기능을 다스리는 무언가가 있는데, 그것을 성향이라고 부릅니다. 두 사람이 있다고 칩시다. 두 사람 모두 같은 기능을 가지고 있는데 한 사람은 선하게 살고 또 한 사람은 악하게 삽니다. 왜 이런 차이가 생길까요? 선한 사람에게는 선한 성향이 있어서 그것이 배후에서 영혼의 기능들을 다스리고 사용한다는 것, 이 사람이 선한 방향으로 그 기능들을 사용하도록 몰아간다는 것이 그 대답입니다. 반면에, 악한 사람에게는 악한 성향이 있어서 똑같은 기능들을 완전히 다른 방향으로 사용하도록 몰아갑니다. 이것이 성향이라는 말의 의미입니다.

이 점을 생각하면서 자기 자신과 자신의 삶, 자신의 모든 행동과 행위를 검토해 보고 남의 행동을 검토해 본다면, 성향이라는 것이 얼마나 중요한 요소인지 금방 깨달을 것입니다. 그것은 우리가 무엇을 하며 어떤 사람이 되느냐를 결정짓는 조건이라고 할 수 있습니다.

모든 사람은 그가 어떤 사람이 되느냐를 결정짓는 듯 보이는 성향을 가지고 있습니다. 바로 이 성향이 사람의 기능과 능력의 방향을 결정해서 어떤 사람은 예술적이 되게 하고 또 어떤 사람은 과학적이 되게 합니다. 제가 이 말을 하는 것은, 우리가 거듭날 때 하나님이 성령을 통해 우리에게 역사하심으로써 이 근본적인 성향을 변화시키는 일이 일어난다는 점을 밝히기 위해서입니다. 성령은 내가 나의 기능을 어떻게 사용하고 활용하며 어떻게 활동하고 어떤 사람이 되느냐를 결정짓는 이 성향 속에 새로운 영적인 삶의 씨앗, 거룩한 원리를 심어 놓으십니다.

중생은 그동안 영혼을 다스려 온 성향에 근본적인 변화가 일어나는 것입니다.

생명의 씨앗

사람이 거듭나지 아니하면 하나님의 나라를 볼 수 없느니라.
요한복음 3:3

성향에 변화가 생겼다고 해서 머리가 전보다 월등히 좋아지는 것은 아닙니다. 그렇습니다. 머리도 전과 똑같고 마음도 전과 똑같습니다. 그러나 이런 것을 다스리는 성향이 바뀌기 때문에 마음이 다른 영역에서 다른 방식으로 움직이게 되고 따라서 완전히 새 마음이 된 듯 보이는 것입니다. 감정도 마찬가지입니다. 복음을 미워하던 남자가 이제는 사랑합니다. 주 예수 그리스도를 미워하던 여자가 이제는 사랑합니다. 의지에도 같은 일이 일어납니다. 전에는 저항하고 고집을 부리고 반항하던 의지가 이제는 복음을 원하고 갈망하며 거기 관심을 쏟습니다.

그다음으로 말씀드리고 싶은 것은 이 변화가 즉시 일어난다는 점입니다. 발생과 출생의 차이를 아시겠습니까? 발생은 그 정의상 항상 즉각적으로 일어나게 되어 있습니다. 한순간, 한 찰나에 생명의 씨앗이 들어가 수태시킵니다. 이것은 즉각적인 행동입니다. 다시 말해서 중생에는 중간 단계가 없습니다. 생명이 심기든지 아니든지 둘 중에 하나입니다. 일부만 심기는 일은 있을 수가 없습니다. 중생은 점진적인 과정이 아닙니다. 물론 즉각적이라고 해서 우리가 그 순간을 의식할 수 있다는 말은 아닙니다. 하나님이 하시는 그 일 자체가 즉각적으로 일어난다는 것입니다. 의식하는 것은 시간의 영역에 속한 일인 반면, 생명의 발아는 시간을 초월하는 일입니다. 이런 의미에서 중생이 즉각적으로 이루어진다고 말하는 것입니다.

그다음으로 생각할 것은 중생, 곧 생명의 씨앗이 심겨서 성향이 바뀌는 일은 잠재의식─무의식이라고 해도 좋습니다─에서 일어난다는 사실입니다. 주님은 이 점을 니고데모에게 충분히 설명해 주셨습니다(요 3장). 중생은 비밀스럽고 불가해한 일이어서 직접 인지할 수 없으며, 사실상 충분히 이해할 수도 없습니다. 중생한 사람은 무언가 전과 달라진 것을 보고 자신에게 무슨 일이 일어났다는 사실을 가장 먼저 깨닫습니다. 그렇다고 그 일을 이해했거나 실제로 그 비밀에 도달한 것은 아닙니다.

전에는 저항하고 고집을 부리고 반항하던 의지가 이제는 복음을 원하고 갈망합니다.

새로운 출생

아무도 아버지 손에서 빼앗을 수 없느니라.
요한복음 10:29

중생한 사람은 영원히 중생한 상태에 머뭅니다. 제가 볼 때 이것은 절대 피할 수 없는 결론입니다. 중생은 하나님이 하시는 일이기 때문입니다. 그런데도 어떤 이들은 진리를 믿고 거듭나도 그 후에 타락해서 죄를 짓거나 진리를 부인하면 중생이 취소되고, 그 후에 다시 돌아와서 믿으면 중생이 회복된다는 식으로 생각합니다. 거듭났다가 죽고 또 거듭났다가 죽는 일이 끝없이 반복되는 듯 생각하는 것입니다! 이럴 때 교리가 얼마나 중요한지요! 이런 일들에 대한 성경의 가르침을 분명히 아는 일이 얼마나 중요한지요! 성경은 중생이란 하나님이 친히 영혼 깊은 곳에서 이루시는 일이며 영구적인 방식으로 이루시는 일이라고 말합니다. "아무도 아버지 손에서 빼앗을 수 없느니라"(요 10:29).

"내가 확신하노니"로 시작되는 바울의 말에 주목해 봅시다. "내가 확신하노니—그는 확실히 알고 있습니다—사망이나 생명이나 천사들이나 권세자들이나 현재 일이나 장래 일이나 능력이나 높음이나 깊음이나 다른 어떤 피조물이라도 우리를 우리 주 그리스도 예수 안에 있는 하나님의 사랑에서 끊을 수 없으리라"(롬 8:38-39). 바울은 지금 중생을 설명하고 있는 중입니다. 단순히 하나님과 우리의 관계에 대해 이야기하고 있는 것이 아닙니다. 하나님이 직접 우리 안에 생명을 두셨기 때문에 그 무엇도 그에게서 우리를 떼어낼 수 없습니다. 우리가 연이어 살펴본 신비한 연합이라는 관점에서 보면 더더욱 그렇습니다. 중생은 영구적인 역사로, 그것을 취소시킬 일은 아무것도 없습니다.

중생한 사람은 지속적으로 죄를 짓지 않습니다. 왜냐하면 그는 하나님에게서 났기 때문입니다(요일 3:9). 하나님에게서 난 사람은 잠시 타락했다가도 다시 돌아옵니다. 그것은 그가 거듭났다는 것만큼이나 확실한 사실입니다. 우리는 이 방법을 통해 거듭남의 여부를 검증해 볼 수 있습니다.

중생은 하나님이 친히 영혼 깊은 곳에서 이루시는 일이며 영구적인 방식으로 이루시는 일입니다.

그리스도 안에서

아담 안에서 모든 사람이 죽은 것 같이 그리스도 안에서 모든 사람이 삶을 얻으리라.
고린도전서 15:22

바울은 불신자와 아담의 연합과 신자와 그리스도의 연합을 대조하고 있습니다. 이것은 로마서 5장의 중대한 주장으로서, 고린도전서 15:22와 15:49에서 반복되고 있습니다. 로마서 5장의 전체 주제는 아담으로 인해 모든 사람에게 사망이 이르렀다는 것입니다. 왜 그렇습니까? 아담과의 관계 때문입니다. 이것이 원죄의 교리입니다. 우리 모든 사람은 아담의 죄로 인해 아담 안에서 정죄받았습니다. 그는 우리의 대표이며 동맹의 우두머리입니다. 그뿐 아니라 우리는 그와 묶여 있는 사람들로서, 그가 타락했을 때 그의 허리에 있었습니다. 모든 사람은 아담 안에서 죽었습니다. 그러나 그리스도 안에서 다시 살아날 것입니다. 바로 이것입니다. 그리스도와 신자의 관계는 아담과 그의 모든 자손이 전에 맺었던 연합의 관계와 똑같은 것입니다. 그렇습니다. 우리는 거듭남으로써 아담과 맺었던 것과 똑같은 관계를 그리스도와 맺게 됩니다.

중생과 연합은 결코 분리될 수 없습니다. 그리스도 안에 있지 않고서도 거듭날 수는 없습니다. 여러분이 거듭나는 것은 그리스도 안에 있기 때문입니다. 여러분은 그리스도 안에 들어가는 순간 거듭납니다. 그러므로 연합을 중생과 별개의 일로 생각할 것이 아니라 결국 우리가 도달해야 할 목적지로 생각해야 합니다. 두 가지는 절대 별개가 아닙니다! 중생과 연합은 늘 함께, 동시에 생각해야 합니다. 두 가지는 서로에게 기대고 있으며 서로를 끌어 주기 때문입니다. 두 가지는 서로를 지탱해 주는 버팀목입니다.

그리스도가 순결하시다는 사실만큼 내 믿음을 세워 주며 순결하게 살려는 갈망을 불러일으키는 것은 없으며, 내가 누구이고 그리스도인으로서 어떤 존재인지 깨닫는 것보다 더 그리스도가 세상에서 사신 모습 그대로 살려는 갈망을 불러일으키는 것은 없습니다. 나는 그리스도 안에 있는 하나님의 자녀입니다.

지극히 중요한 연합

우리가 다 그의 충만한 데서 받으니 은혜 위에 은혜러라.
요한복음 1:16

성령이 우리 안에 거하심으로써 우리는 그리스도와 연합되어 그분께 속하게 됩니다. 우리의 영적인 삶이 주 예수 그리스도로부터 직접 나온다는 점에서 이 연합은 지극히 중요합니다. 우리는 내주하시는 성령을 통해, 그리스도로 말미암아 살아갑니다. 그리스도인의 삶에서 그리스도와 우리의 연합이 지극히 중요하다는 사실을 깨닫는 것보다 더 중요한 일은 없습니다. 이 연합은 삶과 직결되어 있습니다. 이것은 기계적이거나 개념적인 것이 아니며, 사상이나 생각도 아닙니다. 이 연합은 생명과 직결된 것, 영적인 것입니다.

"우리가 다 그의 충만한 데서 받으니 은혜 위에 은혜러라"(요 1:16). 이 말씀 그대로입니다. 요한은 여기에서 우리와 그리스도의 관계에 대해 말해 줍니다. 그리스도의 충만함과 생명이 우리에게 전해지고 있으며, 우리는 계속 그것을 받고 있습니다.

우리 모든 사람의 문제는 이 진리를 깨닫지 못한다는 데 있습니다. 이것은 주님이 친히 가르쳐 주신 진리인데도 말입니다. 주님은 그 백성들이 지극히 중요한 이 영적 연합의 의미를 알게 해달라고 기도하셨습니다. 주님은 이 관계를 성부와 성자의 관계에 비교하기를 주저하지 않으셨습니다. 성부가 성자 안에 계신 것처럼 성자가 우리 안에 계시며 우리는 성자 안에 있습니다. 사도 바울이 갈라디아서 2:20에서 이 진리를 어떻게 진술하고 있는지 보십시오. "내가 그리스도와 함께 십자가에 못 박혔나니 그런즉 이제는 내가 사는 것이 아니요 오직 내 안에 그리스도께서 사시는 것이라." 이보다 더 위대한 진술은 없습니다. 이 진술이 가르치는 바는 이것이 생명을 주는 관계라는 것입니다. 이는 생명의 연합입니다. "내가 사는 것이 아니요 오직 내 안에 그리스도께서 사시는 것이라." 바울은 연이어 말합니다. "이제 내가 육체 가운데 사는 것은 나를 사랑하사 나를 위하여 자기 자신을 버리신 하나님의 아들을 믿는 믿음 안에서 사는 것이라."

그리스도와 우리의 연합은 지극히 중요한 영적 연합입니다.

그리스도의
고난에 참여함

내가……그 고난에 참여함을 알고자 하여.
빌립보서 3:10

이제 제가 강조하고자 하는 점은 우리가 그리스도의 고난에 참여해야 한다는 것, 더 나아가 죽음에 참여해야 한다는 것입니다. 바울은 빌립보서 3:10에서 이렇게 말합니다. "내가 그리스도와 그 부활의 권능과 그 고난에 참여함을 알고자 하여 그의 죽으심을 본받아." 참으로 굉장한 생각 아닙니까! 우리는 이러한 생각을 이해하고 숙고하며, 이 생각을 가지고 기도해야 합니다.

바울은 골로새서 1:24에서 또 다른 표현을 쓰고 있습니다. "나는 이제 너희를 위하여 받는 괴로움을 기뻐하고 그리스도의 남은 고난을 그의 몸된 교회를 위하여 내 육체에 채우노라." 이 말씀을 다 이해하는 척할 마음은 없지만, 신자와 주님의 연합에 대한 교리를 이보다 더 훌륭하게 진술한 말씀이 없다는 사실만큼은 확실히 안다고 말할 수 있습니다. 사도는 자신이 몸으로 고난당하는 것을 그리스도의 남은 고난과 고통을 채우는 의미로 해석하고 있습니다. 바울은 자기 몸에 그 고난을 짊어지고 있습니다. 신비한 연합의 결과로 그리스도의 고난에 신비하게 참여하고 있습니다. 중세인들 중에는 주님을 깊이 묵상하고 주님이 자신들에게 해 주신 일들을 깊이 생각하다가 그 손바닥에 못 박힌 자국, 곧 성흔이 생긴 이들이 있었습니다. 그것은 아주 불가능한 일이 아닙니다. 그런 일이 실제로 일어납니다.

그러나 제가 강조하고 싶은 점은 주님과 우리의 연합에 대한 진리를 깊이 깨달으면 깨달을수록 그리스도의 고난에 참여하는 일이 어떤 것인지 더 잘 알게 된다는 것입니다. 그리스도는 세상에 계실 때 "간고를 많이 겪었으며 질고를 아는 자"였습니다(사 53:3). 그 이유는 세상의 죄에 있었습니다. 사람들의 마음속에 하나님 아버지를 향한 적대감이 있는 것을 보셨기 때문에 그리스도는 마음이 상하셨고 비통함을 느끼셨으며 고난을 당하셨습니다. 그리스도와 우리의 관계, 그리스도와 우리의 연합을 알아보는 가장 정교한 방법은 여러분과 제가 그의 고난을 어느 정도까지 알고 있는지 살펴보는 것입니다.

바울은 신비한 연합의 결과로 그리스도의 고난에 신비하게 참여하고 있습니다.

일시적인 회심

돌밭에 뿌려졌다는 것은 말씀을 듣고 즉시 기쁨으로
받되……곧 넘어지는 자요.
마태복음 13:20-21

주님은 '일시적인 회심'의 위험 때문에 계속해서 그 문제를 다루시며 사람들을 쫓아 버리셨던 것 같습니다. 실제로 사람들은 주님이 불가능한 제자도를 요구하신다고 비난했습니다. 요한복음의 위대한 장인 6장을 보면, 사람들이 오천 명을 먹이신 기적을 보고 주님을 따라다니며 그의 말씀에 매달릴 때 일부러 쫓아 버리시는 듯한 모습이 나옵니다.

마태복음 13장에 나오는 씨 뿌리는 비유와 그에 대한 주님의 해석도 보십시오. 특히 20-21절에 주목하시기 바랍니다. "돌밭에 뿌려졌다는 것은 말씀을 듣고 즉시 기쁨으로 받되 그 속에 뿌리가 없어 잠시 견디다가 말씀으로 말미암아 환난이나 박해가 일어날 때에는 곧 넘어지는 자요." 이 사람에 대해 주님이 뭐라고 말씀하시는지 보십시오. 그는 즉시 기쁨으로 말씀을 받았습니다. 제가 말하는 일시적인 회심이 바로 이런 것입니다. 그는 말씀을 받아서 몹시 기뻐하고 있는 것 같습니다. 그러나 그 안에 뿌리가 없기 때문에 아무 열매 없이 끝나 버립니다. 이것은 주님이 친히 가르치신 내용입니다. 기뻐하며 '회심'하지만, 실제적이고 중요한 의미의 무언가가 없어서 결국 일시적인 회심에 그치는 경우가 있을 수 있습니다.

바울은 디모데전서 1:19에서 "믿음과 착한 양심을 가지라. 어떤 이들은 이 양심을 버렸고 그 믿음에 관하여는 파선하였느니라"고 말하고 있습니다. 이것은 아주 심각한 가르침입니다. 그는 디모데후서 2장에서도 같은 말을 하고 있습니다. 일시적인 회심, 일시적인 신자가 있을 수 있습니다. 그러나 그들은 참 신자가 아닙니다. 진정한 회심에 대한 성경의 가르침을 배우는 일이 극히 중요한 이유가 여기 있습니다.

기뻐하며 회심했지만 결국 일시적인 것에 그치는 경우가 있을 수 있습니다.

믿음과 이성

그러므로 믿는 너희에게는 보배이나.
베드로전서 2:7

믿음과 이성은 어떤 관계가 있을까요? 제가 드릴 수 있는 가장 좋은 대답은 믿음은 이성의 문제가 아니라는 것입니다. 그러나 어떤 이들은 이성의 문제라고 가르칩니다. 그들은 지성을 잘 활용하기만 하면 그리스도인이 될 수 있다고 말합니다. 자신을 설득해서 기독교를 믿게 할 수 있다는 것입니다. 그러나 그것은 철저히 비성경적인 생각입니다. 육에 속한 사람은 타락한 이성을 가지고 있기 때문에 그런 식으로는 그리스도인이 될 수 없습니다. 그뿐 아니라 믿음에는 이성으로 도달할 수 없는 초자연적이고 기적적인 요소가 포함되어 있습니다. 그러므로 참된 믿음은 결코 이성의 문제가 될 수 없습니다. 복음적인 회심자이자 세상이 낳은 가장 위대한 수학자였던 블레즈 파스칼의 말을 인용하면, 이성의 최고 업적은 이성에 한계가 있음을 가르쳐 주는 것입니다.

그렇다면 믿음과 이성의 문제를 어떻게 보아야 할까요? 자, 믿음은 단순한 이성이 아닙니다. 그러나 이성과 반대되는 것도 아닙니다. 믿음은 비이성적이거나 비합리적인 것이 아닙니다. 사람들은 이의를 제기합니다. "아, 그건 비합리적인 가르침이네요. 당신은 금방 믿음은 이성의 문제가 아니라고 했잖습니까? 그렇다면 당연히 이성에 반대되는 것 아닙니까?" 아니, 그렇지 않습니다. 믿음은 이성이 아니지만, 그렇다고 이성에 반대되는 것도 아닙니다. 그렇다면 무엇입니까? 믿음은 이성을 넘어서는 것입니다. 이것은 이성으로 도달할 수 있는 범위는 이성만으로는 충분치 않다는 사실을 깨닫는 데까지이며, 거기서부터는 오직 계시에 굴복해야 한다는 뜻입니다. 이것이 믿음입니다. 믿음은 계시를 받아들이는 것입니다.

저는 이 문제를 다음과 같이 생각하기를 좋아하는데, 이런 저의 입장은 점점 강화되는 중입니다. 믿음은 이 책, 곧 성경에 자신을 일부러 가두는 것입니다. 철학적이 되지 않는 것이며, 의문을 제기하지 않는 것입니다. 사람들은 항상 의문을 제기합니다. 그들은 삼위일체 교리를 이해하고 싶어 합니다. 그러나 우리는 이해할 수 없습니다. 그것은 우리가 이해하기에 너무나 큰 주제입니다. 그러므로 질문하기를 포기하고 받아들여야 합니다.

이성으로 도달할 수 있는 범위는 이성만으로는 충분하지 않다는 사실을 깨닫는 데까지이며,
거기에서부터는 오직 계시에 굴복해야 합니다.

믿음으로 의롭다 하심

그러므로 우리가 믿음으로 의롭다 하심을 받았으니……하나님과 화평을 누리자.
로마서 5:1

칭의[의롭다 하심]는 정죄와 반대되는 것으로서, 하나님이 일단 의롭다고 선언하시면 아무도 다시 고소할 수 없습니다.

칭의는 법률 용어 내지는 법정 용어로서, 성경 다른 곳에도 등장하고 있습니다. "너희 중에 이와 같은 자들이 있더니 주 예수 그리스도의 이름과 우리 하나님의 성령 안에서 씻음과 거룩함과 의롭다 하심을 받았느니라"(고전 6:11). 갈라디아서 2:16에도 로마서 말씀과 비슷한 말씀이 나옵니다. "사람이 의롭게 되는 것은 율법의 행위로 말미암음이 아니요 오직 예수 그리스도를 믿음으로 말미암는 줄 알므로 우리도 그리스도 예수를 믿나니 이는 우리가 율법의 행위로써가 아니고 그리스도를 믿음으로써 의롭다 함을 얻으려 함이라. 율법의 행위로써는 의롭다 함을 얻을 육체가 없느니라." 갈라디아서는 마르틴 루터를 해방시킨 위대한 서신입니다. 루터의 유명한 갈라디아서 주석은 꼭 읽어야 할 책으로, 아마 읽으면 읽을수록 빠져들 것입니다. 그 책을 읽을 때에는 로마 가톨릭을 논박하는 내용을 잘라 내서는 안 됩니다. 그가 가톨릭을 논박한 것은 무엇이 옳고 그른지 밝히기 위해서였습니다. 오늘날 사람들은 그런 내용을 좋아하지 않지만, 루터는 그렇게 할 수밖에 없었습니다. 저는 이 시대를 살고 있는 우리도 그렇게 해야 한다고 생각합니다.

하나님은 인간에게 삶의 조건으로 부과하신 율법의 모든 요구가 주 예수 그리스도를 믿는 이들에게는 전부 충족되었다고 법적으로 선언하셨습니다. 우리는 더 이상 죄인이 아닙니다. "그러므로 우리가 믿음으로 의롭다 하심을 받았으니……하나님과 화평을 누리자"(롬 5:1). "그러므로 이제 그리스도 예수 안에 있는 자에게는 결코 정죄함이 없나니"(롬 8:1). 왜 그렇습니까? 하나님이 그렇게 선언하셨기 때문입니다. 입법자이신 하나님이 그리스도로 인해 그 법이 다 충족되었다고 말씀하십니다. "그리스도는 모든 믿는 자에게 의를 이루기 위하여 율법의 마침이 되시니라"(롬 10:4).

칭의와 성화

너희는 하나님으로부터 나서 그리스도 예수 안에 있고 예수는 하나님으로부터 나와서 우리에게 지혜와 의로움과 거룩함과 구원함이 되셨으니.
고린도전서 1:30

칭의와 성화가 본질적으로 어떻게 다른지 살펴봅시다. 다음과 같이 생각해 보십시오. 칭의는 성부 하나님이 행하시는 일이고, 성화는 본질적으로 성령 하나님이 하시는 일입니다. 복 되신 삼위일체 안에서 이렇게 일을 분담하고 계십니다. 의롭다 하며 옳다고 선언하는 분은 성부 하나님이십니다. 거룩하게 하는 분은 성령 하나님이십니다.

둘째로, 칭의는 법정에서 일어나는 일이 그러하듯이 우리 밖에서 일어나는 일인 반면, 성화는 우리 안에서, 내면의 삶에서 일어나는 일입니다. 법정에 선 나에게 재판장이 의롭다는 판결을 내리고 자유를 선포합니다. 그 판결은 내 밖에서 내려지는 것입니다. 그러나 성화는 내 안에서 일어나고 이루어지는 일입니다.

셋째로, 칭의는 죄의 책임을 제해 주는 것인 반면, 성화는 죄의 오염을 제해서 하나님의 형상으로 새롭게 만들어 주는 것입니다.

마지막으로, 칭의는 그 정의상 단번에 일어나는 행위입니다. 반복될 수도 없고 반복될 필요도 없는 일이므로 결코 반복되어 일어나지 않습니다. 칭의는 하나님이 단번에 선언하시는 것이지, 점진적으로 진행되는 과정이 아닙니다. 반면에, 성화는 계속 진행되는 과정입니다. 장막을 벗고 완전해질 때까지 주님을 아는 지식과 은혜 안에서 계속 자라 가야 합니다.

칭의와 성화의 본질적인 차이를 구분하지 못하는 것만큼 비성경적이고 혼란을 일으키는 잘못은 없습니다. 로마 가톨릭의 가르침과 모든 가톨릭 신앙의 문제점이 여기 있습니다. 성화와 칭의를 혼동하면 자신이 의롭게 되었는지 그렇지 않은지 의심하게 됩니다. 자신의 상태와 형편이 좋지 못하거나 죄를 지었을 때에는 자신이 과연 의롭게 되었는지 회의가 들게 마련입니다. 그러나 칭의가 법정에서 외부적으로 선언되는 것임을 깨닫는다면, 지금 자신의 모습이 어떠하든지 이미 의롭게 되었음을 알 것입니다.

칭의는 죄의 책임을 제해 주며, 성화는 죄의 오염을 제해 줍니다.

양자 된 증거

너희가 다 믿음으로 말미암아 그리스도 예수 안에서
하나님의 아들이 되었으니.
갈라디아서 3:26

자신이 양자 되었음을 알 수 있는 증거는 무엇입니까? 자, 여러분은 성경에서 그 증거를 찾을 수 있습니다. "너희가 다 믿음으로 말미암아 그리스도 예수 안에서 하나님의 아들이 되었으니." 베드로전서 1:3-6에도 같은 내용이 나옵니다. "우리 주 예수 그리스도의 아버지 하나님을 찬송하리로다. 그의 많으신 긍휼대로 예수 그리스도를 죽은 자 가운데서 부활하게 하심으로 말미암아 우리를 거듭나게 하사 산 소망이 있게 하시며 썩지 않고 더럽지 않고 쇠하지 아니하는 유업을 잇게 하시나니 곧 너희를 위하여 하늘에 간직하신 것이라. 너희는 말세에 나타내기로 예비하신 구원을 얻기 위하여 믿음으로 말미암아 하나님의 능력으로 보호하심을 받았느니라. 그러므로 너희가 이제 여러 가지 시험으로 말미암아 잠깐 근심하게 되지 않을 수 없으나 오히려 크게 기뻐하는도다." 우리는 하늘의 기업, 곧 하나님의 자녀들입니다. 이것은 그리스도를 믿는 우리 모두에게 해당되는 말입니다.

확신을 얻는 두 번째 방법은 "양자의 영을 받았으므로 우리가 아빠 아버지라고" 부르짖으며(롬 8:15), "아들의 명분을 얻게" 되었다는 것입니다(갈 4:5). 성령이 자기 안에 계심을 안다면 양자로 입양되었음을 확신해도 됩니다. 성령이 우리의 영과 더불어 우리가 하나님의 자녀임을 증거해 주십니다.

마지막으로 말하고 싶은 것은 성령이 우리를 인도하신다는 사실입니다. 이것이 바울의 주장입니다. "무릇 하나님의 영으로 인도함을 받는 사람은 곧 하나님의 아들이라"(롬 8:14). 바울은 "평화의 중재자로서 활발히 활동하거나 원수를 사랑하는 사람은……"이라고 말하지 않습니다. 결코 그렇게 말하지 않습니다! "무릇 하나님의 영으로 인도함을 받는 사람", 성령의 인도를 따르며 성령의 인도를 좋아하는 사람이 하나님의 아들입니다.

성령이 자기 안에 계신을 안다면 양자로 입양되었음을 확신해도 됩니다.

양자 된 결과

나는……너희의 하나님이 되고 너희는 내 백성이 될 것이니라.
레위기 26:12

양자가 된 첫 번째 결과는, 우리가 양자의 영을 받았기 때문에 이제는 "무서워하는 종의 영"이 없다는 것입니다(롬 8:15). 두 번째는 좀더 적극적인 것으로서 우리가 자유의 영을 받았다는 것입니다. 다시 말해서 더 이상 율법과 율법의 정죄를 두려워하지 않고, 죽음을 두려워하지 않으며, 하나님의 자녀들에게 주어진 영광스러운 자유를 누린다는 것입니다. 세 번째는 성령의 내주하심으로 양자의 영을 받았다는 것입니다.

그에 더하여 다음과 같은 결과들도 나타납니다. 우리는 하나님의 가족으로 입양되었기 때문에 하나님의 이름을 갖게 됩니다. "나는 하나님의 자녀"라고 말할 수 있게 됩니다. 우리는 하나님의 권속이며 하나님의 가족입니다. 하나님의 이름이 우리에게 주어졌습니다. 하나님은 "나는……너희의 하나님이 되고 너희는 내 백성이 될 것이니라"고 말씀하셨습니다(레 26:12). 우리는 하나님의 백성입니다. 베드로는 하나님이 옛 이스라엘 백성에게 하신 말씀을 그리스도인들에게 그대로 적용하고 있습니다. "그러나 너희는 택하신 족속이요 왕 같은 제사장들이요 거룩한 나라요 그의 소유가 된 백성이니 이는 너희를 어두운 데서 불러 내어 그의 기이한 빛에 들어가게 하신 이의 아름다운 덕을 선포하게 하려 하심이라 너희가 전에는 백성이 아니더니 이제는 하나님의 백성이요 전에는 긍휼을 얻지 못하였더니 이제는 긍휼을 얻은 자니라"(벧전 2:9-10).

또 다른 결과는 무엇일까요? 자, 양자가 된 다섯 번째 유익은 하나님만이 주실 수 있는 보호와 위로를 누리며, 하나님이 그 자녀들에게 주시는 것을 받는다는 것입니다. "너희에게는 심지어 머리털까지도 다 세신 바 되었나니"(눅 12:7). 하나님의 간섭 없이는 그 어떤 일도 우리에게 일어날 수 없습니다. 그다음 유익은 얼핏 보기에는 그리 즐겁지 않은 것으로서, 아버지의 징계입니다. 히브리서 12장 전반부 전체가 이 주제를 다루고 있습니다. "주께서 그 사랑하시는 자를 징계하시고 그가 받아들이시는 아들마다 채찍질하심이라"(6절). 하나님은 자녀들을 징계하시지, 자녀 아닌 자들을 징계하시지 않습니다.

우리는 하나님의 권속이며 가족입니다.

거룩해지는 일

이 세대를 본받지 말고.
로마서 12:2

성경은 성화에서 우리가 맡아야 할 역할, 여러분과 제가 해야 할 일을 크게 강조합니다. 만약 성화가 일방적으로 이루어지는 일이라면 바울을 비롯한 사도들이 편지를 통해 그렇게 강하게 주장할 필요가 있었겠습니까? 그렇게 권고할 이유가 있었겠습니까?

사도 베드로의 권고를 들어 보십시오. "사랑하는 자들아 거류민과 나그네 같은 너희를 권하노니 영혼을 거슬러 싸우는 육체의 정욕을 제어하라"(벧전 2:11). 그가 무슨 말을 하는지 아시겠습니까? 성화는 일방적으로 이루어지는 일이 아니며 육체의 정욕에서 면제되는 일도 아닙니다. 그렇습니다. 베드로는 우리에게 육체의 정욕을 제어하고 멀리하라고 명합니다. 성화가 일방적으로 이루어지기를 기다리면서 육체의 정욕을 제어하지 않고 삶을 낭비하는 이들이 많다는 것은 비극입니다.

바울의 말을 들어보십시오. "도둑질하는 자는 다시 도둑질하지 말고"(엡 4:28). 도둑질한 사람이 해야 할 일은 일방적으로 고쳐 주시기를 기다리는 것이 아니라 도둑질을 그만두는 것입니다. 이보다 더 구체적인 명령이 있습니까? 또 어리석은 말이나 희롱의 말이나 적절하지 않은 말을 하던 사람은 그런 말을 더 이상 하지 말아야 합니다(엡 5:4). "이 세대를 본받지 말고"(롬 12:2). 일방적으로 고쳐 주시기를 기다려서는 안 됩니다. 지금까지 이 세대를 본받았다면 지금 당장 그 태도를 버려야 합니다.

종종 이 문제와 관련하여 저를 찾아와 이렇게 말하는 이들이 있습니다. "아시겠지만 저는 굉장히 많이 노력했는데도 성화의 체험을 하지 못했습니다." 그에 대한 답변은 성경이 많은 것을 끊으라고 명한다는 것입니다. "죄인들아, 손을 깨끗이 하라. 두 마음을 품은 자들아, 마음을 성결하게 하라"(약 4:8). 거듭 말하지만 성화가 일방적으로 이루어지는 일이라면 이런 명령을 편지에 쓰는 것은 아무 의미가 없는, 한낱 종이 낭비에 지나지 않습니다. 성화가 일방적으로 이루어지는 일이라면 성경은 "너희는 죄 문제로 고민하지 말라. 성화는 단번에 이루어지는 일이므로 너희가 할 일은 그것을 지키며 그 안에 거하는 것뿐이다"라고 말씀했을 것이 확실합니다. 그러나 신약성경은 분명히 그렇게 가르치고 있지 않습니다.

성경은 성화에서 우리가 맡아야 할 역할을 크게 강조합니다.

성화는 체험인가

**우리가 다 수건을 벗은 얼굴로 거울을 보는 것 같이
주의 영광을 보매 그와 같은 형상으로 변화하여
영광에서 영광에 이르니.
고린도후서 3:18**

성화는 체험일까요? 예를 들어 예전에 성질이 고약했거나 그 비슷했던 사람들이 놀라운 체험을 했다는 이야기들이 많이 들립니다. 저는 그런 체험들을 인정하는 데 조금도 주저함이 없습니다. 그리고 저 또한 살아오면서 그렇게 간증할 체험이 있음을 하나님께 감사드립니다. 그렇다면 성화와 체험에 대해 어떻게 생각해야 합니까? 자, 여기 그 답이 있습니다. 무엇보다 먼저, 그런 종류의 체험이 곧 성화를 의미한다는 증거는 신약성경 어디에도 없습니다. 체험이 성화의 일부는 될 수 있으며 성화에 큰 도움은 줄 수 있지만, 그 자체가 곧 성화는 아닙니다. 우리는 체험이 아닌 하나님의 말씀에 나타난 가르침에 근거하여 교리를 세워야 합니다.

성경의 가르침은 "우리가 다 수건을 벗은 얼굴로 거울을 보는 것 같이 주의 영광을 보매 그와 같은 형상으로 변화하여 영광에서 영광에 이르니"라는 것입니다(고후 3:18). 성화는 성장하고 발전해 나가는 과정이며, 앞으로 나아가는 과정입니다. 제가 볼 때 체험이 곧 성화라는 주장의 가장 큰 문제점은 서로 다른 이 두 가지를 혼동하는 데 있습니다. 이 두 가지는 우리가 하나님의 은혜 안에서 그리스도인의 삶을 사는 가운데 성화를 이루어 가면서 겪는 다양한 경험들을 가리키는 말입니다.

성화는 체험이 아닌 상태입니다. 하나님과 나의 관계입니다. "그[예수 그리스도]와 같은 형상으로 변화하여 영광에서 영광에 이르"는 일입니다. 성화에 체험이 포함되어 있고 체험이 성화를 도와주기는 하지만, 성화 자체가 곧 체험은 아닙니다. 성화는 우리가 구원받는 순간, 의롭다 함을 얻는 순간, 중생하는 순간부터 시작되는 성장과 발전의 과정입니다. 체험이 곧 성장 과정은 아닙니다. 그러나 성장을 도와주며 촉진하는 역할은 해줍니다.

성령 충만

성령의 나타나심과 능력으로 하여.
고린도전서 2:4

성령으로 충만해진다는 말의 뜻은 무엇입니까? 이 말과 관련하여 적어도 두 가지는 분명히 알 수 있습니다. 그것은 사역하고 증거할 때 힘과 능력과 권세가 주어진다는 것입니다. 사도들은 맨 처음 성령 충만을 받은 결과 다른 방언으로 말하기 시작했으며, 베드로도 성령으로 충만해져서 설교하기 시작했습니다. 그 후에도 기도한 다음 성령으로 충만해져서 하나님의 말씀을 담대히 전하는 일이 있었습니다. 교활한 마술사 엘루마가 바울을 대적했을 때에도 바울이 성령으로 충만해져서 엘루마에게 심판을 선언했고, 그의 말은 그대로 이루어졌습니다. 이처럼 성령 충만은 사역을 위해 주어지는 것임이 분명합니다. 우리는 성령 충만을 통해 사역을 감당할 힘과 권세를 얻습니다.

제가 강조하고 싶은 점은 이것입니다. 진정으로 사역하려면 성령으로 충만해지는 일이 절대적으로 필요합니다. 주님도 성령이 임하시기 전까지는 사역을 시작하지 않으셨습니다. 주님은 3년 동안 주님과 함께 지내면서 훈련을 받고 기적을 보고 말씀을 들은 핵심 집단, 주님이 죽으시고 묻히시고 다시 살아나신 것까지 목격한 특별한 사람들에게도 성령의 능력을 받을 때까지 사역이나 증거를 시작하지 말고 있던 곳에 모여 있으라고 말씀하셨습니다.

이처럼 성령 충만은 우리의 증거에 꼭 필요한 것입니다. 그것은 사도 바울의 사역 비결이기도 했습니다. 그는 사람의 지혜로운 말로 현혹하며 설교하는 대신 "성령의 나타나심과 능력으로" 설교했습니다(고전 2:4). 그는 바로 이 일을 위해 성령으로 충만해졌습니다.

성령의 내적 충만

**술 취하지 말라. 이는 방탕한 것이니 오직 성령으로
충만함을 받으라.**
에베소서 5:18

성령의 내적 충만은 진정한 그리스도인의 삶에 꼭 필요한 것입니다. 성경이 성령 충만을 받으라고 명하는 이유가 여기 있습니다. 이것은 각각의 모든 그리스도인들에게 주어진 명령입니다. "술 취하지 말라. 이는 방탕한 것이니 오직 성령으로 충만함을 받으라." 성경은 성령으로 충만해지라고 간곡히 권고합니다. 이것은 우리의 은혜가 자라게 하기 위해 주시는 명령이며, 우리 안에서 성령의 열매가 자라 모든 이들에게 드러나게 하기 위해 주시는 명령입니다. 이생의 삶으로 충만한 사람에게는 이생에 속한 열매와 은혜가 드러나게 되는 이치와 같습니다. 실제로 성령 충만은 진정한 예배에 꼭 필요한 요소입니다. 예배라는 맥락에서 바울이 어떻게 이 명령을 내리고 있는지 아시겠습니까? 바울은 "술 취하지 말라. 이는 방탕한 것이니 오직 성령으로 충만함을 받으라"고 말하고 나서 곧장 "시와 찬송과 신령한 노래들로 서로 화답하며 너희의 마음으로 주께 노래하며 찬송하며 범사에 우리 주 예수 그리스도의 이름으로 항상 아버지 하나님께 감사하며"라고 말하고 있습니다.

따라서 우리가 성령 충만한지 아닌지 알려면 다음과 같이 물어보면 됩니다. 우리에게는 감사가 넘치고 있습니까? 찬양하고 감사하며 예배하고 경배하는 마음이 넘치고 있습니까?

부흥이 무엇입니까? 하나님이 그의 성령을 부어 주시는 것입니다. 많은 사람들이 동시에 성령으로 크게 충만해지는 것입니다. 우리는 부흥이 일어나기를 마냥 기다릴 필요가 없습니다. 하나님은 개인적으로도 성령 충만을 적극적으로 구해서 받으라고, 그리고 성령 충만을 받았는지 확인하라고 명하십니다. 그러나 부흥의 때에는 이를테면 한꺼번에 많은 사람들이 성령으로 충만해지는 일이 일어납니다. 성령이 쏟아졌다고까지 표현될 정도입니다. 그런 것이 부흥으로서, 오늘날 교회에 가장 필요한 일이 바로 그것입니다.

"성령으로 충만함을 받으라"는 깃은 각각의 모든 그리스도인들에게 주어진 명령입니다.

성령의 은사

이 모든 일은 같은 한 성령이 행하사 그의 뜻대로 각
사람에게 나누어 주시는 것이니라.
고린도전서 12:11

영적인 은사에 대해 성경이 명확하게 가르치는 몇 가지 원리가 있습니다. 첫 번째는 영적인 은사는 타고난 재능과 분명히 다르다는 것입니다. 우리는 저마다 타고난 재능이 있습니다. 그러나 영적인 은사는 그것과 완전히 다른 별개의 것입니다. 은사는 성령이 직접 주시는 것입니다. 어떤 이들은 개인이 타고난 재능을 성령이 주장하고 고양시켜서 영적인 은사로 만든다는 잘못된 생각을 가지고 있습니다. 그러나 그것은 성경의 가르침이 아닙니다. 영적인 은사는 타고난 재능과 다른 새로운 특질입니다.

두 번째 원리는 영적인 은사는 성령이 주권적으로 주신다는 것입니다. 이 점은 고린도전서 12장에 아주 분명하게 강조되어 있습니다. 예를 들어 11절을 보시기 바랍니다. "이 모든 일은 같은 한 성령이 행하사 그의 뜻대로 각 사람에게 나누어 주시는 것이니라." 성령의 은사는 "그의 뜻대로" 주시는 것입니다. 성령이 결정하시는 것이지 우리가 결정하는 것이 아닙니다. 성령이 특정 은사를 특정인에게 주시기로 결정하십니다. 7절도 같은 점을 강조하고 있습니다. "각 사람에게 성령을 나타내심은 유익하게 하려 하심이라." 이처럼 은사는 전적으로 성령에게서 나오는 것이며 성령이 주시는 선물입니다.

세 번째는 그리스도인들마다 받은 은사가 있다는 것입니다. "각 사람에게 성령을 나타내심은 유익하게 하려 하심이라." 여기에는 모든 그리스도인이 각자 특정한 은사를 받았다는 의미가 분명하게 들어 있습니다. 우리는 여기에서 그리스도의 몸에 속해 있는 참된 지체, 한 성령으로 세례를 받고 그리스도의 몸이 된 참된 그리스도인들은 누구나 특정한 영적 은사를 가지고 있다는 사실을 유추해 낼 수 있습니다.

고린도전서 12장이 명백히 가르치고 있는 네 번째 원리는 각 은사의 비중이 서로 다르다는 것입니다. 14절부터 30절까지 보시기 바랍니다.

모든 그리스도인은 각자 특정한 은사를 가지고 있습니다.

2월

우리가 받은 큰 구원

바른 기도와
그른 기도

예수께서 눈을 들어 우러러보시고 이르시되
아버지여.
요한복음 11:41

우리는 때로 기도를 완전히 오해하곤 합니다. 모두가 기도를 단순히 인도받는 일이나 요청하는 일로만 생각하는 경우가 너무나 많습니다. 그런 생각을 자신의 인간관계에 적용해 보십시오. 당장 모욕감을 느낄 것입니다. 기도는 그런 것이 아닙니다. 성도는 무엇보다 자신의 영혼과 하나님 사이에 아무 문제가 없는지 알고 싶어합니다. 하나님을 아버지로 아는 것보다 성도에게 더 큰 기쁨을 주는 일은 없습니다. 그는 아버지와 계속 만나고 사귀며 그의 앞과 그 임재 안에서 확신 얻기를 좋아합니다. 성도는 힘든 세상에서 유혹을 받으며 살고 있습니다. 온 세상의 대적을 받아 지쳐 있으며, 때로는 절망에 빠지기도 합니다. 그럴 때마다 즉시 하나님께 나아가는데, 그것은 이것저것을 요구하기 위해서가 아니라 다만 지금 아무 문제가 없는지 확인하기 위해서입니다. 하나님과의 교제가 깨지지 않고 온전히 유지되고 있는지 확인하기 위해, 아무 문제가 없다는 확신을 얻기 위해 나아가는 것입니다.

주님이 요한복음 17장에서 하신 일이 바로 그것입니다. 이것은 주님의 기도에 가장 자주, 두드러지게 나타나는 특징입니다. 주님은 아버지의 임재 안에서 인간으로서 지니고 있던 마음에 확신을 얻고자 하셨습니다. 나사로를 죽음에서 일으키실 때도 그러하셨습니다. 그리고 우리를 위해 그것을 말로 표현해 주셨습니다. "돌을 옮겨 놓으니 예수께서 눈을 들어 우러러보시고 이르시되 아버지여—주님은 지금 기도하고 계십니다—내 말을 들으신 것을 감사하나이다—주님은 언제나 마음에 확신을 가지고 계셨습니다—항상 내 말을 들으시는 줄을 내가 알았나이다. 그러나 이 말씀 하옵는 것은 둘러선 무리를 위함이니"(요 11:41-42). 주님은 오직 하나님을 의지하셨습니다. 그는 아무 문제가 없음을 아셨음에도, 하나님의 임재 안에서 마음에 확신을 얻고자 하셨습니다.

이 점을 다음과 같이 설명해 보겠습니다. 성도들은 언제나 하나님께 기도했으며, 주님은 더더욱 그러하셨습니다. 하나님의 힘을 믿었기에,

능히 도우실 수 있는 하나님의 능력을 믿었기에, 무엇보다 하나님이 기꺼이 돕기 위해 준비하고 계심을 믿었기에 그들은 기도했습니다.

주님은 아버지의 임재 안에서 인간으로서 지니고 있던 마음에 확신을 얻고자 하셨습니다.

무엇이 정당한 기도인가

하나님이여, 대적이 언제까지 비방하겠으며.
시편 74:10

기도하면서 호소하고 주장하며 요청하는 것은 지극히 정당한 일입니다. 하나님의 사람들이 어떻게 기도했는지 살펴본 적이 있습니까? 그들은 하나님의 전지하심을 알았기에 자신들의 요청을 알렸을 뿐 아니라 그분께 호소했습니다. 그러나 무엇보다 제가 좋아하는 것은 주장하는 기도입니다. 예컨대 모세가 그런 기도를 했습니다. 한번은 모세가 시내산에서 내려오다가 백성들이 반역하는 현장을 목격했습니다. 그는 하나님이 그들을 버리겠다고 하시며 멋대로 하도록 내버려두시려는 것을 보고 "그러실 수 없습니다"라며 항변했습니다.

시편 74편을 쓴 사람의 말도 들어 보십시오. "하나님이여, 대적이 언제까지 비방하겠으며"(시 74:10). 요컨대 그는 "주여, 왜 사람들이 이런 짓을 하도록 허락하십니까?"라고 말한 것입니다. 저는 하나님이 아버지로서 자녀들이 이렇게 따지고 논쟁하며 호소하는 기도를 즐겁게 들으신다고 믿습니다. 이 시대의 의지박약한 그리스도인들은 우리 조상들이 즐겨 "약속대로 해주시기를 주장했다"는 사실을 잊은 듯합니다. 조상들은 이런 것이 하나님께 도전하는 일이라고는 생각하지 않았습니다. 그들에게는 거짓 겸손이 없었습니다. 이 가르침에 따라 시편 기자처럼 하나님께 나아가 그가 하신 약속을 상기시켜 드릴 자격이 자신들에게 있음을 알았습니다. 그래서 이렇게 기도했습니다. "주님, 이해가 안 됩니다. 제 연약함이 문제인 줄은 압니다. 그러나 이 약속은 확실한 줄 믿습니다. 주님, 주님의 약속이 이 당황스러운 상황과 어떤 관련이 있는지 보여주십시오."

이렇게 하나님께 호소하는 것은 전적으로 옳은 일입니다. 주님도 하나님께 호소하셨습니다. 위대한 기도인 요한복음 17장의 기도에서 주님은 하나님께 요청하며 주장하셨습니다. 하나님의 약속과 그분의 성품을 상기시키셨습니다. 저는 하나님이 아버지로서 이런 기도를 즐겨 들으신다고 믿으며, 우리도 이렇게 기도할 때 하나님 앞에서 확신을 얻고 놀랍게 응답받는 놀라운 경험을 자주 하게 되리라 믿습니다.

기도하면서 호소하고 주장하며 요청하는 것은 지극히 정당한 일입니다.

하나님의 능력

통치자들과 권세들을 무력화하여 드러내어
구경거리로 삼으시고 십자가로 그들을 이기셨느니라.
골로새서 2:15

하나님의 구원 계획은 다른 것으로는 도저히 보여줄 수 없는 방식으로 하나님의 능력을 보여줍니다. 하나님의 능력은 아들의 몸을 준비하시고 동정녀에게서 기적적으로 출생하게 하신 성육신을 통해 나타났습니다. 이 얼마나 놀라운 능력입니까! 그러나 그것이 전부가 아닙니다. 저는 다음과 같이 생각하기를 더 좋아합니다. 하나님을 대적하는 모든 세력, 인간에게 가장 유익한 일을 반대하는 모든 세력, 세상에 가장 유익한 일을 반대하는 모든 세력을 정복하시는 하나님의 온전한 능력을 알게 되는 것은 그리스도 안에 계신 하나님을 바라볼 때이며, 구원 계획을 가지고 그리스도 안에서 행하신 모든 일을 바라볼 때라고 말입니다.

제가 이렇게 말하는 것은 모든 문제의 원인이 다음과 같은 사실에 있기 때문입니다. 하나님이 창조하신 천상의 존재 가운데 가장 뛰어난 한 존재가 하나님께 반역하고 하나님을 대적하여 일어섰습니다. 이것이 사탄의 기원입니다. 그는 권력자이자 한 인격체이며 큰 힘을 가진 천사입니다. 그가 얼마나 강력한 존재였던지, 사람을 유혹하고 정복함으로써 이 세상의 신이요 '공중의 권세 잡은 자'의 자리에 올랐습니다(엡 2:2). 우리는 마귀의 능력을 심히 과소평가하고 있습니다. 그는 하나님의 아들이 십자가를 지셨을 때 모든 구원 역사를 무너뜨렸다고 믿었습니다.

그러나 바울은 골로새서 2장에서 사탄이 큰 실수를 저질렀다고 말합니다. 하나님이 십자가로 "통치자들과 권세들을 무력화하여 드러내어 구경거리로 삼으시고⋯⋯이기셨"기 때문입니다(15절). 그리스도는 사탄과 정면으로 대결하여 단 한 번의 전투로 패퇴시키셨습니다. 아담에게 여자의 후손이 뱀의 머리를 상하게 하리라고 말씀하신 태초의 약속을 성취하신 것입니다. 이것이 하나님의 구원 계획이었습니다.

구원 계획은 하나님의 능력을 보여줍니다.

우리는 하나님 안에서 안전하다

내가 그들에게 영생을 주노니 영원히 멸망하지 아니할 것이요 또 그들을 내 손에서 빼앗을 자가 없느니라.
요한복음 10:28

하나님이 나를 용납하시고 내 죄를 사하시며 나를 자녀 삼으신 일에는 불확실한 부분이 전혀 없습니다. 내가 하나님의 계획 안에 들어와 있음을 깨달을 때, 세상 어느 것도 그 계획을 무너뜨릴 수 없음을 알게 됩니다.

개신교 종교개혁과 그것이 세상에 끼친 영향에 대해 말하는 이들이 많습니다. 정치인들 중에도 그런 이들이 있음을 아실 것입니다. 그들은 잉글랜드의 역사와 종교개혁을 따로 떼어 놓고 설명할 수 없다고 말합니다. 또 미국의 역사도 그 모든 기원이 종교개혁에 있으므로 따로 떼어 놓고 설명할 수 없다고 합니다. 그러나 그렇게 말하는 자들은 그 모든 일이 의미하는 바나 참으로 나타내는 바, 곧 이 위대한 진리들이야말로 절대적이고 확실한 것이라는 사실에 대해서는 아는 것이 거의 없습니다. 미국으로 간 청교도들이 왜 대서양을 건너려 했고 마침내 건너갔는지 아십니까? 그런 일을 하게 된 이유, 그보다 훨씬 더 위험한 일까지 감수할 수 있었던 이유가 무엇이었을까요? 그것은 그들이 이른바 '성도의 견인'을 믿었기 때문이며, 자신들이 무너질 수 없고 실패할 수 없는 하나님의 계획 안에 있음을 알았기 때문이었습니다. 하나님의 계획은 하나님 자신만큼이나 절대적인 것입니다. 하나님은 그 계획의 시작을 아실 뿐 아니라 끝도 아십니다. 그리스도는 "또 저희를 내 손에서 빼앗을 자가 없느니라"고 하셨습니다. 그의 손에서 빼앗아 간다는 것은 생각도 할 수 없는 일입니다.

하나님이 우리를 위해 그리스도 안에서, 특히 그의 죽음 안에서 이 모든 일을 하셨다면, 그 일이 마침내 완성될 때까지 계속 이루어 가실 것도 확신할 수 있습니다. 이것이 바울의 주장입니다. "자기 아들을 아끼지 아니하시고 우리 모든 사람을 위하여 내주신 이가 어찌 그 아들과 함께 모든 것을 우리에게 주시지 아니하겠느냐"(롬 8:32). 나를 위해 아들을 보내 갈보리 십자가 위에서 죽게 하실 만큼 나를 생각하시는 하나님은 그 어떤 어려움이나 시험 앞에서도 나를 실망시키지 않으실 것입니다.

하나님은 그 어떤 어려움이나 시험 앞에서도 나를 실망시키지 않으실 것입니다.

땅 위에 계실 때 주님의 영광

우리가 보기에 흠모할 만한 아름다운 것이 없도다.
이사야 53:2

이 땅에 계셨을 때 주님의 영광에 대해 성경이 어떻게 말하고 있는지 생각해 보십시오. "우리가 보기에 흠모할 만한 아름다운 것이 없도다.……간고를 많이 겪었으며 질고를 아는 자라"(사 53:2-3). 사람들은 주님을 보고 "이 사람이 누구냐", "마리아의 아들 목수가 아니냐"라고 물었습니다(막 6:3). 주님은 영광을 버리셨지만, 그 본질적인 존재 내지는 인격, 본질적인 신성까지 버리신 것은 아닙니다. 그렇다고 그것을 붙잡고 계시지도 않았습니다. 주님은 자신의 영광을 나타내는 데 집착하지 않으셨습니다. 그 영광을 겉옷처럼 벗어 놓고 사람의 모양으로 오셨습니다.

사실 이에 대해서는 더 많은 이야기를 해야 합니다. 이것은 참으로 경이로운 일이기 때문입니다. 주님은 그 영광을 육신으로 가리기로 결정하셨습니다. 이런 식으로 한번 생각해 보십시오. 영광스러운 그 모든 능력은 여전히 빛나고 있지만, 사람들이 볼 수 없도록 육신의 장막으로 덮으셨다고 말입니다.

구약성경에서 예를 들어 보겠습니다. 광야 시절, 모세가 시내 산에 올라 하나님과 이야기를 나누고 내려왔을 때 그 얼굴에서 빛이 났습니다. 사람들의 눈에 그 영광이 얼마나 빛나 보였던지 얼굴에 수건을 써야 했습니다. 영광은 여전히 있었지만 수건으로 감춘 것입니다. 그와 같은 일이 주님께도 일어났습니다.

그렇습니다. 주님은 사람으로 오셨고 그의 영광은 육신의 장막에 덮여 있었습니다. 그러나 그것이 전부는 아닙니다. 영원하신 성자가 육신이 되셨다는 사실이 전부가 아니라는 것입니다. 우리는 주님이 "죄 있는 육신의 모양"이 되셨음을 알고 있습니다(롬 8:3). 실제로 주님은 사람이 되어 세상에 오셨을 뿐 아니라 "종의 형체"를 가지셨습니다(빌 2:7). 영원한 왕이요 영광의 군주이신 분이 세상에 와서 인간의 왕으로 화려한 영광을 누리며 왕궁에 사셨다 해도 우리는 놀라며 의아해했을 것입니다. 그러나 주님은 그렇게 사시지 않았습니다! 그는 지극히 열악한 환경 속에서 한 어린 아기로 태어나셨습니다. 주님은 영광을 버리셨습니다.

영원한 세계를
얼핏 보다

아버지여, 창세전에 내가 아버지와 함께 가졌던
영화로써 지금도 아버지와 함께 나를 영화롭게
하옵소서.
요한복음 17:5

주님은 자신의 앞에 기다리고 있는 일을 내다보면서 이 기도를 하셨습니다. 말하자면 자신의 모든 사역을 마치고 아버지가 맡기신 일을 다 이룬 후에 이렇게 물어보신 것입니다. "이제 아버지께 돌아갈 시간, 전에 제가 있던 곳으로 돌아갈 시간이 되지 않았습니까? 저는 제가 해야 할 일을 다했습니다. 아버지여, 창세전에 내가 아버지와 함께 가졌던 영화로써 지금도 아버지와 함께 나를 영화롭게 하옵소서." 그런데 여기에서 우리가 기억하고 놀라게 되는 사실은 그가 하나님이자 인간으로서 복귀하신다는 것입니다! 영원한 세계에서 그는 순결한 신성을 가진 성자 하나님으로서 영광에 참여하셨습니다. 그런데 이제 하나님이자 인간으로서, 우리의 대표로서 아버지가 잠시 버리라 하셨던 영광을 회복하시며, 하나님이자 인간인 중보자로서 영원하신 하나님의 말할 수 없는 영광에 다시 참여하시는 것입니다.

주님의 기도는 응답되었습니다. 그 응답은 부활과 함께 시작되었습니다. 부활은 그가 하나님의 아들이심을 제자들에게 최종적으로 확인시켜 준 사건이었습니다. 전에는 그 사실을 잘 알지 못했습니다. 그러나 바울이 로마서에서 기록하고 있듯이, 주님은 "성결의 영으로는 죽은 자들 가운데서 부활하사 능력으로 하나님의 아들로 선포"되셨습니다(롬 1:4). 죽음과 무덤을 정복한 이 분이 누구십니까? 바로 하나님의 아들이십니다. 부활 후에 나타나신 모습에 대해 생각해 보십시오. 예루살렘에 있던 제자들은 유대인이 무서워서 문을 잠그고 있었습니다. 그런데 갑자기 주님이 문도 열지 않고 들어와 다음과 같은 요지의 말씀을 하셨습니다. "내 모습을 보거라. 나는 살도 있고 뼈도 있고 음식도 먹는다." 부활하신 주님의 이 영광스러운 모습을 보십시오.

영원한 세계에서 하나님의 아들로 계셨던 분이 이제 하나님이자 인간인 분으로 복귀하십니다.

역사적 사건

영생을 주게 하시려고.
요한복음 17:2

우리의 신분이 전적으로 체험에만 근거한 것이라면 아무에게도 그 신분을 내세울 수 없을 것입니다. 그러나 우리는 지금 절대 잊어서는 안 될 역사적인 사건과 사실들을 다루고 있습니다. 실제로 저는 지금 제 감정이 어떠하냐에 상관없이, 어둠에 휩싸여 있는지 심히 낙심해 있든지 상관없이, 제 신분은 흔들리지 않으며 안전하다고 기꺼이 말할 수 있습니다. 왜냐하면 이 일들은 제가 태어나기도 전에, 제 밖에서 일어난 역사적 사건들이기 때문입니다.

제 신분의 근거가 감정에 달려 있지 않다는 데 감사를 드립니다. 감정은 믿을 수 없는 것이며, 변덕스러운 것입니다. 감정을 통제하기가 얼마나 어렵습니까! 우리 모두 이런 경험을 한 적이 있지 않습니까? 어느 날 아침에 일어나 보니 평안과 기쁨과 행복이 넘칩니다. 그래서 성경도 읽고, 편한 마음으로 기도도 하고, 모든 것이 평안한 상태에서 훌륭한 하루를 보냅니다. 그래서 그다음 날은 더 좋은 날이 되기를 기대했는데, 이상하게도 다음날 일어나 보면 생기도 없고 무미건조해진 것을 알게 됩니다.

여러분의 신분이 순전히 체험과 감정에 달린 것이라면 여러분은 불행한 사람이 될 것이며, 그리스도인으로서도 매우 불안한 삶을 살게 될 것입니다. 우리는 그 해결책을 하나님의 놀라운 구원 계획에서 찾을 수 있습니다. 우리는 자신이 그 계획과 관련되어 있음을 당연히 알아야 합니다. 이것은 필수사항입니다. 제가 말하려는 바는 이 복을 누리고 싶은 사람, 진정한 그리스도인의 삶을 살고 싶은 사람은 이 역사적인 사건들을 바라보고 그것들을 의지하라는 것입니다. 그리고 원한다면 다음과 같은 찬송가 가사로 고백하라는 것입니다.

이 몸의 소망 무언가 우리 주 예수뿐일세.
우리 주 예수밖에는 믿을 이 아주 없도다. —에드워드 모트

내 신분의 근거가 감정에 달려 있지 않다는 데 감사를 드립시다.

아버지의 약속

아버지께서 약속하신 것을 기다리라.
사도행전 1:4

오순절에 예루살렘에 모여 있던 어린 교회에 성령이 임하셨을 때, 아들의 영광이 결정적으로 나타났습니다. 그것은 나사렛 예수야말로 하나님의 독생자시라는 결정적인 증거입니다. 성경은 "아버지의 약속"에 대해 말하고 있습니다. 아버지는 그 옛날 이스라엘 자손들에게 자신의 영을 보내 줄 것을 약속하셨습니다. 그들과 새 언약을 맺으시겠다고, 돌 같은 마음을 제하고 살 같은 마음을 주시며 그의 영을 부어 주실 날을 주겠다고 계속해서 말씀하셨습니다. 그리고 이스라엘은 그 성취를 고대했습니다. 메시아, 구원자, 구주의 사명은 어떤 의미에서 이 아버지의 약속을 이루는 것이었습니다. 그리고 오순절에 주 예수 그리스도가 성령을 보내심으로써 그 약속이 성취되었습니다.

성경에는 주 예수 그리스도가 성령을 보내셨다고 말하는 부분이 있는가 하면 성부 하나님이 아들의 기도를 듣고 성령을 보내셨다고 말하는 부분도 있는데, 둘 다 똑같은 말입니다. 성령은 아버지와 아들에게서 나오시기 때문입니다. 제가 특별히 강조하고 싶은 점은, 요한복음 17:1에 나오는 "이 말씀"은 요한복음 14, 15, 16장을 가리키는 것으로서 그것은 모두 성령이 오신다는 약속과 관련되어 있다는 것입니다. 주님은 14장부터 이 말씀을 하시기 시작했습니다. 그는 제자들을 떠나신다는 말씀이 그들을 근심하게 했다는 것을 아셨습니다. 그래서 또 다른 보혜사를 보내 주겠다고 하셨습니다(요 14:16-17). 그리고 연이어 성령의 오심에 대해 가르치셨습니다.

아들의 영광은 오순절에 결정적으로 나타났습니다.

하나님을 영화롭게 하심

아버지께서 내게 하라고 주신 일을 내가 이루어
아버지를 이 세상에서 영화롭게 하였사오니.
요한복음 17:4

성령의 오심은 구원 계획의 지극히 크고 중요한 부분이자, 구원의 가장 놀라운 측면입니다. 성부, 성자, 성령은 영원한 작정 가운데 함께 의논하시면서 인간의 구원을 계획하셨습니다. 성부는 위대한 계획을 세우셨고, 성자는 그 계획의 수행자가 되라는 결정을 받아들이셨습니다. 마찬가지로 성령은 성자가 인류를 위해 이루신 일을 완성하시기로 했습니다.

때로 '삼위일체 하나님의 경륜'이라고 불리는 교리의 내용이 바로 이것입니다. 삼위 사이에 역할 분담이 이루어졌습니다. 이것은 성경 전체에 아주 분명히 나와 있는 내용입니다. 예를 들어 삼위 하나님이 어떻게 창조 역사를 하셨는지, 창세기에 나오는 태초의 이야기를 보면 알 수 있습니다. 성경은 "태초에 하나님이……"라고 말한 다음 "하나님의 영은 수면 위에 운행하시니라"고 말합니다. 말씀이 모든 것을 만들어 냈지만, 어떤 의미에서 그 매개자는 성령이셨습니다.

성부는 성자를 보내시며, 성자는 성부를 영화롭게 하는 위대한 임무를 수행하십니다. "아버지께서 내게 하라고 주신 일을 내가 이루어 아버지를 이 세상에서 영화롭게 하였사오니"(요 17:4). 여기에는 주 예수 그리스도가 결코 자신을 영화롭게 하지 않으신다는 뜻이 담겨 있습니다. 주님이 영광을 버리신 이유, 왕궁 대신 마구간에 태어나신 이유가 여기 있습니다. 스스로 종의 형체를 가지신 이유도 여기 있습니다. 그것은 전부 아버지를 영화롭게 하기 위해 하신 일들이었습니다. 어떤 의미에서 주님이 인간으로서 사신 삶 전부가 바로 그런 것이었습니다. 모든 영광과 능력을 성부 하나님께 돌리기 위해 사셨던 것입니다.

주님은 모든 영광과 능력을 성부 하나님께 돌리기 위해 사셨습니다.

성령이 아들을 영화롭게 하심

그가 내 영광을 나타내리니.
요한복음 16:14

주 예수 그리스도는 하늘로 다시 올라가 성령을 교회에 보내주셨습니다. 성령의 임무와 사명은 아들을 영화롭게 하는 것입니다. 이것은 놀라운 말씀입니다. 우리는 성령을 보지 못합니다. 성령은 눈에 보이지 않는데, 어떤 의미에서는 그의 일이 아들을 영화롭게 하는 것이기 때문에 그렇습니다. 실제로 우리는 요한복음 16:14에서 아들에 대해 기록되어 있는 내용이 성경 다른 곳에도 기록되어 있는 것을 보게 됩니다. 주님은 성령이 그 자신에 대해 말씀하시는 것이 아니라 "내 영광을 나타내리니 내 것을 가지고 너희에게 알리시겠음이라"라고 하십니다. 우리는 아들도 아버지에 대해 그렇게 하신 것을 알고 있습니다. 그러므로 우리는 주 예수 그리스도를 영화롭게 하는 것이 성령의 주된 일이라는 크고 중심적인 사상을 마음으로 굳게 붙잡아야 합니다.

어떤 의미에서는 성령의 오심으로 주 예수 그리스도가 최종적으로 영화롭게 되셨다고 할 수 있습니다. 요한복음에는 예수께서 아직 영화롭게 되지 않았기 때문에 성령이 오시지 않았다는 말씀이 나옵니다. 우리는 이 말씀을 주님이 어느 날 성전에서 하신 위대한 약속에서 읽게 됩니다. "누구든지 목마르거든 내게로 와서 마시라. 나를 믿는 자는 성경에 이름과 같이 그 배에서 생수의 강이 흘러나오리라"(요 7:37-38). 요한은 이 말씀을 다음과 같이 설명합니다. "이는 그를 믿는 자들이 받을 성령을 가리켜 말씀하신 것이라. 예수께서 아직 영광을 받지 않으셨으므로 성령이 아직 그들에게 계시지 아니하시더라." 이처럼 그리스도가 아버지께서 주신 사명을 다하실 때까지, 죽으시고 부활하실 때까지, 승천해서 하나님 우편에 앉으실 때까지 성령은 오실 수 없었습니다. 하나님은 이 모든 일이 끝난 후에야 아들에게 "이제 내가 약속한 것을 주마. 내가 약속한 것을 백성들에게 보내 주거라"라고 말씀하셨습니다.

성령이 하시는 주된 일은 주 예수 그리스도를 영화롭게 하는 것입니다.

그리스도가 누구신지 계시하시는 성령

성령으로 아니하고는 누구든지 예수를 주시라 할 수 없느니라.
고린도전서 12:3

성령은 어떻게 그리스도를 영화롭게 하실까요? 제가 볼 때 이 주제는 세 가지 주요 항목으로 나누어 살펴보는 것이 가장 좋습니다. 무엇보다 성령은 주 예수 그리스도가 누구신지 계시하십니다. 바울은 고린도전서에서 영광의 주님에 대해 이렇게 말하고 있습니다. "오직 은밀한 가운데 있는 하나님의 지혜를 말하는 것으로서 곧 감추어졌던 것인데……이 지혜는 이 세대의 통치자들이 한 사람도 알지 못하였나니 만일 알았더라면 영광의 주를 십자가에 못 박지 아니하였으리라"(고전 2:7-8). 그러나 우리는 성령을 받았으며, "성령은 모든 것 곧 하나님의 깊은 것까지도 통달"하신다고 바울은 말합니다(10절).

이 말씀의 뜻을 아시겠습니까? 주 예수께서 인간으로 세상에 사셨을 때 바리새인들과 율법학자들은 주님을 알아보지 못했을 뿐 아니라 사람들을 미혹시켜 "없이하소서, 그를 십자가에 못 박게 하소서"라고 소리치게 했습니다. 헬라인들도, 위대한 철학자들도, 모두 그를 알아보지 못하고 거부해 버렸습니다. 그들은 예수 같은 목수가 하나님의 아들이라는 것은 있을 수 없는 일이요 말도 안 되는 일이라고 했습니다. 이처럼 사람들이 주님을 알아보지 못한 것은 성령을 받지 못한 탓입니다. 바울은 고린도전서 12:3에서 말합니다. "성령으로 아니하고는 누구든지 예수를 주시라 할 수 없느니라."

현대인들 중에서도 유능한 이들이 예수 그리스도의 신성을 믿지 않는다는 사실에 종종 당황하지 않습니까? 그들은 예수가 인간일 뿐이라고 말합니다. 예수를 칭송하며 세상에서 가장 위대한 스승이요 위인이라고 추켜세우기는 하지만, 그가 하나님의 아들이시라는 사실은 모릅니다. 그러나 우리는 거기에 만족해서는 안 됩니다. 지식이 있다고 해서 그리스도를 알아볼 수 있는 것은 아닙니다. 뛰어난 두뇌로는 그 사실을 알 수도 없고 믿을 수도 없습니다. 이것은 영적으로만 분별할 수 있는 영적인 진리입니다. 오직 성령만 그리스도가 누구신지 계시하실 수 있습니다. 그 어떤 사람에게든, 누구에게든 능히 계시하실 수 있습니다.

그리스도가 하신 일을 계시하시는 성령

우리가 세상의 영을 받지 아니하고 오직 하나님으로부터 온 영을 받았으니 이는 우리로 하여금 하나님께서 우리에게 은혜로 주신 것들을 알게 하려 하심이라.
고린도전서 2:12

성령은 그리스도가 누구신지 계시하실 뿐 아니라 그가 무슨 일을 하셨는지도 계시하십니다. 바울의 말에 따르면, 그리스도를 전하는 일은 유대인에게는 거리끼는 것이요 헬라인에게는 미련한 것이었습니다(고전 1:23). 이른바 지혜롭다는 자들이 더 자주 십자가에 걸려 넘어지는 법입니다. 아시다시피 첫 제자들은 나사렛 예수야말로 하나님의 아들이라고 설교했을 뿐 아니라, 그가 죄의 문제를 해결하기 위해 세상에 오셨다고 설교했습니다. 그들의 가르침에 따르면, 예수의 죽음은 단순히 바리새인들의 선동에 의해 로마 군인들에게 체포되어 십자가 처형을 당한 일이 아니었습니다. 그들은 하나님이 그를 보내 우리 대신 죄를 지게 하셨다고, 그것이 성부와 성자 사이의 중대한 계약이었다고 가르쳤습니다. 그것은 철학자들이 보기에 말도 안 되는 가르침이었습니다. 이처럼 그들이 이 가르침을 이해하지 못한 것은 성령을 받지 못한 탓입니다. 바울은 고린도 교회에 말합니다. "우리가 세상의 영을 받지 아니하고 오직 하나님으로부터 온 영을 받았으니 이는 우리로 하여금 하나님께서 우리에게 은혜로 주신 것들을 알게 하려 하심이라"(고전 2:12).

여기에서 간단한 질문을 드리겠습니다. 여러분은 속죄를 이해하고 있습니까? 그리스도가 하신 일을 분명히 알고 있습니까? 주 예수 그리스도가 친히 내 죄를 담당하시고 나무에 달려 죽으셨다는 사실을 알고 있습니까? 이런 것들을 이해하기 어려운 이유는, 성령의 빛을 받지 못했기 때문입니다. 지적으로 이해하려고 애쓰는 대신 성령의 빛을 비추어 달라고 하나님께 구하는 것, 그리스도가 하신 일을 성령이 나타내실 때 그 진리를 보고 받아들이게 해달라고 구하는 것만이 이런 것들을 이해할 수 있는 유일한 길입니다.

성령의 빛을 비추어 달라고 구하십시오.

그리스도의 가르침을 계시하시는 성령

진리의 성령이 오시면 그가 너희를 모든 진리
가운데로 인도하시리니.
요한복음 16:13

성령은 그리스도가 누구시며 무슨 일을 하셨는지 계시하실 뿐 아니라 무엇을 가르치셨는지 계시하십니다. 주님은 제자들을 떠나기 전에 이렇게 말씀하셨습니다. "내가 아직도 너희에게 이를 것이 많으나 지금은 너희가 감당하지 못하리라. 그러나 진리의 성령이 오시면 그가 너희를 모든 진리 가운데로 인도하시리니"(요 16:12-13). 곧, "내 말 중에 너희가 지금 이해하지 못하는 부분을 성령이 다시 일깨워서 분명히 가르쳐 주실 것이다"라고 말씀하신 것입니다.

그러므로 복음을 이해하기 어렵다면, 하나님께 성령을 충만히 주셔서 이해하게 해달라고 구하십시오. 이와 관련하여 우리가 저지를 수 있는 가장 치명적인 잘못은 자기 머리로 접근하려 하는 것입니다. "육에 속한 사람은 하나님의 성령의 일들을 받지 아니하나니……또 그는 그것들을 알 수도 없나니 그러한 일은 영적으로 분별되기 때문이라"(고전 2:14).

고린도전서 2장을 읽으면서, 이런 일들이 완전히 다른 영역, 다른 질서에 속한 것임을 깨닫기 바랍니다. 또한 그리스도가 누구시며 무슨 일을 하셨고 무엇을 가르치셨는지에 대한 신약성경의 가르침을 이해하는 유일한 방법은, 성령이 우리의 눈을 밝혀 주시는 것뿐임을 깨닫기 바랍니다. 복음을 이해하기 어려울 때 이런 문제를 다루는 철학책들을 읽느라 시간을 낭비하거나 자기 머리로 파악하고자 애쓰지 마십시오. 그런 방법으로는 이해할 수 없습니다. 우리가 다루고 있는 것은 기적이며, 우리가 속한 곳은 초자연적이고 영적인 영역입니다. 그러므로 우리의 유일한 소망은 성령이 오셔서 기름을 부으시고 우리 눈에 안약을 발라 이 복된 진리를 보게 해주시는 것뿐입니다.

그리스도의 말씀을 적용하시는 성령

그가 와서 죄에 대하여……책망하시리라.
요한복음 16:8

성령은 그리스도를 계시하실 뿐 아니라, 그의 말씀을 적용하여 우리 죄를 드러내십니다. "저는 죄에 대한 가르침을 이해할 수가 없어요. 제가 죄인이라는 생각이 들지 않습니다"라고 말하는 이들이 있습니다. 자, 자신이 죄인이라는 생각이 들지 않는 이유는 간단합니다. 자신을 모르기 때문인 것입니다. 그리고 자신을 모르는 이유는 성령이 그 죄를 드러내지 않으셨기 때문입니다. 어떤 이들은 세상에 발을 딛고 산 사람들 중에 가장 훌륭한 삶을 살면서도 자신의 죄를 깊이 인식했습니다. 자신이 죄인인 줄 모르겠다고 말하는 것보다 더 나쁜 상태를 저는 생각할 수가 없습니다. 성령은 죄를 드러내며 깨닫게 하십니다. 아직 이런 일을 경험하지 못했다면, 또한 자기 영혼이 소중함을 알고 있다면, 성령께 이렇게 해달라고 구하십시오. 그리스도는 죄인을 위해 오신 것이지 의인을 위해 오신 것이 아닙니다. 성령의 첫 번째 사역은 죄에 대하여, 의에 대하여, 심판에 대하여 양심을 찌르시는 것입니다. 성령이 죄를 깨닫게 하신 후에야 우리는 구원을 얻기 위해 그리스도께 나아갈 수 있습니다. 그리스도만이 이 문제의 해답이시기 때문입니다.

그 후에 성령은 우리에게 용납되었고 죄 사함을 받았다는 확신을 주십니다. 우리가 하나님께 속하게 되었음을 확인하는 도장이 되어 주십니다. 우리 속에 있는 영과 함께 우리가 하나님의 자녀임을 증거해 주십니다. 그리스도인은 구원을 의심하고 있을 필요가 없습니다. 바로 그 확신을 주기 위해 성령이 오신 것입니다. "성령이 친히 우리의 영과 더불어 우리가 하나님의 자녀인 것을 증언하시나니"(롬 8:16). 이 말씀을 읽고서도 구원이 불분명하게 느껴지고 확신이 들지 않아 불안한 분이 있다면, 이렇게 촉구하고 싶습니다. 성령 충만의 은사를 구하십시오. 이 복된 확신을 구하십시오. 이 확신을 사모한다고 말씀드리십시오. 이 확신을 얻기까지 여러분도 쉬지 말고, 어떤 의미에서 하나님도 쉬시지 못하게 하십시오.

그리스도인은 구원을 의심하고 있을 필요가 없습니다.

우리 안에서
행하시는 성령

너희 안에서 행하시는 이는 하나님이시니 자기의
기쁘신 뜻을 위하여 너희에게 소원을 두고 행하게
하시나니.
빌립보서 2:13

주님은 요한복음 15장에서 포도나무 가지가 나무에 붙어 있는 것처럼 우리도 주님께 붙어 있다고 말씀하셨습니다. 우리 안에는 그의 생명이 있는데, 이것이 성령이 하시는 복된 일 중에 한 가지입니다. 그는 이 생명을 주신 후에도 계속해서 우리 안에서 행하시며 우리를 거룩하게 하시고 온전하게 하십니다. 바울은 빌립보서 2:12-13에서 이렇게 말합니다. "두렵고 떨림으로 너희 구원을 이루라. 너희 안에서 행하시는 이는 하나님이시니 자기의 기쁘신 뜻을 위하여 너희에게 소원을 두고 행하게 하시나니." 또한 성령은 우리의 기도를 도우십니다. "우리는 마땅히 기도할 바를 알지 못하나 오직 성령이 말할 수 없는 탄식으로 우리를 위하여 친히 간구하시느니라"(롬 8:26). 그리고 우리 안에서 열매를 만들어 내십니다. "사랑과 희락과 화평과 오래 참음과 자비와 양선과 충성과 온유와 절제니"(갈 5:22-23).

성령은 주 예수 그리스도가 생생한 실재가 되시도록 역사하십니다. 그러므로 주 예수 그리스도의 생김새를 상상하느라 시간을 낭비하지 마십시오. 순전히 상상력으로 그린 그리스도의 초상화를 찾아다니지 마십시오. 저는 어떤 의미에서 그 누구도 그리스도를 그리지 말아야 한다고 믿습니다. 그것은 잘못입니다. 저는 그리스도를 그린 그림들을 좋아하지 않습니다. 그런 노력은 육에 속한 생각에서 비롯된 것입니다. 주 예수 그리스도의 모습을 보고 싶다면, 여러분의 속사람에게 그 모습을 보여 달라고 성령께 구하십시오. 그리스도께서는 요한복음 14:21에서 친히 말씀하셨습니다. "나의 계명을 지키는 자라야 나를 사랑하는 자니 나를 사랑하는 자는 내 아버지께 사랑을 받을 것이요 나도 그를 사랑하여 그에게 나를 나타내리라." 이것이 성령이 하시는 일입니다. 그리스도를 생생히 보게 해주시며 그분의 존재를 확실히 알게 해주시는 것, 그리하여 우리는 그분께 말씀드리고 그분은 우리에게 말씀하시게 해주시는 것, 그리스도를 생생한 실재로 만들어 주시고 우리 안에 그의 형상을 이루어 주시는 것이 그의 일입니다.

성령은 주 예수 그리스도를 생생한 실재로 만들어 주십니다.

능력을 주시는 성령

내 말과 내 전도함이 설득력 있는 지혜의 말로 하지 아니하고 다만 성령의 나타나심과 능력으로 하여.
고린도전서 2:4

성령은 우리에게 능력을 주십니다. 감사하게도 맨 처음 사도들에게만 주신 것이 아니라 이후의 시대에 살았던 무명의 사람들에게도 주셨습니다. 그래서 무식한 사람들도 알맞은 때 알맞은 말을 할 수 있었습니다. 존 버니언은 자서전 『죄인의 괴수에게 넘치는 은혜』에서 자신에게 가장 큰 축복과 힘이 된 일에 대해 이야기하고 있습니다. 어느 날 오후, 공부라고는 해본 적이 없는 부인 세 명이 집 밖 양지 바른 곳에서 뜨개질을 하며 주 예수 그리스도에 대해 나누는 이야기를 들었는데, 다른 누구보다 그 부인들에게서 큰 유익을 얻었다는 것입니다. 여러분도 이런 경험을 했을 것입니다. 하나님은 가장 무식하고 비천한 그리스도인에게 이 능력을 주셔서 주 예수 그리스도를 증거하게 하시며, 그가 하신 일과 사람들의 삶에 일으킨 변화에 대해 나누게 하십니다. 이것이 성령이 성자를 영화롭게 하시는 방식입니다. 성령이 우리 안에 행하시며 하시는 일은, 우리로 하여금 주 예수 그리스도께 영광을 돌리게 하는 것입니다. 성령이 그 안에 내주하시는 사람은 자기 이야기를 하지 않습니다. 설교자든 다른 누구든 자기 이야기를 하지 않습니다.

여러분과 저는 이 땅에 살면서 매일의 일상사와 직업을 통해 주 예수 그리스도를 영화롭게 할 수 있는 말할 수 없이 귀한 특권을 가지고 있습니다. 오, 우리 모두 이 성령, 하나님의 영으로 충만해져서 "그리스도와 그 부활의 권능과 그 고난에 참여함을 알고자 하여 그의 죽으심을" 본받게 해 주시기를 소원합니다(빌 3:10). 그리스도가 우리를 위해 무슨 일을 하셨는지 알게 해주시기를, 우리가 하나님의 자녀로서 그리스도와 함께 상속자 되었음을 알게 해주시기를, 우리 앞에 있는 영광을 얼핏이라도 보게 해주시기를, 우리 삶이 변화되고 성령의 능력으로 충만해져서 바울처럼 "이제는 내가 사는 것이 아니요 오직 내 안에 그리스도께서 사시는 것이라"고 말하게 해주시기를 소원합니다(갈 2:20).

여러분과 저는 이 땅에 살면서 매일의 일상사와 직업을 통해 주 예수 그리스도를 영화롭게 할 수 있는 말할 수 없이 귀한 특권을 가지고 있습니다.

죄를 용서하시는 하나님

**하나님은 빛이시라. 그에게는 어둠이 조금도
없으시다는 것이니라.**
요한일서 1:5

하나님은 하나님이시기 때문에 죄를 그냥 용서하실 수 없습니다. 사람들이 하나님에 대해 본능적으로 흔히 하는 생각은, 우리 죄를 인정하면서 나아가 정말 죄송하다고 말하기만 하면 용서해 주신다는 것입니다. 그러나 성경에 따르면 그것은 불가능한 일입니다. 저는 이 말을 하는 데 전혀 주저함이 없습니다. 기독교 복음을 전하는 설교자로서 저는 이렇게 말할 수밖에 없습니다. 하나님은 하나님이시기 때문에 그런 식으로 죄를 용서하실 수 없습니다.

그 근거를 밝히라고 한다면 이렇게 말씀드리겠습니다. 만약 하나님이 "용서한다"라는 말로만 용서하실 수 있었다면 그렇게 하셨을 것이며, 그리스도는 세상에 오실 필요가 없었을 것입니다. 그러나 거듭 말하건대 그리스도가 맡으신 일, 이 일, 이 과업, 이 임무가 완수되지 않는 한 하나님은 죄를 용서하실 수가 없습니다. 하나님은 경건하지 않은 자를 의롭다 하시면서도 그 공의를 지키셔야 합니다. 구원의 방법은 반드시 하나님의 성품과 일치해야 합니다. 그는 자신을 부인하실 수 없으며 변개하실 수 없는 분입니다. 그는 변하지 않으십니다. "하나님은 빛이시라. 그에게는 어둠이 조금도 없으시다는 것이니라"(요일 1:5). 하나님은 "빛들의 아버지"시며 "변함도 없으시고 회전하는 그림자도" 없으신 분입니다(약 1:17). 영원히 동일하시고 완전히 의로우시며 거룩하시고 공평하신 분입니다. 그는 그냥 죄를 용서하고 넘어가실 수가 없습니다.

"하나님은 사랑이시다. 그러니까 나를 용서하실 것이다"라고 말하는 것은 잘못입니다. 친애하는 여러분, 그는 하나님이시기에 그럴 수가 없습니다! 그리스도가 하신 일은 하나님의 성품 때문에 꼭 필요한 것이었고, 죄를 지은 인간 때문에 꼭 필요한 것이었습니다. 사람을 하나님께 합당하게 만들기 위해서는 반드시 그 일을 하셔야 했습니다.

하나님은 하나님이시기에 그냥 죄를 용서하실 수가 없습니다.

우리 스스로 할 수 없는 일

아버지께서 내게 하라고 주신 일을 내가 이루어.
요한복음 17:4

구원 사역은 그리스도가 반드시 하셔야 했던 일이었습니다. 그리고 주님은 그 일을 이루었다고 말씀하실 수 있었습니다. "아버지께서 내게 하라고 주신 일을 내가 이루어." 이제 이 말씀을 소극적인 방식으로 설명해 보겠습니다. 주 예수 그리스도는 우리가 할 일을 일러 주려고 세상에 오신 것이 아닙니다. 오히려 우리가 할 수 없는 일을 대신 하려고 오신 것입니다. 이것은 아주 본질적인 요점입니다. 주 예수 그리스도의 신성을 믿는다고 하면서도 그리스도가 왜 세상에 오셨느냐는 질문에는 우리의 할 일을 일러 주러 오셨다고 대답하는 이들이 있기 때문입니다. 그들은 선행에 대해 언급하면서 이런저런 일들을 하면 그리스도인이 될 수 있으며 하나님과 바른 관계를 맺을 수 있다고 말합니다. 그렇지 않습니다! 주님은 여기에서 "아버지께서 내게 하라고 주신 일을 내가 이루"었다고 말씀하십니다.

이 말씀은 우리가 붙잡아야 할 진리를 강조하고 있는데, 이것을 이해하는 가장 좋은 방법은 그리스도가 하신 일이 무엇인지, 전부터 해오신 일이 무엇인지 살펴보는 것입니다. 그는 친히 어떤 일을 하기 위해 세상에 오셨습니다. 우리는 그리스도가 우리를 위해 이루신 그 일로 구원을 얻는 것이지 그가 우리에게 명하시는 일을 실천함으로써 구원을 얻는 것이 아닙니다. 구원 사역은 그가 이루시는 그의 일입니다. 그는 다름 아닌 그 일을 하시려고 세상에 오셨습니다. 이를테면 주님은 여기에서 자신이 이미 이루신 일을 돌아보고 계실 뿐 아니라 앞으로 닥칠 십자가 죽음을 내다보고 계신 것입니다. 이처럼 십자가를 바로 앞에 두고 자신의 사역 전체를 돌아보셨을 때 "아버지께서 내게 하라고 주신 일을 내가 이루어"라고 말씀하실 수 있었고 "다 이루었다"라고 말씀하실 수 있었습니다. 그러므로 우리가 구원을 제대로 알고 있는지 알아보기에 좋은 방법은, 오로지 주 예수 그리스도의 사역으로만 구원을 받는다고 생각하는지 자문해 보는 것입니다.

그리스도는 우리가 결코 할 수 없는 일을 대신 하려고 오셨습니다.

사역의 완성

다 이루었다.
요한복음 19:30

우리는 마귀의 권세에서 구원을 받아야 하며 죽음과 무덤을 정복해야 합니다. 그런데 주 예수 그리스도가 그 일을 다 해주셨습니다. 무엇보다 우리에게 필요한 것은 새로운 본성입니다. 죄 사함을 받는 데서 더 나아가 하나님과 사귀고 교제하기에 합당한 사람이 되어야 하기 때문입니다. "하나님은 빛"이시며 "어둠이 조금도" 없으시기에 우리는 그 앞에 능히 설 만한 본성을 갖추어야 합니다(요일 1:5). 그래서 그리스도가 오셔서 자기 자신과 자신의 본성을 주셨고 요한복음 17:1-5에서 말씀하신 영원한 생명을 주신 것입니다. 이 부분을 자세히 보십시오. 그는 "아버지께서 내게 하라고 주신 일을 내가 이루어"라고 말씀하실 수 있었습니다(4절).

그리스도는 사람과 하나님을 화목하게 하는 데 필요한 모든 일을 하셨습니다. 사랑하는 여러분, 이 일이 다 이루어졌음을 알고 있습니까? 여러분과 관련된 일이 다 완성되었음을 알고 있습니까? 누군가 여러분에게 그리스도인이냐고 물어볼 때, 그리스도인이 되고 싶지만 그러려면 이런저런 일을 해야 한다고 대답할 수 있습니다. 그러나 그렇지 않습니다! 그리스도는 "아버지께서 내게 하라고 주신 일을 내가 이루어"라고 말씀하십니다. 그 일은 다 이루어졌습니다. 우리가 참된 그리스도인이냐 아니냐는, 이제 그 일이 다 이루어졌고 우리는 복 되신 주요 구주 되신 예수 그리스도가 완성하신 그 일만 의지하면 된다는 것을 아느냐 모르느냐에 달려 있습니다. 모든 것이 그리스도 안에 있음을 아는 사람, 그 안에서 구원 사역이 이루어졌고 완성되었다는 사실을 아는 사람은 그리스도인입니다.

하나님을 알며 그와 화목하게 되는 길이 주 예수 그리스도와 그가 여러분을 위해 이루신 일 안에 활짝 열려 있습니다. 이전에 그 길로 들어선 적이 없다면 지금 들어서십시오. 주 예수 그리스도가 이루신 일을 의지함으로써 지금 즉시 큰 구원을 받아 누리십시오.

하나님을 알며 그와 화목하게 되는 길이 주 예수 그리스도와 그가 여러분을 위해 이루신 일 안에 활짝 열려 있습니다.

겟세마네 동산

이제는 너희 때요 어둠의 권세로다.
누가복음 22:53

주님이 겟세마네 동산에서 하신 "이제는 너희 때요 어둠의 권세로다"라는 말씀은 정확히 무슨 뜻일까요? 제가 보기에 가능성이 있는 유일한 해석은 어두움의 권세가 없었다면 이런 때는 오지 않았을 것이 분명하다는 것입니다. 이런 때가 와야 하고 이와 관련된 일들이 꼭 일어나야 하는 이유가 무엇입니까? 이것 역시 죄와 악의 문제이자 사탄과 지옥의 문제입니다. 이런 때를 계획하고 만들어 낸 자는 마귀입니다. 어떤 의미에서 마귀는 이런 때를 만들기 위해 교묘한 공작을 벌였다고도 할 수 있습니다. 그 일에 자신이 모르는 더 큰 뜻이 있다는 것도 모르고 말입니다. 저는 이 문제를 다음과 같이 생각해야 한다고 봅니다. 하나님의 관점에서 볼 때 이런 때가 꼭 와야 하는 것은 마귀의 역사 때문입니다. 하나님은 사탄이 죄와 악을 통해 만들어 놓은 것을 정복하시기 위해 이런 때가 오게 하셨습니다.

어떤 의미에서 이것은 악한 자들의 때로서, 그럴 때 우리는 죄와 악의 본질을 실제로 보게 됩니다. 마귀가 만들어 낸 상황을 해결하려면 이런 때가 와야만 합니다.

따라서 이것은 "너희 때"라고 할 수 있는 동시에 성자가 영화로워지시는 때라고도 할 수 있습니다. 성자가 성부께 자신을 영화롭게 해달라고 기도하신 이유가 여기 있습니다. 주님은 이처럼 사탄과 지옥이 만들어 낸 때를 통과함으로써 진정으로 영화로워지셨습니다. 바로 여기에서 우리는 그가 하나님의 아들이심을 확실히 알게 됩니다. 이전에는 사탄과 대결하여 이긴 자가 아무도 없었습니다. 사탄이 주관하는 죽음의 권세를 깨뜨릴 수 있는 자가 아무도 없었습니다. 히브리서 기자는 이렇게 말합니다. "죽음을 통하여 죽음의 세력을 잡은 자 곧 마귀를 멸하시며"(2:14). 그리스도는 이렇게 그 자녀들을 해방시키셨습니다. 그 자신이 영화로워짐으로써 해방시키셨습니다. 그리스도의 죽음과 부활은 그가 하나님의 아들이심을 입증하는 증거입니다.

그리스도의 죽음과 부활은 그가 하나님의 아들이심을 입증하는 증거입니다.

이런 때가 불러온 결과

이제 이 세상에 대한 심판이 이르렀으니 이 세상 임금이 쫓겨나리라.
요한복음 12:31

예수께서는 요한복음 12:31에서 이런 때가 불러올 결과를 아주 분명히 밝히고 계십니다. 이것은 정말 놀라운 때입니다! 이때야말로 무엇보다 기념비적인 때라는 사실이 보이지 않습니까? 역사의 전기를 이룬 순간들이 있지만, 여기 비하면 아무것도 아닙니다. "이제 이 세상—세상의 실상이 드러나는 때라는 점에서 '세상 전부'라고 할 수 있습니다—의 심판이 이르렀으니." 그 순간에 죄가 드러났습니다. 하나님을 떠난 인류의 모든 상태가 분명하고도 명확하게, 단번에 드러났습니다.

십자가는 죄의 실상을 드러내는 동시에, 세상 전부와 세상에 속한 모든 것에 멸망을 선언합니다. 예수 그리스도의 십자가는 그처럼 위대한 선언을 하고 있습니다. 그리스도를 믿지 않는 사람, 이때 이루어진 예수의 죽음이 하나님과 화목하게 되는 유일한 길임을 믿지 않는 사람은 여전히 하나님의 진노 아래 있을 것입니다. 자신의 죄를 향한 하나님의 진노를 십자가에서 그 아들이 감당하셨다는 사실을 알지 못하는 사람은 직접 그 진노를 당하게 될 것입니다. 이것이 기독교 복음의 핵심입니다. 내 죄에 대한 형벌을 하나님의 아들이 그 육신으로 감당하셨음을 믿든지, 아니면 직접 그 형벌을 받든지 둘 중에 하나입니다. 이것이 세상이 받는 심판입니다.

하나님을 떠난 세상은 그 진노 아래 있으며 멸망을 선고받고 저주를 받았습니다. 이 세상을 구원할 수 있는 것은 그리스도의 길뿐입니다. 다른 길은 없습니다. 만약 다른 길이 있었다면 아들이 그 모든 일을 당하도록 내버려 두지 않으셨을 것입니다. 이것이 유일한 길입니다. 그렇기 때문에 이것은 세상에 대한 심판이 됩니다.

이때야말로 가장 기념비적인 때입니다.

예수의 사람들

영생은 곧 유일하신 참 하나님과 그가 보내신 자 예수
그리스도를 아는 것이니이다.
요한복음 17:3

구원의 목적은 영생을 얻는 것입니다. 그리스도인은 어떤 사람들입니까? 기독교는 무엇입니까? 신약성경의 정의에 따르면 그리스도인은 영생을 소유한 사람입니다. 이 점을 강조하는 가장 좋은 방법은 우리가 기독교와 그리스도인의 삶에 대해 얼마나 약팍한 관점을 갖고 있는지 살펴보는 것이라고 생각합니다. 일반인들은 그리스도인에 대해 어떤 개념을 가지고 있습니까? 어떻게 하면 그리스도인이 된다고 생각하고 있습니까?

어떤 이들은 이것을 나라의 문제로 생각합니다. 아직도 기독교 국가와 비기독교 국가라는 말을 사용하면서, 마치 온 국민이 그리스도인이 될 수 있는 것처럼 이야기합니다. 또 다른 이들은 교인 자격을 취득하는 문제로 생각합니다. 선한 삶을 사는 문제로 생각하는 이들도 있습니다. 그리스도를 따르며 그의 가르침을 개인적으로 적용하려고 노력하는 가운데, 남들에게도 그렇게 하라고 권하는 것이 기독교라고 생각하는 것입니다.

그러나 신약성경에 따르면, 이런 방법으로는 그 누구도 그리스도인이 될 수 없습니다. 세상은 그리스도인을 자처하는 사람들의 주장이 얼마나 공허한지 금방 알아챌 때가 아주 많습니다. 과거에 중국인들이 그리스도인을 흔히 구분하던 방법을 읽은 적이 있습니다. 그들은 평범한 외국인들은 전부 그리스도인이라고 부른 반면, 몇몇 외국인들은 "예수의 사람들"이라고 불렀습니다. 그들이 중국에 온 서양 사람 모두를 그리스도인으로 취급한 것은 그들이 이른바 기독교 국가에서 온 자들로서 대부분 그리스도인을 자처했기 때문입니다. 그러나 그들의 술취한 모습과 부도덕한 모습을 자주 보게 되면서, 그것이 정말 기독교라면 믿고 싶지 않다는 생각을 하게 되었습니다. 그런데 같은 나라에서 와서 역시 그리스도인을 자처하는 사람들 중에 순결하고 거룩하며 친절한 삶을 사는 사람들이 있었습니다. 남을 도와주면서 완전히 구별된 삶을 사는 그 사람들을, 중국인들은 "예수의 사람들"이라고 부르기 시작했습니다. 그들의 모습이 주 예수 그리스도를 닮은 듯 보였기 때문입니다.

가장 높은 권세

아버지께서 아들에게 주신 모든 사람에게 영생을
주게 하시려고 만민을 다스리는 권세를 아들에게
주셨음이로소이다.
요한복음 17:2

우리에게 영생을 주실 수 있는 유일한 분이 계신데, 그분은 이렇게 기도 하셨습니다. "아버지께서 아들에게 주신 모든 사람에게 영생을 주게 하 시려고 만민을 다스리는 권세를 아들에게 주셨음이로소이다." 오직 그리스도만 이 영생을 주실 수 있습니다.

여기에서 부딪치는 큰 위험은 신비주의입니다. 신비주의는 어떤 것 이든 간에 그리스도를 중심에 두지 않습니다. 세상에는 하나님의 생명 을 소유하고 싶어 하는 이들이 많이 있습니다. 여러분도 그런 이들이 쓴 글을 읽었을 것입니다. 그중에 대표적인 인물이 올더스 헉슬리입니다. 그는 철저한 회의론자로서 신비주의 외에는 세상을 구원할 방법이 없다 고 믿게 되었고, 그 때문에 불교 신자가 되었습니다. 그런 사람들은 우 리가 소유해야 할 하나님의 영원한 생명이 있다고 믿습니다. 우리의 필 요는 스스로 그 생명을 얻는 것이며, 우리의 문제는 그 생명을 얻지 못한 것이라고 믿습니다. 그들은 주 예수 그리스도와 전혀 상관없이 스스로 그 생명을 얻을 수 있다고 생각합니다. 절대자에 대해 명상하며 영원 속 에 침잠하여 자아를 잃으면 영생을 얻는다고, 그렇게 해야 절대자에게 서 생명을 얻는다고 말합니다.

그러나 사랑하는 여러분, 우리에게 영생을 주실 수 있는 분은 그리스 도 한 분뿐입니다. 그리스도가 친히 여기에서 그렇게 주장하고 계시며 성경도 곳곳에서 그렇게 말하고 있습니다. "아버지께서……영생을 주 게 하시려고 만민을 다스리는 권세를 아들에게 주셨음이로소이다." 주 예수 그리스도 외에는 사람에게 영생을 주실 수 있는 분이 없습니다. 다 른 길이 있었다면 그리스도가 왜 굳이 이 땅에 오셨겠습니까? 왜 십자가 에서 죽으셨겠습니까? 다른 길은 없습니다. 모든 구원 계획의 중심에는 그리스도가 계십니다.

그리스도만 영생을 주실 수 있습니다.

하나님을 아는 지식

하나님께 나아갈 때 반드시 알아야 할 사실은 인간에 대한 하나님의 궁극적이고 은혜로운 목적이 이미 우리에게 계시되었다는 것입니다. 그것은 사랑과 자비에서 나온 목적이며 인자와 긍휼에서 나온 목적입니다. 그것은 주 예수 그리스도 안에서만, 오직 그를 통해서만 최종적으로 완전하게 알 수 있습니다. 성경이 다음과 같이 말하는 이유가 여기 있습니다. "영생은 곧 유일하신 참 하나님과 그의 보내신 자 예수 그리스도를 아는 것이니이다"(요 17:3). 이것은 절대 놓치지 말아야 할 진리입니다. 바로 그 때문에 주님이 "내가 곧 길이요 진리요 생명이니 나로 말미암지 않고는 아버지께로 올 자가 없느니라"고 말씀하신 것입니다(요 14:6). 그리스도는 하나님께 이르는 길입니다. 하나님에 관한 진리입니다. 그가 주시는 생명을 떠나서는 하나님의 생명을 알 수도 없고 그 생명에 참여할 수도 없다는 것입니다. 그래서 그리스도를 떠나서는 하나님을 알 수 없습니다. 이 지극히 참된 구원의 지식, 구원의 관계는 오직 그를 통해서만 옵니다.

요한복음 17:3이 우리 주 예수 그리스도에 대해 말하는 내용에 주목하십시오. "유일하신 참 하나님과 그가 보내신 자 예수 그리스도를 아는 것이니이다." 예수는 성육신을 생각하게 하는 이름입니다. 영원하신 하나님의 아들이 인간 예수가 되셨습니다. 그러나 인간 예수는 하나님이시며 하나님과 동등한 분이시므로 '하나님과 함께 계신 하나님'이라는 관점에서 '예수'를 생각해야 합니다.

또한 그는 그리스도 예수십니다. '그리스도'는 '메시아', 곧 각 사람을 하나님께로 인도하여 그의 생명을 주시는 특별한 사역을 위해 기름 부음 받은 분입니다. 여러분은 지금 이 중대한 교리가 "참 하나님과 예수 그리스도"라는 간결한 문장 안에 어떻게 표현되고 있는지 보고 있는 중입니다. 이 문장 안에 모든 것이 들어 있습니다. 우리의 궁극적인 목표는 "유일하신 참 하나님"을 아는 것입니다. 그리고 그 하나님을 알 수 있는 길은 예수 그리스도를 아는 것입니다. 그리스도는 하나님께 이르는 길이며 하나님에 관한 진리입니다.

영생

이 생명에 관한 진리를 정확히 알기 위해 노력해 봅시다. 신약성경에 나오는 몇 가지 정의를 소개하겠습니다. 성경은 우리가 이 생명을 얻은 결과 하나님의 자녀가 된다고 가르칩니다. 사도 바울은 갈라디아서 3:26에서 "너희가……하나님의 아들이 되었으니"라고 말합니다. 또 요한은 첫 번째 서신에서 "하나님께로부터 난 자"라는 다른 표현을 사용하고 있습니다(요일 5:1). 그리고 요한복음 3:8에서는 우리가 "성령으로 난 사람"이라고 말합니다.

사도 베드로는 우리가 "신성한 성품에 참여하는 자"가 되었다고 설명하는데(벧후 1:4), 이것은 참으로 놀라운 말씀입니다. 다른 곳에서는 우리가 "거듭나게" 된 사람, 곧 중생한 사람이라고도 말합니다(벧전 1:3).

신약성경은 이 모든 용어와 그 밖의 용어들을 써서 영생의 본질과 특성을 이해하고 파악하게 해줍니다. 주 예수 그리스도는 바로 이 놀라운 생명을 주시려고 세상에 오셨습니다. 그 때문에 십자가를 지셨고, 그 때문에 장사되었다가 부활하셨습니다. 여러분과 저를 하나님의 아들이요 자녀요 하나님께로서 난 자로 만드시려고, 신성한 성품에 참여하는 자요 중생한 자요 새 생명을 받은 사람으로 만드시려고 그 모든 일을 하신 것입니다. 그러나 급히 덧붙일 말이 있습니다. 그것은 이 위대하고 고귀한 용어들 중에 어떤 것도 잘못 해석해서는 안 된다는 것입니다.

이 중에 어떤 말도 여러분과 제가 신이 된다는 뜻을 담고 있지 않습니다. 우리는 여전히 인간으로 남아 있습니다. 신이 되지 않습니다. 이 위대한 용어들에 그런 뜻을 부여해서는 안 됩니다. 이것은 신의 본질이 이를테면 우리에게 주입된다는 뜻이 아닙니다. 신성한 성품에 참여하지만 여전히 인간으로 남아 있습니다.

그리스도는 우리가 하나님의 자녀가 되어 새 생명을 얻게 하시려고 십자가를 지셨습니다.

새로운 원리

하나님의 지혜에 있어서는 이 세상이 자기 지혜로 하나님을 알지 못하므로 하나님께서 전도의 미련한 것으로 믿는 자들을 구원하시기를 기뻐하셨도다. 고린도전서 1:21

우리는 하나님이 자연적으로 주신 모든 기능을 사용하도록 창조되었습니다. 하나님이 기독교 복음을 가르칠 훌륭한 교사가 필요할 때 사도 바울 같은 사람을 택하신 이유가 여기 있습니다. 그렇다고 해서 바울이 고린도 교회의 가장 무식한 교인보다 더 나은 그리스도인이라는 뜻은 아닙니다. 중요한 것은 원리입니다. 순전히 이해력이나 재능이라는 측면에서만 생각해서는 안 됩니다. 이것은 그보다 훨씬 더 놀랍고 영광스러운 문제입니다. 바울이 고린도전서 1:21에서 "하나님의 지혜에 있어서는 이 세상이 자기 지혜로 하나님을 알지 못하므로 하나님께서 전도의 미련한 것으로 믿는 자들을 구원하시기를 기뻐하셨도다"라고 말할 수 있었던 이유가 여기 있습니다.

바울은 하나님이 미련한 자를 택하여 지혜 있는 자를 부끄럽게 하시며 약한 자를 택하여 강한 자를 부끄럽게 하신다고 말하는데, 이것은 그가 새로운 원리를 도입하셨기 때문입니다.

그렇다면 이런 원리를 도입하신 결과가 무엇입니까? 우리가 말하는 영생은 사람의 전 인격에 영향을 끼치는 것입니다. 특히 영적인 지각과 이해력에 끼치는 영향을 살펴보면 흥미롭습니다. 그것을 알려면 육에 속한 사람, 곧 중생하지 않은 사람과 그리스도인을 비교해 보면 됩니다. 성경에 따르면, 육에 속한 사람은 영적으로 죽어 있습니다. 저는 감히 이렇게 말하고 싶습니다. 제가 성경을 이해하는 바대로라면, 지금 제 말이 아무 의미 없는 것으로 들리는 사람은 영적으로 죽어 있는 자이며 영생을 얻지 못한 자입니다. 바울의 표현대로 "육에 속한 사람은 하나님의 성령의 일들을 받지 아니하나니 이는 그것들이 그에게는 어리석게" 보이기 때문입니다(고전 2:14). 성령의 일들이 그에게는 아무 의미를 갖지 못합니다.

하나님은 미련한 자를 택하여 지혜 있는 자를 부끄럽게 하시며 약한 자를 택하여 강한 자를 부끄럽게 하시는데, 이것은 그가 새로운 원리를 도입하셨기 때문입니다.

하나님의 뜻

**내 원대로 마시옵고 아버지의 원대로 되기를
원하나이다.**
누가복음 22:42

영생을 얻은 사람은 하나님 뜻 따르기를 아주 좋아합니다. 이것은 논리
적으로 당연한 일입니다. 사랑하는 사람은 자기가 사랑하는 대상에게
기쁨을 주고 싶어합니다. 사랑을 검증하기에 이보다 더 좋은 방법은 없
습니다. 만약 여러분이 누군가를 사랑한다고 하면서 그를 기쁘게 하고
싶어 하지 않는다면, 장담하건대 여러분은 그를 사랑하는 것이 아닙니
다. 사랑이란 상대방을 항상 기쁘게 하며 그에게 자신을 주고 싶어 하
는 것입니다. 하나님을 사랑하는 사람도 하나님의 뜻을 따르고 싶어합
니다.

그리스도를 보십시오. 그분의 삶 전체가 아버지의 뜻을 따르는 것이
었으며 그의 유일한 목표가 아버지의 뜻을 따르는 것이었음을 알게 될
것입니다. 그는 하나님의 뜻이 무엇이든 상관하지 않으셨습니다. 심지
어 겟세마네 동산에서 자신이 원하지 않는 단 한 가지 일에 부딪혔을 때
에도 "그러나 내 원대로 마시옵고 아버지의 원대로 되기를 원하나이다"
라고 기도하셨습니다. "저는 이 잔을 마시고 싶지 않지만 아버지의 뜻
이라면 마시겠습니다"라고 말씀하신 것입니다. 이것이 최고의 사랑이
며 최선의 사랑입니다. 이것은 그리스도의 생명을 얻은 모든 사람들에
게도 해당하는 말입니다. 진정한 그리스도인은 하나님의 영광을 주된
목표로 삼습니다. 그래서 하나님의 뜻을 찾고 그 뜻을 따르는 데 시간을
들입니다. 그는 하나님의 뜻을 따르기 위해 분투하며 그 뜻 따르기를 아
주 좋아합니다. 이 한 가지 생각이 그를 지배합니다. 하나님이 자신을
위해 무슨 일을 하셨는지 알게 된 사람, 하나님이 자신에게 어떤 분인지
알게 된 사람, 하나님의 사랑이 어떤 것인지 조금이라도 깨달은 사람이
라면 누구나 "너무나 놀랍고 거룩한 이 사랑이 내 영혼과 내 생명, 내 전
부를 요구한다"라고 말할 것입니다. 이처럼 영생을 얻은 사람은 하나님
의 뜻 따르는 것을 인생 최고의 목표이자 소원으로 삼게 되어 있습니다.

영생을 소유할 때 우리의 삶에는 결국 그 결과물이 나타나게 되어 있
습니다. 다행히도 갈라디아서 5:22-23은 그 결과물의 범주를 간단히 정

리해 주고 있습니다. 거기에서 바울은 성령의 열매에 대해 이야기합니다. 그 부분의 제목을 '그리스도의 전기들 중에 가장 짧은 전기'라고 붙여도 무방할 것입니다.

장애물이 제거됨

아버지께서 내게 하라고 주신 일을 내가 이루어
아버지를 이 세상에서 영화롭게 하였사오니.
요한복음 17:4

주님의 말씀에 따르면 영생을 보장해 주고 확신하게 해주는 단 한 가지 토대는, 우리가 영생의 선물을 받지 못하도록 방해하는 모든 걸림돌을 그 복된 사역으로 전부 제거하셨다는 데 있습니다. "아버지께서 내게 하라고 주신 일을 내가 이루어 아버지를 이 세상에서 영화롭게 하였사오니."

제가 영생을 선물로 받기까지 많은 일들이 선행되어야 했습니다. 육에 속한 사람이었던 제가 어떻게 그 선물을 받았는지 모르겠습니다. 영생의 참된 의미는 하나님의 생명에 참예하며 그와 연합하는 것입니다. 그렇다면 우리가 그런 상태가 되기까지 아주 많은 일들이 선행되어야 하는 것이 당연하지 않습니까? 그런데 그 모든 일이 다 이루어졌습니다. 우리가 더 해야 할 일은 하나도 없습니다. 그리스도가 내 죄책을 제거하심으로써 문제를 해결해 주셨습니다. 나를 하나님과 화목하게 해주셨습니다. 하나님의 율법을 충족시키셨습니다. "누가 능히 하나님께서 택하신 자들을 고발하리요"(롬 8:33). 그리스도가 친히 그 일을 하셨습니다. "죽으실 뿐 아니라 다시 살아나신 이는 그리스도 예수시니 그는 하나님 우편에 계신 자요"(34절).

바로 이것이 우리 그리스도인들에게 주시는 신분입니다. 오거스터스 탑레이디의 찬송시를 인용해 보겠습니다.

율법도, 하나님도 나는 두려워하지 않도다.
구주의 순종과 피가 내 모든 죄 가려 주시네.

이것은 자랑이 아닙니다. 나 자신이 아닌 주를 의지하는 데서 나온 고백이기 때문입니다. "구주의 순종과 피가 내 모든 죄 가려 주시네."

우리가 영생의 선물을 받지 못하도록 방해하는 모든 걸림돌을 주님의 복된 사역으로 전부 제거해 주셨습니다.

영생을 잃을 수 있는가

사망이나 생명이나 천사들이나 권세자들이나 현재 일이나 장래 일이나 능력이나 높음이나 깊음이나 다른 어떤 피조물이라도 우리를 우리 주 그리스도 예수 안에 있는 하나님의 사랑에서 끊을 수 없으리라.
로마서 8:38-39

스스로 그리스도인이라고 하면서도, 하나님의 생명을 선물로 받았다가 죄를 지으면 잃어버리고 다시 받았다가 또 잃어버릴 수 있다고 믿는 사람들을 볼 때 저는 참 이상하다는 생각이 듭니다. 태어나고 죽기를 반복할 수는 없습니다! 절대 그럴 수 없습니다. 하나님의 생명을 받았다는 것은 하나님이 아들을 통해 친히 그것을 주셨다는 뜻이며, 그 생명의 특질과 본질과 특성상 그것은 결코 소멸될 수 없습니다. 주님은 요한복음 10:28에서 이미 "또 그들을 내 손에서 빼앗을 자가 없느니라"고 말씀하신 바 있습니다. 주님의 손에서 우리를 빼앗는다는 것은 불가능한 일입니다. 또 사도 바울은 이렇게 말합니다. "사망이나 생명이나 천사들이나 권세자들이나 현재 일이나 장래 일이나 능력이나 높음이나 깊음이나 다른 어떤 피조물이라도 우리를 우리 주 그리스도 예수 안에 있는 하나님의 사랑에서 끊을 수 없으리라"(롬 8:38-39).

하나님이 친히 이 생명을 주셨다는 점에서 특히 더 그렇습니다. 우리는 새로운 관계를 맺고 하나님의 가족이 되었으며 세상을 떠나 하나님께로 가게 되었습니다. 그분의 계획과 목적의 일부가 되었으며 그분께 속하게 되었습니다. 바울이 "현재의 고난은 장차 우리에게 나타날 영광과 비교할 수 없도다"라고 자신 있게 말할 수 있었던 이유가 여기 있습니다(롬 8:18).

우리는 소망으로 구원을 받는데, 그 소망은 확실하고도 분명한 것입니다. 하나님 자신의 성품, 하나님 자신의 생명에 토대를 두고 있기 때문입니다. 그러므로 우리에게 영생이 있음을 아는 것 자체가 우리에게 격려가 되고 힘이 됩니다. 또한 이 선물은 하나님이 주신 것이기에 그의 말씀대로 영원한 것임을 알게 됩니다.

우리는 소망으로 구원을 받는데, 그 소망은 하나님 자신의 생명에 토대를 두고 있습니다.

3월

우리를 위해 기도하시는 예수

우리를 위해 기도하시는 구원자

내가 그들을 위하여 비옵나니 내가 비옵는
것은 세상을 위함이 아니요 내게 주신 자들을
위함이니이다. 그들은 아버지의 것이로소이다.
요한복음 17:9

주님은 여기에서 제자들을 위해 기도하고 계십니다. 어떤 이들은 그가 제자들을 위해 탄원하셨음을 강조합니다. 단지 요청하신 것이 아니라 주장하며 진술하셨다는 것입니다. 이것은 우리에게 중요한 내용이기 때문에 반드시 주목할 필요가 있습니다. 주님의 기도는 전지하신 하나님이 모든 것을 알고 계시다고 해서 아예 말씀드리려 하지 않는 것은 잘못이라는 점을 일깨워 줍니다.

특별히 어려운 문제나 상황에 부딪칠 때가 종종 있을 것입니다. 그럴 때 하나님이 이미 모든 것을 아시므로 굳이 말씀드릴 필요가 없다고 생각할 수 있습니다. 하나님은 우리의 필요를 알고 계십니다. 우리가 무릎을 꿇고 기도를 드리기도 전에 우리에 관한 모든 것을 알고 계십니다. 그런데도 굳이 말씀드려야 하는 이유가 무엇입니까? 이렇게 생각할 때 분명하게 나오는 결론은 기도할 필요가 없다는 것입니다. 하나님이 이미 우리의 모든 것을 알고 계신다면 굳이 말씀드리지 않고 내버려 두어도 절로 해결된다는 것입니다.

이에 대한 답변이 요한복음 17장에 나오고 있습니다. 주님은 우리가 도저히 알 수 없는 방식으로 하나님의 전지하심이나 완벽하고 온전한 지식에 대해 알고 계시는 분입니다. 그런데도 주님은 하나님이 제자들에 대해 이미 알고 계시는 내용을 가지고 기도하셨습니다. 그는 제자들을 위해 거듭거듭 기도하셨습니다. 물론 이것은 성경 곳곳에 나오는 기도의 특징이기도 합니다. 주님만 그렇게 기도하신 것이 아니라 사도들과 구약의 성도들도 그렇게 기도했습니다. 그 점에 대해 묵상할 때 우리는 놀라움을 느끼게 됩니다. 결국 하나님은 우리가 그분을 아버지로 생각하기를 간절히 바라시는 것입니다. 이것은 일종의 신인동형론적 표현입니다. 하나님은 우리 약함을 굽어 살피십니다.

따라서 우리는 요청하고 간구할 거리를 가지고 하나님 앞으로 나아갈 때 세세히 말씀드리기를 겁내서는 안 됩니다. 우리를 사랑하시는 하나님의 보살핌과 관심 앞에서 사소한 것이란 아무것도 없기 때문입니다.

전지하신 하나님이 모든 것을 알고 계시다고 해서 말씀드리려 하지 않는 것은 잘못입니다.

주님이
이들을 위해
기도하신 이유

내가 그들을 위하여 비옵나니.
요한복음 17:9

주님은 대체 왜 이들을 위해 기도하신 것일까요? 그는 죽음이 눈앞에 닥쳤는데도, 일생에 가장 무섭고 끔찍한 순간이 눈앞에 닥쳤는데도 멈추어서 이들을 위해 기도하셨습니다. 그 이유가 무엇입니까? 그 모든 대답이 여기 있습니다. 그는 무엇보다 하나님의 영광에 대한 지극한 관심 때문에 이들을 위해 기도하셨습니다. 이 땅에 계시는 동안에는 어떤 의미에서 주님의 손에 하나님의 영광이 달려 있었습니다. 주님은 아버지를 영화롭게 하시려고 세상에 오셨고, 그것을 자신의 가장 큰 소원으로 삼으셨습니다. 이제 이들을 두고 떠나시는 주님의 유일한 관심사는 자신의 죽음이 아닌 하나님의 영광입니다. 주님께는 오직 그것만이 중요했습니다.

둘째로, 주님은 이들이 누구이며 어떤 사람이냐를 생각하시고 이들을 위해 기도하셨습니다. 주님은 이들에게 하나님의 이름을 나타내셨습니다. 이들은 주님께 맡겨진 사람들이었고, 주님이 그 말씀을 주신 사람들이었으며, 믿음을 가진 사람들이었습니다. 이것이 그리스도인의 정의입니다. 주님은 이들을 위해, 오직 이들만을 위해 기도하셨습니다.

그러고 나서 주님은 이들의 임무 곧 소명 때문에 이들을 위해 기도하셨습니다. 주님은 떠나시지만 이들은 세상에 남아 일할 것입니다. 이들은 주님이 맡으셨던 바로 그 일을 해야 합니다. 어떤 논리인지 아시겠습니까? 하나님은 주님을 보내셨고 주님은 이들을 보내십니다. 그러면서 특별히 이들의 소명과 임무인 복음 전하는 사역에 비추어 이들을 위해 기도하고 계십니다. 또 다른 이들이 이들의 말을 듣고 주님을 믿을 수 있도록 이들은 능력을 받아야 합니다.

주님은 또한 이들이 처한 상황 때문에 이들을 위해 기도하셨습니다. 이들은 세상에 살고 있습니다. 주님은 이들이 세상에서 미움을 받을 것이라고 말씀하십니다(요 17:14).

그리스도의 유일한 관심사는 자신의 죽음이 아닌 하나님의 영광이었습니다.

주님이 기도하신 내용

내가 비옵는 것은 그들을 세상에서 데려가시기를 위함이 아니요 다만 악에 빠지지 않게 보전하시기를 위함이니이다.
요한복음 17:15

그리스도가 우선적으로 기도하신 내용은 제자들끼리 하나가 되는 것 그 자체라기보다는 그리스도와 진정으로 하나가 되고 하나님 아버지와 하나가 됨으로써 서로 하나가 되는 것이었습니다. 이것이 교제의 본질입니다. 이 점은 좀더 자세히 살펴볼 필요가 있습니다. 오늘날 이보다 더 필요한 일은 아마 없을 것입니다.

그다음으로 주님은 이들을 악한 자—마귀, 이 세상의 신, 공중의 권세 잡은 자—에게서 지켜 달라고, 이 악한 자가 열심히 활동해서 만들어 놓은 세상의 악으로부터 지켜 달라고 기도하셨습니다. 주님은 이들을 세상에서 벗어나게 해달라고 기도하시지 않았습니다. 우리는 때로 그렇게 기도하고 싶어 합니다. 우리 마음 깊은 곳에는 수도원 같은 데 들어가서 살고 싶다는 생각이 자리 잡고 있습니다. 우리는 세상을 떠나 어떤 방해도 받지 않는 환상적인 장소에 가고 싶습니다. 고난받고 핍박받는 그리스도인들은 세상을 벗어나고 싶다는 간절한 소망을 느낍니다. 그러나 주님은 어떤 의미에서든 세상에서 벗어나게 해달라고 기도하시지 않았으며, 죽어서 세상을 떠나게 해달라고도 기도하시지 않았습니다. 오직 이 세상에 있을 때 악에서 지켜 달라고 기도하셨을 뿐입니다.

여러분과 제가 그리스도인으로서 해야 할 일은 세상 한가운데서 세상의 일을 하면서도 악에 빠지지 않고 계속하여 하나님께 진실하고 충성된 삶을 사는 것입니다. 야고보는 "하나님 아버지 앞에서 정결하고 더러움이 없는 경건은" 세상 직업을 다 버리고 은둔하는 것이 아니라 "고아와 과부를 그 환난 중에 돌보고 또 자기를 지켜 세속에 물들지 아니하는 그것"이라고 말합니다(약 1:27). 그리스도인의 임무는 세상 한가운데서 세상 일을 하는 가운데 복음을 전하는 것입니다.

주님은 이들이 세상에서 벗어나게 해달라고 기도하신 것이 아니라 세상에 있을 때 악에서 지켜 달라고 기도하셨습니다.

주님 자신에 대해 알게 되는 바

나는 아버지께서 내게 주신 말씀들을 그들에게 주었사오며 그들은 이것을 받고 내가 아버지께로부터 나온 줄을 참으로 아오며 아버지께서 나를 보내신 줄도 믿었사옵나이다.
요한복음 17:8

이 기도에서 주님 자신에 대해 알게 되는 바에 주목하십시오. 주님은 제자들, 곧 그 당시에 옆에 있던 제자들뿐 아니라 그 후에 주님을 믿게 될 모든 사람들을 위해서도, 당연히 우리를 위해서도 기도하고 계십니다. 이렇게 기도하고 계신 주님 자신에 대해 살펴봅시다. 주님의 위격과 관련하여 아주 분명하게 드러나 있는 내용들을 살펴봅시다.

주님이 뭐라고 주장하시는지 보시기 바랍니다. 주님은 "그들은……내가 아버지께로부터 나온 줄을 참으로 아오며"라고 말씀하십니다. 여기 한낱 인간으로 보이는 인물이 있습니다. 그는 잔인한 자들의 손에 잡혀 무력하고 연약한 모습으로 십자가에 못 박힐 것입니다. 그런데 그는 스스로 하나님에게서 왔다고 말하고 있습니다. 이것은 자신의 유일무이한 신성을 주장하는 위대한 선언입니다. 그는 자신이 사람들 가운데 거하기 위해 하늘에서 땅으로 내려온 하나님의 영원한 아들이라고 선포하고 있습니다. "당신이 나를 보내셨습니다"라고 거듭 말하고 있습니다. 그는 다른 인간들처럼 평범하게 태어난 분이 아닙니다. 하나님이 세상에 보내신 분입니다.

또한 주님은 10절에서 서슴없이 말씀하십니다. "내가 그들로 말미암아 영광을 받았나이다." 그는 사람일 뿐 아니라 하나님의 아들이시며 하나님 자신으로서, 그가 아버지의 영광이 되신 것처럼 제자들도 그의 영광이 된다는 엄청난 주장을 하고 계십니다. 그는 아버지를 영화롭게 하셨습니다. 그리고 자신은 제자들에게 장차 나타날 모습을 통해, 그들이 장차 하게 될 일을 통해 영화로워지실 것입니다. 우리의 소명에 주목하십시오. 우리 그리스도인들에게 주 안에 거할 특권, 주 예수 그리스도를 영화롭게 할 특권이 있다는 이 사실에 주목하십시오.

제자들을 돌보신 주님

세상 중에서 내게 주신 사람들에게 내가 아버지의 이름을 나타내었나이다. 그들은 아버지의 것이었는데 내게 주셨으며 그들은 아버지의 말씀을 지키었나이다.
요한복음 17:6

제자들을 돌보신 주님을 보십시오. 그는 자신이 세상에서 제자들을 지키셨다는 사실을 아버지께 상기시키고 있습니다. 복음서를 읽으면서도 제자들을 내내 살피시고 지키시며 악에서 보호하시는 주님의 모습을 보지 못하고 넘어가기가 얼마나 쉬운지 모릅니다. 주님은 요한복음 17장에서 세상을 떠나실 날을 앞두고 아버지께 이들을 지켜 달라고 기도하고 계십니다. 이들을 돌보아 달라고 호소하시며 이들을 그의 보살핌에 맡기고 계십니다. 이들은 원래 아버지의 사람들이었는데 아들에게 맡겨졌습니다. 주님은 이들을 다시 돌려 드리면서 "악에 빠지지 않게 보전하시기를" 기도하십니다(요 17:15). 우리가 죄와 사탄에 에워싸여 유혹과 시험을 받을 때 구주가 얼마나 큰 관심을 기울이시는지 깨닫는다면, 만사에 임하는 우리의 태도 전체가 혁명적으로 바뀔 것입니다.

또한 우리는 제자들을 사랑하시는 주님의 태도에 주목해야 합니다. 주님은 여기에서 깜짝 놀랄 만한 말씀을 하고 계십니다. 사실 주님이 제자들에 대해 하신 이 말씀을 들을 때 우리에게는 의문이 생기는 것이 당연합니다. "세상 중에서 내게 주신 사람들에게 내가 아버지의 이름을 나타내었나이다." 그다음 말씀에 주목하십시오. "그들은 아버지의 것이었는데 내게 주셨으며 그들은 아버지의 말씀을 지키었나이다"(요 17:6). 어떻게 이렇게 말씀하실 수 있습니까? 우리는 복음서에서 제자들이 서로 싸우고 질투하며 높은 자리를 차지하려고 다투는 모습과 결국에는 주님을 버리고 도망가는 모습을 봅니다. 그런데 주님은 "저희는 아버지의 말씀을 지키었나이다"라고 말씀하시는 것입니다. 주님은 제자들을 비난하지 않고 그들을 위해 기도하셨습니다. 저는 다른 무엇보다 이것 때문에 하나님께 감사를 드립니다.

주님은 제자들을 비난하지 않고 그들을 위해 기도하셨습니다.

그리스도인의 특징

내가 세상에 속하지 아니함 같이 그들도 세상에 속하지 아니하였사옵나이다.
요한복음 17:16

우리는 주님이 그리스도인들에 대해 하신 말씀을 살펴볼 필요가 있습니다. 거기에는 그리스도인의 특징이 나와 있습니다. 제가 주목하는 첫 번째 특징은 소극적인 것입니다. 주님은 요한복음 17:6에서 "세상 중에서 내게 주신 사람들에게 내가 아버지의 이름을 나타내었나이다"라고 말씀하십니다. 이것이 그리스도인에 대해 맨 처음 하신 말씀입니다. 그리스도인은 세상에 속하지 않은 사람들입니다. 예수께서는 6절부터 19절까지 이 말을 네 번이나 반복하십니다. 6절에 더하여 9절에서도 "내가 그들을 위하여 비옵나니 내가 비옵는 것은 세상을 위함이 아니요 내게 주신 자들을 위함이니이다"라고 하시며, 14절에서 다시 "내가 아버지의 말씀을 그들에게 주었사오매 세상이 그들을 미워하였사오니 이는 내가 세상에 속하지 아니함 같이 그들도 세상에 속하지 아니함으로 인함이니이다"라고 하신 다음, 16절에서 "내가 세상에 속하지 아니함 같이 그들도 세상에 속하지 아니하였사옵나이다"라고 하십니다. 주님이 이렇게 반복하시는 것은 이 점을 우리에게 확실히 심어 주기 위해서입니다. 그리스도인의 첫 번째 특징은 세상에 속하지 않았다는 것입니다.

이 말씀에 비추어, 우리가 세상에 속했는지 속하지 않았는지 확인하는 것이 아주 중요합니다. 성경은 처음부터 끝까지 이 기본적인 구분을 하고 있습니다. 세상에는 단 두 부류의 사람들이 있습니다. 세상에 속한 사람과 그리스도께 속한 사람이 있는 것입니다. 결국 이것만큼 중요하고 적절한 구분 내지 분류는 없습니다. 우리 대부분이 세상의 삶에서 성공하지 못하는 이유가 여기 있습니다. 다른 구분들은 그다지 중요하지 않다는 것을 알기 때문에 성공하지 못하는 것입니다. 우리는 모두 죽을 것입니다. 그런데 어느 정당에 속했느냐가 무슨 상관이 있습니까? 부유하냐 가난하냐, 많이 배웠느냐 못 배웠느냐가 무엇이 그리 중요합니까? 단 한 가지 기본적인 구분은 세상에 속했느냐, 그리스도께 속했느냐 하는 이것뿐입니다.

그리스도인은 세상에 속하지 않았습니다.

하나님의 백성

내 것은 다 아버지의 것이요 아버지의 것은 내
것이온데 내가 그들로 말미암아 영광을 받았나이다.
요한복음 17:10

그리스도인들은 왜 세상에 속하지 않았을까요? 하나님의 백성이기 때
문입니다. 주님은 누구에게 "아버지의 이름을 나타내"셨습니까? "세상
중에서 내게 주신 사람들에게……그들은 아버지의 것이었는데 내게 주
셨으며"가 그 대답입니다(요 17:6). 이것이 첫 번째 대답이요 사실상 가
장 궁극적인 대답, 다른 모든 대답을 포괄하는 대답입니다.

이 교리의 중요성은 요한복음 17장을 슬쩍 훑어보기만 해도 알 수 있
습니다. 주님이 무언가 반복하실 때에는 그것을 지극히 중요하게 여기
셨기 때문이라고 보면 틀림없습니다. 극히 중요한 절대적인 문제로 여
기셨기 때문에 반복하셨다고 보면 되는 것입니다. 우리가 잘 알고 있듯
이 주님이 "진실로 진실로"라는 말로 어떤 설명을 시작하실 때에는 정신
을 집중하고 들어야 합니다. 또 짧은 본문에서 자꾸 반복해서 설명하시
는 내용이 있을 때에도 똑같이 굳게 붙잡아야 합니다.

요한복음 17:6-19에서 우리가 하나님의 백성이라는 사실을 얼마나
자주 반복하고 계시는지 보십시오. 6절에도 나오고 9절에도 나옵니다.
"내가 그들을 위하여 비옵나니 내가 비옵는 것은 세상을 위함이 아니요
내게 주신 자들을 위함이니이다. 그들은 아버지의 것이로소이다." 또
10절에서는 "내 것은 다 아버지의 것이요 아버지의 것은 내 것이온데 내
가 그들로 말미암아 영광을 받았나이다"라고 하시며, 11절에서는 "나는
세상에 더 있지 아니하오나 그들은 세상에 있사옵고 나는 아버지께로
가옵나니 거룩하신 아버지여, 내게 주신 아버지의 이름으로 그들을 보
전하사 우리와 같이 그들도 하나가 되게 하옵소서"라고 하십니다. 그리
고 마지막으로 12절에서 "내가 그들과 함께 있을 때에 내게 주신 아버지
의 이름으로 그들을 보전하고 지키었나이다. 그 중의 하나도 멸망하지
않고 다만 멸망의 자식뿐이오니 이는 성경을 응하게 함이니이다"라고
반복하십니다. 이 교리와 가르침의 절대적인 중요성을 우리 마음에 새
기기에 이보다 더 좋은 방법은 없습니다.

그리스도인들은 왜 세상에 속하지 않았을까요? 하나님의 백성이기 때문입니다.

하나님의 특별한 백성

너희는 택하신 족속이요 왕 같은 제사장들이요 거룩한 나라요 그의 소유가 된 백성이니.
베드로전서 2:9

그리스도인이 하나님의 특별한 백성이라는 것은 요한복음 17장에 두드러지게 나타나는 교리인 동시에 신약성경 전체가 가르치고 있는 교리이기도 합니다. 예컨대 에베소서 1장의 강력한 본문, 특히 에베소 교회를 위한 바울의 기도에서 이 교리를 찾아볼 수 있습니다. 그는 에베소 교인들의 눈이 열려 밝히 깨닫게 되기를 기도합니다. 바울은 그들이 마음과 뜻을 다해 이 진리를 붙잡기 원하는데, 그만큼 이 진리가 중요한 것이기 때문입니다. 그는 에베소 교인들이 먼저 부르심의 소망이 무엇인지 알기를 기도하며, 둘째로 "성도 안에서 그 기업—하나님의 기업—의 영광의 풍성함이 무엇"인지 알기를 기도합니다. 곧, "나는 너희 자신이 하나님의 기업임을 깨닫기 원한다"라고 말하고 있는 것입니다. 이들이 그것을 알게 되는 것이야말로 무엇보다 중요한 바울의 기도제목이었습니다.

또 디모데에게 보낸 편지도 보십시오. 디모데가 자신이 맡은 몇몇 교회의 상황 때문에 심히 근심하고 걱정할 때 바울은 "디모데야, 걱정하지 마라. 주님은 자기 백성을 아신다"라는 요지의 말을 했습니다. 하나님이 자기 백성을 아신다는 것은 그들을 아실 뿐 아니라 돌보시며 그들에게서 눈을 떼지 않으신다는 뜻입니다. 히브리서 2:13에서 주님이 하시는 말씀도 보십시오. "볼지어다, 나와 및 하나님께서 내게 주신 자녀라." 주 예수 그리스도는 자신의 교회에 속한 그리스도인들을 이렇게 부르십니다. 베드로도 똑같은 주제를 서신에 기록했습니다. "너희는 택하신 족속이요 왕 같은 제사장들이요 거룩한 나라요 그의 소유가 된 백성이니"(벧전 2:9). 우리는 하나님의 특별한 관심을 받는 백성, 그의 소유가 된 백성입니다.

하나님은 자신을 위해 한 백성을 선택하시고 구분하시고 구별해 내셨습니다.

그리스도인들은 하나님의 특별한 관심을 받는 백성, 하나님의 소유가 된 백성입니다.

하나님의 특별한 소유

너희 마음의 눈을 밝히사 그의 부르심의 소망이
무엇이며 성도 안에서 그 기업의 영광의 풍성함이
무엇이며……알게 하시기를 구하노라.
에베소서 1:18-19

하나님은 우리가 그의 특별한 소유와 분깃이 되기를 바라시며, 궁극적
으로는 그의 영광에 참여하는 자가 되기를 원하십니다. 바울이 에베소
교회를 위해 기도하고 있는 에베소서 1장을 다시 보십시오. 바울은 그
들이 "부르심의 소망이 무엇이며 성도 안에서 그 기업의 영광의 풍성함
이 무엇인지" 알게 되기를 바라고 있습니다(18절). 만유를 만드셨고 만
유를 가지고 계시며 만유를 존재하게 하신 하나님이 그 기업을 성도 안
에 두셨다는 것은 바울이 이제까지 사용한 신인동형론적 표현 가운데
가장 놀랍고 대담한 것입니다. 그럼에도 이런 표현을 쓴 것은 바로 이
점을 신자들에게 깨우치고 싶었기 때문입니다. 바울이 말하고자 하는
바는 이들이야말로 하나님이 기뻐하시는 사람들이며 하나님의 즐거움
이 될 사람들이라는 것입니다.

　이 점을 분명히 하기 위해 한 가지 예를 들겠습니다. 어떤 아이에게
장난감이 많이 있는데, 전부 좋아하는 장난감들입니다. 그런데 그중에
서도 아이가 특별히 좋아해서 늘 가지고 노는 장난감이 있습니다. 모든
장난감을 좋아하지만, 그 장난감은 그중에서도 특별한 것입니다. 우리
도 마찬가지입니다. 우리도 가진 물건들 중에 유독 더 좋아하는 것이 있
습니다. 특히 더 소중하게 느껴지고 관심이 가는 것이 있습니다. 그처럼
우주를 소유하고 계신 크신 주님께도 특별한 관심과 애정의 대상이 있
습니다. 그것은 바로 그가 택하신 그의 백성, 갈라디아서에 나오는 바울
의 표현을 빌리자면 이 악한 세대에서 건져 내 특별히 구별된 곳에 두신
백성입니다. 바로 이것—하나님이 영원토록 그의 기쁨이 될 백성을 예
비하셨다는 것—이 성경 전체의 메시지입니다.

이들은 하나님이 기뻐하시는 사람들이며 하나님의 즐거움이 될 사람들입니다.

성부와 성자의
사랑을 받은 자들

세상 중에서 내게 주신 사람들에게 내가 아버지의
이름을 나타내었나이다.
요한복음 17:6

우리가 성부와 성자의 사랑과 관심을 독차지하고 있다는 사실을 생각해 보십시오. 고백하건대 저는 이것을 생각할 때마다 가슴이 터질 것 같습니다. 그런데도 저는 제가 왜 그 사랑을 더 맛보지 못하는지, 말하자면 하나님이 왜 저를 좀 더 사랑해 주시지 않으며 저를 위해 일하시지 않는지 의심하면서 시간을 보낼 때가 자주 있는데, 아마 여러분도 그러하리라 생각합니다. 이 얼마나 무서운 일입니까! 이처럼 저를 향한 하나님의 사랑을 제대로 깨닫지 못하는 것이 저의 고민거리이며 숙제입니다. 사람들은 종종 "나는 하나님을 너무 조금 사랑하는 것 같다"라고 말하는데, 맞는 말입니다. 저도 똑같은 말을 합니다.

주여, 저의 가장 큰 불만은
제 사랑이 미약하고 희미하다는 것입니다. ―윌리엄 쿠퍼

정말 그렇습니다. 이에 대한 최선의 해결책은 자기 속에서 무엇을 하려들거나 마음 깊은 곳에서 사랑을 만들어 내려고 하지 않는 것입니다. 하나님의 사랑을 아는 길은 나를 향한 하나님의 사랑을 아는 데서부터 시작됩니다. 바로 이 교리가 사랑으로 나아가는 큰 길인 것입니다. 영원 전, 세상이 창조되기도 전에 하나님이 여러분을 보셨고 여러분에게 사랑을 품으셨습니다. 그리고 여러분을 구별하여 하나님 백성들 가운데 두셨습니다. 그 모든 일이 이미 이루어졌습니다. 그리스도가 누구시며 무슨 일을 하셨는지가 드러나고 그의 말할 수 없는 사랑이 전부 나타난 것은 하나님이 여러분을 사랑하셨기 때문입니다. 그러므로 여러분을 향한 하나님의 관심을 깨달으십시오. 여러분을 위해 하나밖에 없는 아들을 보내서 그 모든 일을 겪게 하실 정도로 여러분을 사랑하시는 하나님이 사람은 결코 이해할수 없는 사랑으로, 사람의 지식을 뛰어넘는 사랑으로 여러분을 사랑하고계십니다. 그 사랑을 알 때 우리의 삶에는 혁명이 일어날 것입니다.

하나님의 사랑을 아는 길은 나를 향한 하나님의 사랑을 아는 데서부터 시작됩니다.

하나님의 이름

내가 아버지의 이름을 나타내었나이다.
요한복음 17:6

성경에서 이름은 항상 성품을 나타냅니다. 그 사람의 됨됨이를 표현해 주는 것입니다. 이제 성경에 사용된 하나님의 이름 몇 가지를 생각해 봅시다. 출애굽기 17:15에는 여호와 닛시, 곧 '주 우리의 깃발'이라는 이름이 나옵니다. 이것은 하나님이 이스라엘 백성에게 큰 승리를 주신 후 알려 주신 이름입니다. 그 승리는 그들 자신의 힘이나 군대의 용맹으로 얻은 것이 아니라 하나님이 주신 것이었습니다. 주가 깃발이 되어 주신 승리였던 것입니다. 여러분과 저도 세상에서 원수 같은 죄와 유혹에 부딪칩니다. 세상에는 이처럼 교묘한 원수들이 많고, 그 모든 원수들의 배후에는 강력한 힘을 가진 마귀가 있습니다. 마귀의 공격이 어떤 것인지 아십니까? 예를 들어 하나님을 모욕하는 생각이 슬그머니 스며드는 경험을 한 적이 있습니까? 하나님의 성도들은 그런 경험을 피할 수가 없습니다. 바울은 불화살을 쏘며 공격하는 적을 누가 능히 대적하겠느냐고 말합니다. 우리는 보잘것없고 연약하며 무력한 사람들입니다. 그러나 감사하게도 여호와 닛시, 곧 '주 우리의 깃발'이라는 이름을 가진 분을 알고 있습니다. 그는 모든 원수를 물리치고 정복할 수 있도록 우리를 도우시는 분입니다.

또 다른 이름은 여호와 살롬, 곧 '주 우리의 평화'입니다. 이것은 기드온에게 알려 주신 이름입니다. 무서워하고 불안해하는 기드온에게 하나님은 자신이 여호와 살롬임을 알려 주셨는데(삿 6:24), 이것은 가장 귀한 약속 중에 하나입니다. 여러분이 어떤 혼란에 빠져 있느냐, 어떤 슬픔에 빠져 있느냐는 중요하지 않습니다. 도저히 이해할 수 없는 일을 겪고 정신을 차릴 수 없을 때 하나님께 나아가십시오. 그는 평화를 주겠다고 약속하셨습니다. 히브리서 13:20에 나오는 귀한 말씀, "우리 주 예수를……죽은 자 가운데서 이끌어 내신 평강의 하나님"이라는 말씀을 기억하십시오. 여호와 살롬, '주 우리의 평화'이신 분이 그 백성을 평안하게 하십니다.

여호와 닛시, '주 우리의 깃발', 여호와 살롬, '주 우리의 평화'라는 이름을 가진 분을 우리는 알고 있습니다.

하나님의 이름을 나타내심

세상 중에서 내게 주신 사람들에게 내가 아버지의 이름을 나타내었나이다.
요한복음 17:6

주님이 하나님께서 세상 중에서 자신에게 주신 사람들에게 그분의 이름을 "나타내었나이다"라고 말씀하신 점에 주목하십시오. 단순히 그 이름만 알려 주신 것이 아닙니다. 주님은 그 이상의 일을 하셨습니다. "나타내었나이다"라는 것은 그 이름을 계시하시고 설명하셨다는 뜻입니다. 그 이름을 덮고 있고 가리고 있던 것들을 전부 치워 버리셨다는 의미가 "나타내었나이다"라는 말 속에 담겨 있는 것입니다. 주님은 그 이름을 드러내셨으며 제자들 앞에 분명히 제시하셨습니다. 이것은 풍부한 의미를 가진 포괄적인 용어로서, 이 기도를 듣는 제자들이 주님께서 나타내신 이 이름의 다채롭고도 다양한 특징을 깨닫게 하기 위해 일부러 이 용어를 쓰신 것이 분명합니다.

그렇다면 주 예수 그리스도는 어떻게 하나님의 이름을 나타내셨으며, 특히 구약성경의 계시에 비해 뛰어나게 나타내셨을까요? 히브리서 기자는 그리스도의 탁월성을 주장합니다. 구약성경의 계시는 참된 것임에도 불구하고 부분적인 조각에 불과했습니다. 그런데 그리스도 안에서 그 온전한 모습과 영광이 드러나게 된 것입니다.

주님이 여기에서 말씀하시는 바는, 하나님의 아들인 그가 그 무엇으로도 할 수 없었고 그 누구도 할 수 없었던 방식으로 하나님의 이름을 나타내셨다는 것입니다. "나는 아버지께서 내게 주신 말씀들을 그들에게 주었사오며 그들은 이것을 받고 내가 아버지께로부터 나온 줄을 참으로 아오며"(요 17:8). 이 말씀은 곧 "이들은 아버지의 백성이며, 제가 아버지께로부터 왔다는 것을 아는 참된 그리스도인들입니다"라는 것입니다. 이것은 제자들이 "그리스도는 독특하고 절대적인 의미에서 하나님의 아들"이라는 사실을 알았음을 드러내는 또 다른 표현입니다.

제자들은 그리스도가 독특하고 절대적인 의미에서 하나님의 아들이라는 사실을 알았습니다.

기쁨

지금 내가 아버지께로 가오니 내가 세상에서 이 말을 하옴는 것은 그들로 내 기쁨을 그들 안에 충만히 가지게 하려 함이니이다.
요한복음 17:13

어떻게 하면 실제로 이 기쁨을 누릴 수가 있을까요? 첫째로, 자기 감정에 집중하지 말아야 합니다. 살아가는 내내 자기 감정을 중시하며 영적인 맥박을 점검하고 영적인 체온을 재는 그리스도인들이 많습니다. 그런 이들이 자기 상태에 만족하지 못하는 것은 당연한 일입니다. 그래서 비참하고 불행한 마음으로 한탄하며 고민합니다.

기쁨의 비결은 묵상에 있습니다. 이것이 주님의 기쁨을 누리는 방법입니다. 주님에 대해, 그가 누구시며 무슨 일을 하셨는지에 대해 묵상해야 합니다. 우리를 향한 주님의 사랑과 자기 백성을 돌보시는 하나님에 대해 묵상해야 합니다.

두말할 필요도 없이 분명한 또 한 가지 비결은 하나님과의 사귐을 깨뜨리는 모든 장애물을 피하는 것입니다. 하나님과의 사귐이 끊어지는 순간 우리는 비참해지게 되어 있습니다. 어쩔 수가 없습니다. 원하든 원하지 않든 양심이 그것을 느끼게 되어 있습니다. 하나님과 그 아들과의 사귐을 깨뜨리는 장애물을 고소하며 정죄하게 되어 있습니다. 세상을 의지하는 마음이 주님의 기쁨을 몰아내는 것처럼, 세상의 기쁨도 주님의 기쁨을 몰아냅니다. 그러므로 죄는 어떤 모양, 어떤 형태의 것이든 피해야 합니다. 진정한 기쁨과 행복을 얻고 싶다면 세상이 아무리 좋아 보여도 더 이상 바라보지 맙시다. 무엇보다 주님이 "이 말"이라고 하신 것(요 17:13), 곧 주님이 드러내신 진리를 바라보아야 합니다. 그 진리를 깊이 생각하고 묵상해야 하며, 그 안에 거하고 그것을 즐거워해야 합니다. 바로 그렇게 할 때, 혼자 진리를 묵상하든지 그 진리에 대한 책을 읽을 때, 전에 몰랐던 기쁨을 경험하게 되리라고 장담할 수 있습니다. 그것은 당연한 결과입니다. 해가 지면 밤이 오듯이, 그렇게 하면 자연히 기쁨이 옵니다.

세상을 더 이상 바라보지 맙시다. 주님에 대해 묵상하고, 그가 누구시며 무엇을 하셨는지에 대해 묵상합시다.

가룟 유다

중생의 절대적인 필요성을 무엇보다 결정적으로 입증해 주는 성경의 예는 가룟 유다입니다. 그리스도인은 전보다 나은 삶을 산다거나 성경이나 그 밖의 좋은 것들에 대해 더 많이 안다는 점에서 비그리스도인과 구별되는 것이 아닙니다. 그런 것은 유다도 다 알고 있었습니다. 아마 그는 제자로 지낸 3년 동안 외면적으로는 선하고 도덕적인 삶을 보여주었을 것입니다. 그리스도인이 되려면 거듭나야 합니다. 하나님의 본성을 얻어야 합니다. 살아 계신 하나님의 영이 그 안에 거하셔야 합니다. 이렇게 볼 때 우리는 유다에게 없었던 것이 무엇이었는지 알게 됩니다. 그는 새 생명을 얻어 새로운 사람이 되지 못했기 때문에 "멸망의 자식"으로 남게 되었습니다.

저는 여기에서 한 가지 엄숙하고도 무서운 말씀을 드리고자 합니다. 비그리스도인은 아무리 고상한 종교인이라도 결국에는 영원한 죽음, 곧 멸망을 당하게 되어 있습니다. 유다는 내내 사도들과 함께 지냈지만 실상은 세상에 속한 사람이었습니다. 세상의 운명은 멸망입니다. 구체적인 모습이야 어떻든지 간에 아무 소망 없는 파멸로 끝나게 되어 있습니다. 하나님의 독생자의 이름을 참으로 믿지 않기 때문에 멸망하게 되어 있습니다.

이것은 불쾌하지만 똑바로 직면해야 할 주제입니다. 주님은 이 점을 엄중히 경고하시기 위해 기도 중에 이 말씀을 하셨습니다. 주님은 유다를 위해 기도하시지 않았습니다. 하나님의 백성, 하나님께 속한 자들만을 위해 기도하셨습니다.

사랑하는 여러분, 우리는 확실히 하나님께 속해 있습니까? 하나님께 생명을 받았다는 확실한 지식 외에 또 다른 것을 의지하고 있지는 않습니까?

비그리스도인은 아무리 고상한 종교인이라도 결국에는 영원한 죽음, 곧 멸망을 당하게 되어 있습니다.

데마의 길

데마는 이 세상을 사랑하여 나를 버리고.
디모데후서 4:10

세상은 그리스도인을 적대하며, 그 적대감을 미움으로 나타냅니다. 바울은 디모데에게, "무릇 그리스도 예수 안에서 경건하게 살고자 하는 자는 박해를 받으리라"고 말했습니다(딤후 3:12). 그러나 세상은 핍박 외에 다른 방식으로도 적대감을 표현합니다. 저는 그것을 '데마의 길'이라고 부르고 싶습니다. "데마는 이 세상을 사랑하여 나를 버리고." 세상은 그리스도의 제자들을 공격하는 데 수단과 방법을 가리지 않습니다. 만약 그리스도인들을 감옥에 가두어서 그리스도로부터 빼앗을 수만 있다면 그렇게 할 것입니다. 그러나 그것이 통하지 않을 때에는 다른 방법을 시도합니다. "데마는 이 세상을 사랑하여 나를 버리고." 곧, 편안함을 사랑하고 세상의 것들을 사랑하며 세상의 부와 지위와 화려한 겉모습을 사랑하게 하는 방법, 육체의 정욕과 안목의 정욕과 이생의 자랑에 빠뜨리는 방법을 쓰는 것입니다. 훌륭한 사람들 중에도 이런 것들 때문에 망한 이들이 얼마나 많습니까! 번영은 영혼에 아주 위험할 수 있습니다. 그래서 세상은 언제라도 그 방법을 동원할 준비를 하고 있습니다. 직접 대적하는 방법이 통하지 않을 경우 욕망을 채워 주며 이런 것들을 눈 앞에 아른거리게 함으로써 우리를 그리스도로부터 빼앗으려 하는 것입니다. 이렇게 볼 때 주님이 아버지의 이름으로 우리를 보호해 달라고 기도하신 것도 놀랄 일이 아닙니다.

　세상이 똑같은 목적으로 사용하는 또 다른 방법이 있는데, 우리는 그것을 '바나바 방식'이라고 부를 수 있습니다. 사도행전 15장에는 바나바와 바울이 다투는 장면이 나옵니다. 바나바가 친척인 마가 요한을 두 번째 선교여행에 데려가려 했는데 바울이 반대한 것입니다. 바울은 마가 요한이 지난 번 여행 때 그들을 버리고 떠났기 때문에 동행할 만하지 못하다고 생각했습니다. 이것은 가족관계 같은 세상적인 관계가 개입되어 하나님의 일을 방해하는 경우입니다. 이럴 때 사람들은 상황을 영적으로 판단하지 않으려는 경향을 보입니다.

세상은 그리스도의 제자들을 공격하는 데 수단 방법을 가리지 않습니다.

시험

내가 비옵는 것은 그들을 세상에서 데려가시기를 위함이 아니요 다만 악에 빠지지 않게 보전하시기를 위함이니이다.
요한복음 17:15

하나님은 곤경이나 시험을 면해주거나 피하게 해주는 방법을 쓰시지 않습니다. 그분의 방법은 우리에게 능력과 힘을 주어서 곤경이나 시험에 굴하지 않고 당당히 나아가 넉넉히 이기게 하십니다. 이것은 놀라운 일입니다.

우리는 우리의 처지에 대해 불평하거나 의심에 찬 질문을 던져서는 안 됩니다. 오히려 가능한 한 이러한 시험에는 항상 목적이 있음을 믿어야 합니다. 우리를 통해 영광을 나타내시려고 이런 일이 일어나도록 허락하시며 이런 상황에 우리를 두셨음을 믿어야 하는 것입니다. 제자들은 그것을 위해 세상에 남겨졌습니다. 여러분과 저도 지금 이 순간 우리에게 무슨 일이 일어나고 있든지 우리를 통해 영광을 나타내시려는 하나님의 계획과 목적 안에 들어있음을 확신할 수 있습니다.

세상은 여러분을 인정하지 않을 수 있습니다. 여러분은 무시하고 소외시키면서, 다른 이들에게는 원하는 것을 전부 제공할 수 있습니다. 그러나 걱정하지 마십시오. 성도들은 다 그런 경험을 가지고 있으며, 그리스도도 비슷한 일을 겪으셨습니다. "모든 사람이 너희를 칭찬하면 화가 있도다"(눅 6:26). 세상에서 인정받지 못해도 괜찮습니다. 시험을 통과하는 그것이 곧 하나님의 영광을 이루는 일입니다. 바울은 육체의 가시를 통해 그 점을 깨닫고 다음과 같은 요지의 고백을 했습니다. "알겠습니다, 하나님. 이 가시를 제거해 달라고 세 번이나 구했지만 그대로 두셨지요. 이제 저는 하나님의 영광이 저를 통해 나타나고 있음을 압니다. 좋습니다, 이 약함을 자랑하겠습니다. 더 이상 이 약함을 없애 달라고 구하지 않겠습니다. 당신의 능력이 제 안에서, 저를 통해 나타나는 때는 바로 제가 약할 때입니다." 그러므로 불평하지 말아야 합니다. 하나님이 허락하신 것을 기쁘게 받아들이며, 그것을 통해 하나님의 영광을 이루고 있음을 기억해야 합니다.

우리는 우리의 처지에 대해 불평하거나 의심에 찬 질문을 던져서는 안 됩니다.

"거룩하게 하옵소서"

그들을 진리로 거룩하게 하옵소서. 아버지의 말씀은 진리니이다.
요한복음 17:17

"그들을 진리로—또는 진리 안에서—거룩하게 하옵소서"라고 기도하신 의미가 무엇일까요? 여기에서 거룩하게 하다라는 말의 정의를 내리는 데 매우 주의할 필요가 있습니다. 요한복음 17:19에도 같은 단어가 사용되고 있음을 염두에 두어야 하기 때문입니다. "또 그들을 위하여 내가 나를 거룩하게 하오니 이는 그들도 진리로 거룩함을 얻게 하려 함이니이다." 19절에서는 주님 자신에게 해당되었던 단어가 여기에서는 제자들에게 사용되고 있습니다. 그렇기 때문에 '거룩하게 하다'라는 말의 참된 정의부터 찾아내야 합니다.

성경 전체적으로 볼 때 이 단어가 주로 두 가지 의미로 사용되고 있다는 점에는 모두가 동의합니다. '거룩하게 하다'라는 말의 첫 번째 의미—이것은 성경이 가장 강조하는 것이므로 첫 번째 항목에 와야 합니다—는 하나님과 하나님을 섬기는 일을 위해 따로 구별하다라는 것입니다. 그래서 사람뿐 아니라 산에까지 '거룩하게 하다'라는 말이 쓰였습니다. 예컨대 모세가 율법을 받은 시내 산은 거룩한 산이었습니다. 특별한 역할과 목적을 위해 따로 거룩하게 구별되어 하나님이 율법을 계시하는 장소로 사용되었습니다. 이 말은 건물이나 그릇, 도구, 용기, 성막이나 성전에서 쓰는 여러 물건에도 사용되었습니다. 하나님과 하나님을 섬기는 일을 위해 바쳐진 것이나 구별된 것은 무엇이든 거룩해졌습니다. 이처럼 이 단어의 일차적인 의미에는 이중적인 측면이 있습니다. 첫 번째 측면은 그것을 더럽히거나 왜곡시킬 수 있는 모든 것에서 구별되는 것이며, 두 번째 적극적인 측면은 사람이든 물건이든 하나님이 마음껏 사용하시도록 온전히 바쳐지는 것입니다.

'거룩하게 하다'의 첫 번째 의미

주 예수 그리스도의 이름과 우리 하나님의 성령 안에서 씻음과 거룩함과 의롭다 하심을 받았느니라.
고린도전서 6:11

거룩하게 하다의 첫 번째 의미가 그리스도인들에게도 종종 적용된다는 사실을 아실 것입니다. 예를 들어 고린도전서 6:11을 읽어 보십시오. 바울은 고린도 사람들 중에 술 취하는 것이나 음란한 것 등의 심한 죄를 지은 이들이 있었다고 말합니다. "그러나 주 예수 그리스도의 이름과 우리 하나님의 성령 안에서 씻음과 거룩함과 의롭다 하심을 받았느니라." "의롭다 하심"보다 "거룩함"을 먼저 언급한다는 사실에 주목하십시오. 우리는 성화에 대한 얄팍하고 상투적인 생각 때문에 항상 "칭의가 먼저이고 성화는 그다음"이라고 말합니다. 그러나 바울은 하나님이 따로 구별하여 세상에서 꺼내셨다는 뜻을 가진 성화를 더 앞에 두고 있습니다. 이것이 성화의 일차적인 의미이며, 바로 이런 의미 때문에 칭의보다 앞에 오는 것입니다.

베드로전서 1:2도 보십시오. "하나님 아버지의 미리 아심을 따라 성령이 거룩하게 하심으로 순종함과 예수 그리스도의 피 뿌림을 얻기 위하여 택하심을 받은." 거룩하게 하시는 것이 '순종함'과 '피 뿌림을 얻음'과 '칭의'보다 앞에 오고 있습니다. 이처럼 성화가 첫 번째로 의미하는 것은 우리의 신분입니다. '그리스도인은 세상에서 구별된 사람들'이라는 뜻인 것입니다. 이 점에 대해서는 주님이 요한복음 17:16에서 이미 말씀하신 바 있습니다. "그들도 세상에 속하지 아니하였사옵나이다." 그리고 나서 주님은 "그들을 진리로 거룩하게 하옵소서"라고 기도하셨습니다(요 17:17). 요컨대 "따로 구별된 이 사람들을 더욱 구별되게 해주십시오"라고 기도하신 것입니다. 이것은 세상과 구별되게 해달라는 뜻입니다. 베드로전서 2:9은 이것을 교회에 적용하고 있습니다. 교회는 "택하신 족속"이요 주님의 특별한 소유입니다. 모든 그리스도인도 마찬가지입니다. 우리는 하나님과 하나님을 섬기는 일과 하나님의 목적을 위해 따로 구별된 거룩한 백성입니다. 이것이 첫 번째 의미입니다.

바울이 "의롭다 하심"보다 "거룩함"을 먼저 언급한다는 사실에 주목하십시오.

'거룩하게 하다'의
두 번째 의미

너희는 거룩하라. 이는 나 여호와 너희 하나님이 거룩함이니라.
레위기 19:2

거룩하게 하다라는 단어에는 두 번째 의미가 있는데, 그 또한 성경에 분명히 나오고 있습니다. 우리는 거룩하게 여겨질 뿐 아니라 실제로도 거룩해집니다. 거룩해질 것이 확실하기 때문에 거룩하게 여겨지는 것입니다. 하나님이 우리를 고유하고 특별한 백성으로 따로 구별하셨다는 점에서 우리는 거룩한 백성임이 틀림없습니다. 하나님은 "너희는 거룩하라. 이는 나 여호와 너희 하나님이 거룩함이니라"고 말씀하십니다. 우리는 거룩한 백성이기 때문에 거룩해져야 합니다. 이것이 성화를 촉구하는 신약성경의 중대한 호소입니다.

이처럼 '거룩하게 하다'라는 말에 담긴 두 번째 의미는 하나님이 우리 안에서 일을 하신다는, 즉 정결하게 하고 깨끗하게 하며 정화시키는 일을 하신다는 것입니다. 이 일은 우리를 그 지위에 합당한 사람으로 만들기 위해 계획되었습니다. 하나님이 우리를 입양하여 세상에서 끄집어내서 따로 구별하시고 주 예수 그리스도의 형상과 모습을 점점 닮아가게 하시는 것은, 결국 명실상부한 하나님의 백성으로 삼으시기 위해서입니다.

그러므로 이 일은 점진적으로 진행됩니다. 그에 비해 첫 번째 의미는 단번에 이루어진 일과 관련되어 있습니다. 따로 구별되었기 때문에 의로워지는 것입니다. 하나님은 영원 전부터 그 백성을 보시고 따로 구별하셨습니다. 세상의 기초를 놓기 전부터 그들을 거룩하게 하셨습니다. 바로 그 때문에 의로워지는 것이며, 바로 그 때문에 두 번째 의미에서도 거룩해지는 것입니다.

문제는 이 두 가지 중에 어떤 것이 요한복음 17:17에 나오는 "그들을 진리로 거룩하게 하옵소서"라는 말씀에 해당하느냐 하는 것입니다. 제가 볼 때 적절한 대답은 하나뿐입니다. 여기에는 확실히 이 두 가지 의미가 다 있다는 것입니다. 부르심을 받은 사람은 거룩한 백성이 되어야 합니다. 우리 자신이 거룩하지 않으면서 거룩하신 하나님을 나타낼 수는 없기 때문입니다.

우리는 **거룩한** 백성이기 때문에 **거룩해져야** 합니다.

죄의 욕망

내가 비옵는 것은 그들을 세상에서 데려가시기를 위함이 아니요 다만 악에 빠지지 않게 보전하시기를 위함이니이다.
요한복음 17:15

교회와 그리스도인과 복음의 관심사는 죄 지을 기회를 없애는 것이 아니라 죄를 짓고 싶어 하는 욕망을 없애는 것입니다. "내가 비옵는 것은 그들을 세상에서 데려가시기를 위함이 아니요 다만 악에 빠지지 않게 보전하시기를 위함이니이다. 그들을 진리로 거룩하게 하옵소서"(요 17:15, 17). 이 말씀은 요컨대 "내 관심은 너희가 죄 지을 기회 자체를 없애 버리는 데 있는 것이 아니라 그런 기회를 이용하려 드는 욕망을 없애는 데 있다"라는 뜻입니다. 그 차이를 아시겠습니까? 예수 그리스도의 복음은 그리스도인을 세상에서 데려가는 것이 아니라 세상을 그리스도인 안에서 끌어내 버립니다. 이것이 요점입니다. "그들을 거룩하게 하옵소서"라는 말씀에는 저희 주변 세상이 어떠하더라도, 그것이 속에 있지 않고 밖에 있는 한 영향을 끼치지 못한다는 뜻이 담겨 있습니다. 이것이 복음의 영광입니다. 복음은 마귀가 역사하는 세상 한복판에서도 자유를 누리게 합니다.

또는 다음과 같이 표현할 수도 있습니다. 복음의 관심사는 상황을 변화시키는 것이 아니라 사람을 변화시키는 것입니다. 이에 대해 어리석고 우매한 말들이 넘치고 있는 것은 비극입니다! 사람들은 "가난한 자들이 예수를 믿게 하려면 빈민촌 문제부터 해결해야 하지 않습니까?"라고 말합니다. 친애하는 여러분, 제가 지금껏 보아 온 가장 영광스러운 일 중에 하나는 빈민촌 출신의 그리스도인이 여전히 같은 곳에 살면서도 자기의 집과 가정을 변화시키는 것입니다. 상황이 변해야만 사람이 변하는 것은 아닙니다. 하나님께 감사드립시다. 복음은 어떤 상황에서도 사람을 변화시킬 수 있습니다.

예수 그리스도의 복음은 그리스도인을 세상에서 데려가는 것이 아니라 세상을 그리스도인 안에서 끌어내 버립니다.

복음 전도와 성화

아버지께서 나를 세상에 보내신 것 같이 나도 그들을
세상에 보내었고.
요한복음 17:18

주님은 세상을 복음화하기 위해 제자들을 보내셨습니다. 그들은 어떻게 그 일을 해야 합니까? 첫 번째로 고려할 사항이 무엇입니까? 주님이 맨 처음 말씀하시는 내용에 주목하십시오. 그것은 성화입니다. "그들을 거룩하게 하옵소서. 그들이 먼저 거룩해져야 세상을 거룩하게 만들 수 있기 때문입니다"라는 것입니다.

그리스도인들이 전도의 방법과 관련한 성경의 가르침을 완전히 무시하는 듯 보이는 것은 거의 믿기 힘들 만큼 무서운 일입니다. 성경이 처음부터 끝까지 강조하는 것은 외적인 방법이 아닙니다. 전하는 자의 인격과 됨됨이, 그가 하나님과 어떤 관계를 맺고 있느냐 하는 것입니다.

기드온의 경우를 보십시오. 이스라엘 자손은 강력한 적군과 대치하고 있었습니다. 기드온이 처음 소집한 군대는 3만 2천 명이었습니다. 그런데 하나님이 그 수를 3백 명까지 줄이셨습니다. 요컨대 하나님은 "나는 이 일을 3만 2천 명의 대군으로 하지 않고 내 방식대로 할 것이다"라고 말씀하신 것입니다. 그래서 3만 2천 명을 삼백 명으로 줄여 출전시키시면서, 대단한 무장 하나 없이 횃불을 감춘 항아리와 나팔만 들고 가게 하셨습니다. 기드온의 군대는 이런 우스꽝스러운 장비로 적군을 이겼습니다. 이것이 하나님의 방식입니다. 하나님은 언제나 남은 자들을 통해 가장 위대한 일들을 이루어 오셨습니다. 성경 전체에 가장 두드러지게 나타나는 교리가 있다면 바로 남은 자 교리입니다. 단 한 사람으로 모든 일을 이루신 경우가 얼마나 많습니까? 사무엘상 14장에 나오는 요나단과 그 병기 든 자의 이야기를 기억하십니까? 두 사람은 적의 상태에 대해 논의하느라 시간을 보내지 않았습니다. 살아 계신 하나님을 신뢰하는 단 한 사람이 그 병기 든 자와 함께 적군 전체를 무너뜨렸습니다!

하나님은 언제나 남은 자들을 통해 가장 위대한 일들을 이루어 오셨습니다.

그리스도의 성화

내가 나를 거룩하게 하오니.
요한복음 17:19

우리는 그리스도가 자신을 거룩하게 하겠다고 말씀하신 의미에 주의를 기울여야 합니다. 스스로 더 거룩해지기 위해 무슨 일을 하시겠다는 의미는 아닌 것이 분명합니다. 그것은 있을 수 없는 일입니다. 그는 처음부터 흠이나 죄나 결점이 없는 완전한 분이셨습니다. 따라서 그분이 전보다 더 거룩해지겠다는 뜻에서 이 말씀을 하셨을 리는 없습니다. 이 말씀에 담겨 있는 것은 성화의 첫 번째 의미—하나님의 목적이 자신 안에서, 자신을 통해 이루어지도록 구별하며 헌신하고 바친다는 의미—인 것이 분명합니다. 곧, 하나님의 영광과 목적을 위해 자신을 완전히 드리신다는 뜻인 것입니다.

이 말씀의 의미를 완전히 파악하려면 "나를"이라는 말도 살펴보아야 합니다. 주님은 "내가 나를 거룩하게 하오니"라고 말씀하십니다. 이것은 그분의 인격 전체, 하나님이자 사람으로서 지니신 모든 것, 힘과 지식, 완전함과 재능을 비롯한 모든 것을 가리키는 말이 분명합니다. 이보다 더 포괄적인 말은 없습니다. 이것은 내 존재 전체, 내 모든 본질, 내 모든 관계, 내 모든 권리, 내 모든 재능, 내 모든 소유를 의미합니다. 존재와 인격을 총칭하는 '나'를 거룩하게 한다는 것입니다. 따라서 주님이 여기에서 진정 하고자 하신 말씀은 "그들—그 당시의 그리스도인들과 그 후에 태어날 우리, 이 기도에서 그토록 자주 언급하시는 그 모든 이들, 하나님이 그분에게 주신 사람들, 그분이 세상에 오신 이유가 되는 사람들—을 위하여" 자신의 모든 존재와 소유를 하나님께 완전히, 전부 바치신다는 것입니다(요 17:19).

예수께서 자신을 거룩하게 하신다는 것은 하나님의 영광과 목적을 위해 자신을 완전히 드리신다는 뜻입니다.

"그들을 위하여"

또 그들을 위하여 내가 나를 거룩하게 하오니 이는 그들도 진리로 거룩함을 얻게 하려 함이니이다.
요한복음 17:19

이 놀라운 말씀은 그리스도가 무엇 때문에 우리를 위해 그 모든 일을 하셨는지 알려 줍니다. 그 이유가 바로 여기 있습니다! "그들을 위하여 내가 나를 거룩하게 하오니." 이 말씀만 제대로 이해한다면! 주님을 성화로 이끈 것이 바로 이것입니다. 그리스도는 "그들을 위하여" 이 모든 일을 한다고 말씀하십니다. 그가 말씀하시는 "그들"이 누구입니까? 하나님의 원수, 따라서 그리스도의 원수된 사람들입니다. 하나님보다 사탄의 말을 듣는 고집스러운 피조물들이요, 하나님에 대한 거짓말을 자발적으로 믿는 자들이요, 자기 뜻과 욕심을 위해 하나님의 뜻을 거스르는 교만한 자들이요, 악을 좋아하여 악의와 질투와 탐욕과 정욕으로 가득 찬 자들입니다. 곧, 타락하여 죄와 악에 빠져 있는 여러분과 저 같은 자들입니다.

"그들을 위하여." 우리가 죄인임에도 불구하고 우리를 위해 주님이 이 모든 일을 하셨다는 사실을 깨달아야 합니다. 영원하신 하나님의 아들이요 거룩하고 순결한 분, 흠 없이 완벽한 분, 아버지의 뜻 행하는 것을 최고의 기쁨으로 여기시는 분이 "내가 나를 거룩하게 하오니"라고 말씀하십니다. "그들"과 "나"보다 더 극명하게 대조되는 것을 상상할 수 있습니까? 그런데도 그리스도는 "내가 나를 거룩하게 하오니"라고 말씀하십니다. 여기에는 그 인격 전체로 이렇게 하신다는 뜻뿐 아니라 기쁘게 자원하여 이렇게 하신다는 뜻이 담겨 있습니다. 우리에게는 주님이 이렇게 하실 만한 어떤 요소도 없습니다. 이렇게 하시도록 동기를 유발할 어떤 것도 없습니다. 죄에 빠진 인간은 저주를 받아 아무 희망 없는 상태에 놓여 있기 때문에 감히 구원을 바라거나 요청하지 못합니다. 지금껏 어떤 인간도 하나님께 구원을 요청하지 못했습니다. 이 구원을 요청한 분은 바로 하나님이십니다. 그 요청 앞에 주님은 말씀하십니다. "내가 여기 있나이다. 나를 보내소서."

죄에 빠진 인간은 저주를 받아 아무 희망 없는 상태에 놓여 있기 때문에 감히 구원을 바라거나 요청하지 못합니다.

진리를 통해
일하시는 하나님

그들을 진리로 거룩하게 하옵소서. 아버지의 말씀은
진리니이다.
요한복음 17:17

어떤 이들은 하나님께 건져내 달라고 말한 후에는 이미 건져 내 주신 것으로 믿기만 하면 된다고 가르칩니다. 그러면 결국 그 믿음대로 이루어졌음을 알게 된다는 것입니다. 그런 가르침을 달리 설명하면 이렇습니다. 어떤 특정한 죄 때문에 계속 넘어지는 사람이 있을 때 '당신의 유일한 희망은 그 문제를 그리스도께 갖고 나아가는 것이고 그러면 그리스도가 그 문제를 가져가실 것'이라고 말하라는 것입니다. 그러나 성경이 에베소서 4:28에서 계속 물건을 훔치는 자, 마음에 드는 물건을 취하는 자에게 명하는 바가 무엇입니까? 우리가 그런 사람에게 해주어야 할 말이 무엇입니까? 그 죄를 그리스도에게 갖고 나아가 구원해 달라고 구할 것을 이야기해야 합니까? 아닙니다. 사도 바울이 그런 자에게 명하는 바는 '도둑질하는 자는 다시 도둑질하지 말라'는 것입니다. 바로 이것입니다. 도둑질을 당장 그만두어야 한다는 것입니다. 간음과 음행과 음란한 생각도 마찬가지입니다. 사도는 당장 그만두라고 말합니다. "그리스도께 나아가 건져 내 달라고 기도하라"고 하지 않습니다. 그렇습니다. 사도는 당장 그만두라고, 그래야 하나님의 자녀라고 말합니다.

친애하는 여러분, 우리는 지금 성경에서 벗어나 있습니다. 이것이 바울만의 가르침이라고 생각하지 않도록, 사도 베드로의 같은 가르침을 또 다른 증거로 제시해 보겠습니다. 사실 이것은 성경 전체의 가르침인데, 우리는 어느새 잊어버린 것 같습니다. 베드로전서 1:14-15을 보십시오. "너희가 순종하는 자식처럼 전에 알지 못할 때에 따르던 너희 사욕을 본받지 말고 오직 너희를 부르신 거룩한 이처럼 너희도 모든 행실에 거룩한 자가 되라." 여러분 자신이 무언가를 해야 합니다. 하나님의 자녀이기 때문에 이런 것들로부터 돌이켜야 합니다. 베드로는 "그 문제를 그리스도께 내놓고 건져 내 주실 것을 기도하라"고 말하지 않습니다. 너희가 어떤 사람들인지 생각하고 당장 그 일을 그만두라고 말합니다.

여러분은 하나님의 자녀이기 때문에 이런 것들로부터 돌이켜야 합니다.

성화는 지속적인 과정이다

그들을 진리로 거룩하게 하옵소서. 아버지의 말씀은 진리니이다.
요한복음 17:17

성화를 불시에 이루어지는 일로 생각해서는 안 됩니다. 사람들은 성화가 선물로 주어지는 것이라면 불시에 이루어질 것이 틀림없다고 생각합니다(그릇된 생각이지만 논리적이기는 합니다). 선물은 불시에 받는 것이기 때문입니다. 그러나 그것은 확실히 신약성경의 가르침과 일치하지 않습니다. 그것은 사교(邪敎)에서 흔히 볼 수 있는 가르침으로서, 성화를 인간적으로 이해한 것입니다.

우리는 어떤 것을 불시에 하거나 한순간에 얻기를 좋아합니다. 그래서 거짓 가르침은 항상 지름길을 제시하여 참을성 없이 서두르는 육신적인 마음을 사로잡습니다. 그러나 지금 우리 앞에 있는 말씀을 볼 때, 성화를 불시에 이루어지는 일로 보기란 불가능합니다. 주님은 "그들을 진리로 거룩하게 하옵소서"라고 말씀하십니다.

주님은 요한복음 8:31-32에서도 같은 말씀을 하셨습니다. 믿는 것처럼 보이는 자들에게 "너희가 내 말에 거하면 참으로 내 제자가 되고 진리를 알지니 진리가 너희를 자유롭게 하리라"고 말씀하신 것입니다. 진리는 이런 것입니다. 이처럼 점진적으로 알아 가는 것입니다. 진리 전체를 한순간에 파악할 수는 없습니다. 갓난아이가 성숙하고 장성해 가듯이, 어린아이가 어른으로 자라 가듯이 믿음도 단계를 밟아 나아가야 합니다. 빌립보서 2:12에도 같은 내용이 나옵니다. "두렵고 떨림으로 너희 구원을 이루라." 구원은 계속 이루어 나가야 하는 일입니다. 바울은 "너희가 나 있을 때뿐 아니라 더욱 지금 나 없을 때에도" 그러해야 한다고 말합니다. 이 모든 말씀들이 권고하는 바는 흔들림 없이 계속해서 이 일을 해나가야 한다는 것입니다.

요한복음 17:17을 기억한다면, 성화를 불시에 이루어지는 일로 보기는 어렵습니다.

각각의 죄

너희 마음의 눈을 밝히사 그의 부르심의 소망이 무엇이며……알게 하시기를 구하노라.
에베소서 1:18-19

신약성경은 각각의 죄를 다룰 때 그 죄 자체에 집중하는 대신 그리스도 인의 온전한 신분이라는 맥락에 비추어 봅니다. 저는 이 원리를 크게 강조하지 않을 수가 없습니다. 목회를 하면서 이것이야말로 가장 중요한 원리임을 알게 되었기 때문입니다. 한 가지 예를 들어볼까요? 20여 년 전에 한 부인이 영적인 생활의 문제점을 가지고 저를 찾아온 적이 있습니다. 그 부인은 폭풍우가 너무나 두렵고 무섭다고 했습니다. 예전에 무서운 폭풍우가 쳐서 거의 죽을 뻔한 적이 있었는데, 바로 그 경험 때문인 것이 분명했습니다. 그 후로 천둥 번개만 치면 무서워서 꼼짝을 못했는데, 나중에는 예배당에 사람이 많이 모인 것만 보아도 "폭풍우가 온다!"라고 중얼거리는 정도가 되었습니다. 그럴 때마다 무서운 긴장이 느껴졌는데 집으로 돌아오면 대개 해소되었습니다. 그 부인이 볼 때 자기 인생의 문제는 폭풍우에 대한 바로 이 두려움과 무서움에 있는 것 같았습니다. 그래서 그 문제를 해결하려고 계속 씨름했다는 것입니다.

제가 그 부인에게 해줄 수 있는 말은 한 가지뿐인 것 같았습니다. 부인은 그 말을 충격적으로 받아들였습니다. "더 이상 그 두려움에 대해 기도하지 마십시오. 그럴수록 더 생각날 뿐입니다. 내가 얼마나 무서운지에 대해 생각하지 말고, 폭풍우에 대해서도 생각하지 마십시오. 그 생각을 완전히 떨쳐 버리십시오. 그 대신 주 예수 그리스도의 제자로서 그분에게 속해 있는 자신의 모습을 생각하십시오. 두려움이라는 부정적인 생각 대신 신앙이라는 적극적인 생각에 집중하십시오.

각각의 죄를 그리스도인의 온전한 신분이라는 맥락에 비추어 생각하십시오.

성화의 핵심

이는 너희를 어두운 데서 불러 내어 그의 기이한 빛에
들어가게 하신 이의 아름다운 덕을 선포하게 하려
하심이라.
베드로전서 2:9

성화의 핵심은 내가 믿는 하나님, 나에게 계시된 하나님을 전 존재를 다
해 사랑하는 데 있습니다. 이보다 낮은 차원에서 성화를 생각하는 것은
비성경적인 일이라고 주저 없이 말하고 싶습니다. 바로 이것이 성경에
서 말하는 거룩함입니다. 하나님의 진리는 하나님에 관해 더 많이 알려
준다는 점에서 이러한 거룩함, 곧 성화를 이루어 내며 더 진전시킵니다.
여기에서 나오는 결론—제가 볼 때 곧장 나오는 결론—은 이것입니다.
사람이 마음과 목숨과 뜻과 힘을 다해 하나님을 사랑하는 것은 하나님
이 그렇게 하도록 부르시고 명하셨기 때문입니다. 그의 인생에서 가장
중요한 일은 하나님을 영화롭게 하며 그의 아름다운 덕을 선포하는 것
입니다.

　이것이 그리스도인이 되기 전까지 하나님의 백성이 아니었던 자들
에게 사도 베드로가 상기시키고자 했던 요점입니다. 베드로전서 2:10
을 보십시오. "너희가 전에는 백성이 아니더니 이제는 하나님의 백성이
요." 어두운 데서 부름을 받고 빛으로 나온 여러분은 "그의 소유가 된 백
성"이 되었습니다(9절). 하나님이 이렇게 하신 이유가 무엇입니까? 이렇
게 하신 목적이 무엇입니까? "이는 너희를 어두운 데서 불러 내어 그의
기이한 빛에 들어가게 하신 이의 아름다운 덕을 선포하게 하려 하심이
라"(벧전 2:9). 여기에서 "아름다운 덕"이란 '탁월함' 내지 '덕성'을 의미하
는 말로서, 놀랍고도 영광스러운 하나님의 속성을 가리킵니다. 이처럼
성화란 하나님이 의도하신 모습이 됨으로써 그를 높이는 상태를 뜻합니
다. 물론 특정 행동을 하지 않는 것도 포함되기는 하지만, 그것이 성화
의 전부는 아닙니다. 성화는 그 이상의 것입니다. 인격 전체, 삶 전체에
서 하나님이 의도하신 모습이 됨으로써 그의 뛰어나심과 덕을 드러내고
나타내는 것입니다.

성화란 하나님이 의도하신 모습이 됨으로써 그를 높이는 상태를 뜻합니다.

새로운 피조물

그러므로 우리가 그의 죽으심과 합하여 세례를
받음으로 그와 함께 장사되었나니 이는 아버지의
영광으로 말미암아 그리스도를 죽은 자 가운데서
살리심과 같이 우리로 또한 새 생명 가운데서 행하게
하려 함이라.
로마서 6:4

옛것은 지나갔고 모든 것이 새로워졌으며 자신의 세계관과 삶의 방식
전부가 바뀌었다고 말하지 못하면서, 그리스도가 자신을 위해 죽으셨고
자신의 죄를 사하셨음을 믿는다고 하는 것은 앞뒤가 맞지 않는 일입니
다. 이것은 우리가 죄 없이 완전해졌다는 뜻이 아니라 이제 그러한 삶의
방식을 버렸다는 뜻입니다. 우리는 지금까지 그 실제적인 내용을 살펴
보았습니다. 우리는 모든 것이 새로워진 새 피조물입니다.

어떤 이는 이렇게 말할지도 모릅니다. "그건 좀 위험한 교리 아닙니
까? 사람들이 죄와 율법과 사탄에 대해 죽었으며 하나님이 그들을 죄 없
는 자로 여기신다고 가르치면 위험하지 않습니까? 그렇게 가르쳤다가
사람들이 그렇다면 이제 무슨 짓을 해도 상관없겠다고 말하면 어떡합니
까?" 그러나 바울은 정반대라고 말합니다. 구원받고 참된 그리스도인이
되었다는 것은 우리가 그리스도 안에 있다는 뜻이고, 우리가 그리스도
안에 있다는 것은 죄와 사탄과 세상과 옛 자아에 대해 죽었다는 뜻이기
때문에 오히려 정반대로 살게 된다는 것입니다. 우리는 주님처럼 살게
됩니다.

적극적인 차원에서 설명해 보겠습니다. 우리는 그리스도와 함께 죽
었을 뿐 아니라 그와 함께 살아났습니다. "그러므로 우리가 그의 죽으심
과 합하여 세례를 받음으로 그와 함께 장사되었나니 이는 아버지의 영
광으로 말미암아 그리스도를 죽은 자 가운데서 살리심과 같이 우리로
또한 새 생명 가운데서 행하게 하려 함이라"(롬 6:4). 우리는 "새 생명" 가
운데서 살고 있습니다. 우리는 그리스도와 함께 부활했습니다.

우리가 그리스도 안에 있다는 것은 죄와 사탄과 세상과 옛 자아에 대해 죽었다는 뜻입니다.

우리 안에 계신 그리스도

너희 몸은 너희가 하나님께로부터 받은 바 너희 가운데 계신 성령의 전인 줄을 알지 못하느냐.
고린도전서 6:19

신약성경은 그리스도가 내 안에 계시므로 계속 그와 교제하고 사귀면서 살아야 한다고 말합니다. 죄란 그리스도를 외면한 채, 그분보다는 세상이 줄 수 있는 것에 더 관심을 갖는 것입니다. 그 대상이 더러운 것일 때 문제는 훨씬 더 심각해집니다. 그러나 아무리 좋은 것이라도 세상이 주는 것을 주님 앞에 두는 것은 그분께 모욕이 됩니다.

이에 대한 말씀은 무수히 많습니다. 바울은 그 점을 성령의 관점에서 설명하고 있습니다. "너희 몸은 너희가 하나님께로부터 받은 바 너희 가운데 계신 성령의 전인 줄을 알지 못하느냐"(고전 6:19). 이 본문에서 문제 삼는 것은 음행과 음란입니다. 바울은 지금 단순히 부도덕한 일에 대해 강의하고 있는 것이 아닙니다. 그의 말은 요컨대 이런 것입니다. "너희의 잘못은 성령의 전인 너희 몸을 다른 사람과 합쳐버린 데 있다. 너희에게는 그럴 권리가 없다. 이 죄를 이기려면 이 죄에서 건져 내 달라고 기도할 것이 아니라, 너희 몸이 성령의 전이라는 사실과 너희에게는 그 전을 이런 식으로 사용할 권리가 없다는 사실을 깨달아야 한다." 바울은 아주 부드러운 표현으로 이 내용을 전하기도 했습니다. "하나님의 성령을 근심하게 하지 말라"(엡 4:30). 성령은 예민하고 민감하며 거룩한 분입니다. 그 성령을 근심하게 해서는 안 됩니다.

이런 관점에서 우리의 삶을 바라보면 성화가 금방 진전될 수 있습니다. 아침에 실천할 만한 간단한 규칙을 말씀드리겠습니다. 여러분이(저도 마찬가지입니다) 아침에 일어나서 해야 할 첫 번째 일은 스스로 이렇게 말하는 것입니다. "나는 하나님의 자녀다. 내 안에 그리스도가 계신다. 옛 사람은 그리스도와 함께 죽고 없다. 이제는 내가 사는 것이 아니라 오직 내 안에 그리스도가 사시는 것이다. 오늘 무슨 일을 하든지 이 지식에 비추어서 하자."

성령은 예민하고 민감하며 거룩한 분입니다. 그 성령을 근심하게 해서는 안 됩니다.

부활에 비추어 본 성화

예수는 우리가 범죄한 것 때문에 내줌이 되고 또한 우리를 의롭다 하시기 위하여 살아나셨느니라.
로마서 4:25

오직 부활에 비추어 볼 때에만 내 죄가 사해졌다는 최종적인 확신을 얻을 수 있습니다. 오직 부활에 비추어 볼 때에만 내가 모든 죄책과 수치와 온갖 정죄에서 놓여나 하나님 앞에 서게 되었음을 최종적으로 알 수 있습니다. 이제 바울처럼 "그러므로 이제 그리스도 예수 안에 있는 자에게는 결코 정죄함이 없나니"라고 말할 수 있는 것은 부활이라는 이 명백한 사실이 있기 때문입니다(롬 8:1). 부활은 이제 나에게 정죄함이 없음을 가르쳐 줍니다.

고린도전서 15:17에서 바울이 어떤 논리를 전개하고 있는지 보십시오. "그리스도께서 다시 살아나신 일이 없으면 너희의 믿음도 헛되고 너희가 여전히 죄 가운데 있을 것이요." 그리스도가 말 그대로 무덤에서 살아나시지 않았다면, 여러분은 여전히 하나님 앞에 죄인으로 있을 것입니다. 여러분이 받을 형벌도 그대로 있고, 죄도 처리되지 않은 채 그대로 있으며, 여러분은 여전히 죄 가운데 거할 것입니다. 부활은 그만큼 중요한 것입니다. 부활이 없다면 여러분은 설 자리가 전혀 없습니다. 용서를 받았는지 못 받았는지, 하나님의 자녀가 되었는지 못 되었는지 확인할 수가 없습니다. 언젠가 닥칠 죽음의 날에도 자신이 어디로 갈 것인지, 죽은 후에 무슨 일이 일어날 것인지 알지 못하며 확신하지 못합니다. "예수는 우리가 범죄한 것 때문에 내줌이 되고 또한 우리를 의롭다 하시기 위하여 살아나셨느니라"(롬 4:25). 내가 하나님 앞에 용서받고 그 자녀가 되어 두려움 없이 자유롭게 서게 되었다는 사실을 확인시켜 주는 것이 바로 부활입니다. 이제 여러분은 부활의 교리를 붙잡는 것이 왜 중요한지, 이 교리를 세세한 부분까지 강조하는 일이 왜 필요한지, 주 예수 그리스도를 모호하고 일반적인 차원에서만 믿는 데 만족하면 안 되는 이유가 무엇인지 알았을 것입니다. 이 세상에 살면서 세상과 싸우려 할 때 가장 먼저 해야 할 일은 주님의 부활에 대한 위대한 교리를 전체적으로 살펴보는 것이라고 바울은 말하고 있습니다.

부활이 없다면 여러분은 설 자리가 전혀 없습니다.

성화를
자극하는 것

깨어 의를 행하고 죄를 짓지 말라.
고린도전서 15:34

바울이 말하는 문제는 이것입니다. "하나님을 알지 못하는 자가 있기로 내가 너희를 부끄럽게 하기 위하여 말하노라"(고전 15:34). 거룩해지지 못하고 죄를 지으며 사는 사람의 진정한 문제는 그가 교리를 알지 못한다는 데 있습니다. 바로 이것이 문제입니다. 그는 이런 내용들에 대해 아는 바가 전혀 없습니다. 여러분과 제가 그 어느 때보다 "깨어 의를 행하고" 죄를 짓지 않기로 더욱 굳게 결심하지 않는다면, 그것은 부활의 교리를 믿지 않기 때문이라고 말할 수밖에 없습니다. 그리고 부활의 교리를 믿지 않는다면, 우리는 여전히 죄 가운데 있으며 지옥에 떨어질 운명에 처해 있는 것입니다. 하나님이 우리를 긍휼히 여기시기를!

바울은 고린도전서 15장 마지막 절에서 "그러므로"라는 말로 대미를 장식합니다. 여러분은 여기에서 그의 논리와 논법을 보게 됩니다. 여러분은 그 논리를 거부할 수가 없습니다. 이것은 단순한 미사여구가 아닙니다. 여러분은 사람들이 멋진 예배를 즐기면서 하는 말을 들어 보았을 것입니다. "이 말에 담긴 균형감각과 운율과 경쾌함이 얼마나 놀랍고 아름답고 완벽한가!"

그러나 그것은 사도가 원한 바가 아닙니다. 그는 여러분에게 "그러므로"라고 말하고 싶어 합니다. "그러므로 내 사랑하는 형제들아, 견실하며 흔들리지 말고." 이 구절이 참으로 전하고 싶어하는 말—개인의 삶이든 교회의 삶이든 너희의 삶 전체에서 모든 교리 위에 굳게 서서 흔들리지 말고 "항상 주의 일에 더욱 힘쓰는 자들이 되라. 이는 너희 수고가 주 안에서 헛되지 않은 줄 앎이라"는 말—에 귀를 기울이십시오. 이보다 더 성화를 자극하는 것은 없습니다. 우리와 이 강력한 진리 사이에 어떤 장애물도 끼어들지 못하게 하십시오! 이것이 생명입니다. 이것이 전부입니다.

> 놀라운 사랑 받은 나
> 몸으로 제물 삼겠네. —아이작 와츠

부활의 교리보다 더 성화를 자극하는 것은 없습니다!

4월

그리스도의 십자가

심고 거두는 것

스스로 속이지 말라. 하나님은 업신여김을 받지 아니하시나니 사람이 무엇으로 심든지 그대로 거두리라. 자기의 육체를 위하여 심는 자는 육체로부터 썩어질 것을 거두고 성령을 위하여 심는 자는 성령으로부터 영생을 거두리라.
갈라디아서 6:7-8

인생은 심고 거두는 것입니다. 사람은 심은 대로 거둡니다. 이 세상에는 절대적으로 작용하는 도덕 법칙들이 있습니다. 우리는 모두 책임을 지고 있는 존재로서, 죽은 후에 하나님의 심판대 앞에서 우리 몸으로 행한 일에 대해 설명을 해야 합니다. 우리가 세상에 살면서 무엇을 했느냐에 따라 영원한 운명이 결정됩니다. 그렇기 때문에 삶은 굉장히 중요합니다. 우리가 지금 육체를 위해 심느냐 성령을 위해 심느냐에 따라 이생에서 얻을 것과 앞으로 영원히 얻을 것이 결정된다는 점에서, 이것은 어떤 문제보다 심각한 문제입니다.

그렇다면 세상에서 가장 중요한 일은 어떻게 해야 성령을 위해 심느냐 하는 것임이 분명합니다. 대체 어떻게 살아야 이 세상에서 기쁨과 행복과 평화의 복을 거두며 장차 올 세상에서도 영원토록 그 복을 거둘 수 있을까요? 위대한 사도 바울이 이 질문에 대답해 줍니다. 그 대답이 담겨 있는 지극히 인상적이고 영광스러운 진술은 이것입니다. "내게는 우리 주 예수 그리스도의 십자가 외에 결코 자랑할 것이 없으니—다른 자랑거리는 생각도 할 수 없다는 말입니다—그리스도로 말미암아 세상이 나를 대하여 십자가에 못 박히고 내가 또한 세상을 대하여 그러하니라"(갈 6:14). 바울은 바로 이것을 전했습니다. 제가 하나님의 은혜로 영광스럽게도 여러분에게 전하고 있는 내용도 이것입니다. 십자가를 전하는 것, 예수 그리스도의 십자가 죽음을 전하는 것이야말로 기독교 메시지와 복음의 핵심이요 중심입니다.

지금 우리가 육체를 위해 심느냐 성령을 위해 심느냐에 따라 앞으로 영원히 얻을 것이 결정됩니다.

그리스도의
십자가를 전함

그리스도의 십자가는 사도들이 전한 메시지의 중심이요 핵심이었습니다. 저는 오늘날에도 여전히 그것이 기독교 메시지의 핵심이요 중심임을 우리 모두 깨닫는 것보다 중요한 일이 없다고 생각합니다. 이 점을 강조하기 위해 그 소극적인 측면부터 먼저 살펴봅시다. 기독교 복음과 교회의 메시지는 무엇입니까? 오해의 여지를 무릅쓰고 말씀드리고 싶은 점은 주님의 가르침이 우선은 아니라는 것입니다. 제가 이렇게 말하는 이유는 주님의 가르침이 곧 기독교라고 생각하는 이들이 오늘날 많기 때문입니다. 그들은 말합니다. "우리에게 필요한 것은 예수의 가르침이다. 그는 모든 시대를 통틀어 가장 위대했던 종교적 천재이며 그는 모든 철학자를 능가하는 인물이다. 산상수훈을 비롯한 그의 가르침을 살펴보자. 그것이야말로 우리가 바라는 것이다. 오늘날 세계는 산상수훈 같은 윤리적 가르침을 처방받을 필요가 있다. 그러므로 이 가르침을 전해서 어떻게 살아야 하는지 가르쳐야 한다."

그러나 사도 바울은 세상에 가장 먼저 필요한 것은 가르침이 아니라고 말합니다. 좀더 강하게 말씀드리겠습니다. 만약 주 예수 그리스도의 가르침만 전한다면 인류의 문제를 해결하기는커녕 오히려 악화시킬 것입니다. 그것은 사람들을 심하게 비난하는 행동에 지나지 않습니다. 왜냐하면 아무도 그 내용을 실천할 수 없기 때문입니다.

그래서 사도들은 그리스도의 가르침을 전하지 않았습니다. 바울은 "내게는 산상수훈 외에는 결코 자랑할 것이 없나니"라고 하지 않았습니다. 또는 "예수의 가르침 외에는 결코 자랑할 것이 없나니"라고 하지도 않았습니다. 바울은 그렇게 말하지 않았습니다. 그는 그리스도의 가르침이나 모범적인 삶을 전하지 않았습니다. 사도들이 전한 것은 그리스도의 십자가 죽음과 그 의미였습니다.

십자가의 목적

여호와께서는 우리 모두의 죄악을 그에게 담당시키셨도다.
이사야 53:6

구약 시대 때 이스라엘 백성들은 어린양에게 자신의 죄를 전가시킨 후 그 양을 죽여서 피를 바쳤습니다. 하나님의 아들 예수 그리스도가 오신 이유가 무엇입니까? 주님보다 먼저 활동한 세례 요한이 그 답을 주고 있습니다. 그는 한 가지 설교만 반복해서 전했는데, 그 설교의 요지는 이 것이었습니다. "보라, 나는 너희가 기다리는 그 사람이 아니다. 나는 그의 신발끈 풀기도 감당할 수 없다. 보라, 보라, 세상 죄를 지고 가는 '하나님의 어린양'을 보라." 다른 것들은 전부 모형이자 그림자요 징후이자 징조에 불과합니다. 하나님의 어린양이 직접 오셨습니다. 하나님이 친히 제물을 준비하셨습니다. 자신의 아들, 어린양을 준비하신 것입니다. 이 일이 갈보리에 세워진 나무 위에서 일어났습니다. 하나님이 여러분과 저의 죄를 그 아들의 머리 위에 두신 다음, 그를 치시고 벌하시고 때리시고 죽이셨습니다. 죄의 삯은 사망입니다.

이처럼 십자가에서 하나님은 여러분과 저의 죄를 사랑하는 독생자에게 옮기셨고, 그리스도는 우리 죄와 허물을 대신 지고 형벌을 받으셨습니다. "하나님이 죄를 알지도 못하신 이를 우리를 대신하여 죄로 삼으신 것은 우리로 하여금 그 안에서 하나님의 의가 되게 하려 하심이라"(고후 5:21). "여호와께서는 우리 모두의 죄악을 그에게 담당시키셨도다"(사 53:6). 이것이 아버지가 하신 일입니다. 그러면 아들은 무엇을 하셨습니까? 어린양처럼 그 일을 다 당하셨습니다. 불평하지 않고, 항의하지 않고 전부 짊어지셨습니다. 그 모든 일을 받아들이셨습니다. 기꺼이 나서서 자신을 버리셨습니다. 바울의 표현대로 "하나님 곧 우리 아버지의 뜻을 따라 이 악한 세대에서 우리를 건지시려고 우리 죄를 대속하기 위하여 자기 몸을 주"신 것입니다(갈 1:4).

십자가의 거치는 것

우리는 십자가에 못 박힌 그리스도를 전하니
유대인에게는 거리끼는 것이요 이방인에게는 미련한
것이로되.
고린도전서 1:23

십자가를 제대로 가르치는지 잘못 가르치는지 확인하려면, 그 가르침이 육에 속한 사람에게 거치는 것이 되는지 아닌지 보면 됩니다. 만약 십자가를 전하는 저의 설교가 육에 속한 사람에게 거치는 것이 되지 못한다면 저는 십자가를 잘못 전한 것입니다. 제 설교를 들은 사람이 "얼마나 아름다운가", "얼마나 놀라운가", "얼마나 비극적인 일인가", "얼마나 부끄러운 일인가"라고 말한다면, 저는 십자가를 제대로 전하지 못한 것입니다. 십자가 설교는 육에 속한 사람에게 거치는 것이 됩니다. 우리는 이 방법으로 설교를 점검해 볼 수 있습니다.

이번에는 회중의 입장에서 설명해 보겠습니다. 십자가의 거치게 하는 요소를 한 번도 경험하지 못했거나 한 번도 그런 거북한 감정을 느껴 보지 못했다면 여러분은 그리스도의 십자가 진리를 하나도 모르는 것입니다. 반발한 적도 없고 거북하게 느낀 적도 없다면 그 진리를 전혀 모르는 것입니다. 십자가는 육에 속한 사람에게 항상 거치는 것이 됩니다. 여기에는 예외가 없습니다. 그런데 한 번도 그것을 느끼지 못했다면, 육에 속해 있어서 십자가를 제대로 보지 못한 것입니다. 태어날 때부터 그리스도인인 사람은 아무도 없습니다. 그리스도인이 되려면 거듭나야 합니다. 육에 속해 있는 한, 십자가는 항상 거치는 것이 됩니다.

이처럼 십자가의 거치게 하는 요소를 전혀 알지 못한다면, 십자가를 전혀 모르거나 잘못 전달받은 것입니다. 십자가는 육에 속한 사람의 마음에 거치는 것이 됩니다. 십자가는 그가 가진 기존의 모든 개념과 생각을 가로지릅니다. 바로 그 때문에 십자가는 유대인들에게 거리끼는 것이 되었습니다. 그들은 로마 제국을 무너뜨릴 메시아를 기다리고 있었습니다. 그런데 메시아를 자청하는 인물이 너무나 무력한 모습으로 십자가에서 죽는 모습을 보고 깊은 상처를 받았고 거북함을 느꼈습니다.

십자가를 자랑함

내게는 우리 주 예수 그리스도의 십자가 외에 결코 자랑할 것이 없으니.
갈라디아서 6:14

그리스도인은 십자가를 자랑하는 사람입니다. "내게는 우리 주 예수 그리스도의 십자가 외에 결코 자랑할 것이 없으니"라는 말을 살펴봅시다. 바울은 단순히 십자가를 흠모한다거나 십자가는 아름답고 놀라운 것이라고 말하지 않습니다. 그렇습니다. 그는 단순히 흠모하거나 찬양만 하는 것이 아닙니다. 더 나아가, 단순히 믿기만 하는 것도 아닙니다. 지적으로 십자가 메시지를 받아들이는 것도 아닙니다. 친애하는 여러분, 여러분이 그리스도인인지 아닌지 점검해 드리겠습니다. 그리스도인은 십자가를 믿을 뿐 아니라 자랑하는 사람입니다!

이 말이 무슨 뜻이냐고 묻는 이들도 있을 것입니다. 그렇다면 저는 다음의 찬송가 가사와 같은 뜻이라고 말씀드리겠습니다.

주가 지신 십자가를 나는 자랑하노라.
성경 중의 모든 말씀 거기 중심 되었네. —존 바워링

바울은 십자가를 기뻐했습니다. 사도 바울은 실제로 여기에서 아주 강한 단어를 사용하고 있습니다. 그는 "결코 뽐낼 것이 없나니"라고 말합니다. 그는 십자가를 뽐냈습니다. 바울은 유대인들이 누군가를 회심시켰다는 사실을 뽐내기 위해 갈라디아 사람들에게 할례를 시키려 한다고 말합니다. 그들은 육체를 뽐내려 했습니다. 자신들의 성공과 명예를 위해 할례를 시키려고 했습니다. 그러나 바울은 말합니다. "오, 나는 아무것도 뽐내지 않는다. 그리스도의 십자가 외에는 아무것도 뽐낼 것이 없다."

그리스도인은 십자가를 믿을 뿐 아니라 자랑하는 사람입니다!

십자가와
그리스도의 사랑

나를 사랑하사 나를 위하여 자기 자신을 버리신
하나님의 아들.
갈라디아서 2:20

십자가에 달리신 그리스도의 모습에서 가장 먼저 보게 되는 것은 그 모든 것을 감당하게 한 사랑, '놀라운 하늘의 사랑'입니다. 무슨 뜻입니까? 사도 자신의 대답을 들어 보십시오. 그는 이렇게 말하고 있습니다. "우리가 아직 연약할 때에 기약대로 그리스도께서 경건하지 않은 자를 위하여 죽으셨도다. 의인을 위하여 죽는 자가 쉽지 않고 선인을 위하여 용감히 죽는 자가 혹 있거니와 우리가 아직 죄인 되었을 때에 그리스도께서 우리를 위하여 죽으심으로 하나님께서 우리에 대한 자기의 사랑을 확증하셨느니라. 그러면 이제 우리가 그의 피로 말미암아 의롭다 하심을 받았으니 더욱 그로 말미암아 진노하심에서 구원을 받을 것이니 곧 우리가 원수 되었을 때에 그의 아들의 죽으심으로 말미암아 하나님과 화목하게 되었은즉 화목하게 된 자로서는 더욱 그의 살아나심으로 말미암아 구원을 받을 것이니라"(롬 5:6-10).

사랑하는 여러분, 그 말뜻은 이런 것입니다. 그리스도는 여러분을 향한 사랑, 저를 향한 사랑, 죄인이요 반역자요 원수 된 자들을 향한 사랑 때문에 십자가에서 죽으셨습니다. 자신을 미워하는 자들을 위해 죽으셨습니다. 그리스도가 십자가에 달렸을 때, 다소의 사울은 그를 미워하고 있었습니다. 그런데도 주님은 그를 위해 죽으셨습니다. 그 후 바울로 이름을 바꾼 그는 그것이 "나를 사랑하사 나를 위하여 자기 자신을 버리신" 사랑이었다고 말합니다(갈 2:20). 그리스도는 그가 회심할 때까지 기다렸다가 사랑하시지 않았습니다. 다소의 사울이 주님의 거룩하신 이름을 훼방하며, 하나님의 아들이요 영광의 주님이신 분의 주장을 조롱했을 때에도 그를 사랑하셨습니다. 바울이 이런 짓을 하고 있는 동안에도 그리스도는 그를 위해 죽어 가고 계셨습니다. 그리고 여러분과 저를 위해서도 죽어 가고 계셨습니다.

그리스도는 자신을 미워하는 자들을 위해 죽으셨습니다.

왜 십자가 사건이 일어났는가

마치 도수장으로 끌려가는 어린양과 털 깎는 자 앞에서 잠잠한 양같이.
이사야 53:7

하나님의 아들이 십자가에 달리신 이유가 무엇입니까? 성경이 말하는 첫 번째 사실은, 그것이 단순히 사람의 손에서 나온 일이 아니라는 것입니다. 물론 못을 박은 것은 사람들이라고 할 수 있지만, 그것은 아주 피상적인 관찰에서 나온 말입니다. 그들이 대체 왜 그의 손에 못을 박았겠습니까? 그 배후에 다른 이유가 없었겠습니까? 아시다시피 오늘날 세계의 모든 문제는 만사를 피상적으로 보는 데서 나옵니다. 어떤 조사활동을 벌일 것인지 결정하고 위원회를 조직하여 그 부분을 살펴본 후 다소 피상적인 보고서를 제출하게 합니다. 그러나 이렇게 해서는 어떤 변화, 어떤 차이도 만들어 낼 수가 없습니다. 진단 자체가 피상적이기 때문입니다. 우리는 표면 아래 깊은 곳에 있는 것을 보지 못합니다. 십자가에 대해서도 마찬가지입니다.

십자가 사건이 단순히 사람의 손에서 나온 일이 아니라고 말하는 이유가 무엇입니까? 그것이 우연이 아니었다고 말하는 이유가 무엇입니까? 저의 당연한 대답은 십자가가 예언된 사건이기 때문이라는 것입니다. 이사야 53장을 읽어 보십시오. 십자가 사건이 정확히 예언되어 있습니다. 시편 22편도 읽어 보십시오. 주님의 십자가 죽음을 완벽하게 예언하고 있습니다. 이런 예언은 구약성경에 많이 등장하고 있습니다. 사람들이 무슨 말인지 모르겠다고 하면서 아주 지루해하는 레위기나 다른 율법서로 거슬러 올라가도 그 같은 예언을 찾아볼 수 있습니다. 율법서를 제대로 읽는 법만 안다면 그 모든 내용이 십자가를 가리키고 있음을 발견할 것입니다. 또 출애굽기로 거슬러 올라가 이스라엘 백성들이 애굽의 노예 생활에서 벗어나는 이야기를 읽어 보십시오. 그들이 왜 유월절 어린양이라고 불리는 양을 밤에 죽여서 그 피를 문설주와 인방에 발라야 했을까요? 그것은 십자가에 대한 예언입니다. 유월절의 모든 내용이 십자가 사건을 가리키고 있습니다.

십자가와
하나님의 은혜

**너희는 그 은혜에 의하여 믿음으로 말미암아
구원을 받았으니 이것은 너희에게서 난 것이 아니요
하나님의 선물이라.
에베소서 2:8**

하나님을 알 수 있는 방법, 영원하시고 불변하시는 하나님을 알 수 있는 유일한 방법이 여기 있습니다. 십자가를 바라보십시오. 그 놀라운 십자가를 주목하고 묵상하며 조사해 보십시오. 그러면 그리스도에 대해 알게 될 것입니다.

첫 번째로 알게 되는 것은 하나님의 은혜입니다. 은혜, 하나님의 은혜는 성경에 나오는 중요한 말입니다. 그것을 간단히 정의하면 '어떤 호의도 받을 자격이 없는 사람에게 베푸는 호의'라고 할 수 있습니다. 복음이 전하는 메시지는 전적인 하나님의 은혜로만 구원받고 영원히 의로워진다는 것입니다. "너희는 그 은혜에 의하여 믿음으로 말미암아 구원을 받았으니 이것은 너희에게서 난 것이 아니요 하나님의 선물이라"(엡 2:8).

사랑하는 여러분, 이제 이것을 인정할 때가 되지 않았습니까? 그래도 다른 방법을 시도하고 싶다면 해보십시오. 결코 자신을 구원하지 못할 것입니다. 세상에서도, 육신에서도, 사탄에게서도 구원하지 못할 것이며 현재의 비참한 처지에서도 구원하지 못할 것입니다. 하나님의 율법과 심판과 지옥에서는 더더욱 구원하지 못할 것입니다. 결코 구원하지 못할 것입니다. 사람들은 수백 년 동안 스스로 구원하고자 시도해 보았습니다. 그러나 모두 실패를 자인해야 했습니다.

내가 공을 세우나 은혜 갚지 못하네.
쉬임 없이 힘쓰고 눈물 근심 많으나
구속 못할 죄인을 예수 홀로 속하네. ─오거스터스 탑레이디

십자가와
하나님의 사랑

십자가의 가장 놀라운 점은 하나님의 사랑을 보여준다는 것입니다. 바울
이 로마 사람들에게 "우리가 아직 죄인 되었을 때에 그리스도께서 우리를
위하여 죽으심으로 하나님께서 우리에 대한 자기의 사랑을 확증하셨느니
라"고 말한 것도 놀랄 일이 아닙니다. 어떻게 십자가에서 하나님의 사랑을
볼 수 있을까요? 아, 현대인들은 인간들이 그 아들을 거부하고 죽였음에도
하나님은 여전히 그들을 사랑하시며 "괜찮다. 너희를 용서한다. 내 아들
에게 이런 짓을 저질렀지만 용서한다"라고 말씀하신다는 식의 주장을 펴
고 있음을 압니다. 물론 부분적으로는 맞는 말입니다. 그러나 극히 부분적
으로만 그렇습니다. 그것은 하나님의 사랑을 있는 그대로 보여주는 말이
아닙니다. 하나님은 아들의 죽음을 옆에서 구경만 하고 있지 않았습니다.
그러나 현대인들은 그렇게 생각하고 있습니다. 하늘에서 모든 것을 굽어
보시는 하나님이 사람들의 손에 아들이 죽는 것을 보시고서도 "괜찮다. 너
희를 용서한다"라고 말씀하신다는 식으로 생각하는 것입니다. 그러나 하
나님의 아들을 십자가로 끌고 간 장본인은 우리가 아닙니다. 하나님입니
다. 이것은 하나님이 미리 아시고 작정하신 사건이었습니다.

하나님의 사랑을 정말 알고 싶다면 바울이 로마 교회에 쓴 글을 읽어
보십시오. "율법이 육신으로 말미암아 연약하여 할 수 없는 그것을 하나
님은 하시나니 곧 죄로 말미암아 자기 아들을 죄 있는 육신의 모양으로
보내어 육신에 죄를 정하사"(롬 8:3). 하나님은 그 아들에 육신의 죄를 정
하셨습니다. 이것이 그분의 사랑입니다. 이사야 53장도 읽어 보십시오.
갈보리 언덕에서 일어난 일을 놀랍게 예언하고 있습니다. 선지자가 이
사건을 어떤 식으로 거듭 예언하고 있는지 보십시오. "그는 실로 우리의
질고를 지고 우리의 슬픔을 당하였거늘……여호와께서 그에게 상함을
받게 하시기를 원하사 질고를 당하게 하셨은즉"(4, 10절). 이것이 선지자
가 사용한 표현입니다. 이 표현들은 십자가에서 일어난 일을 사실 그대
로, 분명하게 묘사해 주고 있습니다.

하나님의 아들을 십자가로 끌고 간 장본인은 우리가 아닙니다. 하나님입니다.

천하를 얻음

사람이 만일 온 천하를 얻고도 자기 목숨을 잃으면
무엇이 유익하리요.
마가복음 8:36

만약 여러분이 세상 가장 아름다운 인물로 태어나 날마다 화려한 옷을 입고 산다면 어떨 것 같습니까? 궁궐 같은 집에서 멋진 자동차를 비롯하여 세상에서 가장 좋은 것들을 두루 갖추어 놓고 산다면 어떨 것 같습니까? 그렇게 온 천하를 얻었는데 영혼을 잃고 말았다면 어떨 것 같습니까? 이것이 주님께서 세상에 대해 하신 말씀으로서, 그가 이렇게 말씀하신 궁극적인 근거는 십자가에 있습니다. "사람이 무엇을 주고 자기 목숨[영혼]과 바꾸겠느냐"(막 8:37).

그리스도가 왜 죽으셨습니까? 사람의 영혼을 위해 죽으셨습니다. 물질적인 번영이나 세상의 개혁을 위해 죽으신 것이 아닙니다. 우리 영혼을 구하기 위해 죽으신 것입니다. "인자가 온 것은 잃어버린 자를 찾아 구원하려 함이니라"(눅 19:10). 여기에서 잃어버렸다고 말하는 것은 영혼입니다. 영혼은 사라지지 않고 죽음과 종말 이후에도 계속 존재합니다. 그리스도는 세상이 자신의 실상에 대해 꾸며 낸 거짓말을 폭로하셨습니다.

부자와 나사로 비유를 보십시오. 부자는 멋진 옷을 차려입고 궁궐 같은 집에 살면서 친구들과 마음껏 먹고 즐겼습니다. 반면에, 그의 대문가에 앉은 불쌍한 거지에게는 개만 찾아와 그 헌데를 핥아 주었습니다. 주님은 요컨대 "피상적으로 판단하지 말라. 이것은 이야기의 끝이 아니다"라고 말씀하시면서 아브라함의 품에 안겨 있는 나사로의 모습과 지옥의 고통을 겪고 있는 부자의 모습을 보여주십니다. 우리는 여기에서 성부와 성자의 사고방식이나 관점이 세상의 사고방식이나 관점과 어떻게 다른지 알 수 있습니다. 주님은 세상의 실상을 폭로하셨습니다.

십자가와 심판

그리스도는 십자가에서 "이제 이 세상에 대한 심판이 이르렀으니"라고 말씀하십니다(요 12:31). 이것은 장차 일어날 일에 대한 예언입니다. 그는 심판자가 되실 것입니다. 사도 바울은 아덴 사람들에게 이렇게 말했습니다. "이는 정하신 사람으로 하여금 천하를 공의로 심판할 날을 작정하시고 이에 그를 죽은 자 가운데서 다시 살리신 것으로 모든 사람에게 믿을 만한 증거를 주셨음이니라"(행 17:31) 또한 요한계시록 20:12-13은 생명책이 펴지고 모든 사람이 그리스도 앞에 서게 될 것이라고 말하고 있습니다. 바다에서 죽은 자든, 땅에서 죽은 자든, 공중에서 흔적도 없이 사라진 자든, 모든 사람이 그리스도 앞에서 마지막 심판을 받는다는 것입니다.

성경 전체의 메시지를 간략하게 요약하면 세상, 곧 하나님을 대적하고 인간과 인간의 능력을 의지해서 한 모든 일은 심판과 저주를 받고 영원히 비참하게 멸망한다는 것입니다. 장차 세상에 임할 멸망에서 우리 각 사람을 구원해 주는 것은 십자가밖에 없습니다. 이렇게 생각할 때 바울이 왜 십자가를 자랑했는지 알게 됩니다. 세상에 임할 멸망에서 우리를 구원해 줄 수 있는 것은 오직 십자가뿐입니다. 온 세상은 하나님 앞에 죄인으로 서 있습니다. "하나님의 진노가 불의로 진리를 막는 사람들의 모든 경건하지 않음과 불의에 대하여 하늘로부터 나타나나니"(롬 1:18). 온 세상은 심판을 받을 것이며 멸망할 것입니다. 우리는 모두 이런 세상에 태어났고 이런 세상에 속해 있습니다. 거기에서 떨어져 나오지 않는 한 파국을 면할 길이 없습니다. 나는 우리 주 예수 그리스도의 십자가 외에 결코 자랑할 것이 없습니다. 십자가로 인해 세상이 나에 대해 못 박힘으로써 거기에서 떨어져 나올 수 있었기 때문입니다. 어떻게 그런 일이 일어났을까요? 분명히 말씀드리겠습니다. 주 예수 그리스도가 친히 십자가 위에서 세상에 속한 모든 것에 임할 형벌을 대신 받으셨습니다. 이것이 그분이 죽으신 이유입니다. 그 사람들이 받아야 할 죄의 형벌을 대신 받으셨습니다.

세상에 임할 멸망으로부터 우리를 구원해 줄 수 있는 것은 오직 십자가뿐입니다.

십자가와 세상

너희 안에 계신 이가 세상에 있는 자보다 크심이라.
요한일서 4:4

그리스도인은 어떤 사람입니까? 바울이 골로새 교회에 한 말에 따르면, 흑암의 나라에서 하나님의 사랑하는 아들의 나라로 옮겨진 사람입니다. 나는 더 이상 세상에 속해 있지 않습니다. 그리스도의 나라, 빛의 나라, 영광의 나라, 하나님 나라에 속해 있습니다. 이것이 나의 자리입니다. 이제 세상은 나와 아무 상관이 없습니다. 나는 그 나라 사람이 아닙니다. 다른 나라 사람입니다. 물론 세상에 여전히 살고 있지만 세상에 속해 있지는 않습니다. 나는 다른 나라로 옮겨졌습니다. 이제 내 시민권은 하늘에 있습니다. 나는 하늘로부터 오실 구원자를 기다리고 있으며, 그가 오시면 영원토록 함께 지내게 될 것을 알고 있습니다. 그가 십자가에 죽으심으로 나를 세상에서 끌어내 자신의 나라에 들이셨고, 하나님 앞으로 인도하여 그 자녀가 되게 하셨으며 영원한 복의 상속자로 삼아 주셨습니다.

그는 세상에서 나를 건져 내십니다. 그는 "그를 믿는 자마다 멸망하지 않고 영생을 얻게 하려"고 죽으셨습니다(요 3:16). 그러나 그것이 전부는 아닙니다. 그는 세상보다 더 큰 능력도 주십니다. 요한의 말을 들어 보십시오. "너희 안에 계신 이가 세상에 있는 자보다 크심이라", "세상을 이기는 승리는 이것이니 우리의 믿음이니라"(요일 4:4, 5:4). 이 믿음은 그리스도를 믿는 믿음입니다.

또한 감사하게도 그 다른 세상, 진정한 세상, 장차 임할 순결하고 거룩한 세상을 얼핏 보여주실 때도 가끔 있습니다. 이 옛 세상은 결코 개선되거나 개혁될 수 없습니다. 하나님은 새 세상을 세우실 것입니다. "우리는 그의 약속대로 의가 있는 곳인 새 하늘과 새 땅을 바라보도다"(벧후 3:13). 모든 곳이 영광으로 빛나는 혁신된 세계, 완전한 우주가 세워질 것입니다. 물이 바다를 덮음같이 주의 영광이 만물을 뒤덮을 것입니다.

나는 여전히 세상에 살고 있지만 세상에 속해 있지는 않습니다.

십자가와 화목

곧 하나님께서 그리스도 안에 계시사 세상을 자기와
화목하게 하시며 그들의 죄를 그들에게 돌리지
아니하시고.
고린도후서 5:19

주님은 십자가에서 우리를 하나님과 화목하게 하십니다. "곧 하나님께
서 그리스도 안에 계시사 세상을 자기와 화목하게 하시며 그들의 죄를
그들에게 돌리지 아니하시고." 그리스도는 십자가 형벌을 받으셔야 했
습니다. 그래서 율법의 요구대로 징계를 당하셨습니다. 그 때문에 그
를 믿는 사람들이 형벌과 정죄에서 벗어날 수 있는 것입니다. 우리는 하
나님과 화목하게 되었습니다. 그의 능력이 우리를 마귀와 그 세력의 손
에서 건져 내어 하나님의 나라로 옮겨 놓았습니다. 사도 바울이 골로새
서 1:13에서 "그가 우리를 흑암의 권세에서 건져 내사 그의 사랑의 아들
의 나라로 옮기셨으니"라고 말한 이유가 여기 있습니다. 이것이 우리에
게 일어난 일이며, 십자가에서 일어난 일입니다. 마귀는 그리스도를 무
너뜨렸다고 생각했지만, 오히려 그리스도가 마귀를 무너뜨리시고 우리
를 그 손아귀에서 건져 내어 하나님과 화목하게 하셨습니다. 우리 대신
형벌을 받아 우리와 하나님의 관계를 바로잡으심으로 그렇게 하셨습니
다. 하나님의 능력이 우리 안에 들어왔으며, 우리는 거듭난 사람, 새 본
성을 받은 새사람이 되었습니다. 이제 성령이 우리 안에 계시며, 그리스
도도 항상 옆에서 도와주고 계십니다.

　요한이 "온 세상은 악한 자 안에" 처해 있지만 "악한 자가 그를 만지지
도" 못한다고 말할 수 있었던 이유가 여기 있습니다(요일 5:18-19). 원수
는 세상을 건드리기만 하는 것이 아니라 아예 끌어안고 있습니다. 세상
은 그 손아귀에서 벗어날 수가 없습니다. 그런데 그리스도가 우리를 그
손아귀에서 빼앗아 자신의 나라로 옮기셨습니다. 이제 마귀는 우리를
건드릴 수 없습니다. 우리에게 소리를 지르거나 겁을 줄 수는 있지만 건
드릴 수는 없습니다. 그는 그리스도를 끝장냈다고 생각했습니다. 그러
나 실제 패배자는 마귀 자신이었습니다. 그리스도가 그를 정복하셨습니
다.

그리스도는 우리를 마귀의 손아귀에서 빼앗아 자신의 나라로 옮기셨습니다. 이제 마귀는 우리를 건드릴
수 없습니다.

십자가와 우리 자신

인자가 온 것은 잃어버린 자를 찾아 구원하려 함이니라.
누가복음 19:10

십자가가 첫 번째로 하는 일은 우리 자신의 모습을 보게 하는 것입니다. 우리는 늘 자신을 방어하기에 급급하지 않습니까? 우리는 항상 '내 잘못이 아니라 저 사람 잘못'이라고 말하며 '저 사람이 실상을 제대로 알기만 한다면'이라고 말합니다. 부부들이 서로 갈라설 때 하는 말을 들어보십시오. 남편은 "저 여자를 참을 수가 없습니다!"라고 말합니다. 그러면 부인도 "전 이런 남자와 살 수 없어요. 도저히 참을 수 없는 인간이라니까요!"라고 말합니다. 늘 남이 문제입니다. 그렇지 않습니까? 나는 잘못한 것이 하나도 없습니다. 나는 아주 훌륭한 사람입니다. 남들이 실상을 모르는 게 문제일 뿐입니다. 늘 누군가 다른 사람이 문제이고 남이 문제입니다.

복음이 무슨 일을 하는지, 십자가가 무슨 일을 하는지 아십니까? 바로 여러분 자신의 모습을 보게 해줍니다. 이것은 세상 어떤 것도 해주지 못하는 일입니다. 그리스도의 십자가 외에는 그 어떤 것도 나라나 개인을 겸손하게 만들 수 없습니다. 십자가는 우리 자신에 대해 간단하고 분명한 진실을 말해 줍니다.

이렇게 생각해 봅시다. 하나님의 아들이 세상에 오신 이유가 대체 무엇입니까? 그는 왜 영광스러운 왕궁을 떠나 오셨습니까? 왜 어린아이로 태어나셨습니까? 왜 인간의 본성을 입으셨습니까? 그 대답은 한 가지뿐입니다. 인간이 스스로 구원할 수 없기 때문입니다. 그리스도께서도 친히 그렇게 말씀하셨습니다. "인자가 온 것은 잃어버린 자를 찾아 구원하려 함이니라"(눅 19:10). 십자가와 그 위에 달려 죽어 가고 계시는 주님을 바라볼 때, 그가 해주시는 말씀은 이것입니다. "네게는 자랑할 것이 하나도 없다." 십자가는 내가 완전한 실패자라고 말합니다. 내가 그런 실패자이기 때문에 나 대신 십자가에서 죽으려고 그리스도가 세상에 오신 것이라고, 단지 가르치고 전하기만 하려고 오신 것이 아니라고 말합니다. 십자가 외에 우리를 구원할 수 있는 것은 아무것도 없습니다.

십자가와 그 위에 달려 죽어 가고 계시는 주님을 바라볼 때, 그가 해주시는 말씀은 이것입니다. "네게는 자랑할 것이 하나도 없다."

우리를 낮추는 십자가

그러나 무엇이든지 내게 유익하던 것을 내가
그리스도를 위하여 다 해로 여길뿐더러.
빌립보서 3:7

그리스도의 십자가는 우리를 똑같은 자리로 낮춥니다. "모든 사람이 죄를 범하였으매 하나님의 영광에 이르지 못하더니"(롬 3:23). 그리스도의 십자가를 바라볼 때 민족 간의 차이, 집단 간의 차이, 개인 간의 차이는 사소한 것이 되어 버립니다. 모두가 비참하고 무력하며 소망 없는 죄인일 뿐입니다.

우리에게는 자랑할 것이 없습니다. 사도 바울이 빌립보서 3:7-9에서 말한 바와 같습니다. "그러나 무엇이든지 내게 유익하던 것을 내가 그리스도를 위하여 다 해로 여길뿐더러 또한 모든 것을 해로 여김은 내 주 그리스도 예수를 아는 지식이 가장 고상하기 때문이라." 바울은 연이어 말합니다. "내가 그를 위하여 모든 것을 잃어버리고 배설물로 여김은 그리스도를 얻고 그 안에서 발견되려 함이니 내가 가진 의는 율법에서 난 것이 아니요 오직 그리스도를 믿음으로 말미암은 것이니 곧 믿음으로 하나님께로부터 난 의라."

이러한 십자가의 메시지를 진정으로 파악하는 순간, 여러분은 비참한 실패자요 소망 없는 죄인으로 바닥에 엎어질 것입니다. 여러분도, 여러분의 이웃도 할 수 있는 일이 아무것도 없습니다. 모두가 완전히 무력하고 소망 없는 존재일 뿐입니다. 그러나 감사하게도 하나님은 여러분을 그 상태에 버려두지 않으십니다. 여러분 앞에는 모두가 바라볼 수 있는 유일한 구주, 세상의 구주, "세상 죄를 지고 가는 하나님의 어린양"이 계십니다(요 1:29). 그는 서방 세계에서도 구주이실 뿐 아니라 철의 장막에서도 구주이십니다. 그는 자본주의자들뿐 아니라 공산주의자들도 구원하실 수 있습니다.

우리는 모두 비참하고 무력하며 소망 없는 죄인입니다.

우리에게 말하는 십자가

아벨의 피보다 더 나은 것을 말하는 뿌린 피니라.
히브리서 12:24

그리스도의 십자가가 여러분에게 하는 말을 들은 적이 있습니까? 그 메시지를 들은 적이 있습니까? 그리스도의 십자가는 설교하고 있습니다. 그리스도의 십자가는 말하고 있습니다. 십자가의 피는 말하고 있습니다. 우리에게 무언가 말할 거리를 가지고 있습니다. 그것을 들은 적이 있습니까? 히브리서 기자는 이 피가 아벨의 피보다 더 나은 것을 말하는 것에 대해 하나님께 감사드리고 있습니다. 아담과 하와가 처음 낳은 두 아들 가인과 아벨의 이야기, 형이 아우를 죽여 피를 흘린 이야기를 기억할 것입니다. 가인은 아우를 죽였습니다. 그리고 땅에 쏟아진 아벨의 피는 이것을 갚아 주시고 징계하시며 벌해 달라고 부르짖었습니다. 아벨의 피가 말을 한 것입니다. 하나님은 히브리서 기자를 통해 여러분과 제가 이르러야 할 것은 그런 피가 아니라고 합니다. 우리는 "아벨의 피보다 더 나은 것을 말하는" 뿌린 피에 이르러야 합니다. 신약성경의 모든 사람들이 그 피를 기뻐하는 이유가 여기 있습니다. 모든 세대의 성도들이 그 피를 기뻐하는 이유가 여기 있습니다. 그 피는 말하고 있습니다. 이제까지 세상에 들린 것 중에 가장 좋은 것을 말하고 있습니다.

그리스도의 십자가, 그 십자가에서 흘린 피가 오늘날 사람들에게 말하고 전하는 바에 주의를 집중하시기 바랍니다. 다시 말해서 십자가가 강해하고 있는 내용을 들어 보라는 것입니다. 그리스도의 십자가만큼 하나님의 진리를 잘 설명해 주는 것은 없습니다. 성경도 똑같은 진리를 설명하고 있습니다. 그리스도의 십자가는 그 진리를 우리 앞에 펼쳐 놓고 직접 말을 걸게 합니다. 십자가 자체가 설교라고 생각하고 앉아서 귀를 기울인 적이 있습니까? 십자가가 여러분에게 전하는 말을 들어본 적이 있습니까? 진리를 강해하는 설교가 갈보리 언덕에 세워진 십자가 안에 있습니다!

그리스도의 십자가만큼 하나님의 진리를 잘 설명해 주는 것은 없습니다.

십자가와
사람의 영혼

사람이 무엇을 주고 자기 목숨[영혼]과 바꾸겠느냐.
마가복음 8:37

십자가는 사람의 영혼이 아주 소중한 것이라는 진리를 설명하고 있습니다. 주님도 이 점을 친히 가르치신 것을 기억할 것입니다. "사람이 만일 온 천하를 얻고도 자기 목숨을 잃으면 무엇이 유익하리요. 사람이 무엇을 주고 자기 목숨과 바꾸겠느냐"(막 8:36-37). 십자가는 사람의 영혼에 대해 이야기합니다. 영원한 영혼은 소중한 것이기 때문에 그리스도가 십자가에 달리셨다고 이야기합니다. 여러분은 십자가가 하나님이 우리에게 주신 인간의 본성에 대해 말하고 있음을 직감할 것입니다. 십자가는 삶의 목적에 대해 이야기해 줍니다. 그 목적은 바로 내 영혼입니다. 영혼이야말로 중요한 것입니다. 물론 몸도 중요한 것으로서 몸을 무시해서는 안 됩니다. 그 밖에도 세상에는 중요한 것들이 많이 있습니다. 그런 정당한 것들을 깎아내리거나 우습게 보는 내용은 복음서 어디에도 없습니다. 그럼에도 복음서가 하는 일은 사람의 영혼이 중요하다는 사실과 그 영혼은 죽어도 사라지지 않고 계속 존재한다는 사실을 전하는 것이라고 저는 말하고 싶습니다. 십자가는 이 점을 굉장히 강조하고 있습니다. 그리스도가 오신 것은 우리 몸을 치료하기 위해서도 아니고, 우리에게 더 좋은 음식이나 옷을 주기 위해서도 아니며, 더 많은 정보와 지식을 주기 위해서도 아닙니다. 결코 아닙니다. 그는 영혼을 건져 내려고 오셨습니다. "인자가 온 것은 잃어버린 자를 찾아 구원하려 함이니라"고 할 때(눅 19:10), 잃어버린 대상은 바로 영혼입니다.

십자가는 이처럼 놀라운 말씀을 우리에게 전하고 있습니다. 그것을 들었습니까? 가장 중요한 것은 여러분의 영혼이라는 사실을 깨달았습니까?

선언하는 십자가

그의 피로써 믿음으로 말미암는 화목제물로
세우셨으니……죄를 간과하심으로 자기의
의로우심을 나타내려 하심이니.
로마서 3:25

십자가가 단지 강해에 그치지 않는다는 것에 감사를 드립니다. 십자가는
또한 선언이자 강력한 선포입니다. 저는 사도가 로마서 3장에서 사용한
단어를 좋아하는데, 특히 그가 그 단어를 반복하는 방식을 좋아합니다. 사
도 자신도 그 방식을 좋아했음이 분명합니다. "이 예수를 하나님이 그의
피로써 믿음으로 말미암는 화목제물로 세우셨으니……죄를 간과하심으
로 자기의 의로우심을 나타내려[선포하려] 하심이니…… 의롭다 [선포하려
하심이니라"(롬 3:25-26). 이 선포를 들었습니까? 이 선포에 귀를 기울였습
니까? 이 선포를 지금 듣고 있습니까? 사도는 졸면서 듣는 사람들에게 일
어나라고 말합니다. "[선포하려 하심이니라." 이 선포를 들었습니까? 이
강력한 선언을 들었습니까? 이 피가 선포하는 것이 무엇입니까?

고린도후서 5:19, 21에 나오는 사도의 다른 말을 통해 다시 정리해 봅
시다. 이 피가 선포하는 내용은 이것입니다. "곧 하나님께서 그리스도
안에 계시사 세상을 자기와 화목하게 하시며 그들의 죄를 그들에게 돌
리지 아니하시고……하나님이 죄를 알지도 못하신 이를 우리를 대신하
여 죄로 삼으신 것은 우리로 하여금 그 안에서 하나님의 의가 되게 하려
하심이라." 무슨 뜻입니까? 현대식 표현으로 설명해 보겠습니다. 십자
가는 자신이 선포라고 말합니다. 사람의 죄 문제를 다루는 하나님의 방
식이라고 말합니다. 전부터 사람들은 문제가 있다고 말해 왔습니다. 그
것은 무서운 문제이며, 모든 시대와 온 우주를 통틀어 가장 큰 문제입니
다. 이보다 더 큰 문제가 없습니다. 그런데 그 문제에 대해 설명해 주는
강해가 여기 있습니다. 그 문제에 대한 강력한 선포가 여기 나와 있습니
다. 십자가는 자신이 하나님의 해결책이라고 말합니다.

주님도 이 점을 가르치셨지만 사람들은 이해하지 못했습니다. 그들
은 눈이 멀었습니다. 제자들도 마찬가지였습니다. 그들도 다른 유대인
들처럼 땅에 있는 나라의 관점에서 생각했습니다. 사람은 크고 영광스
러운 하나님 나라의 복을 늘 물질적으로 생각하려 듭니다.

강력한 선포인 십자가

이 예수를 하나님이 그의 피로써 믿음으로 말미암는 화목제물로 세우셨으니 이는 하나님께서 길이 참으시는 중에 전에 지은 죄를 간과하심으로 자기의 의로우심을 나타내려 하심이니.
로마서 3:25

십자가는 강력한 선포입니다. 그 선포의 내용은 하나님의 아들이 화목제물이시라는 것입니다. 다시 말해서 하나님이 십자가에서 죄를 벌하셨다는 것입니다. 하나님은 그렇게 하겠다고 말씀하셨으며, 실제로 그렇게 하셨습니다.

죄는 벌을 받아야 하며 하나님의 거룩한 진노를 당해야 합니다. 그렇게 하지 않고서는 죄가 처리되지 않는다고 하나님은 계속해서 말씀하셨습니다. 그리고 그 약속하신 바를 정확히 이루셨습니다. 십자가에서 공개적으로 이루신 것입니다. 하나님은 역사의 중심점에서, 단번에, 사람의 죄에 대한 진노를 그 아들의 몸에 쏟으셨습니다. 그를 치시고 때리시고 정죄하여 죽이셨습니다. 그리스도가 죽어가며 흘리신 피는 이것이 죄와 악에 대한 하나님의 형벌이라고 말합니다. 십자가는 하나님이 하겠다고 계속 말씀하셨던 일, 곧 하나님이 죄를 벌하실 것이며 그 죄의 삯은 사망이라는 것을 마침내 이루셨다는 강력한 선포입니다. 하나님이 말씀하신 일이 십자가에서 이루어졌습니다. 십자가는 하나님이 이 방법으로 죄 문제를 해결하신다는 공표이자 선언입니다.

주저 없이 말하건대, 십자가는 죄를 해결하는 유일한 방법임이 분명합니다. 십자가는 그것을 말하고 있습니다.

그 흘린 보배 피로써 날 속량했으니
저 하늘 문을 여시고 날 인도하시리. ─ C. F. 알렉산더

세상에서 가장 위대한 몇 편의 시가 그리스도의 십자가와 보혈을 생각하며 지어진 것은 놀랄 일이 아닙니다.

십자가의 초청

**땅의 모든 끝이여, 내게로 돌이켜 구원을 받으라.
이사야 45:22**

십자가는 초청입니다. "아벨의 피보다 더 나은 것을 말하는 뿌린 피니라"(히 12:24). 아벨의 피에는 초청이 들어 있지 않습니다. 벌을 주고 징계해 달라는 부르짖음만 있을 뿐입니다. 그의 피에는 거룩하신 하나님의 진노에 대한 호소만 있을 뿐, 초청이 없습니다. 그러나 "아벨의 피보다 더 나은 것을 말하는" 이 다른 피에는 초청이 들어 있습니다. 여러분과 저의 입장에서 아주 현실적으로 생각할 때, 이것이야말로 십자가에 담긴 내용 중에 가장 놀라운 내용이라 할 것입니다. 십자가는 역사적인 사건임을 우리는 알고 있습니다. 그것은 하나님의 위대한 행동을 공식적으로 알린 사건이었습니다. 그러나 거기에만 그치지 않음을 감사합시다. 십자가는 호소이며 초청입니다. 우리의 불멸하는 영혼을 소중히 여긴다면 귀를 기울이라고 요청하고 있습니다.

아시다시피 구약성경의 선지자들은 이 일을 어느 정도 내다보고 있었습니다. 그러나 선명히 보지는 못했습니다. 그들에게는 선명히 보는 것이 허락되지 않았습니다. 너무 멀리 떨어져 있어서 제대로 볼 수가 없었습니다. 그리스도의 고난과 뒤이은 영광을 어느 정도 내다보기는 했지만 이런 내용까지 알지는 못했습니다. 그중 한 사람은 예언적 영감이 최고조에 이른 순간 자신이 본 것을 입으로 옮겼는데, 그것은 장차 오실 메시아가 하실 말씀이었습니다. "땅의 모든 끝이여, 내게로 돌이켜 구원을 받으라"(사 45:22). "내게로 돌이"키라는 것은 초청입니다. 선언일 뿐 아니라 초청입니다. "내게로 돌이키라!"

저는 사도 바울이 에베소서 2장에서 이 점을 설명하고 있는 방식을 좋아합니다. 그는 참으로 놀랍게 설명해 주고 있습니다. "그는 우리의 화평이신지라. 둘로 하나를 만드사 원수 된 것 곧 중간에 막힌 담을 자기 육체로 허시고 법조문으로 된 계명의 율법을 폐하셨으니……십자가로 이 둘을 한 몸으로 하나님과 화목하게 하려 하심이라"(14-16절).

십자가는 호소이며 초청입니다. 우리의 불멸하는 영혼을 소중히 여긴다면 귀를 기울이라고 요청하고 있습니다.

십자가는 누구를 초청하는가

수고하고 무거운 짐 진 자들아, 다 내게로 오라. 내가 너희를 쉬게 하리라.
마태복음 11:28

십자가는 누구를 초청합니까? 자기 잘못을 아는 사람, 부끄러워 고개를 들지 못하는 사람, 갈등하느라 지치고 힘들고 절망한 사람, 실패자들을 초청합니다. "수고하고 무거운 짐 진 자들아, 다 내게로 오라. 내가 너희를 쉬게 하리라." 아시겠지만 주님이 여기에서 가리키는 자들은 선하고 흠 없고 올바른 삶을 살기 위해 수고하는 자들입니다. 이것이 "수고하고 무거운 짐"이 의미하는 바입니다. 곧, 하나님의 율법과 명령, 도덕적 이상을 의미하는 것입니다. 여러분은 부단히 노력했고 땀 흘렸으며 금식했습니다. 진리를 깨닫기 전의 마르틴 루터처럼, 존 웨슬리처럼 여러분도 선한 삶을 살기 위해 수고했습니다. 진리를 깨닫기 전의 모든 사람들처럼 여러분도 선한 삶을 살기 위해 애쓰며 수고했지만 결국에는 실패했습니다. 우리는 지쳐 있고 절망에 빠져 있는 비참한 실패자들입니다.

교회의 찬송가는 늘 그 상태를 표현해 왔습니다.

"값없이 주는 생수로 영생을 얻으라.
목마른 사람 오라"고 주 말씀하셨네.

곤하고 슬픈 죄인이 주 앞에 나온 후……. ─H. 보나

죄인들은 이렇게 주 앞으로 나아갑니다. 십자가는 바로 그런 자, 약하고 지친 자를 초청합니다.

십자가와 칭의

Apr. 22

그러므로 우리가 믿음으로 의롭다 하심을 받았으니
우리 주 예수 그리스도로 말미암아 하나님과 화평을
누리자.
로마서 5:1

십자가는 모든 복으로 들어가는 문입니다. 십자가가 없으면 아무것도 없습니다. 십자가가 없다는 것은 하나님께 어떤 복도 받을 수 없다는 뜻입니다. 십자가는 영광스러운 하나님의 복을 무한히 받을 수 있는 길을 열어 주었습니다.

그 복의 내용이 무엇입니까? 사도 바울은 지치지도 않고 그에 대해 이야기하고 있습니다. 로마서를 읽어 보십시오. "그러므로 우리가 믿음으로 의롭다 하심을 받았으니 우리 주 예수 그리스도로 말미암아 하나님과 화평을 누리자." "믿음으로 의롭다 하심을 받았으니"라는 것은 십자가에서 이루어진 일을 믿고 그것이 나를 자신과 화목하게 하시는 하나님의 방법임을 깨닫는 즉시 의롭다 하심을 얻고, 모든 죄를 용서받고 깨끗해지며, 그리스도로 옷 입게 된다는 뜻입니다.

바울은 "그러므로 우리가 믿음으로 의롭다 하심을 받았으니……하나님과 화평을 누리자"라고 말합니다. 이것이 믿음이 가져오는 첫 번째 결과입니다. 바울 서신에서 그러므로라는 말보다 중요한 말은 없습니다. 이 말에 유의하십시오. 바울은 늘 이런 문맥에서 '그러므로'라는 말을 사용합니다. 그는 교리, 특히 십자가 교리를 제시한 다음 '그러므로'라고 말합니다. 그것은 앞에 나온 교리 때문에, 그 교리에 비추어 볼 때 그다음 내용이 이어진다는 뜻입니다.

'그러므로'라는 말로 이어지는 첫 번째 내용은 이것입니다. "그러므로 우리가 믿음으로 의롭다 하심을 받았으니……하나님과 화평을 누리자." 이 말의 뜻을 아시겠습니까? 여러분 자신이 화평을 얻으며 하나님으로 더불어 화평을 누리는 것이야말로 여러분에게 일어날 수 있는 일 중에 가장 놀랍고 중요한 일임을 아시겠습니까? 우리가 인간으로 살면서 겪는 온갖 어려움은 하나님과 바른 관계를 맺지 않은 데서 나오는 것입니다. 아주 간단한 원리입니다.

믿음으로 의롭다 하심을 얻는다는 것은 십자가에서 일어난 일을 믿는 즉시 의롭다 하심을 얻는다는 뜻입니다.

십자가와 화평

하나님과 화평을 누리자.
로마서 5:1

사람이 화평을 알려면, 특히 하나님과 누리는 화평을 알려면, 두 가지 측면을 먼저 짚고 넘어가야 합니다. 사람은 하나님과 원수 관계에 있으며 하나님의 진노 아래 있습니다. 이 문제를 해결하려면 하나님 쪽에서 무슨 일인가를 하셔야 하는데 그 일이 마침내 이루어졌다는 것이 바로 십자가가 전하는 메시지입니다. 주님이 십자가에서 죽으심으로써 하나님의 의와 공평과 거룩함이 완전히 충족되었습니다. 하나님은 그 아들의 육신에 죄를 옮기시고 그 위에 진노를 쏟으셨습니다. 그리스도의 영혼이 속죄 제물로 바쳐짐으로써 거룩함에 대한 하나님의 모든 요구가 채워졌습니다. 감사하게도 그 일은 우리 쪽에도 영향을 끼칩니다. 우리는 하나님이 우리를 대적하신다는 느낌을 가지고 있습니다. 하나님을 생각할 때 우리를 덮쳐서 벌주려고 기다리는 거대한 괴물 같은 존재를 떠올리기도 합니다. 우리를 미워하고 대적하며 우리 인생을 망치는 존재로 느끼는 것입니다. 우리는 하나님의 방해를 받기 싫어서 그를 내쫓고 싶어 합니다.

그러다가 십자가를 바라보며 하나님이 참으로 사랑하는 독생자를 세상에 보내서 십자가를 지게 하셨다는 사실을 깨닫는 순간을 맞이합니다. 아들을 보내 십자가를 지게 하신 분은 바로 하나님이십니다. "하나님께서 그리스도 안에 계시사 세상을 자기와 화목하게 하시며"(고후 5:19). 다름 아닌 하나님이 "우리 무리의 죄악을 그에게 담당"시키셨습니다(사 53:6). 하나님이 그를 때리고 치셨으며 우리가 받아야 할 벌을 그에게 대신 내리셨습니다. 거듭 말하지만, 십자가를 바라볼 때 하나님에 대한 우리의 태도와 생각 전체가 완전히 바뀌게 되어 있습니다. 우리는 십자가를 보면서 하나님이 사랑이시며 자비와 긍휼이 넘치는 분으로서 우리를 한없이 사랑하신다는 사실을 깨닫습니다. 십자가를 통해 하나님의 진노가 채워지고 해소되었으며, 우리의 어리석음과 반역은 용서되었고, 하나님과 인간이 화목하게 되고 화평을 누리게 되었음을 깨닫습니다.

십자가를 통해 하나님과 인간은 화목하게 되었습니다.

새로운 피조물

**죄가 너희를 주장하지 못하리니 이는 너희가 법 아래에 있지 아니하고 은혜 아래에 있음이라.
로마서 6:14**

그리스도인은 완전히 새로 태어나 새롭게 출발할 수 있으며, 새 본성을 가지고 새 삶을 시작할 수 있습니다. 그는 그리스도와 함께 죽었고 그리스도와 함께 살아났습니다. 그는 그리스도 안에 있음으로써 새 사람이 되었습니다.

자, 사도 바울에게도 당연히 같은 일이 일어났습니다. 이전에는 자만과 자부심에 넘치는 바리새인으로, 경건하고 도덕적인 인물로, 아주 훌륭하며 민족주의적 색채가 강한 유대인으로 자신을 자랑하고 남을 무시하면서 살았습니다. 그럼에도 그는 비참하고 곤고하고 불행했으며 혼란스러웠습니다. 그러나 주 예수 그리스도가 십자가에서 죽으신 의미를 깨달은 후 완전히 새롭게 출발하게 되었습니다. 다소의 사울은 죽고, 사도 바울로서의 삶이 시작되었습니다. 그는 말합니다. "누구든지 그리스도 안에 있으면 새로운 피조물이라. 이전 것은 지나갔으니 보라 새것이 되었도다"(고후 5:17).

그리스도인은 이제 새로운 세계 안에 있습니다. 옛 아담의 상태와 본성에서 구원받아 그리스도 안으로 들어왔으며 하나님에 대해 산 자가 되었습니다. 다름 아닌 십자가가 그렇게 해주었습니다. 그리스도의 십자가 죽음 외에 그 어떤 것도 우리의 원래 모습인 옛 사람을 제거해 주지 못합니다. 그러나 그리스도를 믿고 그 죽음의 목적과 그 죽음이 성취한 바를 믿으면, 옛 아담의 본성에 대해 참으로 죽게 됩니다. 아시겠지만 여러분의 옛 사람은 그리스도와 함께 못 박혀 영원히 죽어 버렸습니다. 그 결과, 우리의 신분과 처지는 완전히 바뀌게 되었습니다. 사도는 그 점을 다음과 같은 위대한 진술 속에 담아 놓았습니다. "죄가 너희를 주장하지 못하리니 이는 너희가 법 아래에 있지 아니하고 은혜 아래에 있음이라"(롬 6:14).

그리스도의 십자가 죽음 외에 그 어떤 것도 우리의 원래 모습인 옛 사람을 제거해 주지 못합니다.

새로운 본성

그런즉 누구든지 그리스도 안에 있으면 새로운
피조물이라.
고린도후서 5:17

주 예수 그리스도의 십자가는 완전한 변화를 가져옵니다. 바울은 여러분이 "법 아래 있지 아니하고 은혜 아래에" 있다고 말합니다(롬 6:14). 주 예수 그리스도와 그의 십자가 죽음을 믿는 여러분은 이제 그 신분이 완전히 바뀌었습니다. 여러분은 완전히 새로운 신분을 얻었습니다. 이제 여러분은 은혜 아래 있습니다. 은혜는 조건 없이 호의를 베푸시는 것입니다. 형벌 받아 마땅한 자들에게 오히려 인자를 베푸시는 것입니다. 하나님의 하나님 되심 때문에 아무 자격 없는 우리를 호의로 대하시는 것입니다. 이것이 "은혜 아래에" 있다는 뜻입니다. 여기에는 하나님이 더이상 입법자로 계시는 것이 아니라 아버지가 되어 주신다는 의미가 담겨 있습니다. 하나님은 여러분을 영원히 사랑하시는 아버지이십니다. 하나님은 아버지로서 여러분을 바라보시며 축복하시기 원합니다. 그는 말씀하십니다. "너는 내 자녀요 나는 네 아버지다. 너에게 내 본성을 주마. 네 머리카락까지 세고 있으마. 그 어떤 일도 나의 간섭 없이는 일어나지 않게 해주마." 이것이 은혜 아래에 있다는 말의 의미입니다.

이 차이를 알겠습니까? 이것은 법적인 관계와 사랑하는 관계의 차이입니다. 여러분에게 완전히 새로운 신분을 준 것은 바로 십자가입니다. 여러분은 은혜 아래에 있습니다. 하나님 앞에 벌벌 떨며 서 있지 않습니다. 자격이 없음에도 불구하고 하나님이 여러분의 아버지가 되어 주셨다는 것과 이제는 "하늘에 계신 내 아버지여, 아버지의 이름이 거룩히 여김을 받으시오며 나라가 임하게 하옵소서"라고 말할 수 있다는 것을 압니다. 하나님이 여러분을 웃는 얼굴로 대하신다는 것을 압니다. 여러분에 대해 오래 참으시며 인내하신다는 것을 압니다. 여러분에게 원래 의도하신 그 온전한 상태로 회복시키기로 작정하셨으며, 그 모든 사랑과 은혜와 긍휼의 힘으로 여러분을 위해 일하고 계심을 압니다.

법적인 관계와 사랑하는 관계는 다른 것입니다.

십자가와 기도

십자가는 하늘 문을 열어 기도할 수 있게 해줍니다. 기도로 하나님을 의지한다는 것이 무엇인지 우리 모두 알고 있지 않습니까? 지난 전쟁 (제2차 세계대전)과 1914-1918년의 전쟁(제1차 세계대전) 당시에 바다에서 어뢰 공격을 받은 사람들의 절망적인 경험에 대해 읽어 본 분들이 있을 것입니다. 그들은 구명용 작은 배에 의지하여 여러 날 동안 바다를 표류했습니다. 먹을 것도, 물도 떨어진 채 바다를 표류하는 그들에게는 모든 것이 끝나 버린 듯 보였으며 구조의 희망은 어디에서도 보이지 않았습니다. 그들은 점점 미쳐갔고, 어찌할 바를 몰랐습니다. 그러다가 한 사람이 "기도해 보는 게 어떨까요?"라고 말했습니다. 그들 가운데 최근 몇 년 사이 기도한 적이 있거나 하나님에 대해 생각한 적이 있는 사람은 단 한 명도 없었지만, 곤경 속에서 하나님을 기억해 냈던 것입니다.

이처럼 기도로 하나님을 의지한다는 것이 무엇인지는 모두 알고 있지만, 그때 중요하게 제기되는 문제는 이것입니다. 우리는 기도할 수 있습니까? 우리에게 기도할 자격이 있습니까? 기도란 대체 무엇입니까? 기도는 하나님의 임재 안으로 들어가는 것입니다. 땅에 있는 우리가 하늘에 계신 전능하시고 거룩하신 하나님, 그동안 무시하고 쫓아내고 비방하고 거부했던 하나님께 말씀드리는 것입니다. 그렇다면 어떻게 그의 임재 안에 들어갈 수 있습니까? 원래 모습 그대로는 들어갈 수 없다는 것이 그 대답입니다.

"하나님이 죄인의 말을 듣지 아니하시고"(요 9:31). 자신감과 확신을 가지고 기도할 수 있는 유일한 길은 주 예수 그리스도의 십자가를 믿는 것입니다. 사도의 말을 들어 보십시오. "그러므로 우리가 믿음으로 의롭다 하심을 받았으니 우리 주 예수 그리스도로 말미암아 하나님과 화평을 누리자. 또한 그로 말미암아 우리가 믿음으로 서 있는 이 은혜에 들어감을 얻었으며"(롬 5:1). 이것은 바울이 즐겨 하는 말이기 때문에 곳곳에서 찾아볼 수 있습니다. 바울은 에베소 교회에도 다음과 같이 말합니다. "이는 그로 말미암아―그리스도로 인해―우리 둘이 한 성령 안에서 아버지께 나아감을 얻게 하려 하심이라"(2:18).

누구든지 자신감과 확신을 가지고 기도할 수 있는 유일한 길은 주 예수 그리스도의 십자가를 믿는 것입니다.

하늘 문을 여는 십자가

그러므로 형제들아, 우리가 예수의 피를 힘입어
성소에 들어갈 담력을 얻었나니.
히브리서 10:19

기도는 하늘에 계신 하나님, 모든 능력으로 복 주실 수 있는 하나님께 말씀드리는 것입니다. 어떻게 말씀드릴 수 있습니까? 그 방법은 한 가지뿐입니다.

히브리서 기자가 유례없이 독특하게 표현하고 있는 다음의 말씀을 그의 심정이 되어 다시 읽어 보십시오. "그러므로 우리에게 큰 대제사장이 계시니 승천하신 이 곧 하나님의 아들 예수시라. 우리가 믿는 도리를 굳게 잡을지어다. 우리에게 있는 대제사장은 우리의 연약함을 동정하지 못하실 이가 아니요 모든 일에 우리와 똑같이 시험을 받으신 이로되 죄는 없으시니라. 그러므로 우리는 긍휼하심을 받고 때를 따라 돕는 은혜를 얻기 위하여 은혜의 보좌 앞에 담대히 나아갈 것이니라"(히 4:14-16).

문제는 이것입니다. 도움이 필요할 때 어떻게 해야 합니까? 실패했을 때, 번민하고 있을 때, 위기에 처했을 때 어떻게 해야 합니까? 그렇게 어려울 때 내가 바라는 것은 돕는 은혜입니다. 어떻게 그 은혜를 얻을 수 있습니까? 무슨 자격으로 하나님께 말씀드릴 수 있습니까? 그 답은 한 가지입니다. 하나님께 말씀드릴 수 있는 나의 유일한 자격은 그리스도가 내 형벌을 대신 받으시고 나를 하나님과 화목하게 하시며 화평하게 하셨다는 사실에 있습니다. 히브리서 10:19-22의 말씀을 빌려 다음과 같이 말할 수도 있습니다. "그러므로 형제들아, 우리가 예수의 피를 힘입어 성소에 들어갈 담력을 얻었나니 그 길은 우리를 위하여 휘장 가운데로 열어 놓으신 새로운 살 길이요 휘장은 곧 그의 육체니라. 또 하나님의 집 다스리는 큰 제사장이 계시매 우리가 마음에 뿌림을 받아 악한 양심으로부터 벗어나고 몸은 맑은 물로 씻음을 받았으니 참 마음과 온전한 믿음으로 하나님께 나아가자." 그리스도가 하늘 문을 여시고 우리를 기도할 수 있게 만들어 주셨습니다.

기도는 하늘에 계신 하나님, 모든 능력으로 복 주실 수 있는 하나님께 말씀드리는 것입니다.

십자가의 중심성

그리스도의 사랑이 우리를 강권하시는도다. 우리가
생각하건대 한 사람이 모든 사람을 대신하여
죽었은즉 모든 사람이 죽은 것이라.
고린도후서 5:14

모든 것은 십자가에서 나옵니다. 그리스도인은 십자가를 자랑하는 사람입니다. 십자가를 중심으로 삼지 않는 사람은 그리스도인이 아닙니다. 예수와 그의 가르침을 흠모한다고 해서 그리스도인이 되는 것은 아닙니다.

사도가 우리에게 말하는 바는 십자가가 자기 자신을 바라보는 관점을 좌우한다는 것, 십자가 때문에 자신을 새롭게 보게 된다는 것입니다. 이것은 십자가 교리의 가장 영광스러운 내용 가운데 하나입니다. 십자가는 우리 자신을 완전히 다른 관점에서 보게 해줍니다.

자, 그렇다면 어떻게 새롭게 보게 해줄까요? 바울은 고린도후서 5장에서 이 측면을 아주 명확하게 전개하고 있습니다. 그는 두 가지 중요한 점을 말해 줍니다. 16절을 보십시오. "그러므로 우리가 이제부터는 어떤 사람도 육신을 따라 알지 아니하노라. 비록 우리가 그리스도도 육신을 따라 알았으나 이제부터는 그같이 알지 아니하노라." 이것이 한 가지이고, 또 한 가지는 14-15절에 나옵니다. "그리스도의 사랑이 우리를 강권하시는도다. 우리가 생각하건대 한 사람이 모든 사람을 대신하여 죽었은즉 모든 사람이 죽은 것이라. 그가 모든 사람을 대신하여 죽으심은 살아 있는 자들로 하여금 다시는 그들 자신을 위하여 살지 않고 오직 그들을 대신하여 죽었다가 다시 살아나신 이를 위하여 살게 하려 함이라."

바울은 5장의 모든 내용을 17절에서 아주 놀랍게 요약해 주고 있습니다. "그런즉 누구든지 그리스도 안에 있으면 새로운 피조물이라. 이전 것은 지나갔으니 보라, [모든 것이] 새것이 되었도다." 새롭게 된 이 '모든 것' 중에는 우리 자신을 새롭게 바라보는 일도 포함되어 있습니다. 이처럼 자기 자신에게서 해방되어 자유로워지는 것은 사람이 경험하는 해방 중에 가장 영광스러운 해방입니다.

속전

값으로 산 것이 되었으니.
고린도전서 6:20

바울이 십자가를 통해 알게 된 것은 자신을 구원하고자 주 예수 그리스도가 십자가에서 죽으셨다는 사실입니다. 그는 이 점을 설명하기 위해 여러 가지 표현을 사용하고 있는데, 그중 한 가지가 '속전을 지불하다, 값을 치르다'라는 것입니다. 지금껏 마귀와 죄와 악의 종으로 살았던 인간을 구원하려면 값을 치러야 합니다. 사도는 주 예수 그리스도가 십자가에서 자신을 사셨음을 알게 되었다고 말합니다. 그는 고린도전서에서 도덕적인 행동의 문제를 다루면서 그 점을 다음과 같이 표현하고 있습니다. "너희 몸은 너희가 하나님께로부터 받은 바 너희 가운데 계신 성령의 전인 줄을 알지 못하느냐. 너희는 너희 자신의 것이 아니라. 값으로 산 것이 되었으니 그런즉 너희 몸으로 하나님께 영광을 돌리라"(고전 6:19-20).

이것은 새로운 관점입니다. 전에는 마귀의 종이었고 세상의 종이었으며 죄와 악의 종이었습니다. 아무리 애를 써도 자유를 얻을 수가 없었습니다. 그런데 누군가 그를 사주었습니다. 해방시켜 주었습니다. 흑암의 나라에서 하나님 아들의 나라로 옮겨 주었습니다. 그는 구속되었습니다. 그리하여 자신을 새롭게 바라보게 되었습니다. 그는 이제 자신의 것이 아닙니다. 더 이상 자신에게 속해 있지 않습니다. 전에는 자신을 위해 살았지만, 이제는 그렇지 않습니다. 그는 값으로 사신 바 되었습니다. 그는 새 생명을 얻어 새 세상에 살고 있습니다. 사도가 자꾸 이 이야기를 하는 것은 이 사실이 그를 사로잡고 떨리게 했기 때문임을 여러분도 알 것입니다. 갈라디아서 2:20 말씀을 들어 보십시오. "내가 그리스도와 함께 십자가에 못 박혔나니 그런즉 이제는 내가 사는 것이 아니요 오직 내 안에 그리스도께서 사시는 것이라. 이제 내가 육체 가운데 사는 것은 나를 사랑하사 나를 위하여 자기 자신을 버리신 하나님의 아들을 믿는 믿음 안에서 사는 것이라."

고난에 대해 가르치는 십자가

Apr. 30

그리스도도 너희를 위하여 고난을 받으사 너희에게 본을 끼쳐 그 자취를 따라오게 하려 하셨느니라.
베드로전서 2:21

그리스도는 우리가 어떻게 살아야 하는지 가르쳐 주시며 고난을 어떻게 받아들여야 하는지도 가르쳐 주십니다. 이것은 고난의 세상에서 살고 있는 우리에게 필요한 가르침입니다. 도덕적으로나 윤리적으로 어떻게 살아야 하는지 가르쳐 줄 뿐 아니라 십자가는 고난을 어떻게 받아들여야 하는지도 가르쳐 주는 것입니다. 우리 모두에게는 '사나운 운명의 돌팔매와 화살'이 날아오고 있습니다. 남들에게 오해를 받고, 불의를 당하며, 신뢰하던 친구에게 배신당하고, 굳게 믿던 이들에게 실망하며, 좌절과 외로움과 신체적인 고통을 겪습니다. 여러분은 이런 일들을 어떻게 견딥니까? 우리는 모두 이런 일들을 겪습니다. 그럴 때 어떻게 대처합니까? 어떻게 삽니까? 사도 베드로가 이에 대해 말하고 있는 내용을 읽어 보십시오. "그리스도도 너희를 위하여 고난을 받으사 너희에게 본을 끼쳐 그 자취를 따라오게 하려 하셨느니라. 그는 죄를 범하지 아니하시고 그 입에 거짓도 없으시며 욕을 당하시되 맞대어 욕하지 아니하시고 고난을 당하시되 위협하지 아니하시고 오직 공의로 심판하시는 이에게 부탁하시며 친히 나무에 달려 그 몸으로 우리 죄를 담당하셨으니"(벧전 2:21-24).

단 한 가지 방법이 있는데, 그것은 바로 십자가입니다.

그리스도도 오해를 받으시고, 불의를 당하셨으며, 친구에게 배신당하셨고, 외로움을 겪으셨고, 제자들이 자신을 버리고 도망가는 일까지 당하셨습니다. 그 캄캄한 밤에 모든 제자가 그를 저버렸습니다. 여러분이 겪을 수 있는 고통 중에 그가 겪지 않으신 것은 하나도 없습니다. 배신과 오해, 모욕, 불의, 외로움, 고뇌, 피땀, 전부 다 겪으셨습니다!

가슴을 찢는 모든 고통을 그 슬픔의 사람은 알고 계신다네. —M. 브루스 그렇습니다. 그리스도는 죄 있는 육신의 모양으로 보냄을 받으시고 "모든 일에 우리와 똑같이 시험을 받으신 이로되 죄는 없"다는 점에서 능히 우리를 구하실 수 있는 분입니다(히 4:15).

여러분이 겪을 수 있는 고통 중에 그가 겪지 않으신 것은 하나도 없습니다.

5월

예수 그리스도의 복음

다른 이는 없다

천하 사람 중에 구원을 받을 만한 다른 이름을
우리에게 주신 일이 없음이라.
사도행전 4:12

신약성경은 예수 그리스도에 대한 질문이야말로 우리가 직면해야 할 가장 중요한 질문이라고 말합니다. 다음의 질문에 어떻게 답하느냐에 따라 이생의 삶과 죽음의 전체적인 의미, 영원으로 이어질 앞으로의 삶이 전부 결정됩니다. "오실 그이가 당신이오니이까, 우리가 다른 이를 기다리오리이까"(마 11:3) 신약성경은 여기 답하기에 주저하지 않습니다. 사도행전에 기록된 사도 베드로의 초기 설교에 나오는 명쾌한 대답을 들어 보십시오. "천하 사람 중에 구원을 받을 만한 다른 이름을 우리에게 주신 일이 없음이라"(행 4:12). 우리를 구원하는 이름은 주 예수 그리스도의 이름뿐입니다.

이것은 독단적인 주장입니다. 저도 동의합니다. 신약성경만큼 독단적인 책은 세상에 없습니다. 신약성경은 "다른 책들도 많이 읽고 다른 이론들에도 흥미를 가져 보았으니, 이제 나도 좀 읽어 보고 어떻게 생각할지 살펴보라. 아마 다른 책들보다 훨씬 흥미로울 것이다"라는 식으로 말하지 않습니다. 결코 그렇지 않습니다. 성경은 오히려 단정적으로 선언합니다. 세상 사람들이 하나님을 알며 그분과 화해할 수 있는 길이 이 안에만 있다고 말합니다. 인생의 속박과 노예 같은 삶에서 해방되고 죄와 악에서 구원받을 수 있는 길이 이 안에만 있다고 말합니다. 죽음과 무덤의 공포에서 영원히 해방되는 길이 이 안에만 있다고 말합니다. 비참하고 불행하며 괴롭게 영원토록 살아야 하는 운명에서 해방되는 길이 이 안에만 있다고 말합니다. 신약성경이 말하는 바가 바로 이것입니다. 그보다 약하게 말하지 않습니다. "아들을 믿는 자에게는 영생이 있고 아들에게 순종하지 아니하는 자는 영생을 보지 못하고 도리어 하나님의 진노가 그 위에 머물러 있느니라"(요 3:36). 영생이냐 진노냐, 둘 중에 하나입니다. 그 모든 것이 이 한 분에게 달려 있습니다.

신약성경만큼 독단적인 책은 세상에 없습니다.

기적을 이해할 수 있는가

크도다, 경건의 비밀이여.
디모데전서 3:16

성경이 예수 그리스도에 대해 말하고 있는 내용이 옳고 진실한 것이라면, 당연히 인간의 지식과 이성을 뛰어넘을 수밖에 없습니다. 여러분은 "기적은 이해할 수가 없어"라고 말할 것입니다. 그것은 당연한 일입니다. 기적을 이해할 사람은 아무도 없습니다. 여러분이 이해할 수 있는 일은 기적이 아닙니다. "초자연적인 일들은 파악이 안 돼." 그럴 수밖에 없습니다. 성육신 교리를 이해할 수 있었던 사람은 지금껏 한 명도 없었습니다. 저는 성육신을 생각할 때 사도 바울의 입장이 되어 "크도다, 경건의 비밀이여"라고 외치게 됩니다. 제 좁은 정신으로는 성육신을 이해할 수가 없습니다. 제 지성으로는 그 무한함과 광대함과 영원함을 헤아릴 수가 없습니다. 난쟁이 같은 이성과 논리로 자기를 비우시고 낮추신 성자를 이해한다는 것은 도저히 불가능한 일입니다.

저는 감히 그것을 이해한다고 주장할 수 없습니다. 누가 동정녀 탄생 같은 사건을 이해할 수 있겠습니까? 그것은 사람의 이해를 뛰어넘는 일, 이성을 뛰어넘는 일입니다. 그리스도의 두 본성이 섞이지 않고 독립된 상태로 한 인격 안에 공존한다는 교리를 누가 이해할 수 있겠습니까? 성부와 성자와 성령의 삼위일체 교리를 누가 이해할 수 있겠습니까? 감히 이해하려는 시도조차 하기 힘듭니다.

그런 것들은 인간의 이성과 이해를 뛰어넘는 영역에 속해 있다고 복음은 주장합니다. 그것은 계시이고, 주어진 진술이자 선언이며, 하나님의 선물입니다. 무한하고 영원한 것을 헤아려 보거나 파악해 볼 생각으로 계속 추론하면서 제자리걸음만 하지 말고 주님께 곧장 나아가라고 말하는 이유가 여기 있습니다!

성경이 예수 그리스도에 대해 말하고 있는 내용이 옳고 진실한 것이라면, 당연히 인간의 지식과 이성을 뛰어넘을 수밖에 없습니다.

받아들이고 복종하라

많은 사람들이 즐겁게 듣더라.
마가복음 12:37

신약성경에서 말하는 복음과 구원이 추상적인 추론과 이해의 문제라면, 오직 소수의 사람들만 그것을 누릴 것입니다. 여러분은 전문적인 철학자가 되어야 할 것이며, 철학 훈련을 받기 위해 대학이나 대학원에 진학해야 할 것입니다. 그러면 평범한 보통 사람을 위한 복음은 사라지는 것입니다. 그러나 하나님께 감사합시다. 성경은 이 복음을 "많은 사람들이 즐겁게 듣더라"고 말하고 있습니다.

철학자들은 가난한 자들에게 설교하지 못합니다. 가난한 자들은 그들의 논리를 따라가지 못하기 때문입니다. 그리스 철학자들은 가난한 자들에게 해줄 말이 없습니다. 그러나 복음은 가난한 자들이 듣는 것입니다. 그 증거가 여기 있습니다. 복음의 핵심은 이해하는 데 있는 것이 아니라 받아들이고 복종하는 데 있으며, 자신을 그리스도께 내어드리는 데 있습니다.

이처럼 우리가 복음 메시지에 대해 알게 되는 것은, 주님에 대해 이해하기가 어렵고 혼란스럽다고 해서 계속 추론만 하면서 제자리걸음을 해서는 안 된다는 것입니다. 이것은 저 자신이 경험한 일이기에 생생하게 말씀드릴 수 있습니다. 저도 몇 년 동안 논쟁하고 추론하면서 제자리걸음을 했습니다. 그러면 결국 원점으로 돌아오게 됩니다. 주저 없이 말할 수 있는 것은, 복음의 핵심을 머리로만 이해하려고 고집하면 죽을 때까지 이해하지 못한 채 제자리에 머무르리라는 것입니다. 세례 요한처럼 하십시오. 복음서에서 발견한 그분께 나아가십시오.

복음서가 하나님의 은혜로 기록된 이유가 여기 있습니다. 우리는 몸으로 그리스도를 뵐 수 없습니다. 그러나 복음서를 통해 뵐 수 있습니다. 그럴 때 우리는 이전에 어떤 사람도 설명하지 못했던 방식으로 주님이 성경을 설명하시는 것을 보며 놀라게 될 것입니다.

여러분이 겪을 수 있는 고통 중에 그가 겪지 않으신 것은 하나도 없습니다. 복음의 핵심은 이해하는 데 있는 것이 아니라 받아들이고 복종하는 데 있으며, 자신을 그리스도께 내어드리는 데 있습니다.

도마

도마가 이르되 내가 그의 손의 못 자국을 보며 내 손가락을 그 못 자국에 넣으며 내 손을 그 옆구리에 넣어 보지 않고는 믿지 아니하겠노라 하니라.
요한복음 20:25

추론하고 논쟁하는 한, 만족은 오지 않습니다. 그러나 그리스도를 뵙는 순간, 모든 혼란은 해소되고 해답이 나타날 것입니다. 사도 도마가 그 좋은 예입니다.

우리는 도마의 이야기를 잘 알고 있습니다. 그리스도가 죽으신 후 사도들은 뿔뿔이 흩어졌습니다. 그 후 다시 다락방에 모였을 때 그리스도가 나타나셨습니다. 도마는 그 자리에 없었습니다. 나중에 합류한 그에게 다른 제자들이 주가 나타나셨다고 말하자, 그는 믿지 않았습니다. 그는 이성과 이해의 영역을 고수했습니다. 그래서 "아니, 내가 직접 그분을 뵙기 전까지는 믿을 수도 없고 받아들일 수도 없어. 내 손을 그 못 자국에 직접 넣어 보기 전까지는 믿을 수 없어"라고 말했습니다.

그 후 주님이 다시 나타나 "도마야, 네 손가락이 어디 있느냐? 내 옆구리에 한번 넣어 보거라"고 말씀하셨습니다. 그 말에 도마는 무너져 내리면서 이제는 그럴 필요가 없다고 했습니다. 그 앞에 엎드려 "나의 주시며 나의 하나님이시니이다"라고 고백했습니다. 그렇다면 그는 부활을 이해하게 된 것일까요? 물론 아닙니다. 그저 부활이 사실임을 알았을 뿐입니다.

이처럼 복음은 이해의 문제가 아니라 사실의 문제입니다.

그리스도를
이해하려면

아버지께서 내게 주사 이루게 하시는 역사 곧 내가
하는 그 역사가 아버지께서 나를 보내신 것을 나를
위하여 증언하는 것이요.
요한복음 5:36

주님과 관련하여 난감한 문제에 부딪쳤을 때에는 항상 그가 누구신지부터 생각해야지, 그가 무슨 일을 하셨는지부터 생각해서는 안 됩니다. 저는 사람들이 그리스도에 대해 여러 질문을 던지는 것에 놀라지 않습니다. 그가 누구신지 제대로 알지 못하면 그가 하신 일도 이해할 수 없는 것이 당연하기 때문입니다. 사람들이 그리스도의 죽음을 이해하지 못하는 이유도 여기 있습니다. 제자들조차 부활 이후에야 비로소 그 죽음의 의미를 이해할 수 있었습니다. 부활 사건의 조명을 받고서야 그가 하나님의 아들이신 것을 알고, 십자가 죽음의 의미를 이해하기 시작했던 것입니다. 그리스도의 위격에 대한 교리를 이해하지 못하는 한 십자가 교리는 이해할 수가 없습니다.

주님이 마태복음 11:2-6에서 세례 요한에게 하신 말씀의 요지는 다음과 같은 것이었습니다. "요한아, 너는 지금 내가 하는 일을 이해하지 못하고 있다. 너는 나를 신뢰하느냐? 내가 누군지 참으로 알고 있느냐? 나에 대해 제대로 알고 있느냐? 너는 네 의문 때문에 다른 점에서도 나를 의심하고 있다. 내가 어떤 일들을 하지 않는다고 해서 내 위격에 의문을 품고 있는 것이다. 요한아, 출발점으로 돌아가 내가 누구인지부터 제대로 알거라. 나는 지금 이러이러한 일을 하고 있는데, 이것은 메시아만 할 수 있는 일이다. 내가 메시아임을 입증하는 역사가 지금 일어나고 있다. 전에 말했듯이 '아버지께서 내게 주사 이루게 하시는 역사 곧 내가 하는 그 역사가 아버지께서 나를 보내신 것을 나를 위하여 증언'하고 있는 것이다"(요 5:36).

이해되지 않을 때

주님이 우리에게 주시는 메시지는, 이해되지 않는 일이 있을 때에도 그분을 전적으로 확실하게 신뢰하라는 것입니다. 이미 살펴보았듯이 주님은 마태복음 11:2-6에서 세례 요한에게 바로 이 점을 말씀하고 계십니다. "너는 내가 하는 일에 대해 들어서 알고 있을 것이다. 그런데도 '왜 다른 일은 하지 않으십니까?'라고 말하는구나. 내가 메시아이며 하나님의 아들임을 진실로 믿는다면 다른 문제는 나에게 맡겨도 되지 않느냐? 비록 네가 옥에 갇혀 있다 하더라도, 네 친구들이 가서 내가 네 문제를 염려하지 않는다고 전하더라도, 요한아, 내가 누구인지 안다면 그 감옥 안에서조차 나를 신뢰할 수 있지 않느냐?"

믿음은 주 예수 그리스도를 전적으로 믿는 것입니다. 오, 우리는 모두 이 교훈을 배워야 합니다. 심지어 바울도 이 배움의 과정을 거쳐야 했습니다. 그는 자기 육체에 가시를 두신 이유를 이해할 수 없었습니다. 그가 볼 때 그것은 완전히 잘못된 일이었습니다. 그 가시는 복음을 전하려는 그의 소원에 방해가 되었습니다. 그래서 세 번이나 그것을 없애 달라고 간구했습니다. 그러나 그에게 돌아온 대답은 "내 은혜가 네게 족하도다"라는 것이었습니다. 주님의 말씀은 요컨대 이런 것입니다. "그 가시는 없애 주지 않겠다. 그러나 그보다 훨씬 더 큰 일을 해주마. 네 옆구리의 가시를 통해 너를 축복해 주마. 그런 가시가 있음에도 너를 통해 기이한 일을 행할 수 있음을 확인시켜 주마." 그러자 바울은 이렇게 대답했습니다. "좋습니다. 이제 저도 제가 약할 때 오히려 강해진다는 것을 알겠습니다. 그러니 오직 주님과 바른 관계를 유지하는 것 외에 다른 일에는 신경을 쓰지 않겠습니다." 하나님이 우리를 데려가시는 자리는 "하나님을 사랑하는 자들에게는 모든 것이 합력하여 선을 이루느니라"라고 고백할 수 있는 자리입니다(롬 8:28). "모든 것"이 선을 이룹니다. 그것이 무엇이든 상관없습니다. "어떠한 형편에든지 내가 자족하기를 배웠노니"(빌 4:11).

믿음은 주 예수 그리스도를 전적으로 믿는 것입니다.

영혼

주님은 언제나 한 가지만 말씀하셨습니다. 주님이 말씀하신 그 한 가지 주제는 바로 사람의 영혼입니다. 주님은 각 사람에게 말할 수 없이 귀중한 것이 있다는 말씀을 계속해서 하셨습니다. "사람이 만일 온 천하를 얻고도 자기 목숨[영혼]을 잃으면 무엇이 유익하리요." 주님은 청중을 돌아보면서 이렇게 말씀하시는 듯합니다. "너희 관심은 늘 세상에 있지만, 내 관심은 너희 속에 있는 것, 곧 영혼에 있다. 너희 영혼이 하나님과 바른 관계에 있지 않는 한, 아무리 세상이 너희 뜻대로 잘 돌아가도 아무 소용이 없다." 영혼은 주님이 끊임없이 언급하신 주제였습니다. 주님은 줄기차게 그 주제를 다루심으로써 그 말씀을 듣는 많은 이들을 거북하게 만드셨습니다. 처음에는 그들도 관심을 보였습니다. 그러나 요한복음 6장에 나오는 사람들처럼 결국에는 집으로 돌아가 버렸고 다시는 주님과 함께 다니지 않았습니다.

주님이 사용하신 여러 예를 생각해 보십시오. 그것이 다 영혼에 대한 것임을 모르겠습니까? 과수원이 있는 들판에 제자들과 함께 서 계신 주님을 보십시오. 그는 과실수에 관심이 아주 많으신 것처럼 보입니다. 그 이야기를 제자들에게 자주 하신 것으로 볼 때 아마도 과실수에 대해 많이 알고 계셨던 듯합니다. 그렇다고 원예나 나무의 생명에 담긴 비밀에 대해 강의하신 것은 아니었습니다. 그가 말씀하신 요지는 이것입니다. "과수원에 있는 나무들이 보이느냐? 그중에는 좋은 나무도 있고 나쁜 나무도 있는데, 결과적으로는 열매를 보고 나무를 판단하게 되어 있다. 나쁜 열매를 맺으면 나쁜 나무이고, 좋은 열매를 맺으면 좋은 나무인 것이다. 나무는 그 열매로 아는 법이다. 너희 안에 있는 영혼은 바로 이 과수원에 있는 나무와 같다."

영혼은 주님이 끊임없이 말씀하신 주제였습니다.

그리스도의
거북한 가르침

인자가 온 것은 잃어버린 자를 찾아 구원하려 함이니라.
누가복음 19:10

주님의 가르침 중에 사람들이 가장 거북하게 생각한 것은 구원의 방법이 너무나 단순하다는 점이었습니다. 십자가의 참된 교리, 곧 그리스도의 피와 거듭남만큼 사람들을 불쾌하게 만드는 것은 없습니다. 요한복음 6장에 나오는 사람들을 보십시오. 주님이 그들에게 하신 말씀의 핵심은 이것입니다. "나는 산 떡이요 생명의 떡이다. 나는 진정한 생명인 새 생명을 너희에게 주려고 하늘에서 내려왔다." 사람들은 바로 이 말씀 때문에 주님을 떠나 다시는 그의 말씀을 듣지 않기로 결심했습니다.

이 점을 다시 설명해 보겠습니다. 그리스도가 오셔서 "너희가 구원받는 방법은 위대하고 고상하며 놀라운 어떤 교훈을 잘 생각해 보고 그대로 실천하기로 결심하는 것"이라고 말씀하셨다면 누구라도 좋아했을 것입니다. 그러나 그리스도가 실제로 하신 말씀은 다음과 같은 것이었습니다. "사람이 스스로 구원할 수 있었다면 내가 세상에 올 필요가 없었을 것이다. 하나님은 스스로 노력해 볼 기회를 과거에 이미 주셨다. 율법을 주시면서 '이 율법을 지키면 구원을 얻을 것이다. 율법대로 살면 내 앞에서 의로워질 것이다'라고 말씀하신 것이다." 사람이 스스로 구원할 수 있었다면 하나님의 아들이 이 땅에 오실 필요가 없었을 것입니다. 실제로 그분이 오셨다는 것 자체가 인간이 스스로 구원할 수 없다는 증거입니다. 주님은 끊임없이 그 이야기를 하심으로써 사람들을 불쾌하게 만드셨습니다. 그는 말씀하셨습니다. "나는 내 생명을 많은 사람을 위한 속전으로 주기 위해 왔다. 너희 영혼을 구원하고 너희를 하나님과 화목하게 할 수 있는 방법은 이것뿐이다." 주님은 연이어 말씀하셨습니다. "그 방법은 아주 간단하다. 내가 값을 주고 너희 구원을 사서 선물로 거저 주면 되는 것이다."

사람이 스스로 구원할 수 있었다면 하나님의 아들이 이 땅에 오실 필요가 없었을 것입니다.

불신앙

주님이 말씀하지 않을 수 없었던 불신앙의 심각한 상태에 대해 생각해 봅시다. 첫째로, 주님은 불신앙이 명확한 사고방식, 명확한 영적 상태라고 말씀하셨습니다. 불신앙은 소극적인 상태가 아니라 적극적인 상태입니다. 우리는 불신앙을 믿지 않는 소극적인 상태로만 생각하는 경향이 있는데, 성경에 따르면 그것은 완전히 잘못된 생각입니다. 불신앙은 아주 적극적이고 활동적인 것으로서, 명확한 사고방식을 가지고 있는 영적인 상태 내지는 상황입니다. 성경은 본질적으로 다음과 같이 말하기를 주저하지 않습니다. "불신앙은 죄가 겉으로 드러나는 한 현상이다. 죄라는 더러운 질병의 한 증상이다." 또는 사도 바울이 고린도후서 4:3-4에서 말한 것처럼 표현할 수도 있습니다. "만일 우리의 복음이 가리었으면 망하는 자들에게 가리어진 것이라. 그중에 이 세상의 신이 믿지 아니하는 자들의 마음을 혼미하게 하여."

불신앙은 무서운 상태입니다. 다음과 같이 설명해 봅시다. 불신앙은 단지 믿기를 거절하는 것이 아닙니다. 마귀는 그런 식으로 우리를 속이고 있습니다. 현대의 불신자들로 하여금 자신들이 머리가 좋아서, 지적인 능력과 이해력이 뛰어나서 믿지 않는 것이라고 생각하도록 설득하는 것입니다. 그들은 그리스도인들을 읽을 줄도 모르는 사람들, 설사 읽었다 하더라도 이해할 줄 모르는 바보들로 생각하고 있습니다. 자신들은 과학 지식 때문에 믿지 않는 것이라고, 그러한 깨달음 때문에 믿기를 거절하는 것이라고 생각하고 있습니다. 그들은 스스로 큰 해방을 얻었다고 좋아합니다. 복음이라는 인민의 아편 내지는 마약으로부터 해방되었다고 좋아하는 것입니다. 정말 딱한 일입니다! 그들은 스스로 노예인 줄도 모르는 노예로서, 사실은 자신들이 희생자라는 사실을 깨닫지 못하고 있습니다.

소돔과 고모라

가버나움아,⋯⋯네게 행한 모든 권능을 소돔에서
행하였더라면 그 성이 오늘까지 있었으리라. 내가
너희에게 이르노니 심판 날에 소돔 땅이 너보다
견디기 쉬우리라 하시니라.
마태복음 11:23-24

소돔과 고모라도 기회는 있었습니다. 창세기 19장의 이야기를 읽어 보십시오. 그리고 그 두 도시의 이름이 오늘날 우리에게 무엇을 상징하는지 생각해 보십시오. 소돔은 타락의 결과 사람의 속에 생겨나는 온갖 거짓되고 추한 것의 대명사가 되었습니다. 소돔과 고모라는 음란한 눈으로 거리를 쏘다니는 깡패들의 모습과 함께 죄의 시궁창에서 나오는 방탕함의 상징이 되었습니다. 그런데 주님은 마태복음 11장에서 가버나움과 고라신과 벳새다가 그런 구약의 도시들보다 더 나쁘다고 말씀하시는 것입니다.

그렇다면 그 의미는 한 가지입니다. 결국 사람들은 주 예수 그리스도와 어떤 관계를 맺었는지에 따라 심판을 받는다는 것입니다. 우리는 이 도시들의 도덕적 상태가 소돔과 고모라 같았다는 말은 들은 적이 없습니다. 우리는 그 점을 확신할 수 있습니다. 이 도시들에는 정욕에 사로잡혀 거리를 어슬렁거리는 악인들이 없었습니다. 이처럼 소돔과 고모라 같은 모습이 전혀 없었는데도 그보다 더 못한 처지가 되어 버린 것입니다! 그 이유가 무엇입니까? 답은 분명합니다. 그들이 이렇게 된 것은 주님이 가버나움에 사셨기 때문입니다. 주님이 그 거리를 다니시며 그곳을 사역의 본거지로 삼으셨기 때문입니다. 그뿐만이 아닙니다. 주님은 거기에서 아주 크고 놀라운 일들도 행하셨습니다. 거기에서 베드로와 안드레와 빌립 같은 사람들이 주님께 나아왔으며, 거기에서 주님이 그 영광을 확연히 드러내셨습니다. 그런데도 그곳 사람들은 주님이 오시지 않은 것처럼 살았습니다. 그래서 심판을 받는 것입니다.

결국 사람들은 주 예수 그리스도와 어떤 관계를 맺었는지에 따라 심판을 받습니다.

하나님의 계시

구원은 전적으로 하나님께로부터 나오는 것입니다. 그렇다면 왜 그토록 많은 사람들이 구원을 거절하는지 알 수 있지 않습니까? 육에 속한 사람은 계시라는 것 자체를 싫어합니다. 왜 그럴까요? 스스로 지혜롭고 현명하며 지성과 이해력이 넘친다고 생각하기 때문입니다. 그는 자신만만하게 말합니다. "어린애 취급받고 싶지 않다. 내게는 원하는 지식을 얻을 능력이 있다." 계시는 그것이 거짓말임을 드러냅니다.

사람들은 계시를 좋아하지 않습니다. 바울은 고린도전서 1:21에서 이렇게 말합니다. "이 세상이 자기 지혜로 하나님을 알지 못하므로 하나님께서 전도의 미련한 것으로 믿는 자들을 구원하시기를 기뻐하셨도다." 여기에 위대한 원리가 있습니다. 이 원리도 분명히 알지 못하면서 어떻게 다른 것들을 바로 알 수 있겠습니까? 복음은 바로 이것이 구원의 방식임을 선포하는 데서부터 출발합니다. 복음 메시지는 사람이 생각해 내거나 이루어 낼 수 있는 것이 아니라, 하나님의 마음에서 나오는 것입니다. 하나님이 보이시고 주시는 것, 계시하시는 것입니다. 그것은 오직 하나님께로만 나오는 것으로서, 사람은 거기에 어떤 기여도 할 수가 없습니다.

하나님의 구원은 왜 계시로 주어질까요? 구원이 사람의 발견이 아닌 하나님의 계시로만 주어지는 한 가지 이유는 하나님의 위대하심 때문입니다. "천지의 주재이신 아버지여,……나타내심[계시하심]을 감사하나이다"(눅 10:21). 하나님에 대해 유식한 말을 하며 그에 대한 철학을 이해하고 종교 토론과 논쟁을 벌이기는 얼마나 쉬운지 모릅니다. 그러나 우리가 가진 문제의 절반은 하나님이 누구시며 어떤 분이신지 완전히 잊어버린 데 있지 않습니까? 그는 영원한 창조자이자 조물주시며 존재하는 모든 것을 붙들고 계신 분입니다.

복음은 오직 하나님께로만 나오는 것으로서, 사람은 거기에 어떤 기여도 할 수가 없습니다.

중심되신 그리스도

그리스도를 제외한 채 하나님에 이르는 길을 논하는 것은 정말이지 우스운 일입니다! 하나님은 그리스도께 모든 것을 맡기셨습니다. 그리스도가 중심이요 절대적인 핵심입니다. 주님은 그 점을 이렇게 표현하셨습니다. "내가 곧 길이요 진리요 생명이니 나로 말미암지 않고는 아버지께로 올 자가 없느니라"(요 14:6). 이것이 계시의 내용입니다. 나사렛 예수는 바로 자신이 이 땅에 온 하나님의 아들이라고 주장하셨으며, 하나님이 친히 자신을 보내셨다고 말씀하셨습니다. 모든 사람이 하나님께 죄를 지음으로써 그의 진노 아래 있게 되었습니다. 그들은 그 죄의 벌을 받아야 했는데, 그것은 곧 하나님께로부터 분리되어 죽는 것을 의미했습니다. 바로 그 문제를 해결하려고 하나님이 자신을 보내셨다고 주님은 말씀하셨습니다.

그는 하나님이 이런 일들을 "지혜롭고 슬기 있는 자들에게는 숨기시고 어린아이들에게는 나타내"셨다고 말씀하십니다(마 11:25). 하나님의 아들 그리스도는 단지 사람들을 가르치고 기적을 베풀려고 세상에 오신 것이 아닙니다. 그가 오신 진정한 목적은 십자가에서 죽으려는 데 있었습니다. 히브리서 기자는 "모든 사람을 위하여 죽음을 맛보려" 그리스도가 보냄을 받으셨다고 말합니다(2:9). 갈보리 언덕 십자가 위에서 그 귀한 몸으로 인류의 죄를 담당하기 위해 오셨다는 것입니다. 주님은 거기에서 우리 죄의 형벌을 받으셨습니다. 이것이 복음 메시지입니다. 이것이 "어린아이들"이 깨달은 내용입니다. 이것은 하나님이 그리스도 안에 십자가를 통한 구원의 길을 열어 놓으셨다는 것만큼이나 간단한 내용입니다. 그렇다면 우리는 무엇을 해야 할까요? 우리가 할 일은 아무것도 없습니다. 거저 주시는 선물을 받기만 하면 됩니다. 하나님이 우리 모든 사람의 죄와 실패와 수치를 그 아들에게 옮겨서 처리하고 벌주심으로써 구원의 길을 열어 놓으셨기 때문입니다.

하나님은 그리스도 안에 십자가를 통한 구원의 길을 열어 놓으셨습니다.

하나님을 아는 지식

아버지 외에는 아들을 아는 자가 없고 아들과 또 아들의 소원대로 계시를 받는 자 외에는 아버지를 아는 자가 없느니라.
마태복음 11:27

구원은 우리가 죄 사함을 받고 용서받았다는 것과 하나님과 화목하게 되었다는 것을 알게 해줍니다. 그리고 거기에서 더 나아가 하나님을 알게 해줍니다.

이 본문을 이런 관점에서 생각해 본 적이 있습니까? 예수 그리스도의 복음이 어느 영역과 범위까지 뻗어 있는지 본 적이 있습니까? 여기 그 답이 있습니다. 나는 땅 위에 살고 있는 작고 연약하며 무력한 어린아이입니다. 그런데 복음은 그런 나에게 하늘과 땅의 주요 만물의 조성자요 존재하는 모든 것을 붙들고 계신 분에 대한 지식을 줍니다. 이렇게 굉장한 지식을 주다니! 정말 놀랍지 않습니까! 시간의 제약을 받는 존재인 내가 무한하고 절대적이며 영원하신 하나님을 알게 됩니다. 그것도 저하늘 멀리 떨어져 있는 크고 강력한 힘으로서가 아닌 내 아버지로서 알게 됩니다.

마태복음 11:25에 사용된 "어린아이들"이라는 말의 원래 의미에는 아들 됨의 의미가 포함되어 있습니다. 주님이 말씀하시려는 바가 그것입니다. 우리는 죄를 지었지만, 그리스도 안에서 하나님의 아들이 되어 하늘의 기업인 영원하고 한없는 복을 상속하는 자가 되었습니다.

구원이란 정말 대단한 것이 아닙니까! 하나님 외에 누가 이런 생각을 할 수 있겠습니까? 하나님은 이처럼 놀라운 방식으로 장막을 벗기시고 예수 그리스도 안에 있는 구원을 완전히 드러내 보이셨습니다. 벌거벗은 사람처럼 무력한 우리에게 말입니다. 그리스도는 "하나님으로부터 나와서 우리에게 지혜와 의로움과 거룩함과 구원함이" 되셨습니다(고전 1:30). 우리의 모든 것, 완전한 구원이 되신 것입니다. 여러분이 할 일은 그저 주 예수 그리스도를 바라보며 그에 대해 기록해 놓은 이 말씀을 믿는 것뿐입니다. 그리스도께 모든 것을 내어드리고 이 선물을 받으십시오. 그러면 하늘과 땅의 주가 여러분의 아버지이심을 알게 될 것입니다.

잘못된 전제

나를 보고 살 자가 없음이니라.
출애굽기 33:20

우리는 모두 하나님에 대해 바로 알고 있다는 전제에서 출발하기 때문에, 누군가 그 전제야말로 문제의 시작이라고 지적하면 모욕감을 느낍니다. 그러나 이것이야말로 다른 많은 문제들을 불러오는 주된 원인임이 확실합니다. 우리가 이미 하나님을 알고 있다고 전제하는 일, 출발할 때 이미 이 중요한 지식을 가지고 있었다고 전제하는 일이 다른 많은 문제들을 불러오는 것입니다. 아마 우리는 주 예수 그리스도의 가르침을 상당히 많이 알고 있다고 말할 것입니다. 또 체험도 있기 때문에 "음, 하나님에 관해서라면, 당연히 그분을 믿습니다. 저는 늘 신자로 살아왔어요"라고 말할지도 모릅니다.

그러나 제가 말하려는 바는 바로 그 점에서 우리가 넘어진다는 것, 그것도 완전히 넘어진다는 것입니다. 이 중요한 문제와 관련하여 주님이 하신 말씀을 몇 가지 생각해 보겠습니다. "본래 하나님을 본 사람이 없으되 아버지 품속에 있는 독생하신 하나님이 나타내셨느니라"(요 1:18). 주님이 하나님을 계시하고 나타내셨습니다. 하나님은 모세에게 "나를 보고 살 자가 없음이니라"고 말씀하셨습니다(출 33:20). 우리는 하나님에 대해 다 알고 있으며, 그를 믿는 우리 믿음에 아무 문제가 없다고 생각합니다. 그러나 사랑하는 여러분, 하나님을 본 사람이 아무도 없다는 말씀을 곰곰이 생각해 보십시오! 하나님을 보고서도 살 수 있는 사람은 아무도 없습니다. 하나님은 인간이 도저히 이해할 수 없는 분입니다. 하나님은 그 위대하심과 무한하심에서 인간을 초월하는 분입니다. 주님이 요한복음 17:25에서 말씀하신 바를 숙고해 보십시오. "의로우신 아버지여, 세상이 아버지를 알지 못하여도 나는 아버지를 알았사옵고 그들도 아버지께서 나를 보내신 줄 알았사옵나이다." 이 또한 같은 말입니다. 그리스도는 세상이 죄를 지은 결과 그 자체로서는 하나님을 알지 못하며, 실제로도 그분을 알았던 적이 없었다는 교리를 다시 한번 말씀하고 계십니다.

세상은 죄를 지은 결과 하나님을 알지 못하며, 실제로도 그분을 알았던 적이 없었습니다.

예수가 오신 이유

그리스도는 하나님이 우리의 아버지이심을 알리려고 세상에 오셨습니다. 그렇다면 어떻게 아버지를 우리에게 드러내실까요? 자, 저는 지금 우리를 사복음서로 인도하는 질문을 던지고 있는 것입니다. 신약성경으로 되돌아가, 하나님을 아버지로 알 수 있다는 생각을 마음에 품고 단순하게, 조용히 복음서를 읽어 보십시오. 정말 하나님을 아버지로 알고 있는지, 하나님을 아버지로 안 적이 있었는지 자문해 보십시오. 그렇게 복음서를 읽을 때 발견하게 되는 사실은 그리스도가 흠 없고 죄 없는 삶을 통해 하나님을 나타내셨다는 것입니다. 그는 생애의 마지막 순간에 적대자들을 향해 말씀하셨습니다. "누가 나에게 손가락질할 수 있느냐? 하나님이나 율법과 관련하여 나를 정죄할 수 있느냐?"그의 삶은 유일무이하며 완전한 것이었습니다. 그리스도는 그 본연의 모습대로 사심으로써 하나님을 나타내셨습니다.

또한 그는 그 행하신 일과 기적으로 하나님을 나타내셨습니다. 그는 죽은 자를 살리시고 병든 자를 고치시며 눈먼 자들을 보게 해주셨습니다. 신약성경에서 이런 일들을 다 빼버리면 무엇이 남겠습니까? 그것은 핵심적인 일이요, 육신으로 오신 하나님만 하실 수 있었던 일입니다. 성육신한 하나님께 기적을 기대하는 것은 어려운 일이 아닙니다. 그리스도도 그렇게 주장하셨습니다. 그가 하신 일들을 통해 그를 보십시오.

마찬가지로 그는 가르침을 통해 하나님을 나타내셨습니다. 그는 이에 대해 다음과 같이 표현하고 계십니다. "나를 본 자는 아버지를 보았거늘"(요 14:9). 이 말씀 바로 전에는 빌립의 요청이 나옵니다. "주여, 아버지를 우리에게 보여주옵소서. 그리하면 족하겠나이다"(요 14:8). 이 요청의 핵심은 이것입니다. "우리를 떠나겠다고 하셨는데, 아버지를 나타내 주시기 전까지는 떠나지 마십시오. 우리가 알고 싶은 것은 그 한 가지뿐입니다. 지금까지는 막연하게 하나님을 믿어왔지만, 이제부터는 그분을 아버지로 알고 싶습니다." 이에 대해 주님이 주신 대답의 핵심은 이것입니다. "빌립아, 나를 보거라. 내 삶을 보고 내가 한 일을 보거라. 나를 보거라. 나를 참으로 보는 것이 곧 하나님을 보는 것이다."

성육신한 하나님께 기적을 기대하는 것은 어려운 일이 아닙니다.

하나님의 심판

멸망하지 않고.
요한복음 3:16

예수께서는 죄를 향한 하나님의 진노를 보여주심으로써 아버지 하나님에 대해 가르치셨습니다. 어떤 이는 "그러면 요한복음 3:16에 나오는 말씀은 무엇입니까?"라고 물을 것입니다. 사랑하는 여러분, 요한복음 3:16 말씀을 잘 들어 보십시오. "하나님이 세상을 이처럼 사랑하사 독생자를 주셨으니 이는 그를 믿는 자마다 멸망하지 않고." 그러나 그리스도를 떠나면 멸망할 것입니다. 멸망을 피하는 유일한 길은 그리스도를 믿는 것입니다. 또 3장에는 사람이 믿지 않을 때 "하나님의 진노가 그 위에 머물러" 있다는 말씀이 나옵니다(36절). 주님이 아버지에 대해 가르치신 내용에는, 그가 완전히 거룩한 분으로서 죄를 미워하시며 죄를 멸할 것을 맹세하셨다는 것과 영원한 멸망으로 죄를 벌하신다는 것이 들어 있습니다. 그는 "마음이 청결한 자는 복이 있나니 그들이 하나님을 볼 것"이라고 말씀하셨습니다(마 5:8). 아무도 그를 뵐 수 없고, 오직 마음이 청결한 자만 뵐 수 있습니다. 마음이 청결하지 않은 사람이 하나님을 뵙는 것은 지옥에 가는 것처럼 괴로운 일입니다. "거룩함을 따르라. 이것이 없이는 아무도 주를 보지 못하리라"(히 12:14). 이처럼 그는 아버지를 거룩한 분으로 나타내셨습니다.

그러나 그리스도는 아버지 하나님의 사랑과 긍휼에 대해서도 말씀해 주셨습니다. 그는 자신이 세상에 오신 이유가 바로 여기, 하나님의 사랑에 있다고 말씀하십니다. 그는 세상에 사시면서 아버지와 똑같은 사랑과 긍휼을 보여주셨습니다. 그리고 그 때문에 기적을 베푸셨습니다. 단순히 사람들을 고쳐주시기 위해서가 아니라 자신의 영광과 하나님의 사랑, 긍휼을 나타내고 드러내려고 기적을 베푸신 것입니다. 그는 요컨대 다음과 같이 말씀하셨습니다. "내 말이 믿어지지 않는다면 내가 한 일들을 통해 내 안에 계신 아버지를 보아라." 거룩하신 하나님은 사랑과 긍휼의 하나님이시기도 합니다. 주님이 두루 다니시며 사람들을 고치시고 착한 일들을 하신 것은 하나님이 바로 이런 분임을 알리시기 위해서였습니다.

주 예수 그리스도는 아버지를 거룩한 분으로 나타내셨습니다.

"모든 것"

주 예수 그리스도는 자신에 대해 다음과 같은 놀라운 주장을 하셨습니다. "내 아버지께서 모든 것을 내게 주셨으니 아버지 외에는 아들을 아는 자가 없고." 상황을 전체적으로 재구성해 봅시다. 어떤 사람이 말을 하고 있습니다. 여러분이 그를 살펴본 바에 따르면 그는 한 인간에 불과합니다. 그의 주변에는 그에게 소속되어 그를 따라다니면서 가르침을 듣는 일군의 무리가 있습니다. 그들은 이 사람이 고대 팔레스타인 지역을 이리저리 돌아다닐 때마다 따라다니면서 그가 행하는 일들을 보았습니다. 그는 이를 테면 '사람들에게 말하는 사람'이라고 할 수 있었습니다. 그런데 그가 여기에서 말하는 "모든 것"이라는 단어에는 어떤 한계도 없다는 뜻이 담겨 있습니다. 이것은 가장 포괄적인 단어입니다. 대체 이 사람이 누구이기에 이런 말을 하는 것입니까?

그는 자신이 유일무이한 의미에서 하나님의 아들이라고 말합니다. 요한복음 5장에는 그가 하나님을 자기 아버지라고 부르면서 스스로 하나님과 동등한 존재라고 주장하는 것을 보고 흥분하는 유대인들의 모습이 나옵니다. 저는 우리가 주님의 그런 주장에 너무나 익숙해진 나머지 거기 담긴 비상한 특징을 놓쳐 버리는 것이야말로 신약성경을 대하는 우리의 실질적인 문제점이 아닌가 생각합니다. 우리는 이것이 문자 그대로의 역사라는 사실을 깨닫지 못하며 기억하지 못하는 위험에 빠져 있지 않습니까? 예수 그리스도에 대한 사실들은 다 역사적인 것입니다. 제가 지금 여러분의 주의를 환기시키고 있는 이 일들은 다 실제로 일어났던 것들입니다. 이 사람은 이 땅 위에서 살았고 베들레헴에서 태어났으며 나사렛에서 목수로 일했습니다. 그러면서도 자신이 그 어느 누구와도 다른 하나님의 아들이라고 말했습니다.

예수와 하나님의 유일무이한 관계

아버지 외에는 아들을 아는 자가 없고.
마태복음 11:27

주님은 하나님을 아는 지식이라는 점에서 하나님과 유일무이한 관계를 맺고 있다고 주장하셨습니다. "아버지 외에는 아들을 아는 자가 없고 아들 외에는 아버지를 아는 자가 없느니라." 다시 말해서 이들을 보시며 다음과 같이 말씀하신 것입니다. "너희는 지금 나를 보고 있지만, 나를 참으로 아는 것은 아니다. 나를 참으로 아는 분은 하나님뿐이다. 또 하나님을 참으로 아는 사람도 나 하나뿐이다. 너희도 하나님께 기도하며 말씀을 드리지만 나처럼 하나님을 알고 있는 것은 아니다." 그 어느 때라도 "하나님을 본 사람"은 아무도 없으며, 하나님의 형상을 본 사람도 아무도 없습니다(요일 4:12). 그런데 그리스도는 하나님을 보았다고 말씀하셨고, 유대인들이 알아챘듯이 하나님 아버지와 자신이 동등하다고 주장하셨습니다. 그는 하나님과 자신을 나란히 두었습니다. 때때로 그는 장막을 걷고 자신과 아버지의 영원하고 신비한 관계를 얼핏 보여주시면서, 자신은 아버지와 친밀한 관계를 맺고 있으며 다른 사람들은 그 관계 밖에 있다고 주장하셨습니다. 나사렛의 한 목수가 자신에 대해 이렇게 주장한 것입니다.

그는 이들 앞에 서서 말씀하십니다. "이 세상 전부, 모든 시간, 모든 역사, 하늘과 땅과 지옥과 모든 것을 하나님 아버지가 내게 넘겨주셨다는 것을 아느냐?" 이것이 그의 주장입니다. 자신은 하나님의 유일무이한 아들로서 그와 유일무이한 관계에 있으며 세상과도 유일무이한 관계에 있다는 것입니다. 그는 이들 앞에 서서 온 세상이 자기 손 안에 있다고 조용히 말합니다. 이렇게 주장했던 사람은 세상에 없었습니다. 자신이야말로 하나님의 아들이라고 주장하는 이 사람, 베들레헴에 태어난 아기였고 나사렛의 소년이었으며 목수였던 이 사람, 손으로 일하는 장인이었던 이 사람은 대체 누구입니까?

그리스도는 자신이 하나님의 유일무이한 아들로서 그와 유일무이한 관계에 있으며 세상과도 유일무이한 관계에 있다고 주장하셨습니다.

알아보지 못함

만일 알았더라면 영광의 주를 십자가에 못 박지 아니하였으리라.
고린도전서 2:8

사람들은 왜 그리스도를 알아보지 못할까요? 그 당시에 주님 주변에 있던 이들도 알아보지 못했습니다. 그들은 그의 주장을 믿지 않았습니다. 믿었다면 당장 그분께 복종했을 것입니다. 바울이 고린도 교회에 말했듯이, 이 세상 관원들은 그를 알지 못했습니다. "만일 알았더라면 영광의 주를 십자가에 못 박지" 않았을 것입니다. 그들은 그리스도를 몰랐습니다. 그의 주장을 듣고서도 "사기꾼이니 없이하소서. 그를 십자가에 못 박게 하소서!" 소리쳤습니다(요 19:15).

저는 사람들이 "당신 말대로 이 사람이 하나님의 아들이라고 칩시다. 그렇다면 왜 온 세상이 그를 믿지 않고 따르지 않으며 복종하지 않는 겁니까?"라고 묻는 것을 이해합니다. 주님은 이에 대해 "아들을 아는 자가 없느니라"고 대답하십니다. 무슨 뜻입니까? 제가 설명해 보겠습니다. 우리는 성육신의 신비에 관심을 갖습니다. 그리고 많은 이들이 여기에 걸려 넘어집니다. 성육신을 간단한 것으로 생각해서는 안 됩니다. 거기에는 신비가 있습니다. 그리스도가 성육신을 주장하신 그 당시에 우리가 있었다면, 즉석에서 무언가 과장되었다는 느낌을 본능적으로 받았으리라는 점을 정직하게 인정합시다. 그가 모든 것을 맡고 있으며 온 우주의 운명을 쥐고 있다는 것은 말도 안 되는 주장이라고 우리도 생각했을 것입니다. 그것은 분명히 모순되는 주장입니다. 그는 힘없이 체포되었습니다. 그런데도 모든 것이 자신의 손 안에 있다고 말합니다. 사람들이 그의 주장을 믿기 힘들어하는 이유가 여기 있습니다.

필연적인 결론

아들을 공경하지 아니하는 자는 그를 보내신 아버지를 공경하지 아니하느니라.
요한복음 5:23

하나님의 아들이 세상에 오셔서 나에게 해주신 일이 무엇입니까? 무슨 변화를 일으키셨습니까? 제가 볼 때 여기에서 필연적으로 나오게 되는 결론은 다음과 같습니다.

하나님과 나의 관계를 결정짓는 분은 오직, 유일하게, 절대적으로 예수 그리스도 한 분뿐입니다. 그리스도를 믿지 않고 하나님만 믿어 보았자 아무 소용이 없습니다. 마르틴 루터의 표현을 빌려 다시 말한다면 "예수 그리스도 없이는 하나님을 알 수 없습니다." "아들을 공경하지 아니하는 자는 그를 보내신 아버지를 공경하지 아니하느니라." 그리스도가 모든 것을 맡으셨습니다. 그분 없이는 하나님을 알 수 없습니다. "아들과 또 아들의 소원대로 계시를 받는 자 외에는 아버지를 아는 자가 없느니라"(마 11:27). 하나님의 아들을 떠나서는 하나님을 아버지로 알 수 없습니다. 하나님의 아들이 와서 나를 위해 십자가에 달려 죽지 않으셨다면, 나는 죄 사함에 대해 아무것도 알지 못했을 것입니다. 그리스도가 그렇게 죽으심으로써 나는 내가 용서받았음을 알게 되었습니다. 그분, 오직 그분만이 내 삶을 새롭게 하실 수 있습니다. 그는 자신의 생명을 내게 주셨고, 나를 하나님의 자녀 삼아 주셨습니다. 그는 바로 그 일을 하러 오셨고, 바로 그 일을 이루셨습니다.

나의 영원한 운명은 오직 그리스도와의 관계에 달려 있습니다. 하나님의 이름과 성경에 의지하여 엄숙하게 단언하건대, 심판의 큰 날이 임할 때, 여러분이 대답해야 할 질문은 단 한 가지입니다. 우리는 모두 죽은 후에 하나님을 만날 것이므로 그날은 지금 오고 있습니다. 그날에 그는 여러분이 무슨 선한 일을 했는지, 무엇을 배워서 알고 있는지, 정치적인 견해가 어떠한지 묻지 않으실 것입니다. 그런 것들은 전혀 문제가 되지 않습니다. 여러분이 대답해야 할 질문은 단 한 가지입니다. "너는 그리스도를 어떻게 생각하느냐?

하나님의 아들, 그리스도를 떠나서는 하나님을 아버지로 알 수 없습니다.

참된 안식

수고하고 무거운 짐 진 자들아, 다 내게로 오라. 내가
너희를 쉬게 하리라.
마태복음 11:28

하나님을 알 때에만 안식을 찾을 수 있다고 복음은 선언합니다. 하나님이 우리를 만드셨기 때문에, 하나님을 떠나서는 결코 안식할 수 없게끔 우리를 만드셨기 때문에 그렇습니다. 위대한 신학자인 히포의 아우구스티누스는 그 점을 다음과 같이 완벽하게 표현해 놓았습니다. "주께서 당신을 위해 우리를 만드셨으니, 당신 안에서 쉼을 찾기까지 우리 영혼은 쉴 수 없나이다."

다른 많은 이들처럼 높은 곳에도 올라가 보고 깊은 곳에도 내려가 보면서 온 세상을 돌아다녀도 안식과 평화는 찾을 수 없습니다. 하나님은 그분 안에서 우리 영혼이 만족하기까지 그 어떤 것에서도 궁극적으로 안식을 얻지 못하게 만들어 놓으셨습니다. 여기에 인간의 영광과 존엄성이 있습니다. 저는 이 세상 자체가 이 주제를 웅변적으로 말해 주는 설교라고 생각합니다. 현대 세계에서 부와 문화와 교육을 비롯한 모든 것을 누리면서도 말할 수 없는 불안에 둘러싸여 있는 우리의 모습을 보십시오. "내 하나님의 말씀에 악인에게는 평강이 없다 하셨느니라"(사 57:21). 하나님을 아는 지식이 없으면 안식도 없습니다.

오직 주님만이 이 지식을 우리에게 주실 수 있습니다. "수고하고 무거운 짐 진 자들아, 다 내게로 오라. 내가 너희를 쉬게 하리라.……나의 멍에를 메고 내게 배우라"(마 11:28-29). 이것은 그에게만 해당되는 언급이라는 데 주목하십시오. 주님은 계속 자신만을 지칭하고 계십니다. 그리고 거기에서 더 나아가 다른 모든 이들과 자신을 대조하면서 "아들과 또 아들의 소원대로 계시를 받는 자 외에는 아버지를 아는 자가 없느니라"라고 주장하십니다(마 11:27). 자신만이 하나님을 아는 지식을 줄 수 있다고, 자신 외에는 그 누구도, 이 지식을 줄 수 없으며 이 지식을 우리 안에 창조해 낼 수 없다고 말씀하십니다.

하나님을
바로 이해함

이름이 거룩히 여김을 받으시오며.
누가복음 11:2

제자들이 "주여, 요한이 자기 제자들에게 기도를 가르친 것과 같이 우리에게도 가르쳐 주옵소서"라고 요청했을 때, 주님은 이렇게 대답하셨습니다. "너희는 기도할 때에 이렇게 하라. 아버지여, 이름이 거룩히 여김을 받으시오며"(눅 11:1-2). 주님은 하나님을 바로 이해하는 데서부터 출발해야 한다고 말씀하십니다. 우리는 이 출발점에서부터 곁길로 나가는 경향이 있지 않습니까? 하나님에 대해 안이하게 생각하는 데서 모든 잘못과 문제가 시작되었음을 발견할 때가 많이 있습니다. 솔직하고 정직하게 생각해 봅시다. 예수 그리스도의 말씀을 듣기 전에는 우리도 대부분 "하나님이 왜 이러셨지? 왜 이런 일이 일어났지? 왜 저런 일이 일어났지?" 하면서 하나님을 비난하는 생각을 했습니다. 하나님과 관련된 문제에서도 마치 우리 자신이 재판관인 양 생각했던 것입니다. 그런데 주님은 처음부터 "네가 선 곳은 거룩한 땅이니 네 발에서 신을 벗으라"고 말씀하십니다(출 3:5). 하나님을 상상할 수 있습니까? 하나님의 모습을 그려 낼 수 있습니까? 하나님은 완전히, 절대적으로 거룩하신 분입니다. 우리는 그 절대적인 완전함과 거룩함 가운데 계시는 영원한 하나님을 감히 상상할 수 없습니다.

이것이 주님이 하나님에 대해 가르치신 내용이며, 우리가 출발해야 할 지점입니다. 하나님을 아는 것이 안식과 평화를 얻기 위해 가장 우선적으로 필요한 필수사항이라면, 마땅히 그분의 본성과 성품부터 배우기 시작해야 합니다. 주님은 항상 그것을 가르치셨습니다.

주님이 아버지를 어떻게 대하셨는지 보십시오. 그가 기도로 보내셨던 시간을 보십시오. 혼자서는 아무 일도 하지 않고 오직 하나님 아버지가 하라고 하신 일만 하시며 아버지가 주신 말씀만 전하고자 늘 주의하셨던 모습을 살펴보십시오.

주님은 하나님을 바로 이해하는 데서부터 출발해야 한다고 말씀하십니다.

지성의 한계

May. 23

나는 마음이 온유하고 겸손하니 나의 멍에를 메고
내게 배우라. 그리하면 너희 마음이 쉼을 얻으리니.
마태복음 11:29

저는 복음이 비합리적이라고 말하려는 것도 아니고, 단순히 복음은 기적적이고 초자연적인 것이므로 비이성적이라고 말하려는 것도 아닙니다. 전혀 아닙니다! 제가 말하려는 바는 이성으로는 들어올 수 없는 영역에 우리가 들어와 있다는 것입니다. 이것은 비이성적인 영역이 아니라 이성을 초월한 영역입니다. 이해할 수 없는 하나님의 일을 믿는다고 해서 비이성적이 되는 것은 아닙니다. 주 예수 그리스도의 복음에 다가갈 때 부딪치는 문제가 바로 이것입니다.

하나님의 집에 들어올 때에는 지성을 밖에 둔 채 언제 찾아올지 모르는 느낌이나 감동을 수동적으로 기다릴 것을 우리가 가르친다고 생각해서는 안 됩니다! 그것은 당치도 않은 일입니다! 우리가 말하는 바는 하나님이 하시는 일을 기적적이고 초자연적인 것으로 받아들여야 한다는 것, 그 일이 기적적이고 초자연적이라고 해서 놀라지 말아야 한다는 것입니다.

하나님이 하신 일을 일단 믿고 받아들이면, 그다음에 이해하게 됩니다. 제가 이 순서를 알게 된 연유는 다음과 같습니다. 저는 한 인간으로서 세상에서 안식을 얻어야 할 필요성을 절감하고 있었습니다. 그래서 저의 머리와 이성을 사용하여 세상과 그 가르침과 모든 철학에 귀를 기울였습니다. 그러나 그렇게 해서는 안식을 얻을 수 없음을 알게 되면서 궁지에 빠져 버렸습니다. 그 후에 저는 "내 말을 들으라"는 새로운 제안과 마주치게 되었습니다. 저는 한번 들어보는 것이 이성적인 태도라고 생각했습니다. 그래서 들어 본 순간, 그리스도가 하시는 말씀이 본질적으로 다른 것임을 깨닫기 시작했습니다.

우리는 이성으로는 들어올 수 없는 영역에 들어와 있습니다. 이것은 비이성적인 영역이 아니라 이성을 초월한 영역입니다.

죄에 대해 거침없이 말씀하시다

장애인이나 다리 저는 자로 영생에 들어가는 것이 두 손과 두 발을 가지고 영원한 불에 던져지는 것보다 나으니라.
마태복음 18:8

자아를 표현해야 한다고 주장하는 자들은 죄에 대한 말들은 전부 어리석은 것으로서, 오히려 자아를 억누르는 것이 유일한 죄라고 단언합니다. 그동안 우리가 죄라고 불렀던 행동들은 사실상 인간이 가진 것 중에 가장 위대하고 중요한 자아를 표출한 일에 지나지 않는다는 것이 그들의 주장입니다. 죄의 옛 의미를 받아들여 죄를 짓지 않는 것이 오히려 인간이 받은 가장 큰 선물을 왜곡하는 일이라는 것입니다. 그래서 그들은 초기의 의미를 지닌 죄라는 말을 폐지하자고 말합니다. 그들은 인류가 성경과 교회와 성인들의 훈계에 집착하느라 가장 선한 것에 족쇄를 채우는 참상을 빚어냈다고 개탄합니다.

우리는 이 인간적인 인생관을 잘 살펴보고, 성경에 나타난 하나님의 인생관과 비교함으로써 그것이 완전히 틀렸음을 밝혀 내야 합니다. 우리 주요 구주 되신 예수 그리스도는 죄에 대해 거침없이 가르치셨습니다. "만일 네 손이나 네 발이 너를 범죄하게 하거든 찍어 내버리라. 장애인이나 다리 저는 자로 영생에 들어가는 것이 두 손과 두 발을 가지고 영원한 불에 던져지는 것보다 나으니라. 만일 네 눈이 너를 범죄하게 하거든 빼어 내버리라. 한 눈으로 영생에 들어가는 것이 두 눈을 가지고 지옥 불에 던져지는 것보다 나으니라"(마 18:8-9).

우리가 생각할 수 있는 모든 인간관과 인생관을 성경이 어디에서든 다루고 있다는 사실을 기억해야 합니다. 현대인들은 끊임없이 우쭐대며, 자신의 생각이 아주 새로운 것이라는 최면을 스스로 걸고 있습니다. 그러나 우리는 여기에서 현대성을 자랑거리로 삼는 관점을 성경이 완전하고도 철저하게 다루고 있는 예를 보게 됩니다.

우리의 주요 구주 되신 예수 그리스도는 죄에 대해 거침없이 가르치셨습니다.

자아의 본질

만일 네 눈이 너를 범죄하게 하거든 빼어 내버리라.
한 눈으로 영생에 들어가는 것이 두 눈을 가지고 지옥
불에 던져지는 것보다 나으니라.
마태복음 18:9

자아 표현에 열광하는 현대인들은 자아의 진정한 본질을 깨닫는 데 실패하고 있습니다. 자아 표현에 대해 많은 말들이 나오고 있지만, 사실은 자아에 대한 그들의 개념 자체가 잘못되어 있으며 인간의 진정한 본성을 왜곡하고 있음을 아주 쉽게 알 수 있습니다. 무엇을 표현하기 전에 그 정의부터 제대로 내려야 하는 것은 자명한 일입니다. 우리는 자아를 표현한다는 생각 자체에 반대한다기보다는 오늘날 많은 이들이 완전히 잘못 생각하고 있는 자아의 개념에 반대하는 것입니다. 현대인의 이러한 열광에 대해 복음은 억누르라는 교리로 응수하는 대신, 자아의 진정한 본질을 깨달을 것을 촉구하고 있습니다. 앞서 인용한 본문에서 우리는 성경의 관점과 현대인의 관점이 충돌하고 있는 것을 아주 분명히 볼 수 있습니다. 특히 그리스도가 '너'를 강조하시면서 "만일 네 눈이 너를 범죄하게 하거든 [네게서] 빼어 내버리라.……지옥 불에 던져지는 것보다 [네게] 나으니라"라고 말씀하신 데서 그 충돌은 더 두드러지게 나타나고 있습니다.

현대인의 관점에서는 자아와 자아에 영향을 끼치는 기관들, 즉 자아가 자신을 표현하기 위해 사용하는 여러 기관들이 서로 구분되지 않습니다. 현대인은 인간이 이런 기관들과 그 영향의 결과물이라고 주장합니다. 반면에, 주님은 '너'라는 말을 강조하시면서 두 가지를 아주 확실하고도 분명하게 구분하고 계십니다. 아마도 이것이 현대의 모든 혼란을 야기한 진정한 원인일 것입니다.

그리스도의 말씀에 따르면, 사람은 기계가 아니며 채찍으로 이끌고 다스려야 하는 동물도 아닙니다. 사람은 몸보다 큰 존재, 전통이나 역사나 그 밖의 모든 것보다 큰 존재입니다. 사람에게는 영혼이라는 또 다른 요소가 있기 때문입니다.

사람에게는 영혼이라는 또 다른 요소가 있습니다.

참 행복과 거짓 행복

의에 주리고 목마른 자는 복이 있나니 그들이 배부를 것임이요.
마태복음 5:6

술 취한 사람은 취해 있는 동안에는 완벽한 행복을 느낄 것입니다. 그렇다고 그의 문제가 해결된 것일까요? 행복을 최고선으로 여겨 건강보다 앞세우는 것은 근본적으로 잘못된 기준을 잘못 정하는 것입니다.

아무 생각 없이 행복을 앞세우는 그런 태도에는 행복이란 결국 건강에 달려 있으며 건강할 때 얻는 것이라는 점을 생각하지 못했다는 잘못도 포함되어 있습니다. 행복은 어떤 것이든 소극적인 것으로서 행복을 방해할 만한 요소가 없을 때에만 얻을 수 있는 것입니다. 불행을 줄여보려고 아무리 노력해도 병이 있으면 참 행복을 얻을 수 없습니다. 그러므로 편안함과 행복 자체를 목적으로 삼는 것만큼 참 행복을 얻는 데 해롭고 잘못된 태도는 없습니다.

주님은 "의에 주리고 목마른 자는 복이 있나니 그들이 배부를 것임이요"라고 말씀하셨지(마 5:6), 행복에 주리고 목마른 자는 행복하다고 말씀하시지 않았습니다. 복과 행복과 기쁨은 의를 추구하며 실제로 의로워질 때 생기는 것입니다. 그것은 부산물이며 결과물입니다. 그러므로 복이나 행복 자체를 가장 높은 자리에 두어서는 안 됩니다. 의를 추구하다가 그 의를 발견했을 때, 행복과 복도 넘치는 것입니다.

거짓 선생들이 명확하게 사고하지 못하는 것은, 인간을 좋게 생각하며 변호하기로 작정했기 때문입니다. 자만이 모든 문제의 근본적인 원인입니다. 거짓 선생들의 잘못된 관점은, 인생에 문제를 일으키는 것이 무엇이든 인간은 그 원인이 아니라고 보는 데서부터 시작됩니다.

방향이 잘못된 열심

유대인들은 메시아가 오시기를 그토록 기다렸으면서도 막상 그가 오셨을 때 알아보지 못했습니다. 하나님 앞에 의로워지기를 사모한다고 자부하던 그들은 인간이 하나님 앞에 의로워질 수 있는 유일한 길을 거부해 버렸습니다.

바울이 볼 때 그 비극을 설명할 수 있는 길은 한 가지뿐이었습니다. 그는 그것을 다음과 같은 말로 표현하고 있습니다. "내가 증언하노니 그들이 하나님께 열심이 있으나 올바른 지식을 따른 것이 아니니라." 그들의 태도가 아주 정직하고 진지하다는 점은 그도 인정했습니다. 그러나 유대인들의 잘못은 진지함이 부족한 데 있었던 것이 아니라, 그 진지함을 너무 믿고 의지한 나머지 자신들이 갈망하는 바로 그 목표를 복음이 더 밝게 알려 주며 더 환히 비추어 준다는 사실을 무시하고 생각지 않은 데 있었습니다. 거듭 말하지만, 그들의 문제는 열정이 부족한 데 있었던 것이 아니라, 그 열정을 너무 믿은 나머지 "우리는 열정이 있으므로 당연히 옳다"라고 주장한 데 있었습니다. "그들이 하나님께 열심이 있으나 올바른 지식을 따른 것이 아니니라." 실제로 그들은 바로 그 열정 때문에 복음의 지식을 거부했습니다. 열심과 지식, 진지함과 진리가 충돌을 일으킨 것입니다.

열심과 진지함은 옛날 유대인들뿐 아니라 이 시대 사람들도 높이 평가하고 있는 자질임이 분명합니다. 지식은 평가절하되고 있으며 거의 무시되고 있습니다. 사람들은 명석하고 논리적으로 사고하며 정확하게 정의 내리는 일을 도외시하고 있습니다. 교리와 신조를 금기로 여기면서 거의 진리의 원수인 양 취급하고 있으며, 심지어 몇 년 전까지만 해도 강조하던 선한 행실조차 강조하지 않고 있습니다.

열정과 진지함은 옛날 유대인들뿐 아니라 이 시대 사람들도 높이 평가하는 자질입니다.

복음의 단순함

네 몸의 등불은 눈이라. 네 눈이 성하면 온 몸이 밝을 것이요 만일 나쁘면 네 몸도 어두우리라.
누가복음 11:34

영혼에 덧씌워진 단순한 장식과 거품을 전부 걷어내고 비본질적인 것과 겉치레를 완전히 무시하는 복음, 벌거벗은 영혼 그 자체를 드러내며 하나님의 빛으로 그 속을 들여다보는 꾸밈없고 직설적인 복음만큼 사람들을 당황하게 하는 것은 없습니다. 그보다는 예식과 의식을 즐기며, 어마어마하고 이상적인 보편 원리에 심취하고, 박애주의 활동으로 바쁘게 지내는 편이 훨씬 더 쉽습니다. 육에 속한 사람은 하나님의 말씀이 던지는 단순하고 직설적인 질문에 직면하기보다 이런 일들을 하는 데서 훨씬 더 큰 만족을 얻습니다. 그들이 이상주의자와 휴머니스트를 박해하는 경우는 거의 없습니다.

그러나 그런 문제들은 전부 제쳐 두고, 복음이 제시하는 인생관과 삶의 문제에 대한 해결책을 적극적으로 살펴보기로 합시다. 복음의 가장 큰 특징은 본질적으로 단순하다는 것인데, 주 예수 그리스도의 몇몇 말씀에 그 점이 아주 분명히 나타나 있습니다. "네 몸의 등불은 눈이라. 네 눈이 성하면 온 몸이 밝을 것이요 만일 나쁘면 네 몸도 어두우리라"(눅 11:34).

이 말씀이 묘사하는 장면을 그려 보면 복음의 단순함을 분명히 알 수 있습니다. 주님은 눈이 몸을 밝히듯이, 영혼은 사람을 밝히며 개인은 사회를 밝힌다고 말씀하십니다. 여기에서 우리는 사람에게 무언가 극히 중요하고 중심적인 것이 있음을 알게 됩니다. 사람은 단순히 여러 부분을 모아 놓은 집합체가 아닙니다. 사람의 삶에는 영혼이라고 불리는 중심이 있는데, 몸을 밝히는 눈이 극히 중요하듯이 영혼 또한 사람의 삶에 극히 중요한 것입니다.

주님은 눈이 몸을 밝히듯이 영혼은 사람을 밝힌다고 말씀하셨습니다.

복음의 빛

내가 곧 길이요 진리요 생명이니 나로 말미암지
않고는 아버지께로 올 자가 없느니라.
요한복음 14:6

우리는 모두 눈멀고 어두운 상태로 영원히 살아야 할 운명일까요? 우리의 희망은 한 가지뿐입니다. 해결책은 한 가지뿐입니다. 복음에 따르면, 나사렛 예수만이 하나님의 유일한 독생자이십니다. 그가 이 땅에 오신 것은 인류가 눈멀었기 때문이며, 이 세상 신에게 미혹되었기 때문입니다. 우리는 그가 주시는 치료책으로만 고침 받을 수 있습니다. 그는 자신을 제물로 바치는 속죄의 죽음과 부활을 통해 죄의 더러움을 씻어 주셨습니다. 우리에게 새 생명을 주시고 병들고 마비된 영적 시신경을 되살려 주셨습니다. 하나님을 볼 수 있게 하셨으며, 그 얼굴을 바라볼 수 있게 하셨습니다. 이처럼 그를 바라볼 때, 그 영원하신 얼굴에서 우리의 전 존재를 비추는 광채가 나옵니다.

주님은 "내가 곧 길이요 진리요 생명이니 나로 말미암지 않고는 아버지께로 올 자가 없느니라"고 말씀하셨습니다(요 14:6). 그리고 수없이 많은 일들을 통해 그 말씀을 입증하셨습니다. 또한 자신은 "세상의 빛"이므로 자신을 따르는 자는 누구든지 어두움에 다니지 않고 "생명의 빛"을 얻을 것이라고 하셨습니다(요 8:12). 오직 그분만이 우리를 하나님과 화목하게 하실 수 있으며, 그를 보고 알게 해주실 수 있습니다. 그러므로 미쳐 버린 현대 세계에 복음이 주는 단순한 메시지는 오직 다음과 같이 기도하라는 것입니다.

하늘의 진리이신 거룩한 성령이여, 제 영혼에 새벽빛을 비추소서.
하나님의 말씀과 제 속을 비추는 빛으로 제 심령을 깨우시며 제 눈을 깨끗하게 하소서.

진실하고 진지한 마음으로 이렇게 기도하는 사람은 사도 바울의 말처럼 "예수 그리스도의 얼굴에 있는 하나님의 영광을 아는 빛"이 자기 마음을 비추었음을 알게 될 것이라고 복음은 확실하게 선언하고 있습니다(고후 4:6).

예수 그리스도만 우리를 하나님과 화목하게 하실 수 있고, 그를 보고 알게 해주실 수 있습니다.

하나님을 대면함

그 옛날 욥이 던졌던 질문은 오늘날에도 여전히 인간의 가장 긴급하고 중요한 질문으로 남아 있습니다. "인생이 어찌 하나님 앞에 의로우랴." 물론 새롭게 대두된 문제들도 있습니다. 경제적인 문제도 있고, 정치적인 문제도 있으며, 교육적인 문제도 있습니다. 부족한 주택을 공급하는 문제도 있고, 파업에 적절히 대응하는 문제도 있습니다. 그러나 이런 문제들은 다 일시적인 것들입니다. 이런 문제들의 배후와 너머에 존재하는 상황, 이런 문제들을 다 해결해도 여전히 피할 수 없는 상황은 바로 "빛들의 아버지"시요 "변함도 없으시고 회전하는 그림자도" 없으신 영원하신 하나님을 대면해야 한다는 것입니다(약 1:17).

사람의 궁극적인 문제는 그 자신이나 그의 행복에 있는 것이 아니며, 이 세상에 사는 동안 그를 에워싸고 있는 조건들에 있는 것도 아닙니다. 사람의 궁극적인 문제는, 이 세상과 영원한 세계에서 하나님과 맺는 관계에 있습니다. 그 하나님은 영원하시고 변함이 없으시며 절대적인 분입니다. 그럼에도 현대인들이 우리 주요 구주 되신 예수 그리스도 안에만 있는 "복 되신 하나님의 영광의 복음"(딤전 1:11)을 마다하고 새로운 치료책과 구원의 필요성을 역설하는 것은 얼마나 어리석은 일입니까?

항상 최고의 것을 가지고 있다고 믿는 현대인의 입장은 기꺼이 인정해 줍시다. 최고를 바라지 않는 사람은 바보일 것입니다. 그래서 비용이 얼마나 들든, 그 원천이 어디에 있든, 수단과 방법을 가리지 않고 최고의 것을 차지합니다. 또한 삶의 많은 분야와 영역에서는 최신의 것이 최고의 것이라는 말도 맞습니다. 보기를 들어 뇌막염이나 폐렴 같은 질병으로 사망하는 비율이 감소하고 있는 것은 참으로 놀라운 일입니다. 몸이 아프거나 병들었을 때, 가장 최신의 치료책을 쓰는 것이 최고로 좋다는 데에는 의문의 여지가 없습니다.

그러나 영혼의 병을 치료하는 일에서도 과연 그럴까요? 죽음을 앞두고 자신의 죄를 깨달은 사람에게 줄 만한 마법의 약이라는 것이 있을까요?

사람의 궁극적인 문제는 하나님과의 관계에 있습니다.

유일한 치료책

친히 나무에 달려 그 몸으로 우리 죄를 담당하셨으니 이는 우리로 죄에 대하여 죽고 의에 대하여 살게 하려 하심이라. 그가 채찍에 맞음으로 너희는 나음을 얻었나니.
베드로전서 2:24

사람의 병을 고치는 치료책은 한 가지뿐입니다. 양심이 나를 고소할 때 안식과 평화를 얻을 수 있는 방법, 내가 알고 있는 방법은 한 가지뿐입니다. 그것은 "친히 나무에 달려 그 몸으로" 내 죄를 지시고 나를 용서하신 하나님의 아들, 나사렛 예수를 아는 것입니다. 그가 나를 사랑하여 나를 위해 죽으셨기에 양심의 고소에서 깨끗하게 되었음을 믿고 아는 것입니다. 그 후에도 나는 자신의 연약함과 실패, 그 이름에 합당하게 살지 못하는 무능함을 느낍니다. 그러나 그때마다 또 다시 그분께로 돌아갑니다. 내가 넉넉히 이기는 승리자가 될 수 있는 것은 오직 예수와 성령의 능력 때문입니다.

창조주요 영원하신 재판장을 만날 일을 생각할 때 나의 유일한 소망은, 예수 그리스도의 의로 옷 입게 되리라는 것과 그가 내 손을 잡고 "그 영광 앞에 흠이 없이 기쁨으로 서게" 하시리라는 것입니다(유 24). 나는 항상 그리스도 안에서만 만족을 얻습니다. 그리스도 안에서만 문제를 해결 받습니다. 세상에 있는 수많은 방법들은 막상 가장 필요한 순간에 도움이 되지 못합니다. 그러나 그리스도는 실패하는 법이 없으십니다. 언제나 모든 면에서 필요를 채워 주십니다. 저는 그리스도를 생각하면 할수록 다음과 같은 찰스 웨슬리의 고백에 더더욱 동의하게 됩니다.

전능하신 예수께 나의 소원 있으니.

그리스도는 여전히 각 사람의 유일한 소망이며 온 세상의 유일한 소망입니다. 복음은 지금도 적절한 것일까요? 오직 복음만이 인간의 문제를 다루어 줄 수 있고 해결해 줄 수 있습니다.

6월
부흥 가운데 역사하시는 하나님

부흥의 긴급한 필요성

집에 들어가시매 제자들이 조용히 묻자오되 우리는 어찌하여 능히 그 귀신을 쫓아내지 못하였나이까. 이르시되 기도 외에 다른 것으로는 이런 종류가 나갈 수 없느니라 하시니라.
마가복음 9:28-29

교회는 각 지체가 중요성을 지니도록 구성되어 있는 곳, 그것도 극히 중대한 의미에서 중요성을 지니도록 구성되어 있는 곳입니다. 제가 이 주제[부흥] 전체에 주의를 환기시키는 부분적인 이유는, 오늘날 교인들이 스스로를 아주 하찮게 생각해서 자신에게 필요한 일을 남에게 맡기는 이상한 경향이 감지되기 때문입니다. 물론 이것은 오늘날의 삶에 전반적으로 나타나는 특징이기도 합니다. 예컨대 사람들은 더 이상 예전처럼 직접 운동경기를 하지 않습니다. 그 대신 관중석에 앉아 남들이 경기하는 모습을 구경만 합니다. 한때는 스스로 즐길 거리를 만들어 냈지만, 이제는 라디오와 텔레비전이 오락거리와 즐길 거리를 제공해 주고 있습니다. 그런데 이런 경향이 교회까지 나타나고 있어 걱정입니다. 사람들이 뒷짐만 지고 앉은 채 한두 명이 모든 일을 대신해 주기를 바라고 있다는 증거들이 점점 더 많이 나타나고 있습니다.

물론 이것은 교회가 그리스도의 몸이라는 신약의 교리, 각 지체가 극히 중대한 의미에서 중요한 존재이며 각자 책임을 지고 제 역할을 감당해야 할 존재라는 교리를 전면 부인하는 태도입니다. 예컨대 고린도전서 12장에는 이 교리에 대한 사도의 위대한 해설이 나오고 있습니다. 사도는 우리의 아름답지 못한 지체도 아름다운 지체만큼이나 중요하다고 말합니다. 그리고 몸의 각 지체가 제 역할을 감당해야 하며 주님이 쓰실 수 있도록 준비해야 한다고, 언제라도 쓰실 수 있도록 준비해야 한다고 말합니다.

한 사람의 그리스도인으로서 오늘날 교회와 세상의 상태를 보면서도 심각한 우려를 느끼지 못한다면, 우리는 실로 형편없는 그리스도인이라 해야 할 것입니다.

교회는 각 지체가 중요성을 지니도록 구성되어 있는 곳, 그것도 극히 중대한 의미에서 중요성을 지니도록 구성되어 있는 곳입니다.

부흥의 걸림돌

이삭이 그곳을 떠나 그랄 골짜기에 장막을 치고 거기 거류하며 그 아버지 아브라함 때에 팠던 우물들을 다시 팠으니 이는 아브라함이 죽은 후에 블레셋 사람이 그 우물들을 메웠음이라. 이삭이 그 우물들의 이름을 그의 아버지가 부르던 이름으로 불렀더라.

창세기 26:17-18

이삭의 생애에 일어난 이 사건은 부흥이라는 주제 전반에 대해 많은 것을 가르쳐 주고 있습니다. 이 구절은 이삭이 경험한 여러 가지 곤란하고 어려운 일들 중에 한 가지를 묘사하고 있습니다. 그 전후 맥락을 읽어보면, 그 땅의 다른 지역에 살고 있던 이삭을 하나님이 아주 놀라운 방식으로 축복하셨다는 사실을 알게 됩니다. 그의 소유가 어찌나 많았던지 질투를 느낀 주변 사람들이 억지로 그를 이주시켜 버렸습니다. "아비멜렉이 이삭에게 이르되 네가 우리보다 크게 강성한즉 우리를 떠나라"(창 26:16). 그래서 이삭은 할 수 없이 가족과 모든 종과 소유물과 재산을 거두어 그 땅을 떠났습니다. 그리고 그랄 골짜기에 이르러 거기 정착하기로 마음먹었습니다.

그랄에 도착하자마자 부닥친 긴급하고도 절박한 문제는 당연히 물을 확보하는 것이었습니다. 이삭이 부닥친 문제는 자신을 위해 장막을 치거나 처소를 세울 아름다운 장소를 찾는 것이 아니었습니다. 그는 오락이나 사치를 구한 것도 아니었고, 삶의 부수적인 요소들을 구한 것도 아니었습니다. 이 이야기의 핵심은 그가 생존에 절대적으로 필요한 요소, 그것이 없으면 삶 자체가 유지되지 않는 요소를 구했다는 데 있습니다.

제가 이 점을 강조하는 것은, 오늘날 우리의 상황도 그만큼 절박하다는 것을 가장 먼저 깨달아야 하기 때문입니다.

오늘날 우리의 상황도 생존에 필요한 물을 구했던 이삭의 상황만큼이나 절박하다는 것을 가장 먼저 깨달아야 합니다.

복음의 핵심 진리를 재발견하라

그러나 하나님의 견고한 터는 섰으니.
디모데후서 2:19

기독교 신앙의 기본 교리를 재발견할 때 결국 부흥이 일어난다는 원칙에는 예외가 없습니다. 부흥 앞에는 언제나 교리의 재발견이 있습니다. 우리가 보기에는 부흥이 갑자기 찾아오는 것 같습니다. 어떤 의미에서는 그것도 맞는 말입니다. 그러나 역사를 주의 깊게 살펴볼 때마다 발견하게 되는 사실은 부흥이 그 이전부터 조용히 진행되어 왔다는 것, 눈에 띄지 않는 사람들이 미리 예비해 왔다는 것입니다. 그 예비는 항상 중대하고 영광스러운 핵심 진리를 재발견하는 일로 이루어졌습니다.

예를 들어, 종교개혁의 역사를 보시기 바랍니다. 개신교의 부흥은 마르틴 루터가 어느 날 갑자기 믿음으로만 의롭다 하심을 얻는다는 중대한 진리를 깨달은 후에 일어났습니다. 갈라디아서와 로마서의 진리로 되돌아간 것이 성령의 부으심을 예비하는 길이 된 것입니다. 영국을 비롯하여 개혁의 물결이 퍼져 나간 모든 나라에서 똑같은 일이 일어났습니다.

18세기에도 마찬가지였습니다. 그 당시는 죽은 시대였습니다. 합리주의를 반박하기 위해 '보일 강좌'가 개설되고 버틀러 주교의 '종교의 유비'가 나왔지만 아무 성과가 없었습니다. 그러다가 갑자기 부흥이 임했고, 윗필드와 웨슬리 같은 인물들이 등장했습니다. 이 또한 맞는 말입니다. 그러나 이들을 통해 부흥이 임한 방식은 어떤 것이었습니까? 자, 그 이야기는 이미 잘 알려져 있습니다. 존 웨슬리가 성령으로 마음이 "이상하게 뜨거워지는" 올더스게이트의 경험을 할 수 있었던 것은 그 석 달 전에 일어난 일 덕분이었습니다. 올더스게이트 경험을 한 것은 1738년 5월 24일의 일이었지만, 오직 믿음으로 의롭다 하심을 얻는다는 진리에 눈을 뜬 것은 같은 해 3월의 일이었습니다. 그는 런던과 옥스퍼드 사이의 여행길에서 피터 뵐러와 그 유명한 대화를 나누었는데, 그것은 오직 믿음으로 의롭다 하심을 얻는다는 교리에 관한 것이었습니다. 그 교리를 깨닫고 그 교리에 사로잡힌 후에 성령이 임하여 그를 사용하시기 시작했습니다.

부흥 앞에는 언제나 교리의 재발견이 있습니다.

주 예수 그리스도가 중심이신가

그의 피로 말미암아 속량 곧 죄 사함을 받았느니라.
에베소서 1:7

주 예수 그리스도를 우리의 묵상과 삶과 생각과 기도의 중심에 모시지 않는다면, 결정적이고도 중심적이며 핵심적인 자리에 모시지 않는다면, 우리는 부흥을 구할 자격이 없습니다. 여러 사람들과 종교 이야기를 하다 보면, 교인들조차 주 예수 그리스도에 대해서는 한마디도 하지 않은 채 장시간 이야기하는 것을 보게 됩니다. 제가 다음과 같은 이야기를 질리지도 않고 계속하는 것은, 목회자로서 이런 경험을 익히 해왔기 때문입니다. 사람들이 저를 찾아와 그런 식으로 이야기할 때, 저는 다음과 같은 질문을 던집니다.

"오늘 밤에 죽는다면 어떨 것 같습니까?"

"오, 저는 하나님을 믿습니다."

"좋습니다. 그렇다면 당신이 믿는 하나님 앞에 섰을 때 무슨 말을 하겠습니까? 무엇을 의지하겠습니까?"

"글쎄요, 저는 늘 선하게 살려고 노력했습니다. 선한 일을 하려고 최선을 다했지요."

"그럼에도 불구하고 죄를 짓지 않았습니까?"

"물론 아닙니다. 죄를 지었지요."

"그렇다면 그 죄는 어떻게 하겠습니까? 그 죄에 대해서는 하나님 앞에서 뭐라고 말씀드리겠습니까?"

"글쎄요, 저는 하나님이 사랑의 하나님이신 것을 믿습니다."

"그 사실이 어떤 도움이 될까요?"

"글쎄요, 하나님 앞에서 죄를 인정하고 용서를 구하면 용서해 주실 것을 믿습니다. 제가 의지하는 건 그겁니다."

제가 말하려는 요점은 이런 사람들이 주 예수 그리스도에 대해서는 그 이름조차 언급하지 않는다는 것입니다. 그들은 주 예수 그리스도 없이 직접 하나님께 나아갈 수 있다고 생각하는 것 같습니다. 이처럼 그리스도 없는 기독교가 얼마나 많은지 모릅니다.

주 예수 그리스도를 우리의 묵상과 삶과 생각과 기도의 중심에 모시지 않는다면 우리는 부흥을 구할 자격이 없습니다.

성령 세례

그들이 다 성령의 충만함을 받고 성령이 말하게
하심을 따라 다른 언어들로 말하기를 시작하니라.
사도행전 2:4

저는 부흥이 그 정의상 하나님의 영이 부어지는 일, 성령이 그 능력으로 한 개인이나 다수의 사람들에게 동시에 임하시는 일을 뜻한다고 생각합니다.

그런데 부흥을 비정상적인 흥분 상태로 치부하여 무시해 버리는 정도까지는 아니어도 성령을 소멸하는 죄를 짓는 듯한 이들이 있습니다. 제가 이렇게 생각하는 것은 그들이 '거듭난 사람은 누구나 중생할 때 성령 세례를 받으므로 우리는 모두 성령 세례를 받은 자들'이라고 주장하기 때문입니다. 그들이 말하는 성령 세례란 사도행전 2장에 나오는 사건임을 기억하십시오. 그들은 말합니다. "그렇다. 그것은 성령 세례였다. 우리 모두 그 세례를 받았다. 그것은 의식되지 않는 일이기에 그 사실을 모르고 있을 뿐이다. 성령 세례는 우리가 믿고 중생하는 순간에 임한다. 그것은 하나님이 우리를 그리스도의 몸에 연합시키시는 행위에 불과하다. 바로 이것이 성령 세례, 곧 하나님이 교회에 성령을 부으시고 성령으로 교회에 새롭게 세례를 주시며 능력의 세례를 주시는 일인 것이다. 이처럼 우리 모두가 이미 세례를 받았기 때문에 더 이상 그것을 구해서는 안 된다."

사람들은 다른 방식으로 같은 주장을 펴기도 합니다. 오순절 사건은 단 한 번 일어난 일로서 다시는 반복될 필요가 없으므로 성령이 부어지기를 기도하는 것은 잘못이라고 가르치는 것입니다. 그들은 말합니다. "하나님은 오순절 날 교회에 성령을 부어 주셨다. 그 후로 성령은 계속 교회 안에 거하고 계시므로 또 성령을 부어 달라고 기도하는 것은 사실상 잘못된 일이다." 그런 종류의 설교가 대세를 이루고 있으니, 사람들이 부흥을 위해 기도하지 않고 교회가 오늘날과 같은 모습으로 전락한 것도 그리 놀랄 일은 아닙니다.

열정

죽은 정통주의의 특징은 열정적인 태도를 싫어한다는 것입니다. 좀더 성경적인 용어로 말하자면, 그것은 성령을 소멸하는 죄입니다. 열정적인 태도를 싫어하는 것은 곧 성령을 소멸하는 것입니다. 교회사, 특히 부흥의 역사에 익숙한 사람이라면 부흥기에 가장 활발하게 활동했던 이들이 바로 이런 이유로 비난받았다는 사실을 알 것입니다.

이런 비난은 역사상 흔한 것이었습니다. 일례로 18세기 인물들의 이야기를 읽어 보십시오. 조지 윗필드도 계속해서 그런 비난에 맞서 해명을 해야 했고, 주교들에게 냉대를 당해야 했습니다. 주교들은 그에게 우리가 반대하는 것은 당신의 교리가 아니라 당신이 교리를 전하는 방식과 교리를 행하는 방식이라고 말하곤 했습니다. 존 웨슬리도 계속해서 같은 비난을 받았는데, 심지어 어머니인 수산나 웨슬리에게까지 비난을 받았습니다. 왜 그는 다른 사람들처럼 설교할 수 없는 것입니까? 왜 그렇게까지 흥분하며 말하는 것입니까? 왜 군이 이런 혼란을 일으키는 것입니까? 수산나 웨슬리는 아주 경건한 여성이었지만 갑자기 열정적이 되어 버린 아들을 이해할 수가 없었습니다. 교회의 관점에서 18세기 문학을 읽어 보면, 이것이 끊임없는 비난거리가 되었음을 분명히 알게 됩니다.

열정을 반대하는 이런 태도야말로 분명 부흥에 가장 큰 걸림돌이 될 수 있다는 점에서, 우리는 이 주제를 꼭 살펴보아야 합니다. 죽은 정통주의에 빠진 사람은 특히 더 위험합니다. 제가 이해한 바에 따르면, 이 문제와 관련하여 우리를 도와주고 인도해 줄 두 가지 큰 원칙을 신약성경이 제시해 주고 있습니다. 첫 번째 원칙은 "모든 것을 품위 있게 하고 질서 있게 하라"는 것입니다(고전 14:40). 그러나 동시에 기억해야 할 다른 말씀도 있습니다. "성령을 소멸하지 말며"(살전 5:19).

열정적인 태도를 싫어하는 것은 곧 성령을 소멸하는 것입니다.

사이비 지성주의

감정적이 되지 않으려다가 하나님이 주신 참되고 건전한 감정까지 놓쳐 버리는 이들이 있습니다.

이 모든 것의 원인은 무엇일까요? 저는 사이비 지성주의, 곧 무엇이 점잖은 것인지에 대한 오해에 그 원인이 있다고 생각하며, 이것이야말로 부흥의 가장 큰 걸림돌 중에 하나라고 굳게 믿고 있습니다. 아시다시피 우리는 우리의 학식에 자부심을 가지고 있습니다.

사도 바울은 세상에 알려진 가장 위대한 지성인 중 한 사람입니다. 그런 그가 얼마나 거대한 감정의 물결에 휩쓸리는지 보십시오. 한 가지 요점에서 출발했다가도 그리스도의 이름을 언급하는 순간 그만 정신을 잃어버립니다. 자신이 지금까지 무슨 말을 하고 있었는지 잊어버린 채 엄청난 웅변을 쏟아 낸 연후에야 요점으로 돌아가 다시 이야기를 진행합니다. 이런 태도를 무질서하다거나 일관성이 없다고 말할 수도 있을 것입니다. 얼마든지 원하는 대로 표현하십시오. 다 맞는 말입니다. 그러나 바로 여기에 인간의 영광이 있습니다. 이 지적인 거인은 진리에 감동할 줄 아는 사람이었으며 그 감동으로 눈물 흘릴 줄 아는 사람이었습니다.

조지 윗필드도 은혜와 구원의 영광에 대해 설교하면서 두 뺨이 젖도록 눈물을 흘렸으며, 듣는 이들도 그와 함께 울었습니다. 다른 인물들도 마찬가지였습니다. 그런데 우리만 완고하게 지적인 태도를 고집하며 감정을 통제하려 드는 것입니다. 제 말은 감정적이 되라는 뜻이 아니라 감정을 가지라는 것입니다. 우리가 거짓에 빠질까 봐 두려워한 나머지 성령을 소멸하지 않게 해주시기를, 사이비 지성주의에 빠져 지나치게 점잖을 빼면서 성령을 억제하다가 건조하고 황량하며 상대적으로 열매도 없고 무력하고 쓸모없는 상태에 빠지지 않도록 막아 주시기를 기도합니다. 신약성경이 묘사하고 있는 교회의 모습에 조금 더 가까이 다가갑시다. "성령을 소멸하지 말며 예언을 멸시하지" 말되 "범사에 헤아려 좋은 것을" 취합시다.

제 말은 감정적이 되라는 것이 아니라 감정을 가지라는 것입니다.

영적 무력증

네가 말하기를 나는 부자라. 부요하여 부족한 것이
없다 하나 네 곤고한 것과 가련한 것과 가난한 것과
눈먼 것과 벌거벗은 것을 알지 못하는도다.
요한계시록 3:17

그리스도인의 삶의 절정이자 깊이라고 할 만한 일이 있습니다. 그 일은
지금 이 시대를 살고 있는 그리스도인들도 얼마든지 경험할 수 있습니
다. 성경과 성도들의 전기 및 부흥기에 관한 책들을 보면 그 가능성을
알고 있었던 이들의 이야기가 나옵니다.

그중에 옛 청교도에 관한 이야기가 있는데, 그는 산중턱을 가다가 한
가지 체험을 하게 되었습니다. 주 예수 그리스도가 갑자기 나타나 자신
을 보여주신 것입니다. 그는 그 짧은 순간에 50년 동안 읽고 연구하고
묵상해서 배운 것보다 더 많은 것을 배웠다고 말했습니다. 이런 일은 언
제든지 일어날 수 있습니다.

이런 사례는 부흥의 역사에도 등장합니다. 여러분은 하나님이나 주
예수 그리스도와 대화를 나누며 의견을 나눈 이들의 이야기, 그분의 임
재를 느끼며 그분의 사랑이 나타나는 것을 경험한 이들의 이야기를 들
었을 것입니다. 주 예수 그리스도가 얼마나 가까이 다가오셨는지 거기
에 완전히 압도되어 버린 이야기, 하나님의 영광과 사랑으로 충만해진
이야기를 들었을 것입니다.

그런데 왜 우리는 그런 일에 대해 아는 바가 없을까요? 라오디게아
교회 교인들과 너무나 비슷하기 때문입니다. 부활하신 주님이 그들에
게 하신 말씀은 이것입니다. "네가 말하기를 나는 부자라. 부요하여 부
족한 것이 없다 하나 네 곤고한 것과 가련한 것과 가난한 것과 눈먼 것과
벌거벗은 것을 알지 못하는도다"(계 3:17). 오늘날 교회의 상태도 이와
똑같습니다.

부흥의 압도하는 특징

이는 땅의 모든 백성에게 여호와의 손이 강하신 것을
알게 하며 너희가 너희의 하나님 여호와를 항상
경외하게 하려 하심이라.
여호수아 4:24

오순절 날 예루살렘 사람들이 그러했듯이, 부흥이 일어날 때 사람들은 "이게 무슨 일이지? 대체 무슨 일이야?"라고 말하게 됩니다. 부흥은 토네이도처럼 찾아옵니다. 마치 물이 범람한 것 같고 홍수가 일어난 것 같습니다. 깜짝 놀랄 만한 일들이 벌어지고, 그 엄청난 규모에 놀란 사람들이 입을 벌리고 쳐다봅니다.

가장 서정적이면서도 놀라운 예를 한 가지 들어 보겠습니다. 300년 전, 스코틀랜드에 킬시스의 존 리빙스턴이라고 불리던 설교자가 있었습니다. 그는 주일 저녁 예배 후에 다른 많은 이들과 함께 기도하는 시간을 가졌습니다. 그런데 월요일 아침에 설교 요청이 들어왔습니다. 그는 들에 나가 묵상하다가 갑자기 설교할 수 없을 것 같은 느낌에 사로잡혔습니다. 설교는 자신의 능력에 넘치는 일이며, 자신은 설교하기에 합당치 못한 사람이라는 생각이 든 것입니다. 그는 도망치고 싶었습니다. 그런데 갑자기 하나님이 말씀하시는 듯한 느낌이 들었습니다. 도망치지 말라, 하나님은 그런 식으로 일하지 않으신다는 음성이 귀가 아닌 심령에 들려온 것입니다. 그는 돌아가야겠다고 생각했고, 마침내 돌아가서는 에스겔서 36장을 설교했습니다. 그의 말에 따르면 "한 시간 반을 설교한 후에 메시지를 적용하기 시작했다"고 합니다. 그런데 그때 갑자기 성령이 임하셨고, 그는 한 시간을 더 적용에 바쳤습니다. 그 설교를 들은 사람들은 말 그대로 바닥에 쓰러졌고, 그 한 번의 예배로 오백 명이 회심하게 되었습니다.

부흥이 임하면 그런 일이 일어납니다. 그러나 안타깝게도 존 리빙스턴이 그런 일을 경험한 것은 그 후 단 한 번뿐이었습니다.

부흥은 물이 범람하는 것 같고 홍수가 일어나는 것 같습니다.

부흥의 목적

너희의 하나님 여호와께서 우리 앞에 홍해를 말리시고 우리를 건너게 하심과 같았나니 이는 땅의 모든 백성에게 여호와의 손이 강하신 것을 알게 하며 너희가 너희의 하나님 여호와를 항상 경외하게 하려 하심이라.

여호수아 4:23-24

하나님이 때때로 부흥을 보내시는 이유가 무엇입니까? 그 첫 번째 이유가 여호수아 4:24에 나오고 있습니다. "이는 땅의 모든 백성에게 여호와의 손이 강하신 것을 알게 하며." 하나님은 때때로 이런 일을 하십니다. 부흥을 보내시고 교회를 축복하심으로써 하나님을 모르는 자들에게도 무언가를 해주시는 것입니다. 그는 세상 모든 백성이 주목할 만한 일을 행하십니다. 우리가 이 문제를 고찰하는 주된 이유가 바로 여기에 있음을 항상 기억해야 합니다. 제가 부흥이라는 주제 전체에 여러분의 주의를 환기시키는 주된 이유, 모든 이들에게 부흥을 위해 기도할 것을 촉구하며 부흥을 기다리고 사모할 것을 촉구하는 주된 이유도 여기 있습니다. 곧, 하나님의 영광 때문입니다.

아시다시피 하나님과 그의 영광을 대표하는 나라는 이스라엘밖에 없었습니다. 다른 나라들은 전부 이방 국가였습니다. 그들은 다른 신들은 많이 섬겼지만, 이스라엘의 하나님은 믿지도, 예배하지도 않았습니다. 하나님은 이스라엘을 택하셨습니다. 이처럼 자신을 위해 한 나라를 택하심으로써 그들을 통해, 그들을 매개로 자신의 영광을 나타내려 하셨으며, 그들로 하여금 세상 모든 나라에 그 영광을 증거하게 하셨습니다. 이것이 이스라엘 자손의 진정한 역할이었습니다. 그들을 지켜보는 다른 나라들은 항상 조롱하고 비웃을 준비를 하고 있었습니다. 그들은 이스라엘이 패배할 때마다 말했습니다. "저들의 하나님은 대체 어디 있는 거야? 그 굉장하다는 능력은 다 어디 가버렸지?"

하나님은 세상 모든 백성의 주의를 끌기 위해 부흥을 보내십니다.

부흥의 영향

다 놀라며 당황하여 서로 이르되 이 어찌 된 일이냐
하며 또 어떤 이들은 조롱하여 이르되 그들이 새 술에
취하였다 하더라.
사도행전 2:12-13

특히 하나님의 백성이 아닌 자들에게 부흥이 끼치는 영향은 무엇일까
요? 여호수아서가 분명히 말하고 있듯이, 부흥은 세상 모든 나라들로
"여호와의 손이 강하신 것을 알게" 하려고 주어지는 것입니다(수 4:24).
그러나 곧바로 제기되는 질문은 부흥이 정말로 그런 영향을 끼치느냐,
모든 사람이 그 능하심을 인정하게 만드느냐 하는 것입니다. 그 대답이
사도행전 2장에 나오고 있습니다. 이것은 참으로 귀중한 대답인 동시에
부흥을 기다리며 사모하는 모든 사람이 속히 주목해야 할 대답입니다.
같은 내용이 사도행전뿐 아니라 성경 곳곳에 나오고 있습니다. 모든 시
대에 걸친 부흥과 교회의 역사를 읽어 보아도 같은 내용이 계속 반복되
는 것을 알 수 있습니다. 성경은 말합니다. "다 놀라며 당황하여 서로 이
르되 이 어찌 된 일이냐 하며."

여러분은 제자들을 비롯하여 다락방에 모인 백이십 명의 사람들에게
어떻게 성령이 부어졌는지 기억할 것입니다. 이 강력한 성령의 부으심
이 임하자 그들은 각기 다른 방언으로 말하기 시작했습니다. 그와 비슷
한 현상들도 많이 나타났던 것이 분명합니다. 그 소리를 듣고 사방에서
몰려든 사람들은 자기들의 눈앞에서 벌어지는 일을 보며 "이 어찌 된 일
이냐?" 물었습니다. 그들은 놀랐습니다. 어떤 이들은 의심했고, 또 어떤
이들은 "조롱하여 이르되 그들이 새 술에 취하였다"고 했습니다. 아시다
시피 성령의 부으심으로 강력한 현상이 일어날 때에는 반발하는 사람들
이 나오게 마련입니다. 이 본문에 분명히 나타나듯이, 부흥에 수반되는
어떤 현상은 이런 반발을 불러일으킬 수 있습니다.

그들은 놀랐습니다. 어떤 이들은 의심했으며, 또 어떤 이들은 "조롱하여 이르되 그들이 새 술에
취하였다"고 했습니다.

오순절

그 후에 내가 내 영을 만민에게 부어 주리니 너희 자녀들이 장래 일을 말할 것이며 너희 늙은이는 꿈을 꾸며 너희 젊은이는 이상을 볼 것이며 그때에 내가 또 내 영을 남종과 여종에게 부어 줄 것이며.
요엘 2:28-29

오순절에 제자들, 즉 사도들과 그 밖의 사람들에게 무슨 일이 일어났는 지 사도행전 2장을 읽어 보십시오. 그 일이 어찌나 기이했던지 제자들이 술에 취한 것으로 생각하는 이들까지 있었습니다. 사람들은 말했습니다. "이건 취했다고밖에 볼 수 없어. 완전히 미쳤다고." 미쳤다는 것은 그 후에도 심심찮게 등장했던 비난입니다.

그런데 베드로는 이 놀라운 현상을 다음과 같이 설명합니다. "이는 곧 선지자 요엘을 통하여 말씀하신 것이니"(행 2:16). 이것은 요엘이 이미 예언한 일이라는 것입니다. "그 후에 내가 내 영을 만민에게 부어 주리니." 전에도 하나님은 성령을 주셨습니다. 그러나 부어 주시지는 않았습니다. 전에는 여기 이 사람, 저기 저 사람에게 개인적으로 주셨을 뿐입니다. 그런데 이제는 퍼부어 주신다는 것입니다. 그런 일이 광범위하게 일어난다는 것입니다. 이를테면 '전체적으로' 일어난다는 것입니다. "내가 내 영을 만민에게 부어 주리니 너희 자녀들이 장래 일을 말할 것이며 너희 늙은이는 꿈을 꾸며 너희 젊은이는 이상을 볼 것이며 그때에 내가 또 내 영을 남종과 여종에게 부어 줄 것이며."

북 아일랜드의 제분소 소녀들에게도 이런 일이 일어났습니다. 가난하고 궁핍한 집에서 아무 교육도 받지 못한 채 자란 소녀들이 어느 날 갑자기 예언을 하기 시작했습니다. 그들은 놀라운 지식을 발휘하며 비범하게 말했습니다. 이것이야말로 선지자 요엘이 예견하고 예언했던 일이 아니겠습니까? 젊은이들은 이상을 보고 늙은이들은 꿈을 꿉니다. 베드로는 '그 일이 지금 일어나고 있다'고 말했습니다.

황홀한 중에

황홀한 중에.
사도행전 22:17

사도행전 10장 10절부터 12절까지에는 베드로 사도가 어떤 집 지붕에서 환상을 보는 이야기가 나옵니다. 그는 네 귀를 맨 보자기가 하늘에서 내려오는 모습을 황홀한 중에 보았습니다. 사도행전 16장에도 아시아에서 말씀을 전하고자 하는 바울을 성령이 막으시는 이야기가 나오고 있습니다. 성령은 비두니아로 가는 것도 허락하지 않으셨습니다. 그 후에 바울은 마게도냐 사람이 도움을 청하는 환상을 보았습니다. 그는 사도행전 22장에서 자신이 "황홀한 중에" 겪은 일을 이야기하고 있습니다.

이 시대의 과학적인 친구들처럼 성경을 부인하는 자리로 나아가지 않도록 조심합시다. 성령이 임하시면 황홀한 상태에 빠질 수 있습니다. 고린도전서 12-14장만 읽어 보아도 고린도 교회에 나타난 온갖 특이한 현상들 때문에 사도가 교육하고 인도하며 제재해야 했던 것과 모든 일을 품위 있게 하고 질서 있게 하라고 명령해야 했던 것을 알 수 있습니다. 이것이 성경에 나타난 증거입니다.

그렇다면 우리는 이런 일을 어떻게 설명해야 하며 어떤 결론을 내려야 할까요? 일련의 명제들로 제시해 보겠습니다. 하나님이 이처럼 특별한 현상을 통해 자신과 자신의 일에 사람들의 주의를 끌려 하신다는 점이 분명히 드러나지 않습니까? 이런 현상만큼 사람의 주의를 끄는 것은 없습니다. 하나님은 그 나라를 확장하시는 일에 사람들의 주의를 환기하고 집중시키기 위해 이런 현상을 사용하십니다. 저는 여기에 이 같은 요소가 있다고 확신합니다.

두 번째로 꼭 기억해야 할 사실은, 성령이 한 사람의 인격 전체에 영향을 끼치신다는 것입니다. 사람은 통합된 존재로 반응합니다. 영적인 부분만 반응하고 나머지 부분, 혼과 몸은 아무 영향도 받지 않기를 바라는 것은 그야말로 어리석은 생각입니다.

부흥의 첫 단계

여호와께서 모세에게 이르시되 너는 네가
애굽 땅에서 인도하여 낸 백성과 함께 여기를
떠나서……나는 너희와 함께 올라가지 아니하리니
너희는 목이 곧은 백성인즉 내가 길에서 너희를
진멸할까 염려함이니라.
출애굽기 33:1, 3

하나님이 모세에게 대답하신 말은 요컨대 이런 것입니다. "나는 이 백성을 젖과 꿀이 흐르는 약속의 땅 가나안으로 들어가게 해주겠다고 약속했다. 그래서 명하는 것이니, 너는 그들을 데리고 올라가거라. 네가 그들을 약속의 땅으로 데려가거라. 그들이 지금까지 해온 것으로 볼 때, 나는 더 이상 함께 가지 않는 것이 좋겠다."

이것이 이스라엘이 처한 상황이었습니다. 우리의 관심을 끄는 것은 모세와 교회가 이 말씀에 어떤 반응을 보였느냐 하는 점입니다. 부흥의 첫 단계에 항상 나타나는 특징이 바로 이것입니다. 여러분은 이스라엘의 상황을 알고 있습니다. 그들은 죄를 지었고 하나님은 심판을 선언하셨습니다. 여기에서 볼 수 있듯이, 부흥의 첫 단계는 바로 그러한 자신의 상황을 깨닫는 것입니다.

하나님을 거역하고 등을 돌린 백성들, 그의 이름을 훼방하고 그의 종 모세를 비난하던 백성들, 아론을 부추겨 금송아지를 만들게 하고 그것을 섬기던 백성들, 죄를 짓던 백성들이 갑자기 멈추어 섰습니다. 어찌 되었든지 간에 자신들이 처한 상황에 대해 무언가를 깨달은 것입니다. 이것이야말로 결정적으로 중요한 문제임이 분명합니다. 이런 깨달음이 없으면 부흥이 일어날 가망이 없습니다. 부흥은 눈을 떠서 상황을 보는 것입니다. 하나님의 말씀에 담긴 의미를 알아차리는 것입니다. '하나님이 우리를 떠나겠다고 하시더니 정말로 떠나셨구나. 구름이 사라져 버렸지 않은가. 불기둥도 더 이상 보이지 않는다. 떠나겠다고 하시더니 정말로 떠나버리셨다'고 생각하는 것입니다. 하나님이 자신들을 기뻐하지 않으심을 인식하고 깨닫는 것입니다. 부흥의 역사를 읽어 보십시오. 부흥이 일어날 때마다 예외 없이 이런 일이 일어났음을 발견할 것입니다.

부흥의 첫걸음은 죄를 깨닫는 것입니다.

죄를 버리라

백성이 이 준엄한 말씀을 듣고 슬퍼하여 한 사람도 자기의 몸을 단장하지 아니하니 여호와께서 모세에게 이르시기를 이스라엘 자손에게 이르라. 너희는 목이 곧은 백성인즉 내가 한 순간이라도 너희 가운데에 이르면 너희를 진멸하리니 너희는 장신구를 떼어 내라. 그리하면 내가 너희에게 어떻게 할 것인지 정하겠노라 하셨음이라. 이스라엘 자손이 호렙 산에서부터 그들의 장신구를 떼어 내니라.
출애굽기 33:4-6

바로 이렇게 하기 전까지는 진정으로 회개한 것이 아닙니다. 이렇게 한다는 것은 특히 하나님 앞에서 큰 죄를 지었음을 깊이 깨닫고, 그가 보시기에 기뻐하실 만한 일이라면 무엇이든 하고 싶어 한다는 뜻입니다. 죄를 버리고 그의 뜻을 행한다는 뜻입니다. "장신구를 떼어 내라." 이스라엘 자손들은 장신구를 떼어 냈습니다. 그렇습니다. 그들을 넘어뜨린 것은 바로 그 장신구였습니다. 금송아지도 그 장신구로 만들었습니다. 그래서 장신구라면 넌더리가 났습니다. 하나님은 "장신구를 떼어 내라"고 하셨고, 그들은 장신구를 떼어 냈습니다.

그리스도인들의 전기와 부흥의 이야기들만 읽어 보아도 제 말이 무슨 뜻인지 정확히 알 수 있을 것입니다. 부흥의 때에는 항상 이렇게 제하는 일이 있게 마련입니다. 늘 해오던 일이지만 더 이상 해서는 안 된다는 사실을 깨닫습니다. 그 자체는 해롭지 않더라도 하나님과 자신 사이를 가로막고 있기 때문에 내버립니다. 장신구가 사라집니다. 자기 자신도 제해서 하나님께 바치며 새롭게 구별하여 헌신합니다.

거듭 말하지만, 이것이야말로 회개의 핵심적인 본질입니다. 우리는 행동해야 한다는 것을 알고 있습니다. 그러려면 단계를 밟아야 합니다. 우리는 누구나 제해야 할 것들을 가지고 있습니다. 자신의 죄를 깨닫고, 자신이나 자신 같은 사람들의 죄 때문에 교회가 이 모양이 된 것을 깨달아 진정으로 회개하는 사람은 그 죄를 제하기 위해 자신을 점검해 볼 것입니다.

회개하는 자들은 자신을 하나님께 바치며 새롭게 구별하여 헌신합니다.

부흥은 종종 한 사람에게서 시작된다

모세가 항상 장막을 취하여 진 밖에 쳐서 진과 멀리 떠나게 하고 회막이라 이름하니.
출애굽기 33:7

여기 심오한 가르침이 있습니다. 이 장막은 모세가 회중 한가운데, 이스라엘 진영 한복판에 세워 놓은 일종의 천막으로서 그와 다른 사람들이 기도하던 장소였던 동시에 백성들이 하나님을 만나기 위해 함께 나아가던 '만남의 장막'이었습니다. 만남의 장막, 즉 '회막'이라는 말은 그만큼 중요하고도 놀라운 말입니다. 비국교도 선조들은 대부분 자신들의 예배 처소를 '만남의 집'이라고 불렀는데, 그것도 좋은 옛말입니다. 아시다시피 예배당은 사람과 만나는 장소이기도 하지만 단지 사람만 만나는 장소는 아닙니다. 예배당의 본질적인 의미는 하나님과 만나는 장소라는 것입니다.

모세가 이렇게 특별한 행동을 하기까지 분명한 이끌림이 있었다는 사실을 이해하는 것이 중요합니다. 그는 진 한가운데 있던 장막을 취하여 진 밖 멀리 떨어진 곳에 세웠습니다. 이것이 모세가 취한 행동이었습니다. 저는 이 부분에 주목하고 싶습니다. 왜냐하면 기나긴 교회사에 나타난 성령의 활동을 살펴보면, 이처럼 부담을 심하게 느낀 나머지 무언가 행동을 취하는 개인이나 모임이 일반적으로 가장 먼저 등장하고, 결국 그들에게서 위대한 부흥이 일어나는 경우가 많기 때문입니다.

지극히 평범한 수도사였던 마르틴 루터도 어느 날 갑자기 이런 부담을 느꼈습니다. 그 부담이 어찌나 컸던지 무언가 행동을 취하지 않을 수 없었습니다. 그 한 사람, 바로 그 한 사람을 통해 하나님은 교회에 강력한 운동을 일으키셨습니다.

일반적으로 한 사람이 갑자기 부담을 느끼기 시작하고, 그 부담을 심하게 느낀 나머지 행동을 취하기에 이릅니다.

따로 떨어짐

모세가 항상 장막을 취하여 진 밖에 쳐서 진과 멀리 떠나게 하고 회막이라 이름하니 여호와를 앙모하는 자는 다 진 바깥 회막으로 나아가며.
출애굽기 33:7

모세는 진 밖에 장막을 쳤습니다. "진과 멀리 떠나게 하고." 여기에는 여러분이 가장 오해할 만한 요점이 들어 있습니다. 그러나 그것이 이 말씀의 내용이며 우리가 배워야 할 가르침입니다. 역사상 부흥이 일어날 때에는 항상 이렇게 따로 떨어져 나오는 일이 있었습니다. 그 당시에 이스라엘 진은 하나님의 교회였음을 잊지 맙시다. 구약 이스라엘은 광야에 있는 교회였습니다. 우리는 지금 교회에 대해 이야기하고 있는 것입니다. 그런데 모세가 무슨 일을 했습니까? 이를테면 교회 한가운데 있는 장막을 밖으로 옮겨 "진과 멀리 떠나게" 했습니다.

기나긴 교회 역사상 부흥이 교회 내의 공식적인 활동으로 이루어진 적은 한 번도 없습니다. 심한 말처럼 들립니까? 그러나 다시 말하건대, 부흥이 교회의 공식적인 활동으로 나타난 적은 한 번도 없습니다. 여러분은 위클리프나 얀 후스 같은 종교개혁의 위대한 선구자들에 대해 읽어 보았을 것입니다. 그들은 항상 비공식적으로 활동했고, 공적인 자리에 있는 자들은 그들의 활동을 싫어했습니다. 마르틴 루터도 마찬가지였습니다. 로마에서 변화가 일어난 것이 아닙니다. 작은 방에 있던 이 수도사에게 변화가 일어났습니다. 그런 일이 역사상 계속되어 왔습니다.

영국 국교회에 종교개혁이 일어난 후, 거기 만족하지 못했던 사람들도 같은 길을 따라 같은 일을 했습니다. 청교도 신앙은 그렇게 생겨난 것입니다. 여러 분파로 이루어진 감리교의 이야기도 익히 알고 있을 것입니다. 웨슬리 형제와 윗필드 같은 이들은 국교회에 속해 있었습니다. 그러나 국교회 안에서 새 일을 시작한 것이 아니라, 진 밖에 '홀리 클럽'이라는 것을 만들어 따로 모였습니다.

구별

부흥에서 강조해야 할 요소가 한 가지 더 있습니다. 모세가 장막을 진 밖으로 옮긴 데에는 또 다른 동기, 아주 중요한 동기가 있었던 것이 분명합니다. 그것은 바로 구별하는 것이었습니다. 모세는 진 한가운데서는 그 일을 할 수 없다고 생각했습니다. 진은 부정해졌습니다. 그래서 일부러 장막을 옮겨 "진과 멀리 떠나게" 했습니다. 그것은 아주 의도적인 행동이었습니다. 그런 행동을 통해 모세가 전하고 있는 말은 요컨대 이런 것입니다. "우리는 하나님의 방법으로 이 일을 해야 한다. 이 부정하고 죄로 가득 찬 환경을 떠나 진 밖에서 모여야 한다." 그렇습니다. 그것이 구별입니다. 또는 거룩을 위한 부르심이라고 해도 좋습니다.

제가 말하고 싶은 점은, 역사상 모든 부흥에 이런 요소가 같은 방식으로 나타난다는 것입니다. 하나님께 쓰임 받은 이들에게 어떤 일이 일어났습니까? 아무나 한 사람 찾아서 살펴보십시오. 어떤 경우든지 그들의 첫 번째 관심사는 교회의 상태가 아니라 그들 자신의 영혼의 상태였음을 발견할 것입니다. 그들은 하나님의 거룩하심에 관심을 가졌습니다. 감리교도들은 말했습니다. "우리는 모여서 함께 성경을 연구해야 하며 함께 기도해야 한다. 모든 것을 '질서정연하게'(methodically) 해야 한다." 그래서 '감리교도'(Methodist)라는 이름을 얻게 된 것입니다. 그들이 추구한 것은 거룩함이었습니다. 하나님은 항상 이런 방식으로 일해 오셨습니다. 한 개인이나 다수의 사람들이 스스로 하나님을 떠나 멀리 와 있다는 사실을 문득 깨닫습니다. 그리하여 하나님처럼 거룩하게 되는 일, 그의 임재 앞에 나아가는 일, 그의 영광을 아는 일에 가장 우선적인 관심을 쏟습니다.

첫 번째 관심사는 교회의 상태가 아니라 그들 자신의 영혼의 상태였습니다.

구경

모세가 회막으로 나아갈 때에는 백성이 다 일어나
자기 장막 문에 서서 모세가 회막에 들어가기까지
바라보며.
출애굽기 33:8

제 관심을 끄는 것은 나머지 백성들에 대한 기록입니다. 모세와 그 밖의 한두 사람은 기도하기 위해 진 밖 회막으로 나아가곤 했습니다. 출애굽기 33:8은 이렇게 말하고 있습니다. "모세가 회막으로 나아갈 때에는 백성이 다 일어나 자기 장막 문에 서서 모세가 회막에 들어가기까지 바라보며."

여기에 아주 놀라운 점이 있습니다. 그들은 흥미롭게 구경만 했습니다. 무슨 일이 벌어지고 있다는 것은 알았지만, 그 일이 무엇인지는 몰랐으며 이해하지 못했습니다. 그들은 기도하고 중보하기 위해 모세 일행과 함께 진을 떠나 회막을 찾아가지 않았습니다. 물론 모세가 장막을 진 밖으로 옮겨 놓고 몇몇 사람들과 함께 정기적으로 그곳에 간다는 사실은 모두 알고 있었습니다. 그래서 장막 문에 서서 모세가 회막으로 가는 모습을 지켜보며 그에 대해 수군거렸고 그가 대체 무슨 일을 하는지, 거기에서 정확히 무슨 일이 일어나고 있는지에 대해 수군거렸습니다. 무서운 사실은 원래 그 장막은 진 한가운데 있어야 했다는 것입니다. 그러나 이제는 그 자리에 없었습니다.

교회사를 읽어 보면 그 후에도 이런 일이 반복되었음을 알게 됩니다. 처음에 몇 사람이 부르심을 느끼고 따로 떨어져 나갑니다. 다른 사람들은 "대체 무슨 일이지? 아무개에 대해 들은 말 좀 있어?" 하면서 수군대기 시작합니다. 그들은 장막 문에 서서 구경합니다. 무슨 일이 일어나고 있다는 느낌은 받습니다. 그러나 그것이 무슨 일인지는 전혀 모릅니다. 오, 교회 전체가 움직일 때까지 기다려야 한다면 부흥은 결코 일어나지 않을 것입니다.

하나님을 더 깊이
아는 지식

내게 주를 알리시고.
출애굽기 33:13

모세는 하나님이 자신을 받아 주시고 돌보아 주신다는 사실을 아는 데 만족하지 않았습니다. 이를 분명히 알았음에도 여기에 만족하지 않았습니다. 더욱더 알고 싶어 했습니다. 모세는 "내게 주를 알리시고"라고 기도했습니다. 그는 하나님을 인격적으로 알고 싶어 했습니다. 직접적으로 알고 싶어 했습니다.

이것은 모든 시대에 걸쳐 교회에 등장했던 위대한 성도들의 삶에 예외 없이 나타나는 특징입니다. 그들에게 가장 먼저 일어나는 일은 하나님을 더 깊이 알고 싶다는 갈망을 느끼는 것입니다. 무언가 더 큰 것, 더 깊은 것에 주리고 목말라하는 것입니다. 그들은 이른바 교회의 일상적인 상태에 더 이상 만족하지 못합니다. 무언가 평범치 않은 것, 예사롭지 않은 것을 알고 싶어 합니다.

이를 아주 잘 표현하고 있다고 생각되는 찬송가 한 편을 소개합니다.

간구하오니 말씀해 주소서, 온유하신 예수여,
오, 당신 말씀 얼마나 달콤한지,
내 고민하는 심령에 속삭이사 세상이 줄 수 없는 평안을 주시네.
너는 내 것이라 이르소서, 오, 구주여,
제게 분명한 확신을 주소서. ─윌리엄 윌리엄스

바로 이것입니다. 그는 구주가 자신을 사랑하심을 알고 있습니다. 그런데도 무엇을 원하고 있는지 보십시오.

너는 내 것이라 이르소서, 오, 구주여.

이것은 구주의 사랑을 아는 사람만이 구하는 기도 제목입니다. 이 사람은 무언가 특별한 것, 예사롭지 않은 것, 부가적인 것을 구하고 있습니다.

그들은 하나님을 더 깊이 알고 싶다는 갈망을 느낍니다.

능력을 구하는 기도

내가 참으로 주의 목전에 은총을 입었사오면 원하건대 주의 길을 내게 보이사 내게 주를 알리시고 나로 주의 목전에 은총을 입게 하시며 이 족속을 주의 백성으로 여기소서. 여호와께서 이르시되 내가 친히 가리라. 내가 너를 쉬게 하리라. 모세가 여호와께 아뢰되 주께서 친히 가지 아니하시려거든 우리를 이곳에서 올려 보내지 마옵소서.
출애굽기 33:13-15

모세는 기도하면서 능력을 구했습니다. 하나님은 모세에게 "내가 친히 가리라. 내가 너를 쉬게 하리라"고 말씀하셨습니다. 그러자 모세는 말했습니다. "주께서 친히 가지 아니하시려거든 우리를 이곳에서 올려 보내지 마옵소서."

교회사를 보면 부흥이 일어나기 전에는 항상 이렇게 능력을 구하는 기도가 드려졌음을 알 수 있습니다. 중보자들은 언제나 이 기도제목을 강하게 의식하게 마련인데, 거기에는 여러 가지 이유가 있습니다. 첫째는 당연히 자신들 앞에 있는 문제가 얼마나 엄청난 것인지 깨닫게 되었기 때문이라는 것입니다. 그들에게는 약속의 땅에 살고 있는 강대국, 아말렉을 비롯한 여러 족속들과 강력한 원수들에 맞서 그 땅을 정복해야 하는 엄청난 임무가 있었습니다. 그들은 여기저기 떠도는 일종의 유목민에 불과했습니다. 그런 그들이 한 땅에 정착해서 그 땅을 정복하고 거기 집을 지어야 했던 것입니다. 그들은 그 문제가 얼마나 엄청난 것인지 갑자기 깨닫게 되었습니다.

제가 이 점을 강조하는 것은 오늘날 우리 앞에 있는 문제가 얼마나 엄청난 것인지 깨닫지 못하는 사람들이 너무나 많기 때문입니다. 이보다 더 비극적인 상황은 없습니다. 이 문제가 얼마나 엄청난 것인지 깨닫기만 한다면 굳이 부흥을 위해 기도하라고 호소할 필요도 없을 것입니다. 그러나 우리의 눈은 닫혀 있는 것 같습니다. 다들 만사가 잘되고 있다고 말합니다. "이 보고서들을 좀 보라. 굉장하지 않은가? 저 여러 가지 활동들을 좀 보라. 다 잘되어 가고 있지 않은가?"

교회사를 보면 부흥이 일어나기 전에는 항상 이렇게 능력을 구하는 기도가 드려졌음을 분명히 알 수 있습니다.

특별한 인증

나와 주의 백성이 주의 목전에 은총 입은 줄을
무엇으로 알리이까. 주께서 우리와 함께 행하심으로
나와 주의 백성을 천하 만민 중에 구별하심이
아니니이까.
출애굽기 33:16

모세는 교회와 교회의 사명을 특별히 인증해 주실 것을 구했습니다. 그것이 출애굽기 33:16의 메시지입니다. 여러분은 여기에서 모세의 주장을 들을 수 있습니다. 그는 말했습니다. "나와 주의 백성이 주의 목전에 은총 입은 줄을 무엇으로 알리이까. 주께서 우리와 함께 행하심으로 나와 주의 백성을 천하 만민 중에 구별하심이 아니니이까."

다시 말해서 교회에 원래 의도하신 바를 이루어 달라는 것입니다. 교회는 원래 세상과 구별되는 곳입니다. 세상에 단 하나밖에 없는 곳입니다. 모세는 하나님께 말씀드렸습니다. "이제 제가 이 특별한 것을 구하는 이유는 염려가 되기 때문입니다. 여기 저와 주의 백성이 있습니다. 우리가 진정 당신의 백성이라는 것을 열국이 어찌 알겠습니까? 그들은 지금 우리를 구경하면서 비웃고 조롱하고 놀리고 있으며, 멸망시킬 준비를 하고 있습니다. 그러므로 구하오니, 우리가 세상 나라 중에 하나가 아닌 당신의 유일한 백성임을, 세상과는 완전히 다른 구별된 백성임을 명명백백하게 드러내 주옵소서."

부흥을 구하는 것은 교회에 대해서도 이렇게 해달라고 구하는 것입니다. 이런 일은 성령의 특별한 부으심으로만 일어난다는 것이 저의 주장입니다. 우리에게 필요한 것은 인간의 말로 설명할 수 없는 일입니다. 온 세상의 이목을 끌 만큼 충격적이고 비상한 일입니다. 그것은 다름 아닌 부흥입니다.

이것은 교회에 원래 의도하신 바를 이루어 달라는 기도입니다.

부흥과 관련해 무엇을 구해야 하는가

자기 속에 계신 그리스도의 영이 그 받으실 고난과 후에 받으실 영광을 미리 증언하여 누구를 또는 어떠한 때를 지시하시는지 상고하니라. 이 섬긴 바가 자기를 위한 것이 아니요 너희를 위한 것임이 계시로 알게 되었으니 이것은 하늘로부터 보내신 성령을 힘입어 복음을 전하는 자들로 이제 너희에게 알린 것이요 천사들도 살펴보기를 원하는 것이니라.
베드로전서 1:11-12

교회는 인간의 것이 아닌 하나님의 것이며 하나님의 능력을 지닌 유일무이한 곳임을 입증하는 하나님의 비상한 증거와 표징들에 대해 생각해 보십시오. 성령을 힘입지 않고도 복음을 전할 수는 있습니다. 그러나 우리에게는 성령의 나타남과 능력이 필요합니다. 하늘로부터 성령을 보내신다는 것은 능력을 내려보내신다는 뜻이며, 하나님의 임재와 능력을 특별하게 나타내신다는 뜻입니다. 자신의 상황을 깨닫고 부흥의 필요를 느낀 이들의 입술에서는 언제나 이 간구가 가장 절박하게 터져 나왔습니다. "당신의 말씀을 입증해 주소서. 주 하나님, 우리가 당신의 백성임을 확실하게 보여주소서. 우리를 뒤흔들어 주소서!"

사람이 부흥을 계획하거나 연출해 낼 수 없다는 것은 명백한 사실입니다. 부흥은 분명히 하나님이 하시는 일입니다. 하나님은 당신의 백성과 그 백성이 하는 일, 그 백성이 전하는 메시지를 입증해 주십니다. "그렇다. 이들은 내 백성이다. 지금 이루어지고 있는 일은 오직 내가 내 백성 가운데서만 행하는 일이다"라고 말씀해 주십니다. 정례적인 축복을 구하는 기도를 계속 이어가면서도 우리는 부흥을 구하는 기도가 그러한 기도와는 달리 일상적이지 않은 무언가, 추가적인 무언가, 특별한 무언가, 하나님을 입증해 줄 무언가, 하나님이 그 백성들 가운데서 일하심을 입증해 줄 무언가를 구하는 기도임을 분명히 알아야 합니다.

부흥은 사람이 계획하거나 연출해 낼 수 있는 일이 아니라 하나님이 하시는 일입니다.

부흥을 위해 기도하는
진정한 동기:
하나님의 영광

여호와께서 또 모세에게 이르시되 내가 이 백성을
보니 목이 뻣뻣한 백성이로다. 그런즉 내가 하는 대로
두라. 내가 그들에게 진노하여 그들을 진멸하고 너를
큰 나라가 되게 하리라. 모세가 그의 하나님 여호와께
구하여 이르되 여호와여 어찌하여 그 큰 권능과 강한
손으로 애굽 땅에서 인도하여 내신 주의 백성에게
진노하시나이까.
출애굽기 32:9-11

모세가 무엇을 염려하는지 아시겠습니까? 그는 하나님의 이름, 즉 그분
의 명성과 영광을 염려하고 있습니다. 그것이 여기에서 강조하고 있는
바입니다. 그는 '이들은 주의 백성'이라고 말합니다. 요컨대 이들이 처한
상황에는 하나님의 명예와 영광이 관련되어 있다는 것입니다. 결국 이
들은 하나님의 백성입니다. 이들 스스로 그렇게 주장했고 하나님도 그
증표를 주셨습니다. 놀라운 기적으로 애굽에서 인도해 내셨고 홍해를
건너게 해주신 것입니다. 그런데 이제 와서 광야에 버려 두고 떠나시면
애굽 사람들이 뭐라고 하겠으며, 다른 나라들은 또 뭐라고 하겠습니까?
하나님은 과연 실패하신 것입니까? 그는 이 백성에게 큰일을 행하겠다
고 약속하셨습니다. 그런데 이제는 그 약속을 이행하실 수 없다는 것입
니까? 성취하실 수 없다는 것입니까?

모세는 이 모든 상황에 하나님 자신의 영광과 명예가 걸려 있다고 말
씀드립니다. 이런 탄원은 시편에도 끊임없이 나오고 선지서에도 계속
해서 나옵니다. 그들은 '주의 이름을 위하여' 일해 달라고 기도했습니다.
마치 "우리는 자격이 없지만 주의 영원한 명예를 위해 일해 주소서"라고
말한 것과 같습니다. 그처럼 모세도 하나님의 이름과 영광을 염려했으
며 그로 인해 질투했습니다. 그래서 하나님 자신을 위해 이 특별한 일을
더하여 달라고 구하는 것입니다.

부흥을 위해 기도하는
진정한 동기:
교회의 명예

그러나 이제 그들의 죄를 사하시옵소서.
출애굽기 32:32

부흥을 위해 기도하는 두 번째 진정한 동기는 교회의 명예에 대한 염려입니다. '두 번째' 동기라는 것은 어떤 경우에도 두 번째 자리에 와야 하며, 첫 번째 자리에 와서는 안 된다는 것을 뜻합니다. 출애굽기 32장에서 가장 놀라운 것은 모세가 그 당시 교회였던 이스라엘 민족에 대한 염려를 표현하고 있는 방식입니다. 하나님은 애정 어린 관심으로 모세 개인에게 놀라운 복을 암시해 주셨지만, 모세는 그에 만족하지 않았습니다. 그는 자신만 개인적으로 복을 받는 것이 아니라 이스라엘 자손 전체가 그 복 안으로 들어오기를 원했습니다.

출애굽기 32장에서 그는 다시 한 번 놀라운 본보기를 보여주는데, 이것은 구약에서 가장 영광스러운 본문 중에 하나라 할 만합니다. "이튿날 모세가 백성에게 이르되 너희가 큰 죄를 범하였도다. 내가 이제 여호와께로 올라가노니 혹 너희를 위하여 속죄가 될까 하노라 하고 모세가 여호와께로 다시 나아가 여짜오되 슬프도소이다. 이 백성이 자기들을 위하여 금 신을 만들었사오니 큰 죄를 범하였나이다. 그러나…….." 그는 여기에서 영혼의 격렬한 고뇌를 느끼고 있습니다. "그러나 이제 그들의 죄를 사하시옵소서." 그는 다음 말을 하기 전에 잠시 숨을 고릅니다. "……그렇지 아니하시오면 원하건대 주께서 기록하신 책에서 내 이름을 지워 버려 주옵소서"(출 32:30-32). 요컨대 "이들도 복에 참여시켜 주지 않으신다면 저는 더 이상 살고 싶지 않습니다"라고 말한 것입니다.

하나님은 전에 "그들을 진멸하고 너로 큰 나라가 되게 하리라"고 말씀하셨습니다. 그러나 모세는 말합니다. "그렇다면 저도 같이 진멸해 주옵소서. 그들 없이 혼자 살고 싶지 않습니다."

이것이 참된 중보입니다. 이 사람은 지금 온 교회의 상태를 염려하고 있습니다.

모세는 온 교회의 상태를 염려했습니다.

부흥을 위해 기도하는
진정한 동기:
외부인

나와 주의 백성이 주의 목전에 은총 입은 줄을
무엇으로 알리이까. 주께서 우리와 함께 행하심으로
나와 주의 백성을 천하 만민 중에 구별하심이
아니니이까.
출애굽기 33:16

모세가 보여주는 세 번째 동기는 외부의 이방인들에 대한 염려입니다. "나와 주의 백성이 주의 목전에 은총 입은 줄을 무엇으로 알리이까? 주께서 우리와 함께 행하심으로 나와 주의 백성을 천하 만민 중에 구별하심이 아니니이까?"

우리는 부흥을 위해 기도하는 세 가지 동기를 살펴보았습니다. 첫 번째는 하나님의 이름과 명예와 영광 때문이었고, 두 번째는 그의 소유된 교회를 위해서였습니다. 그렇습니다. 그다음으로는 교회 밖에서 조롱하고 비웃고 놀리고 비아냥거리는 사람들을 위해서 부흥을 구해야 합니다. 하나님의 백성들이 잇따라 그분 앞에 나아가 말합니다. "오, 하나님, 일어나서 저들을 잠잠하게 하소서. 저들을 향해 '조용하라, 잠잠하라, 그만 두라'고 말할 수 있는 일을 행하여 주소서."

"너희는 가만히 있어 내가 하나님 됨을 알지어다"(시 46:10). 이것이 하나님 백성의 기도입니다. 그들은 교회 밖에 있는 사람들에게서 눈을 떼지 않습니다. 모세는 그들이 하던 짓을 멈추고 하나님이 자신들을 인도하시며 이끌고 계시다는 사실을 깨달으며 그 사실에 점점 더 관심을 갖게 되기를 기도하고 있습니다. 그러므로 우리도 교회 밖에 있는 사람들에게 정말 관심이 있는지 자문하지 않을 수 없습니다. 세상에는 아무 관심도 없는 지극히 훌륭하고 점잖은 사람들만 교회 안에 모이는 것은 참으로 무서운 일입니다.

세상에는 아무 관심도 없는 지극히 훌륭하고 점잖은 사람들만 교회 안에 모이는 것은 참으로 무서운 일입니다.

"처음 우리에게 하신 것과 같이"

성령이 내게 명하사 아무 의심 말고 함께 가라 하시매 이 여섯 형제도 나와 함께 가서 그 사람의 집에 들어가니 그가 우리에게 말하기를 천사가 내 집에 서서 말하되 네가 사람을 욥바에 보내어 베드로라 하는 시몬을 청하라. 그가 너와 네 온 집이 구원 받을 말씀을 네게 이르리라 함을 보았다 하거늘 내가 말을 시작할 때에 성령이 그들에게 임하시기를 처음 우리에게 하신 것과 같이 하는지라.
사도행전 11:12-15

성령이 "처음 우리에게 하신 것과 같이" 고넬료와 그 가족들에게도 임하셨다는 베드로의 말에 주목하십시오. 이것은 요컨대 '오순절 날 우리에게 일어났던 일이 그들에게도 일어났다'는 뜻입니다. 오순절 날 임했던 성령 세례가 고넬료와 그의 가족들에게도 임했습니다. 베드로는 정확히 그렇게 주장했습니다. "내가 주의 말씀에 요한은 물로 세례를 베풀었으나 너희는 성령으로 세례를 받으리라 하신 것이 생각났노라. 그런즉 하나님이 우리가 주 예수 그리스도를 믿을 때에 주신 것과 같은 선물, 정확히 똑같은 선물을 그들에게도 주셨으니 내가 누구이기에 하나님을 능히 막겠느냐"(행 11:16-17). 그는 또한 사도행전 15장에서도 똑같은 주장을 반복하고 있습니다.

그러므로 우리도 이 점을 명확히 알고 오순절 역사는 단 한 번 일어난 일이라는 말을 더 이상 하지 말아야 한다고 저는 믿습니다. 그렇습니다. 오순절 역사는 그 후 계속될 일들의 시발점이었을 뿐입니다. 물론 그 일이 똑같은 모습으로 반복되지 않는다는 점은 저도 기꺼이 인정합니다. 그러나 그것은 중요한 사실이 아닙니다. 정말 중요한 사실은 그런 일이 또 일어났다는 것입니다. 오순절 날 일어난 일은 그 후에 베드로가 고넬료와 그 가족들에게 설교했을 때에도 똑같이 일어났습니다. 성령은 예루살렘 다락방에 모인 사람들에게 임하셨던 것처럼 그들에게도 임하셨습니다.

부흥의 때에는 무슨 일이 일어나는가 1

오순절 날이 이미 이르매 그들이 다같이 한 곳에 모였더니 홀연히 하늘로부터 급하고 강한 바람 같은 소리가 있어 그들이 앉은 온 집에 가득하며.
사도행전 2:1-2

"바람 같은 소리"를 듣듯, 성령의 임재와 능력을 체감할 때가 간혹 있습니다. 늘 그런 것은 아니지만 부흥의 때에는 자주 그런 일이 일어납니다. 그러나 몸이 아닌 의식으로 전에 한 번도 느끼지 못했던 영광스러운 임재, 곧 능력과 영광을 갑자기 느끼는 것은 믿는 자들이 항상 경험하는 일입니다.

그럴 때 여기 나오듯이 "불의 혀처럼 갈라지는" 현상이 수반될 수도 있고 방언을 하게 될 수도 있습니다(행 2:3). 물론 매번 그런 것은 아닙니다. 때로는 능력과 영광을 너무 강렬하게 느낀 나머지 바닥에 쓰러지는 경우도 있습니다. 뜻하지 않게 복음을 들었다가 영광스러운 임재를 경험한 사람들, 그런데 몸이 그것을 감당하지 못해 말 그대로 실신해 버린 사람들의 이야기를 여러분도 들어 보았을 것입니다. 그런 경험에 머물러서는 안 되겠지만, 그런 경험들이 하나님과 성령의 임재하심 및 주재하심을 강하게 느끼게 해주는 것은 사실입니다.

교회의 위대한 인물들이 부흥의 시기에 어떤 일을 겪었는지 읽어 보면, 어떤 경우든지 단순히 하나님을 믿는 데서 나아가 하나님이 실재 그 자체로 다가오시는 경험을 했음을 알게 됩니다. 이를테면 하나님이 자신들 가운데 내려오시는 경험을 한 것입니다. 부흥의 때에는 사람이 집회를 이끌고 나가는 것이 아니라 성령이 직접 책임자가 되어 집회를 주재하시며, 거기 모인 모든 사람들이 그의 임재와 영광과 능력을 깨닫는 일들이 종종 일어납니다. 오순절 날에도 그런 일이 일어났습니다. 정도와 규모의 차이는 있지만, 교회가 경험한 모든 부흥의 때에도 같은 일이 일어났습니다.

부흥의 때에는 단순히 하나님을 믿는 데서 나아가 하나님이 실재 그 자체로 다가오시는 경험을 하게 됩니다.

부흥의 때에는 무슨 일이 일어나는가 2

그들이 다 성령의 충만함을 받고 성령이 말하게 하심을 따라 다른 언어들로 말하기를 시작하니라. **사도행전 2:4**

부흥의 때에 교회는 진리를 강하게 확신하게 됩니다. 진리를 탐구할 필요도 없고 연구위원회를 발족시킬 필요도 없습니다. 그런 것 없이도 진리에 대한 절대적인 확신이 생겨납니다. 사도행전은 이를 아주 명확하게 보여주고 있습니다. 사도들을 보십시오. 여러분은 십자가 처형 직후에 이들이 얼마나 심한 동요와 혼란에 빠져 있었는지 기억할 것입니다. 그들은 주 예수 그리스도를 믿었고 그가 메시아이심을 깨달았습니다. 그런데 그런 분이 십자가에서 죽음을 맞이하시자 충격을 받고 혼란에 빠져 버렸습니다.

요한복음 마지막 장에는 제자들이 서로 이야기를 하다가 베드로가 불쑥 다음과 같이 말하는 장면이 나옵니다. "나는 고기를 잡으러 가겠어. 뭐라도 해야지 견딜 수가 있나. 너무 비참해. 어떻게 이런 일이 있을 수 있지?" 그러자 다른 제자들도 함께 가겠다고 나섰습니다.

이보다 더 절망스러운 장면은 없을 것입니다. 그들은 동요했고 모든 확신을 잃었습니다. 그런데 그 후에 주님이 나타나 그들에게 가르쳐 주셨습니다. 오, 그렇습니다. 이 일이 그들의 상태를 호전시킨 것은 확실합니다. 그러나 그들이 지각을 얻고 확신에 가득 차서 그 즉시 하나님의 큰 일에 대해 전하기 시작한 것은 오순절 역사가 일어난 후였습니다. 그때부터 그들은 다시 의심하지 않았고, 이해하는 데 어려움을 겪지도 않았습니다. 베드로를 보십시오. 여기에서 베드로가 설교한 내용을 살펴보십시오. 그는 절대적으로 확신하며 자신하고 있습니다. 이는 부흥의 때에 참으로 보편적으로 나타나는 일입니다.

부흥의 때에는
무슨 일이
일어나는가 3

날마다 마음을 같이하여 성전에 모이기를 힘쓰고 집에서 떡을 떼며 기쁨과 순전한 마음으로 음식을 먹고 하나님을 찬미하며 또 온 백성에게 칭송을 받으니 주께서 구원받는 사람을 날마다 더하게 하시니라.
사도행전 2:46-47

그다음으로 제가 주목하는 점은 교회가 큰 기쁨과 찬양으로 가득 찼다는 것입니다. 사도행전 2장 끝부분에 나오는 말들을 다시 읽어 보십시오. "날마다 마음을 같이하여 성전에 모이기를 힘쓰고 집에서 떡을 떼며 기쁨과 순전한 마음으로 음식을 먹고 하나님을 찬미하며 또 온 백성에게 칭송을 받으니 주께서 구원받는 사람을 날마다 더하게 하시니라." 교회는 원래 이래야 합니다. 예수 그리스도와 하나님께 큰 기쁨과 찬양을 돌리며, 이 큰 구원과 자신이 받은 새 생명, 천국의 느낌을 자랑해야 하는 것입니다.

이 일은 하나님이 교회에 성령을 부으실 때마다 자주 반복되어 왔습니다. 조지 윗필드의 일기에 나오는 이야기는 아무리 반복해서 인용해도 질리지가 않습니다. 한번은 그가 잉글랜드 첼트넘에서 설교하는 중에 '갑자기 주께서 우리 가운데 내려오셨다'는 기록이 있습니다. 우리는 그런 일에 대해 아는 바가 있습니까? 그런 일이 일어날 수 있다고 믿고 있습니까? 조지 윗필드는 가장 최악의 상태에 있었을 때를 기준으로 삼아도 영국에서 가장 위대한 설교자라 할 것입니다. 그러나 그런 인물의 사역에도 편차는 있었습니다. 이 일이 일어났을 때에는 윗필드 자신도 크게 놀랐습니다. 그는 설교하면서 아주 좋은 예배를 드리던 중에 주님이 자신들 가운데 내려오신 것을 문득 깨달았습니다. 그것은 놀라운 일이며, 큰 기쁨과 찬양과 감사를 불러일으키는 일입니다. 교회가 부흥을 맞이하면 굳이 찬양하라고 독려할 필요가 없습니다. 오히려 찬양을 말리기가 더 힘들 것입니다. 사람들은 그만큼 하나님으로 충만해집니다.

교회가 부흥을 맞이하면 굳이 찬양하라고 독려할 필요가 없습니다. 오히려 찬양을 말리기가 더 힘들 것입니다.

7월

하나님 나라

설교

요한이 잡힌 후 예수께서 갈릴리에 오셔서 하나님의
복음을 전파하여.
마가복음 1:14

설교라는 말의 유래는 이렇습니다. 황제의 후계자가 될 왕자가 태어나면 선포를 합니다. 바로 그 절차에 사용되는 말이 '설교'로 번역되는 단어입니다. 설교는 공표입니다. 후계자가 태어났을 때, 성년이 되었을 때, 왕위에 오르거나 제국의 권좌에 올랐을 때, 그 사실이 공표됩니다. 그런데 우리는 여기에서 세례 요한이 옥에 갇히자, 예수께서 갈릴리에 오셔서 공표하시고 선포하시며 포고하셨다는 말씀을 듣게 됩니다. 바로 이것이 전령의 특수한 임무입니다.

설교라는 말은 이러한 개념과 생각을 한꺼번에 전달한다는 점에서 흥미로운 단어입니다. 전령은 불확실한 공표를 하거나, 일어나서 나팔을 불고는 "들으시오. 무슨 일이 어떻게 될지는 잘 모르지만, 어쨌든 무슨 일이든 일어나길 바랍니다!"라고 말하지 않습니다. 그것은 전령의 일이 아닙니다! 그렇습니다. 전령은 분명하고 구체적인 전달 내용이 있기 때문에 나팔을 부는 것입니다. 그는 "들으시오. 여러분에게 전할 내용이 있습니다"라고 말합니다. 바로 이것이 주님이 하신 일에 사용된 단어입니다. 또 사도들이 한 일에 사용된 단어이며, 그 후 교회에서 설교를 가리킬 때 사용해 온 단어입니다.

이미 아셨겠지만, 우리는 이것이 황제의 궁전에서 나온 내용이라는 점을 확실한 어조로 전달하는 데서부터 출발해야 합니다. 이것이 가장 먼저 해야 할 말입니다. 전령은 단순히 자리에서 일어나 "자, 조만간 어떤 공표가 나오리라는 것이 제 의견입니다"라고 말하지 않았습니다. 그는 손에 포고문을 들고 일어나 "모월 모시에 황제의 궁전에서 나온 말씀을 여러분에게 전하는 바"라고 말했습니다. 그렇습니다. 설교라는 단어에는 권위라는 개념과 절대적이고 분명한 진술이라는 의미가 들어 있습니다.

예수께서는 갈릴리에 오셔서 공표하시고 선포하시며 포고하셨습니다.

계획을 공표함

오직 은밀한 가운데 있는 하나님의 지혜를 말하는
것으로서 곧 감추어졌던 것인데 하나님이 우리의
영광을 위하여 만세 전에 미리 정하신 것이라.
고린도전서 2:7

기독교의 설교는 계획과 목적을 공표합니다. 마가복음 1:14-15을 보십시오. "요한이 잡힌 후 예수께서 갈릴리에 오셔서 하나님의 복음을 전파하여 이르시되 때가 찼고." 성경은 하나님이 세상의 기초를 놓기 전부터 이렇게 계획하셨다고 말합니다. 사도 바울은 고린도전서 2:7에서 "오직 은밀한 가운데 있는 하나님의 지혜를 말하는 것으로서 곧 감추어졌던 것인데 하나님이 우리의 영광을 위하여 만세 전에 미리 정하신 것이라"고 말했습니다. 바로 이것입니다. 바로 이것이 지금 선포하고 있는 내용의 핵심이며, 기독교 설교의 핵심입니다. 성경은 우리에게 이렇게 말하지 않습니다. "미지의 바다에 진리가 있다. 거기서 끄집어내라. 수심을 재고 위치를 파악해서 찾아내라. 자, 아주 약간은 발견했다! 앞으로 몇 주 동안은 아무것도 찾지 못할지도 모른다. 몇 달, 몇 년 후에는 가물거리는 작은 빛을 또 하나 발견할 수 있을 것이다. 그러나 결국에는……. 아, 네 당대에는 찾지 못할 수도 있다. 네 손자 세대나, 더 이후에 찾을 수도 있다. 그러나 계속 찾아라. 이것은 경이로운 일이니 계속하라."

그렇지 않습니다! 기독교의 설교는 이와 정확히 반대되는 것입니다. 성경 메시지는 진리를 찾기 위해 노력하라고 촉구하지 않습니다. 그 대신 진리, 곧 하나님의 진리를 들으라고 요청합니다. 성경의 전체 요점은 자기 자신을 아시고 인간을 아시며 모든 것을 아시는 하나님이 인간을 그 죄와 실패에서 건져 내 하나님 나라에 합당한 시민으로 만들려는 계획을 구상하시고 설계하셨다는 것이기 때문입니다. 이것이 하나님의 계획입니다!

우리는 하나님이 이 계획을 알리셨다는 것도 알고 있습니다. "하나님이 이 모든 날 마지막에는 아들을 통하여 우리에게 말씀하셨으니"(히 1:1-2).

성경은 우리에게 신리, 곧 하나님의 진리를 들으라고 요청합니다.

역사 속에서 활동하시는 하나님

우리가 다 우리의 각 언어로 하나님의 큰일을 말함을 듣는도다.
사도행전 2:11

하나님은 역사 속에서 활동하심으로써 그 계획을 이루어 나가십니다. 이것은 아주 중요한 요점입니다. 기독교에서 일차적인 것은 가르침이 아닙니다. 기독교는 기록된 역사입니다. 기독교는 사람들에게 하나님에 대해 생각하고 그의 신비를 탐사하며 그 진리를 찾아내라고 촉구하지 않습니다. 기독교는 "들으라, 이것은 하나님이 하신 일이다"라고 말합니다. 오순절 예루살렘에서 있었던 일이 바로 이것 아닙니까? 사도들이 각기 다른 방언으로 말하기 시작하자 사람들이 한 말이 바로 이것 아닙니까? 그들은 "이 어찌 된 일이냐?" 하며 물었습니다(행 2:12). "우리가 다 우리의 각 언어로……말함을 듣는도다." 그들이 들은 내용이 무엇입니까? "하나님의 큰일"입니다. 하나님의 사상이 아닌 하나님의 일, 하나님이 행하신 일입니다.

이것이 기독교의 메시지입니다. 이 말씀을 보십시오. "요한이 잡힌 후"(막 1:14). 율리우스 카이사르가 주전 55년에 영국에 상륙한 것이 역사적 사실인 것처럼, 이것도 역사적 사실이며 시간 안에서 일어난 사건입니다. 때가 되자 세례 요한이 옥에 갇혔고, 예수가 갈릴리에 오셔서 하나님 나라의 복음을 전하시며 "때가 찼고"라고 말씀하셨습니다. '그때가 왔고 그 일이 이루어졌으니 내 말을 들으라'고 하셨습니다. 이것은 무엇을 의미할까요? 여러분과 저의 구원이 우리의 사고나 진리의 발견에 달려 있는 것이 아니라 2천 년 전에 문자 그대로 일어난 한 사건에 전적으로, 완전히 달려 있다는 것입니다.

바로 이것이 우리가 이 원자 시대에 설교하는 말이며, 그들을 향해 전하는 말입니다. 어서 와서 우리와 함께 미지의 바다로 나갈 것을, 진리에 궁극적으로 도달하기 위해 수심을 재는 일을 도와줄 것을 말하는 것이 결코 아닙니다. 우리는 뒤를 볼 것을, 2천 년 전, 1세기로 돌아가 들을 것을 이야기하는 것입니다. "요한이 잡힌 후 예수께서 갈릴리에 오셔서 하나님의 복음을 전파하여……"라고 말하는 것입니다. 다시 말해서, 우리의 구원은 우리의 깨달음에 달려 있는 것이 아니라 하나님이 그리스도 안에서 행하신 일에 달려 있는 것입니다.

하나님 나라에 들어가기

그들의 죄를 그들에게 돌리지 아니하시고……하나님이 죄를 알지도 못하신 이를 우리를 대신하여 죄로 삼으신 것은.
고린도후서 5:19, 21

하나님 나라에서 살려면 그에 합당한 시민이 되어야 합니다. 어떻게 그 나라에 들어갈 수 있습니까? 그리스도가 바로 그 답이 되십니다. 여기 좋은 소식이 있습니다. 그리스도가 "우리로 죄에 대하여 죽고 의에 대하여 살게" 하시려고 "친히 나무에 달려 그 몸으로 우리 죄를 담당"하셨습니다(벧전 2:24). 그 메시지를 들어 보십시오. "하나님께서 그리스도 안에 계시사 세상을 자기와 화목하게 하시며 그들의 죄를 그들에게 돌리지 아니하시고……하나님이 죄를 알지도 못하신 이를 우리를 대신하여 죄로 삼으신 것은 우리로 하여금 그 안에서 하나님의 의가 되게 하려 하심이라"(고후 5:19, 21). 그리스도는 십자가 죽음을 통해 그 나라로 들어가는 문을 여셨습니다. 그리고 오늘은 구원의 날이니 들어오라고 말씀하십니다(고후 6:2). "수고하고 무거운 짐 진 자들아 다 내게로 오라. 내가 너희를 쉬게 하리라"(마 11:28).

"때가 찼고"(막 1:15). 오래 전에 약속한 때가 도래했습니다. 하나님 나라가 가까이 왔고, 마침내 도착했습니다. 주님은 "내가 이 나라의 왕이다. 있는 모습 그대로 나아오라"고 하십니다. 감사하게도 여러분은 자신을 먼저 바로잡을 필요가 없습니다. 심오한 진리를 먼저 깨달을 필요도 없습니다. 대단한 탐색에 착수할 필요도 없습니다. 여러분은 그리 오래 지나지 않아 죽음을 맞이할 것입니다. 그것을 생각할 때 떠오르는 질문은 "어떻게 하면 하나님 앞에 설 수 있을까? 어떻게 하면 천국에 가서 영원한 복을 누리게 될 것을 알 수 있을까?"라는 것입니다. 그에 대한 대답은 이것입니다. "때가 찼고 하나님의 나라가 가까이 왔으니." 그 나라의 왕이신 주 예수 그리스도가 여러분을 그토록 사랑하여 여러분과 여러분의 죄를 위해 죽으셨습니다. 그가 하시는 말씀은 오직 "회개하라, 다시 생각하라, 내 말을 믿으라"는 것입니다. 회개하고 복음을 믿으십시오. 여러분의 어리석음과 죄와 부끄러움과 무력함을 시인하십시오. 탐구하기를 멈추십시오. 여러분의 좋은 머리로 이해해 보려는 노력을 그만 두십시오. 오직 믿기만 하십시오. "내가 이 나라의 왕이다. 있는 모습 그대로 나아오라."

전혀 다른 가르침

그러므로 염려하여 이르기를 무엇을 먹을까 무엇을
마실까 무엇을 입을까 하지 말라.
마태복음 6:31

복음은 우리에게 도전으로 다가오며, 우리가 습관처럼 믿어 온 것에 대한 정죄로 다가옵니다. 주님은 그것을 다음과 같이 표현하셨습니다. 마태복음 6:31에서는 "그러므로 염려하여 이르기를 무엇을 먹을까 무엇을 마실까 무엇을 입을까 하지 말라"고 하셨으며, 이어서 32절에서는 "이는 다 이방인들이 구하는 것이라"고 하셨습니다. 우리는 주님이 유대인들, 곧 구약성경을 받아들이고 스스로 하나님의 백성이라고 생각하면서 하나님과 의에 관심을 갖고 있던 자들에게 설교하셨다는 사실을 기억해야 합니다. 그들에게 고대 세계는 당연히 둘로 나뉘어 있었습니다. 유대인이냐 이방인이냐, 자신들의 종교를 받아들였느냐 받아들이지 않았느냐로 나뉘어 있었던 것입니다.

　이것은 우리 세대, 우리 시대에도 적절한 구분법입니다. "이방인"은 계시를 모르는 사람들입니다. 자신들의 사상과 생각을 신뢰하며, 하나님이 그분 자신에 대해 아무것도 계시하려 들지 않는 존재인 것처럼 여기며 사는 사람들입니다. 이런 의미에서 이런 구분법이 과거처럼 지금도 적절하다는 것입니다. 제가 말하려는 요점은, 주님이 자신의 가르침은 지금껏 사람들이 생각했던 모든 것, 마음이나 상상 속에 그려 왔던 모든 것과 완전히 다르다는 중대한 사실을 강조하신다는 것입니다.

　다시 말하지만, 이것은 우리가 미리 알아 놓아야 할 요점이며 결코 놓쳐서는 안 될 아주 중요한 요점입니다. 그리스도인의 신분과 생활방식은 다른 것들과 조금 다른 것이 아니라 본질적으로 다른 것입니다. 독보적이며 유일무이하고 구별되는 것입니다.

전체주의적인 요구

기독교는 생활방식입니다. 그것도 전적인 헌신을 요구하는 생활방식입니다. 전체주의적인 요구라고 부르고 싶다면 그렇게 불러도 좋습니다. 기독교는 한번 생각해 본 다음 "아, 좋은데요. 그런 교훈은 받아들일 수 있겠어요. 강조점이 좋으니 기존의 제 생각에 추가하도록 하지요"라고 말하기를 원치 않습니다. 기독교는 언제 어디서나 생각날 때 활용할 수 있는 그런 것이 아닙니다. 예수께서는 "먼저……구하라"고 말씀하셨습니다.

다시 말해서, 이 점은 다음과 같이 설명될 수 있습니다. 기독교의 진리와 복을 알려면 자신을 기독교에 바쳐야 합니다. 밖에서 검토만 해서는 알 수도 없고 파악할 수도 없습니다. 주님은 "사람이 하나님의 뜻을 행하려 하면 이 교훈이 하나님께로부터 왔는지 내가 스스로 말함인지 알리라"고 말씀하십니다(요 7:17).

이 생활방식과 관련된 아주 중대한 기본 원리가 여기 있습니다. "여호와의 선하심을 맛보아 알지어다"(시 34:8). 여호와를 맛보기 전까지는, 그분을 경험하기 전까지는 결코 그 선하심을 알 수가 없습니다. 우리 중에는 과수원에 들어가 멀찌감치 떨어진 채 사과나무와 배나무를 검토하는 듯한 사람들이 많이 있습니다. 하지만 아무리 오랫동안 과일나무를 놓고 이렇다 저렇다 논쟁하며 시간을 보낸다 해도 그 과일에 대해 알 수가 없습니다. 직접 따서 한 입 베어 물고 맛을 보기 전까지는 결코 알 수가 없는 것입니다. "여호와의 선하심을 맛보아 알지어다."

기독교를 이론적으로만 검토하는 것은 아무 소용없는 일입니다. 주님은 언제나 헌신을 요구하십니다.

옷과 수명을 연장하는 일

너희 중에 누가 염려함으로 그 키를 한 자라도 더할 수 있겠느냐.
마태복음 6:27

이것은 옷과 관련된 문제입니다. "무엇을 입을까? 어떤 모습으로 사람들 앞에 나설까?" 행복해지려면 자신의 아름다움이나 중요성이나 이런저런 것들을 과시함으로써 사람들의 시선을 끌어야 합니다. 고상한 모습을 보여주십시오! 그 즉시 모든 사람이 찬탄의 눈으로 여러분을 쳐다볼 것이고, 여러분은 크게 만족하며 더할 나위 없이 행복한 마음으로 잠자리에 눕게 될 것입니다. 소기의 목적을 달성했기 때문입니다. 주님은 우리가 돈을 위해, 먹고 마실 것과 옷을 위해 살고 있다고 말씀하십니다.

다시 말해서, 사람들이 몸만 있는 듯 생각하며 살고 있는 데서 인생의 비극이 비롯된다고 말씀하시는 것입니다. 모든 사고와 관심과 계획과 책략과 생각이 몸의 영역에서만 맴돌고 있습니다. 사람들은 자신을 동물처럼 생각하고 있습니다. 동물이 하는 일이 바로 그런 것, 곧 먹고 마시는 따위의 것들입니다. 그런데 사람들도 그렇게 하고 있습니다. 사람들이 늘 하는 이야기가 그런 것들입니다. 공작새가 멋을 내듯이 남자도 멋을 내고 여자도 멋을 냅니다. 자기들이 입은 옷으로 사람의 시선을 끌려 하는 것입니다. 주님은 사람들이 이런 것들을 위해 사는 데서 온갖 문제가 발생한다고 말씀하십니다.

물론 주님은 다른 우선순위에 대해서도 언급하십니다. 그것은 이생의 삶을 연장하는 문제입니다. 주님은 그 점을 이렇게 표현하고 계십니다. "너희 중에 누가 염려함으로 그 키를 한 자라도 더할 수 있겠느냐"(마 6:27). 이 말의 실제 뜻은 "너희 중에 누가 염려함으로, 너희 수명을 조금이라도 늘릴 수 있겠느냐?"는 것입니다. 그런데도 사람들은 수명을 연장하는 일에 관심을 갖고 모든 염려와 생각과 관심을 쏟아 붓고 있습니다! 저는 이런 노력이 잘못되었다고 말하는 것이 아닙니다. 의학이 발달해서 수명이 연장된 것은 분명히 감사한 일입니다. 그러나 주님이 물으시는 것은 "그것이 너희의 우선순위냐?"는 것입니다.

인생의 비극은 사람들이 오직 몸만 있는 듯 생각하며 사는 데 있습니다.

올바른 생각

자기 자신을 똑바로 보십시오. 그런 다음 하나님과의 관계에서 자신의 모습을 보십시오. 그 순간, 자신이 전적으로 하나님께 의존하고 있는 존재임을 알게 될 것입니다. "그는 우리를 지으신 이요 우리는 그의 것이니." 우리의 시간과 호흡은 하나님 손안에 들어 있습니다. 하나님은 우리에게 삶을 주셨으며, 한순간에 거두어 가실 수도 있습니다. 우리 중에 어느 누구도 삶을 통제할 수 없습니다. 하나님이 모든 것을 다스리십니다. 그런데도 사람들은 멈추어 서서 이 점을 생각하지 않고, "오늘 밤에는 무슨 옷을 입지? 내일은 또 어떻게 차려 입을까?"라고 말합니다. 내일이 오기 전에 죽을 수도 있는데 말입니다! 그러나 사람들은 그 점을 생각하지 않습니다. 모든 삶이 하나님 없이 이루어지고 있습니다. 그들의 계산에는 하나님이 들어 있지 않습니다.

주님은 바로 이 때문에 세상이 이 모양이 되었다고 말씀하십니다. 사람들이 하나님을 믿는다면 모두 그분 앞에 겸손해질 것입니다. 온 세상이 하나님을 믿는다면 전쟁을 준비하지도 않고 시기하고 질투하며 경쟁하지도 않을 것입니다. 모두가 하나님을 예배하며 그의 영광과 찬양이 되는 삶을 살 것이기 때문입니다. 그러나 그렇게 하지 않기 때문에 사람들은 스스로 신의 자리에 올라 자신들을 예배하고 있습니다. 그래서 국가 간에도 장벽이 있는 것입니다. 한 나라가 "더 강해져야지" 하면서 강력한 폭탄을 만듭니다. 그러면 다른 나라가 "우리가 더 강한 폭탄을 만들겠다!"고 선언합니다. 그렇게 수위를 점점 높여 가면서 상황이 악화되는 것입니다. 사도 야고보는 말합니다. "너희 중에 싸움이 어디로부터 다툼이 어디로부터 나느냐.……정욕으로부터 나는 것이 아니냐.……구하여도 받지 못함은……"(약 4:1, 3). 여러분은 자신의 우상을 결코 만족시킬 수 없습니다. 성경은 그래서 세상에 개인의 문제와 집단의 문제, 국가 안의 문제와 국가 간의 문제를 비롯한 온갖 문제가 생겨난다고 말합니다! 이 모든 경쟁은 우리가 전능하신 하나님의 목전에서 살지 않는 데서 비롯된 것입니다.

사람들이 하나님을 믿는다면 모두 그분 앞에 겸손해질 것입니다.

"분명하지 못한 소리"

만일 나팔이 분명하지 못한 소리를 내면 누가 전투를 준비하리요.
고린도전서 14:8

사도 바울은 고린도 교회에 말합니다. "만일 나팔이 분명하지 못한 소리를 내면 누가 전투를 준비하리요." 분명하지 않은 소리를 내면 혼란만 가중될 것입니다. 기독교의 진정한 메시지가 무엇인지 철저하고 분명하게 아는 것이 무엇보다 중요한 이유가 여기 있습니다. 기독교가 사람들에게 주는 것이 무엇입니까? 우리는 어떻게 그리스도인이 될 수 있습니까? 우리는 이 질문들에 대답을 해야 합니다.

더 나아가, 우리가 이처럼 심각한 혼란을 불러일으킨 책임을 면할 수 없는 것은 우리 앞에 성경이 펼쳐져 있기 때문이며, 그 성경은 우리가 능히 이해할 수 있는 언어로 되어 있기 때문입니다. 우리에게 성경이 없고 구전된 전통만 있다면 이런 혼란에 대해 어느 정도 변명할 여지가 있을 것입니다. 또 성경이 있어도 이해할 수 없는 언어로 되어 있다면 상당히 그럴듯한 변명거리로 삼을 수 있을 것입니다. 그러나 우리의 상황은 전혀 그렇지 않습니다. 그런데도 혼란이 일어난 이유가 무엇입니까? 그 답은 한 가지뿐입니다. 사람들이 성경 메시지를 있는 그대로 받아들이는 대신, 자신들의 메시지와 섞어 버렸기 때문인 것입니다. 그들은 자기 철학과 이론, 사상을 가지고 성경을 이해하고자 접근하고 있습니다. 그러면서 자기들 앞에 펼쳐져 있는 성경, 모든 사람이 이해할 수 있는 언어로 된 성경의 말씀은 그냥 지나치고 있습니다.

그러므로 다른 것은 차치하고라도, 성경으로 정직하게 돌아갈 것을 호소하는 바입니다. 여기에 초대 교회의 문서가 있습니다. 기독교가 어떻게 생겨났으며 교회가 처음에 무엇을 가르쳤는지, 그 결과 무슨 일이 일어났는지에 대한 기록이 있습니다. 무엇보다 우리는 주 예수 그리스도가 친히 주신 말씀과 가르침과 메시지로 돌아가야 합니다.

우리는 성경으로 돌아가야 합니다.

하나님 나라 1

"하나님의 나라는 볼 수 있게 임하는 것이 아니요." 그렇다면 어떻게 임합니까? 하나님 나라의 모습은 어떤 것입니까?

하나님 나라는 주 예수 그리스도의 임재와 그가 나타내시는 능력으로 임하며, 이미 그렇게 임했습니다. 그것을 예증해 주는 사건이 누가복음 11:14-20에 나와 있습니다. "예수께서 한 말 못하게 하는 귀신을 쫓아내시니 귀신이 나가매 말 못하는 사람이 말하는지라. 무리들이 놀랍게 여겼으나 그 중에 더러는 말하기를 그가 귀신의 왕 바알세불을 힘입어 귀신을 쫓아낸다 하고 또 더러는 예수를 시험하여 하늘로부터 오는 표적을 구하니 예수께서 그들의 생각을 아시고 이르시되 스스로 분쟁하는 나라마다 황폐하여지며 스스로 분쟁하는 집은 무너지느니라. 너희 말이 내가 바알세불을 힘입어 귀신을 쫓아낸다 하니 만일 사탄이 스스로 분쟁하면 그의 나라가 어떻게 서겠느냐. 내가 바알세불을 힘입어 귀신을 쫓아내면 너희 아들들은 누구를 힘입어 쫓아내느냐. 그러므로 그들이 너희 재판관이 되리라. 그러나 내가 만일 하나님의 손을 힘입어 귀신을 쫓아낸다면 하나님의 나라가 이미 너희에게 임하였느니라."

제가 말하려는 바가 바로 이것입니다. 하나님 나라는 하나님의 아들이 이 세상에 오셨을 때 임했습니다. 하나님 나라는 하나님의 능력이 나타나는 것이며, 그가 자연의 힘보다 뛰어나시며 마귀를 비롯한 모든 악한 것들보다 뛰어나시다는 사실이 나타나는 것입니다. 하나님 나라는 곧 하나님의 통치입니다. 그리스도는 이 땅에서 기적을 행하시고 그 놀라운 능력을 나타내시면서 "이것이 하나님 나라다"라고 말씀하셨습니다.

하나님 나라 2

이리가 어린양과 함께 살며 표범이 어린 염소와 함께 누우며 송아지와 어린 사자와 살진 짐승이 함께 있어 어린아이에게 끌리며.
이사야 11:6

하나님 나라는 장차 지극히 화려하고 영광스러운 모습으로 임할 것이며, 그리스도는 통치하고 다스리시며 그 영원한 나라를 세우기 위해 다시 오실 것입니다.

그리스도가 친히 하신 말씀을 보겠습니다. "이에 베드로가 대답하여 이르되 보소서, 우리가 모든 것을 버리고 주를 따랐사온대 그런즉 우리가 무엇을 얻으리이까. 예수께서 이르시되 내가 진실로 너희에게 이르노니 세상이 새롭게 되어 인자가 자기 영광의 보좌에 앉을 때에 나를 따르는 너희도 열두 보좌에 앉아 이스라엘 열두 지파를 심판하리라"(마 19:27-28). 바로 이것입니다. 인자가 와서 자기 영광의 보좌에 앉으실 것입니다. 그는 이를 두고 "새롭게" 되는 일이라고 말씀하십니다. 이것은 장차 임할 하나님 나라의 가시적인 모습을 보여주는 중대한 메시지입니다. 여기에는 택함 받은 사람들을 모두 불러 모으셨을 때 하나님의 아들이 다시 세상으로 돌아오신다는 뜻이 담겨 있습니다. 그리스도는 심판의 보좌에 앉아 온 세상을 의로 심판하실 것입니다. 그리스도를 믿지 않은 모든 사람은 마귀와 악한 천사들과 함께 영원한 형벌에 넘겨질 것이며, 그리스도 앞에서 추방될 것입니다.

그러면 온 세상, 온 우주가 모든 악에서 깨끗해질 것입니다. 자연은 지금 생존하기 위해 '피로 물든 이빨과 발톱' 사이에 끼여 있지만, 그때에는 거기에서 벗어날 것입니다. "이리가 어린양과 함께 살며 표범이 어린 염소와 함께 누우며 송아지와 어린 사자와 살진 짐승이 함께 있어 어린아이에게 끌리며"(사 11:6). 이것이 "새롭게" 되는 일로서, 그렇게 될 날이 지금 다가오고 있습니다. 그날이 오면 죄와 악은 추방될 것입니다. 영광의 나라가 올 것이며, 그리스도가 영광 가운데 보좌에 앉으실 것이고, 그를 믿은 모든 자들이 그와 함께 영원무궁히 거할 것입니다.

온 우주가 모든 악에서 깨끗해질 것입니다.

그 나라에
들어가면

Jul. 12

또 내게 말씀하시되 이루었도다. 나는 알파와
오메가요 처음과 마지막이라.
요한계시록 21:6

우리는 그리스도가 우리를 위해 죽으심으로써, 하나님의 어린양이 되어
그 몸에 우리 죄를 지심으로써, 우리를 그 나라에 들어가게 하셨다는 사
실을 깨달아야 합니다. 우리의 형벌을 대신 받으신 그분만이 구원과 해
방의 길이 되신다는 사실을 깨달아야 합니다. 그것을 믿는 가운데 다음
과 같이 고백해야 합니다.

　큰 죄에 빠진 날 위해 주 보혈 흘려 주시고
　또 나를 오라 하시니 주께로 거저 갑니다. ―샬럿 엘리엇

　다시 말해서 이것은 전적으로, 완전히 항복하라는 뜻입니다. 자신을
전부 그의 손에 맡겨야 합니다. 자기를 부인하고, 자기 십자가를 지고,
그를 따라야 합니다. 그러면 하나님 나라가 여러분 안에 임합니다. 그가
모든 것이고 자신은 아무것도 아님을 알게 됩니다. 그리스도가 "알파와
오메가요 처음과 마지막"이심을 알게 됩니다. "주는 저 산 밑에 백합, 빛
나는 새벽 별, 이 땅 위에 비길 것이 없도다."

　전능하신 예수께 나의 소원 있으니. ―찰스 웨슬리

　여러분은 자신을 그리스도께 맡기며, 그를 하나님의 아들이요 자신
의 구원자와 주로 시인하게 됩니다. 그리스도를 알고 그에게 가까이 가
며 그를 따르다가 역사의 마지막 날, 최종적으로 세상을 새롭게 하실 때
영광 중에 그와 함께 거하는 것을 유일한 소원으로 삼게 됩니다.

그리스도를 아는 것을 유일한 소원으로 삼게 됩니다.

그 나라에 대한 잘못된 견해

바리새인은 서서 따로 기도하여 이르되 하나님이여, 나는 다른 사람들 곧 토색, 불의, 간음을 하는 자들과 같지 아니하고 이 세리와도 같지 아니함을 감사하나이다.
누가복음 18:11

하나님 나라에 대한 잘못된 견해의 한 측면을 다루어 봅시다. 제가 말하려는 사람들은 기독교를 일종의 도덕과 혼동하고 있습니다. 기독교를 금기와 금지와 억압의 집합체로 오해하는 사람들이 꽤 많습니다. 로마 가톨릭도 이런 문제를 가지고 있습니다. 그들은 이것은 먹지 말고 저것도 먹지 말라는 식의 규율을 정해 놓고, 그 세세한 사항까지 숙달하고 있습니다. 그러나 바울은 "아니, 그리스도는 그 때문에 하늘에서 이 땅으로 오신 것이 아니다. 그것은 기독교가 아니다!"라고 말합니다.

이 견해를 요즘에 맞게 해석한다면, 어떻게 사느냐에 따라 그리스도인이 될 수 있다고 생각하는 것이라고 할 수 있습니다. 일정한 행동을 하지 않으면 그리스도인이고, 어떤 행동을 하면 그리스도인이 아니라는 식입니다. 이렇게 생각할 때 자신은 일정한 행동을 하지 않으므로 자연히 남들을 비난할 수 있습니다. 자신이 그들보다 낫다고 느끼며 남들을 무시할 수 있습니다. 바로 이것이 우리가 읽은 누가복음 18장에 나오는 바리새인의 문제였습니다. "다른 사람들과 같지 않음을 감사드립니다. 저는 일주일에 두 번씩 금식하고, 수입의 십일조를 가난한 사람들에게 주고 있습니다. 정말 훌륭하지 않습니까! 저 끔찍한 세리, 죄인 녀석과는 근본이 다릅니다!"

그러나 그것은 하나님 나라가 아닙니다. 하나님 나라는 그와 정확히 반대되는 것입니다. 그러나 사람들은 흔히 이렇게 생각하고 있습니다! 기독교를 순전히 부정적인 종교, 항상 요구만 하는 종교로 여겨서 이것저것을 끊어야만 그리스도인이 된다고 말하는 이들이 얼마나 많은지 모릅니다. 그들은 거기에서 더 이상 나아가지 못합니다. 기독교가 무엇을 주는지에 대해서는 아무 말도 하지 못합니다. 이처럼 기독교는 도덕과 혼동되고 있습니다.

심판

또한 모든 것을 해로 여김은 내 주 그리스도 예수를
아는 지식이 가장 고상하기 때문이라. 내가 그를
위하여 모든 것을 잃어버리고 배설물로 여김은
그리스도를 얻고.
빌립보서 3:8

사도 바울은 다소의 사울이었던 시절에 이룩한 모든 업적과 성취를 매우 자랑스러워했습니다. 그러나 그리스도를 뵙자 모든 것을 배설물로 여긴다고 말할 수밖에 없었습니다. "없는 자는 그 있는 것까지 빼앗기리라"(마 25:29) 자신을 자랑하는 사람은 영원한 심판의 법정에 아무것도 없이 마치 빈손에 벌거벗은 것 같이 의지할 데 없이 절망적이고 비참한 죄인의 모습으로 서게 될 것이며, 영원토록 그렇게 살아가게 될 것입니다.

이것은 심판의 말씀입니다. 여러분은 이 중요한 사실을 알고 있습니까? 어떤 이는 "그러면 어떻게 해야 합니까?"라고 물을 것입니다. "제가 어리석었다는 걸 알겠습니다. 전에는 이 비밀을 몰랐습니다. 그러면서도 기독교가 무엇인지 알고 있다고 생각했습니다. 그런데 지금 보니 기독교란 하나님과 화목하게 되고 의로워진 상태로 심판과 영원한 세계를 맞이하는 것이로군요. 저는 전혀 몰랐습니다. 어떻게 하면 그렇게 될 수 있을까요?"

아주 간단합니다. 맹목적인 선입견으로 닫혀 있던 두 눈을 뜨고 이 메시지에 주의하십시오. 어린아이처럼, 거지처럼 나아오십시오. 비판하지 말고, 똑똑한 척하지 말고, 변명하지 말고, 있는 모습 그대로 나아오십시오. 내 손에 아무것도 없음을 인정하십시오. 주님은 말씀하십니다. "너희가 돌이켜 어린아이들과 같이 되지 아니하면 결단코 천국에 들어가지 못하리라"(마 18:3). 여러분은 어린아이처럼 단순해질 필요가 있습니다. 다시 말해서 자신의 죄와 완전한 실패를 인정할 필요가 있는 것입니다. 그렇게 나아오면서 해야 할 말은 이것입니다. "저는 아무것도 아닙니다. 제게는 아무것도 없습니다. 하나님이여, 나를 불쌍히 여기소서. 나는 죄인이로소이다."

그렇게 나아오면서 해야 할 말은 이것입니다. "저는 아무것도 아닙니다. 제게는 아무것도 없습니다.
하나님이여, 나를 불쌍히 여기소서. 나는 죄인이로소이다."

능력

하나님의 나라는 말에 있지 아니하고 오직 능력에
있음이라.
고린도전서 4:20

사도 바울은 하나님 나라는 어떠한 것이든 능력이라고 말합니다. 이 점을 분명히 알아야 합니다. 기독교 메시지는 세상에 나타났던 능력 중에 가장 강력한 능력의 역사이며 능력의 선포입니다. 기독교 메시지만큼 역사의 진행과 개인의 삶에 큰 변화와 영향을 끼친 것은 없습니다.

우리의 주된 관심이 철학이 아닌 역사에 있음을 늘 주의해서 강조해야 하는 이유가 여기 있습니다. 예수 그리스도는 역사를 다스리십니다. 우리가 연도를 헤아리는 방식도 그의 출생을 기준으로 삼은 것입니다. 실제로 그는 역사상 가장 큰 요인이요 가장 큰 능력입니다. 그리스도의 십자가는 '시간이 난파된 곳에 우뚝 솟아' 있습니다.

기독교가 전 세계의 삶에 가장 강력한 영향을 끼쳤다는 것은 의심할 여지 없는 사실입니다. 기독교는 개인들을 변화시켰을 뿐 아니라 사회를 변화시켰습니다. 교회의 역사에 등장하는 몇몇 위대한 부흥의 이야기를 살펴보면 쉽게 알 수 있습니다. 훌륭한 역사가인 W. E. H. 레키는 프랑스 혁명 때 일어난 일들을 영국이 겪지 않은 것은 18세기 복음주의 내지는 감리교 부흥의 덕분임을 인정하는 데 주저함이 없습니다. 그 부흥의 결과는 실로 막대합니다. 그 부흥은 개인을 변화시켰을 뿐 아니라 사회 전체를 변화시켰습니다. 교육에 관심을 갖게 되면서 학교와 주일학교가 생겨났습니다. 병원 설립과 의료 활동이 촉진되었고 구빈법이 개정되었습니다. 하나님의 영이 강하게 임하셨을 때, 이 모든 일이 일어났습니다. 기독교는 능력입니다.

죽음을 직면하게 함

이제 후로는 나를 위하여 의의 면류관이 예비되었으므로.
디모데후서 4:8

하나님 나라는 죽음을 바로 앞에 두고서도 웃을 수 있는 능력을 줍니다. 우리는 삶의 마지막 순간에도 기쁨에 차서 세상을 떠납니다. 바울의 말을 숙고해 보십시오. 여기에는 능력이 있습니다. 단순히 말 잘하는 사람이 하는 말도 아니고, 자기 인생의 회고록을 쓰던 사람이 하는 말도 아닙니다. 이 사람은 능력이 무엇인지 알았습니다. 그래서 이렇게 말했습니다. "나는 선한 싸움을 싸우고 나의 달려갈 길을 마치고 믿음을 지켰으니 이제 후로는 나를 위하여 의의 면류관이 예비되었으므로 주 곧 의로우신 재판장이 그날에 내게 주실 것이며 내게만 아니라 주의 나타나심을 사모하는 모든 자에게도니라"(딤후 4:7-8).

이것이 무엇입니까? 여러분은 이 모든 것을 알고 있습니까? 이것이 바로 기독교입니다. 이것이 하나님의 나라이며 하나님의 능력입니다! 그렇다면 우리가 자문해야 할 질문은 이것입니다. 나는 하나님의 능력을 조금이라도 알고 있습니까? 주변 사람들이 내 안에 있는 하나님의 능력을 분명히 보고 있습니까? 내 삶에 그 능력이 나타나고 있습니까? 다른 사람들이 그것을 보고 영향을 받고 있습니까? "내가 복음을 부끄러워하지 아니하노니 이 복음은 모든 믿는 자에게 구원을 주시는 하나님의 능력이 됨이라"고 말할 수 있습니까?(롬 1:16)

하나님이 여러분을 새롭게 하셨습니까? 여러분 안에 새로운 본성이 있음을 알고 있습니까? 그렇지 않다면 여러분은 그리스도인이 아닙니다. 무엇을 알고 있고 무엇에 관심을 가지고 있든지 간에 여러분은 하나님 나라 밖에 있는 것입니다. 그리스도인은 성령으로 난 사람이고 위로부터 난 사람이며 거듭난 새 피조물입니다. "말에 있지 아니하고 오직 능력에 있음이라"(고전 4:20). 이것을 알고 있습니까? 알고 있다면 굳이 하나님을 찬양하라고 권할 필요가 없을 것입니다! 그러나 모른다면 하나님께로 나아가십시오. 자신이 생명 없이 죽은 존재임을 고백하십시오. "하나님이여, 나를 불쌍히 여기소서. 나는 죄인이로소이다"(눅 18:13).

그리스도인은 성령으로 난 사람이고 위로부터 난 사람이며 거듭난 새 피조물입니다.

제자 지망생

또 다른 사람에게 나를 따르라 하시니 그가 이르되
나로 먼저 가서 내 아버지를 장사하게 허락하옵소서.
누가복음 9:59

여기 주님을 따르라는 초청을 받은 사람이 있습니다. "또 다른 사람에게 나를 따르라 하시니 그가 이르되 나로 먼저 가서 내 아버지를 장사하게 허락하옵소서. 이르시되 죽은 자들로 자기의 죽은 자들을 장사하게 하고 너는 가서 하나님의 나라를 전파하라 하시고"(눅 9:59-60). 주님은 그에게 도전하시며 "나를 따르라"고 말씀하셨습니다. 그러자 그 사람은 여러분이 알고 있듯이 "좋습니다. 당신을 따르겠습니다. 그러나 먼저 가서 내 부친을 장사하게 해주십시오"라고 대답했습니다.

이 이야기가 보여주는 원리가 무엇입니까? 주님은 이 사람에게 한순간도 지체하지 말고 하나님 나라에 들어가야 한다는 긴급성을 가르치고 계십니다. 그것을 제대로 안다면 즉시 들어가야 합니다. 이 점을 분명히 해둡시다. 주님의 말씀이 매정하게 들립니까? 겉으로만 보면 죽어 가는 불쌍한 아버지를 장사하러 집에 가게 해달라는 이 사람의 요청을 주님이 매정하게 거절하시는 것 같습니다. 그러나 그런 것이 아닙니다. 만약 그 아버지가 병들어 죽게 되었다면, 이 사람은 주님과 함께 있지도 못했을 것입니다. 유대인은 이런 일에 엄격한 사람들입니다.

문제는 이 젊은이가 다음과 같이 말한다는 데 있습니다. "그리스도인이 될 생각은 있지만, 지금 당장은 아닙니다. 나중에 시간 날 때 되려고요. 지금은 아주 바쁩니다. 출세의 사다리 꼭대기에 와 있거든요. 저는 큰 성공을 앞에 두고 있습니다. 이제 직장생활을 시작했고, 사업을 시작했으며, 공장을 돌리기 시작했습니다. 그러니 지금은 아닙니다! 오, 저는 기독교의 가르침이 좋습니다! 그것이 옳다고 믿지요. 하지만 지금은 어떤 것도 할 수가 없습니다."

주님은 이 사람에게 한순간도 지체하지 말고 하나님 나라에 들어가야 한다는 긴급성을 가르치고 계십니다.

영혼의 삶

이르시되 죽은 자들로 자기의 죽은 자들을 장사하게
하고 너는 가서 하나님의 나라를 전파하라 하시고.
누가복음 9:60

어떤 이들은 기독교 메시지에 진리가 있다는 것을 알면서도 곤란해하면서 "물론 그렇게 해야지요. 하지만 지금은 아닙니다"라고 말합니다. 아우구스티누스가 성인이 되기 전 드렸던 기도를 생각해 보십시오. 그는 뛰어난 철학자였지만 고민에 빠져 있었습니다. 밀라노의 위대한 설교자인 암브로시우스의 설교 때문에 마음이 심란했습니다. 그의 말이 옳고 자신은 틀렸음을 알았기 때문입니다. 그는 무엇이 옳은지 알고 있었습니다. 그럼에도 여전히 여자와 동거하고 있었습니다. 아시다시피 여기에서 갈등과 번민이 생겨납니다. 그래서 기도했습니다. "주여, 나를 순결하게 하소서. 그러나 아직은 아닙니다."

이런 경험을 한 적이 있습니까? "저는 선하게 살고 싶지만 다른 것도 갖고 싶습니다. 그러니 나로 먼저 가서……" 이렇게 말하는 사람들이 얼마나 많은지 모릅니다. "제 체면부터 차리게 해주십시오. 저도 이 일이 전부라고는 생각하지 않습니다. 그러나 어찌 되었든 해야 할 일입니다. 이 일만 마치면 철저한 그리스도인이 되겠습니다. 정말입니다." 주님은 이 사람을 즉시 바라보시며 아주 인상적인 표현으로 그가 완전히 틀렸음을 보여주십니다. "죽은 자들로 자기의 죽은 자들을 장사하게 하고 너는 가서 하나님의 나라를 전파하라."

그리스도께서는 그런 그들에게 이렇게 말씀하십니다. "하나님 나라는 산 사람을 위한 것이지 죽은 사람을 위한 것이 아니다. 나는 그런 문제를 다루기 위해 세상에 오지 않았다. 물론 그것은 다 옳은 일이다. 나이 든 부모를 돌보다가 사후에 장사 지내는 것 자체에는 아무런 잘못이 없다. 그러나 그것은 첫째로 중요한 일이 아니다. 삶에서 첫째로 중요한 것은 영혼이다! 내 나라 백성은 살아 있는 자들이며, 영혼과 그 영원한 운명에 대해 알고 있고 영혼이 하나님과 맺는 관계에 대해 알고 있는 자들이다."

삶에서 첫째로 중요한 것은 영혼입니다!

아주 가깝지만
아직은 먼 자리

네가 하나님의 나라에서 멀지 않도다.
마가복음 12:34

스스로 그리스도인인지 아닌지 확신하지 못하는 사람은, 외람되지만 그리스도인이 아니라고 말하고 싶습니다. 신약성경에 따르면 그리스도인은 "나는 과거에는 저러저러했는데 지금은 이러이러하다"라고 말할 수 있는 사람입니다. 바로 이것이 사도가 고린도 사람들을 묘사한 방식 아닙니까? 바울은 말합니다. "너희 중에 이와 같은 자들이 있더니!" 그들은 전에 술 취했고 간음했으며 음란했습니다. 바울은 '그러나 지금은 그렇지 않다'고 말합니다. "주 예수 그리스도의 이름과 우리 하나님의 성령 안에서 씻음과 거룩함과 의롭다 하심을 받았느니라"(고전 6:11). 사도 베드로도 같은 용법을 사용하고 있습니다. "너희가 전에는 백성이 아니더니 이제는 하나님의 백성이요 전에는 긍휼을 얻지 못하였더니 이제는 긍휼을 얻은 자니라"(벧전 2:10).

각 사람과 하나님 나라 사이의 거리는 저마다 다릅니다. 주님은 자신을 찾아온 한 서기관에게 "네가 하나님의 나라에 멀지 않도다"라고 말씀하셨습니다. 모든 사람에게 그렇게 말씀하신 것이 아니라 그 사람에게만 그렇게 말씀하셨습니다. 이처럼 하나님 나라 밖에 있는 사람들의 위치는 아주 다양합니다.

기독교에 대해 생각조차 해보지 않은 사람, 성경도 읽어 본 적이 없고 아예 관심조차 없는 사람들이 있습니다. 그들은 성경의 가장 초보적인 내용도 모르는 자들입니다. 하나님이나 주 예수 그리스도나 영혼에는 아무 관심도 없이 주변에서 흔히 볼 수 있는 삶을 살아갑니다.

이처럼 하나님 나라 밖에 있는 사람들이 제각각 다른 위치에 있기는 하지만, 그래도 궁극적으로 보면 아무 차이가 없습니다. "하나님 나라에 멀지" 않은 자리에 있다고 해서 더 유리한 것은 아닙니다. 여러분은 반박할 것입니다. "그럼 바로 문 앞에 서 있는 사람이나, 이를테면 땅 끝에 서 있는 사람이나 아무 차이가 없다는 말입니까?" 그렇습니다! 마귀는 이 점에서 많은 사람들을 미혹시키고 있습니다.

'하나님 나라에서 멀지 않은' 자리에 있다고 해서 더 유리한 것은 아닙니다.

거듭남

예수께서 대답하여 이르시되 진실로 진실로 네게 이르노니 사람이 거듭나지 아니하면 하나님의 나라를 볼 수 없느니라.……진실로 진실로 네게 이르노니 사람이 물과 성령으로 나지 아니하면 하나님의 나라에 들어갈 수 없느니라.
요한복음 3:3, 5

주님은 "네가 거듭나야 하겠다"고 하시면서 도전장을 던지셨습니다. 주님의 말씀은 요컨대 이런 것입니다. "그래, 좋다. 네가 무슨 말을 하려는지 다 알고 있으니 더 말하지 않아도 된다. 네 생각은 전부 틀렸다. 너는 거듭나야 한다." 주님은 평소보다 심각하고 깊은 의미가 있는 말씀을 하실 때 "진실로 진실로"라는 전형적인 표현을 사용하셨습니다. 주님은 "진실로 진실로 네게 이르노니 사람이 거듭나지 아니하면 하나님의 나라를 볼 수 없느니라"고 말씀하셨습니다.

거듭난다는 말은 기독교의 열쇠와 같은 결정적인 말입니다. 어떤 이들은 '위로부터 난다'는 말로 번역해야 한다고도 하고, 또 다른 이들은 '새롭게 난다'로 번역해야 한다고도 합니다. 주님은 분명 아람어로 니고데모에게 말씀하셨는데, 그 아람어가 그리스어로 번역되고 그 그리스어가 또 영어로 번역되었다고 말하는 것이 가장 진실에 가깝다고 저는 생각합니다. 원래 아람어로 말씀하셨다면 이 말씀은 '사람이 또 한 번 출생하지 않으면 하나님의 나라를 볼 수 없다'라는 뜻이 됩니다. 그러나 결국 다 마찬가지입니다. '거듭남', '또 한 번 출생함', '위로부터 남', '성령으로 남' 중에 어떤 말을 써도 괜찮습니다.

이것은 신약성경에서 아주 중요한 교리로서, 그 소극적인 의미는 '기독교는 기존의 것에 무언가를 덧붙이는 것이 아니다'라는 것입니다. 다시 말해서, 기독교는 여러분과 제가 현재 상태에서 취할 수 있는 것이 아닙니다. 그런 생각은 본문 말씀에 부합되지 않습니다. 그리스도인이 되려면 그 전에 완전히 새롭게 출발해야 합니다.

"거듭나야!"라는 것은 결정적인 말, 기독교의 열쇠와 같은 말입니다.

심판자이신
하나님

그때에는 그 소리가 땅을 진동하였거니와 이제는
약속하여 이르시되 내가 또 한 번 땅만 아니라 하늘도
진동하리라 하셨느니라. 히브리서 12:26

"그때에는 그 소리가 땅을 진동하였거니와 이제는 약속하여 이르시되 내가 또 한 번 땅만 아니라 하늘도 진동하리라 하셨느니라. 이 또 한 번 이라 하심은 진동하지 아니하는 것을 영존하게 하기 위하여 진동할 것들 곧 만드신 것들이 변동될 것을 나타내심이라"는 히브리서 기자의 말은 무엇을 뜻하는 것일까요(히 12:26-27)? 그는 여기에서 옛 시대와 새 시대를 대조하고 있습니다. 예수를 믿는 히브리인들에게 편지를 보내, 시내 산에서 그 위대하고 유명한 일이 일어났을 때 하나님이 어떻게 모세를 통해 율법을 주셨는지 일깨우고 있습니다. 그는 "그 일을 돌아보며 그 일을 생각하라"고 말하면서 이 엄청난 묘사를 하고 있습니다.

그는 말합니다. "너희는 만질 수 있고 불이 붙는 산과 침침함과 흑암과 폭풍과 나팔 소리와 말하는 소리가 있는 곳에 이른 것이 아니라. 그 소리를 듣는 자들은 더 말씀하지 아니하시기를 구하였으니(이는 짐승이라도 그 산에 들어가면 돌로 침을 당하리라 하신 명령을 그들이 견디지 못함이라. 그 보이는 바가 이렇듯 무섭기로 모세도 이르되 내가 심히 두렵고 떨린다 하였느니라)." 그는 이스라엘이 거기 이르지 못했다고 말합니다. "그러나 너희가 이른 곳은 시온 산과 살아 계신 하나님의 도성인 하늘의 예루살렘과 천만 천사와 하늘에 기록된 장자들의 모임과 교회와—그다음 말에 주목하십시오!—만민의 심판자이신 하나님과……"(히 12:18-23).

이것은 성경 전체의 기본이 되는 중대한 주제입니다. 우리는 여기에 귀를 기울여야 합니다. 날마다 최후의 심판에, "만민의 심판자이신 하나님"께 더 가까이 다가가고 있기 때문입니다!

거룩한 손

기도라고 불리는 행위를 좌우하는 몇 가지 조건이 있습니다. 그 한 가지는 '거룩한 손'을 들어야 한다는 것입니다. 지금 우리의 관심은 기도하는 자세에 있지 않으며, 유대인들이 대개는 서서 하나님을 향해 손을 들고 기도했다는 사실을 지적하려는 데 있지도 않습니다. 그렇다고 유대인들이 예배에 참여하기 전에 손을 씻는 관습이 있었다는 사실을 살피려는 것도 아닙니다. 이것은 사도가 꼭 말하고 싶었던 원리를 강조하기 위해 사용한 외적 상징에 불과합니다.

깨끗한 손, 곧 "거룩한 손"은 거룩한 성품을 가리키고 대변하는 말입니다. 하나님께 나아갈 때 항상 첫 번째로 문제가 되는 것이 바로 이것입니다. "거룩함을 따르라. 이것이 없이는 아무도 주를 보지 못하리라"(히 12:14). "주께서는 눈이 정결하시므로 악을 차마 보지 못하시며 패역을 차마 보지 못하시거늘"(합 1:13). 언제든지, 어떤 상태에서든지, 누구든지 기도로 하나님께 나아갈 수 있다는 가정만큼 성경 전체의 가르침에 완전히 위배되는 것은 없습니다. 실제로 죄가 끼친 첫 번째 영향, 타락의 주된 결과는 하나님과 사람 사이의 친밀한 교제가 깨져 버린 것입니다. 사람은 죄로 인해 하나님께 나아갈 권리를 상실함으로써 결코 그분께 나아갈 수 없는 처지가 되어 버렸습니다. 그러나 놀라운 은혜의 하나님이 그분께 나아갈 수 있는 길을 열어주셨습니다. 이것이 구약성경에 제사와 희생에 대한 모든 가르침이 나오는 이유이며, 성막과 성전의 예법과 아론의 제사장직이 필요했던 이유입니다. 사람은 이런 것 없이 하나님께 나아갈 수 없습니다. 우리는 오직 이 길을 통해서만, 하나님의 지시에 따라서만 그분과 교제할 수 있습니다. 다른 길은 없습니다.

분노 없이

기도와 관련하여 사도 바울이 제시한 두 번째 조건은 분노가 없는 것입니다. 먼저 "분노"라는 단어의 뜻을 정확히 아는 것이 가장 중요합니다. 이 말은 우리가 흔히 알고 있는 분노를 뜻하지 않습니다. 이는 화 자체나 화내는 일, 화를 표현하는 일을 뜻하는 말이 아니라 사랑하지 않는 성향을 뜻하는 말입니다. 성질을 격렬하게 폭발시키는 행위가 아닌, 악의와 분을 품은 상태를 뜻하는 말인 것입니다. 이 말의 강조점은 하나님을 어떻게 생각하며 어떻게 대하느냐가 아닌 동료와 이웃을 어떻게 생각하며 어떻게 대하느냐에 있습니다. 그에 더하여 이것은 사람의 정신, 즉 행동뿐 아니라 다른 사람과 삶을 바라보는 관점과 태도와 관련된 전반적인 문제인 것 같습니다. 그러니 얼마나 중요합니까! 또한 우리 모든 사람이 이 점에서 실패하기 쉽다는 것은 얼마나 큰 비극입니까!

우리는 기도하면서도 하나님께 분한 감정을 느낄 때가 종종 있습니다. 정말로 못마땅해하는 마음과 불평하는 마음이 있음을 스스로 느낍니다. 우리는 우리가 부당한 대우를 받고 있다고 생각합니다. 그러면서도 하나님을 의지한다는 마음으로 그의 도움을 청합니다. 하나님이 우리를 대적하시고 우리를 공평하게 대하지 않으신다고 느끼면서도, 그 마음상태 그대로 하나님께 복을 구하며 그 응답을 기대하는 것입니다. 하나님은 이스라엘 자손들에게 말씀하십니다. "이 백성이 입술로는 나를 공경하되 마음은 내게서 멀도다"(마 15:8).

같은 정신이 동료들을 향한 태도에도 나타납니다. 원수가 있다면 미워할 것이 아니라 사랑해야 합니다. 우리에게 주어진 규칙은 "원수를 사랑하라"는 것입니다. "분노······없이."

이 말의 강조점은 하나님을 어떻게 생각하느냐에 있는 것이 아니라 동료를 어떻게 생각하느냐에 있습니다.

다툼 없이

그러므로 각처에서 남자들이 분노와 다툼이 없이
거룩한 손을 들어 기도하기를 원하노라.
디모데전서 2:8

기도의 세 번째 조건은 다툼이 없는 것입니다. 또는 '의심 없이'라고 해도 좋습니다. 이는 남과 다투는 것이 아니라 자신과 다투는 상태를 가리키는 말입니다. 확신 없이 흔들리는 상태, 더 나아가 지적으로도 반항하는 상태를 의미하는 말입니다.

의심은 여러 가지 방식으로 표현됩니다. 하나님의 존재 자체에 의심을 품을 수도 있습니다. 히브리서 기자의 표현대로라면 "그가 계신"지 의심하는 것입니다. 그다음으로는 기도의 능력 내지는 실현 가능성에 종종 의심을 품을 수 있습니다. '정말 무슨 일이 일어날 수 있을까, 무슨 일이 일어나기는 할까' 하는 태도로서, 한마디로 기도의 효용성을 의심하는 것입니다.

이런 의심의 결과, 기도는 종종 무모한 모험 내지는 미심쩍은 실험에 참가하는 일이 되어 버립니다. 우리는 어려운 상황에 처하기도 하고 절실한 필요에 부딪치기도 합니다. 그럴 때 얼마간은 어둠 속에서 부르짖으며 문제가 잘 풀리거나 해결될지도 모른다는 희망을 품습니다.

그러나 아무리 기도해 봤자 이 세 번째 조건을 채우지 않는 한 소용이 없습니다. 우리는 하나님께 나아갈 때 "반드시 그가 계신 것과 또한 그가 자기를 찾는 자들에게 상 주시는 이심을 믿어야" 합니다(히 11:6). 하나님을 알았던 자들, 철저하게 그를 신뢰한 자들, 언제 어느 상황에든 하나님의 거룩하고 자비한 목적이 있음을 확신하며 "주의 뜻이 이루어지이다"라고 말할 준비가 되어 있었던 자들이 항상 기도 응답을 받았습니다. 의심과 다툼이 있어서는 안 됩니다. 무모한 실험을 하듯이 기도해서는 안 됩니다. 서두르지 않고 차분하게 하나님과 그분의 온전한 뜻을 의지해야 합니다.

하나님은 왜 전쟁을 허용하시는가

너희 중에 싸움이 어디로부터, 다툼이 어디로부터 나느냐. 너희 지체 중에서 싸우는 정욕으로부터 나는 것이 아니냐.
야고보서 4:1

인간의 본성과 인생에 대해 숙고할 때, 하나님이 전쟁을 허용하고 용인하신다는 사실에 놀라기보다는 그의 인내하심과 오래 참으심에 놀라게 됩니다. "하나님이 그 해를 악인과 선인에게 비추시며 비를 의로운 자와 불의한 자에게 내려주심이라"(마 5:45). 하나님은 이스라엘 백성들의 뒤틀리고 악한 삶을 보면서도 몇백 년 동안이나 참으셨습니다. 그리고 하나님이 독생자의 위격 안에서 제시하신 사랑의 제안을 있는 힘껏 거부하며 거절하는 세상을 거의 2천 년 동안이나 참아 주고 계십니다. 우리가 던져야 할 질문은 하나님이 왜 전쟁을 허용하시는지가 아닙니다. 오히려 왜 세상이 그 불의와 죄 가운데 철저하게 자멸하는 것을 허용치 않으시는지 물어야 합니다. 하나님은 왜 은혜로 악과 죄를 억제하시며 일정한 선을 넘지 못하도록 막으시는 것입니까?

이 죄로 가득 찬 세상을 참으시는 그 인내의 놀라움이여! 그 사랑의 경이로움이여! 하나님은 사랑하는 아들을 세상에 보내 우리를 위해 죽게 하심으로써 우리를 구원하셨습니다. 그런데 사람들이 그것을 보지 못하기 때문에, 보려고도 하지 않기 때문에 전쟁과 같은 일들이 일어나도록 허락하고 용인하심으로써 우리를 징계하시고, 벌하시며, 가르치시고, 죄를 깨우치시고, 무엇보다 회개하고 그 은혜로운 제안을 받아들이도록 촉구하시는 것입니다. 그러므로 우리에게 중요한 문제는 하나님이 왜 전쟁을 허락하시는지가 아닙니다. 우리가 확실히 해야 할 문제는, 우리 마음과 온 인류 안에 있는 죄가 불러오는 결과물들을 통해 교훈을 배우며 하나님 앞에 회개하는 것입니다. 하나님이 그 이름을 위해 우리에게 지각과 참된 회개의 영을 주시기를 기도합니다.

인간의 본성과 인생에 대해 숙고할 때, 하나님이 전쟁을 허용하고 용인하신다는 사실에 놀라기보다는 그의 인내하심과 오래 참으심에 놀라게 됩니다.

모든 것을
포괄하는 약속

**우리가 알거니와 하나님을 사랑하는 자 곧 그의
뜻대로 부르심을 입은 자들에게는 모든 것이
합력하여 선을 이루느니라.**
로마서 8:28

모든 것을 포괄하는 약속, 곧 "모든 것이 합력하여 선을 이루느니라"는 약속을 살펴봅시다. 여기에서 '모든 것'은 특별히 시련과 환난을 가리킨다는 데 대부분의 사람들이 동의하고 있습니다. 이것은 기독교를 이루고 있는 주장들 중에서도 가장 주목할 만한 주장에 속합니다. 이것은 하나님이 인간에게 사용하시는 방법을 가장 적극적으로 변호해 주는 말씀입니다.

이 구절이 말하는 바를 살펴봅시다. 그 의미를 파악하기에 가장 좋은 방법은 소극적인 측면에서부터 접근하는 것입니다. 우리는 여기에서 그리스도인인 우리에게 세상의 편한 삶이 약속되지 않았다는 사실을 분명히 알게 됩니다. 주님도 제자들을 가르치실 때 환난과 시련과 고난을 당할 것이라고 말씀하셨습니다. 마찬가지로 바울도 "그리스도를 위하여 너희에게 은혜를 주신 것은 다만 그를 믿을 뿐 아니라 또한 그를 위하여 고난도 받게 하려 하심이라"고 가르칩니다(빌 1:29). 세상과 인생을 바라보는 기독교의 관점은 낭만적이지 않고 현실적입니다. 그리스도인은 어려움과 문제들을 회피하지 않습니다. 문제의 심각성과 무거움을 애써 축소시키려 들지도 않습니다. 위축됨 없이 현실을 직면하게 하면서도 피할 길을 보여준다는 데 복음의 영광이 있습니다. 오래된 사본들 중에는 "모든 것이 합력하여 선을 이루느니라"는 구절 앞에 "하나님"을 추가하여 "하나님을 사랑하는……자들에게는 '하나님이' 모든 것을 합력하여 선을 이루게 하시느니라"고 기록함으로써 이 특징을 분명히 강조한 것들이 있습니다. 바로 이것이 사도가 가르치려 한 바인 것이 분명합니다. 시련을 무시해서는 안 됩니다. 시련은 아무 이유 없이 주어지는 것이 아닙니다. 하나님은 우리의 유익을 위해 그런 시련들을 사용하심으로써 위대한 뜻을 이루어 나가십니다. "우리가 알거니와 하나님을 사랑하는 자 곧 그의 뜻대로 부르심을 입은 자들에게는 모든 것이 합력하여 선을 이루느니라." 이는 하나님이 쓰시는 방법에 대한 최종적인 변호이며, 왜 어떤 일들이 일어나도록 허용하시느냐는 우리의 모든 의문에 대한 최종적인 답변입니다.

하나님은 우리의 유익을 위해 시련을 사용하심으로써 위대한 뜻을 이루어 나가십니다.

이 약속에
따르는 제한

**우리가 알거니와 하나님을 사랑하는 자 곧 그의
뜻대로 부르심을 입은 자들에게는 모든 것이
합력하여 선을 이루느니라.**
로마서 8:28

이제 이 약속에 따르는 제한에 주목해 봅시다. "우리가 알거니와 하나님을 사랑하는 자 곧 그의 뜻대로 부르심을 입은 자들에게는 모든 것이 합력하여 선을 이루느니라." 원문에서는 "하나님을 사랑하는 자"가 문장의 앞에 놓이면서 강조되고 있습니다(우리말 개역성경은 영어성경과 달리 원문의 순서를 따르고 있다—옮긴이).

이 약속에는 확실히 제한이 있습니다. 모든 인간이 여기 포함되는 것이 아닙니다. 대중은 하나님의 사랑을 완전히 정반대로 생각하고 있습니다. 그들은 하나님이 모든 사람을 똑같이 축복하겠다고 약속하신 것으로 여깁니다. 일반적인 의미에서 섭리에 따라 인류를 대하신다는 측면에서는 그렇습니다. 그러나 연이어 성경 곳곳에 나오는 것은 구원받은 자와 구원받지 못한 자, 예수 그리스도를 통한 구원으로 하나님과 언약 관계를 맺은 자와 그렇지 않은 자, 이 본문의 표현을 사용한다면 "부르심을 입은 자"와 그렇지 않은 자 사이의 아주 근본적인 구분 및 구별입니다.

구원은 특별 은총에서 나오는 것으로서, 이 은총을 받은 자들에게는 특별한 약속이 주어집니다. 복음이 주 예수 그리스도를 믿지 않는 자들에게 하는 말은 한 가지뿐입니다. 회개하고 믿으라는 권고가 전부인 것입니다. 그렇게 하기 전까지 특별한 약속은 보류됩니다. 실제로 복음은 그들에게 재앙을 경고합니다. 그들에게는 "모든 것이 합력하여 선을 이루느니라"고 말하는 것이 아니라 "벌써 심판을 받았"다고 말합니다. 특별한 약속과 위안과 위로는 직접 얻을 수 있는 것이 아닙니다. 구원의 귀결과 결과로만 주어지는 것입니다. 오직 "하나님을 사랑하는 자"들에게만 주어지는 것입니다.

구원은 특별 은총이 가져오는 것입니다.

약속의 작동원리

우리가 알거니와 하나님을 사랑하는 자 곧 그의 뜻대로 부르심을 입은 자들에게는 모든 것이 합력하여 선을 이루느니라.
로마서 8:28

제가 약속의 작동 원리라고 부르는 것, 곧 약속이 작용하는 방식에 대해 살펴봅시다. 사도는 "하나님을 사랑하는 자 곧 그의 뜻대로 부르심을 입은 자들에게는 모든 것이 합력하여 선을 이루느니라"고 말합니다. "우리가 알거니와"라는 것은 이 모두가 잘 알고 있고 인정하고 있는 내용이며 그리스도인들에게 자명한 내용이라는 것입니다. 어떻게 자명합니까? 그 대답의 일부는 교리적인 것이고, 일부는 경험적인 것입니다.

교리적인 대답은 본문 중간에 나옵니다. "그의 뜻대로 부르심을 입은 자들에게는." 이 이야기는 로마서 8장 끝까지 이어집니다. 믿는 자들의 신분은 하나님과 그의 행하심에 달려 있기 때문에 모든 것이 합력하여 선을 이룬다는 것을 우리는 압니다. 우리의 구원은 하나님의 역사입니다. 다음의 주장을 들어 보십시오. "하나님이 미리 아신 자들을 또한 그 아들의 형상을 본받게 하기 위하여 미리 정하셨으니 이는 그로 많은 형제 중에서 맏아들이 되게 하려 하심이니라. 또 미리 정하신 그들을 또한 부르시고 부르신 그들을 또한 의롭다 하시고 의롭다 하신 그들을 또한 영화롭게 하셨느니라"(29-30절). 하나님의 역사에는 우연이나 돌발적인 요소나 우발적인 요소가 없습니다. 계획한 대로 처음부터 끝까지 시행됩니다. 우리 경험의 차원에서 보면 조금씩 이루어지는 것 같지만, 하나님의 마음과 목적이라는 차원에서 보면 이미 완벽하고 온전하게 완성되어 있습니다. 그 계획을 좌절시킬 수 있는 것은 아무것도 없습니다.

그러나 이것이 마냥 어려운 교리의 문제이기만 한 것은 아닙니다. 이 모든 것을 확증해 주는 사실이 있습니다. "자기 아들을 아끼지 아니하시고 우리 모든 사람을 위하여 내주신 이가 어찌 그 아들과 함께 모든 것을 우리에게 주시지 아니하겠느냐"(롬 8:32). 우리를 위해 독생자를 내주어 갈보리의 십자가에서 잔혹하게 죽게 하신 하나님이 그 궁극적인 목적과 우리 사이에 장애물이 끼어들도록 내버려두실 것 같습니까? 그것은 불가능한 일입니다.

하나님의 역사에는 우연이나 돌발적인 요소나 우발적인 요소가 없습니다.

경험의 영역 1

Jul. 29

우리가 알거니와 하나님을 사랑하는 자 곧 그의 뜻대로 부르심을 입은 자들에게는 모든 것이 합력하여 선을 이루느니라.
로마서 8:28

감사하게도 우리는 경험적인 방식으로도, 곧 경험의 영역에서도 이 영광스러운 약속이 작동하는 방식의 문제에 대답할 수 있습니다. 이 말씀이 진리라는 것은 성경과 교회의 계속되는 역사에 그 삶이 기록되어 있는 모든 성도들이 공히 증거하는 바입니다. 이 약속이 작동하는 방식은 거의 무한합니다. 그러나 그 모든 방식을 관통하는 원리는 거기에 단 하나의 궁극적인 선, 하나님을 아는 지식과 우리 영혼의 구원이 있다는 것입니다. 이 점을 염두에 둘 때, 시련과 환난이 다음과 같이 역사한다는 사실을 알 수 있습니다.

시련과 환난은 우리가 그동안 세상과 인간적인 것들에 과도하게 의지하고 있었다는 사실을 깨닫게 해줍니다. 우리는 전혀 의식하지 못하는 가운데 환경의 영향에 자주 노출됨으로써 하나님은 점점 덜 의지하는 반면 세상에는 점점 더 많은 관심을 기울이게 됩니다. 세상적이고 인간적인 위로와 기쁨이 끊길 때에야 우리는 종종 이런 실상을 깨닫게 되는데, 다른 것으로는 이런 깨달음을 얻을 수가 없습니다.

시련은 이생의 삶이 덧없는 것임을 일깨워 줍니다. 세상에 '안주'하여 마치 영원히 살 것처럼 생각하며 지내기가 얼마나 쉬운지 모릅니다. 우리는 모두 이렇게 살면서 "나타날 영광"을 까맣게 잊는 경향이 있습니다(18절). 계속 살펴보았듯이 이것은 우리가 자주 묵상해야 할 주제입니다. 이런 나태함에 빠지지 않도록 방해하는 일, 우리가 이 땅에서 순례자에 불과함을 일깨워 주는 일은 그것이 무엇이든 "위의 것을 생각"하게 하는 자극제 역할을 합니다(골 3:2).

경험의 영역 2

Jul. 30

우리가 알거니와 하나님을 사랑하는 자 곧 그의 뜻대로 부르심을 입은 자들에게는 모든 것이 합력하여 선을 이루느니라.
로마서 8:28

마찬가지로 인생의 큰 위기는 우리가 연약하고 무력하며 힘없는 존재임을 보게 해줍니다. 바울은 로마서 8장에서 그 예를 들고 있습니다. "우리는 마땅히 기도할 바를 알지 못하나"(26절). 평화롭고 편안할 때에는 스스로 기도할 수 있다고 생각하며, 기도하는 법을 안다고 생각합니다. 확신과 자신감에 차서, 자신이 마땅히 살아야 할 경건한 삶을 살고 있다고 느낍니다. 그러나 시련이 닥치면 약하고 무력한 모습이 있는 그대로 드러나 버립니다.

또한 시련은 우리를 하나님께 나아가게 해주며, 하나님께 전적으로 의지해야 한다는 것을 그 어느 때보다 절실히 깨닫게 해줍니다. 이것은 모든 그리스도인이 경험하는 바입니다. 우리는 어리석게도 자신의 힘과 능력으로 살 수 있다고 상상하며, 그러는 사이 기도는 종종 형식적인 것으로 전락해 버립니다. 그러나 어려움이 생기면 하나님께로 달려가 그분만 기다리게 됩니다. 하나님은 호세아를 통해 이스라엘 백성들에 대해 말씀하시기를 "그들이 고난 받을 때에 나를 간절히" 구한다고 하셨습니다(호 5:15). 우리도 정말 그렇지 않습니까? 하나님을 구하는 것은 언제나 좋은 일입니다. 그런데 고난이 그 일을 하게 해줍니다.

그러나 이 모든 것은 주로 우리 쪽에서 나온 말입니다. 다른 쪽에서 보면 그리스도인들이 자기 백성을 돌보시는 하나님의 사랑과 따뜻함을 배우기에 고난의 학교만큼 좋은 곳은 없다고 말할 수 있습니다. 모든 일이 잘 풀릴 때에는 자기만족과 안도감에 빠져 하나님을 문 밖으로 몰아내고, 그가 우리의 구체적인 삶 속에서 그 염려를 드러내시는 일조차 허락하지 않습니다. 오직 어려움이 생길 때에만 스스로 "마땅히 기도할 바를 알지 못"하게 되며, "성령이 말할 수 없는 탄식으로 우리를 위하여 친히 간구하"신다는 사실을 깨닫게 됩니다.

그리스도인들이 자기 백성을 돌보시는 하나님의 사랑과 따뜻함을 배우기에 고난의 학교만큼 좋은 곳은 없습니다.

그 놀라운 은혜

나에게 이르시기를 내 은혜가 네게 족하도다. 이는 내 능력이 약한 데서 온전하여짐이라 하신지라. 그러므로 도리어 크게 기뻐함으로 나의 여러 약한 것들에 대하여 자랑하리니 이는 그리스도의 능력이 내게 머물게 하려 함이라. 그러므로 내가 그리스도를 위하여 약한 것들과 능욕과 궁핍과 박해와 곤고를 기뻐하노니 이는 내가 약한 그때에 강함이라.
고린도후서 12:9-10

하나님의 임재를 가장 실제적으로 느끼며 자신을 붙들어 주시는 그의 능력을 가장 명확히 깨닫는 사람은 바로 수렁에 빠진 자들입니다.

독일의 모라비안 주교였던 남편을 여읜 어떤 사람이 신앙 때문에 말할 수 없는 고난을 겪은 독일의 그리스도인들에 대해 전체적으로 간증한 적이 있습니다. 그의 경험에 따르면, 그들은 어느 한 고난도 피해 갈 수 없었는데도 그로 인해 하나님께 감사를 드렸습니다. 그 일들을 통해 그리스도인으로서 자신들의 삶과 경험이 얼마나 빈약한지 깨닫게 되었기 때문입니다. 그 일들이 그들의 눈을 열어 그 놀라운 은혜를 보게 해 주었습니다.

이것은 시편 기자의 고백을 현대적으로 표현한 것에 지나지 않습니다. "고난당한 것이 내게 유익이라 이로 말미암아 내가 주의 율례들을 배우게 되었나이다"(시 119:71).

이것은 또한 "내 은혜가 네게 족하도다. 이는 내 능력이 약한 데서 온전하여짐이라"는 하나님의 판결에 바울이 보인 반응을 되풀이한 것에 지나지 않습니다. 바울은 그 일을 통해 다음과 같이 고백하게 되었습니다. "그러므로 도리어 크게 기뻐함으로 나의 여러 약한 것들에 대하여 자랑하리니 이는 그리스도의 능력이 내게 머물게 하려 함이라. 그러므로 내가 그리스도를 위하여 약한 것들과 능욕과 궁핍과 박해와 곤고를 기뻐하노니 이는 내가 약한 그때에 강함이라." 하나님을 사랑하며 그분께 복종하기만 한다면 우리도 같은 경험을 할 것이 확실합니다. "하나님을 사랑하는 자 곧 그의 뜻대로 부르심을 입은 자들에게는 모든 것이 합력하여 선을" 이루기 때문입니다(롬 8:28).

고난을 통해 그리스도인으로서 자신들의 삶이 얼마나 빈약한지 깨닫게 되었습니다.

8월
하나님을 아는 것과
섬기는 것

일반 계시

이는 하나님을 알 만한 것이 그들 속에 보임이라.
하나님께서 이를 그들에게 보이셨느니라. 창세로부터
그의 보이지 아니하는 것들 곧 그의 영원하신 능력과
신성이 그가 만드신 만물에 분명히 보여 알려졌나니
그러므로 그들이 핑계하지 못할지니라.
로마서 1:19-20

성경에 따르면, 하나님은 주로 두 가지 방식으로 자신을 계시하십니다. 한 가지는 일반 계시이고, 또 한 가지 분명한 방식은 특별 계시입니다. 먼저 일반 계시부터 살펴봅시다. 일반 계시가 무엇입니까? 성경은 하나님이 우선 일반적으로 피조세계와 자연을 통해 자신을 계시하셨다고 말합니다. 바울은 이 주제와 관련하여 아주 중요한 내용을 루스드라 사람들에게 선포했습니다. "자기를 증언하지 아니하신 것이 아니니 곧 여러분에게 하늘로부터 비를 내리시며 결실기를 주시는 선한 일을 하사 음식과 기쁨으로 여러분의 마음에 만족하게 하셨느니라." 그리고 그 직전에는 하나님이 "천지와 바다와 그 가운데 만물을 지으시고 살아 계신" 분이라고 말했습니다(행 14:17, 15).

같은 요점을 다루고 있는 또 하나의 표준적인 진술이 사도행전 17:24에 나옵니다. "우주와 그 가운데 있는 만물을 지으신 하나님께서는 천지의 주재시니 손으로 지은 전에 계시지 아니하시고." 로마서 1:19-20에도 같은 진술이 나옵니다. "이는 하나님을 알 만한 것이 그들 속에 보임이라. 하나님께서 이를 그들에게 보이셨느니라. 창세로부터 그의 보이지 아니하는 것들 곧 그의 영원하신 능력과 신성이 그가 만드신 만물에 분명히 보여 알려졌나니 그러므로 그들이 핑계하지 못할지니라." 이 또한 기억할 만한 구절입니다. 이 모든 진술들은 하나님이 자연과 피조세계 안에 자신의 흔적과 자국을 남겨 놓으셨음을 일깨워 주고 있습니다. 그것이 시편 기자가 말하는 "그의 손이 하는 일"입니다(시 111:7). "하늘이 하나님의 영광을 선포하고"(시 19:1).

창조된 모든 것은 그 자체가 하나님의 계시입니다. 이것이 일반 계시의 첫 번째 정의입니다.

창조된 모든 것은 그 자체가 하나님의 계시입니다.

섭리와 역사

하나님을 알되 하나님을 영화롭게도 아니하며 감사하지도 아니하고 오히려 그 생각이 허망하여지며 미련한 마음이 어두워졌나니 스스로 지혜 있다 하나 어리석게 되어.
로마서 1:21-22

흔히 섭리라고 부르는 것, 곧 세상에 존재하는 사물들이 질서를 이루면서 유지, 존속되며 모든 것이 계속 생명을 이어간다는 사실에서도 같은 유형[피조세계와 자연에 나타난 것과 같은 유형]의 계시를 볼 수 있습니다.

이 모든 일을 어떻게 설명할 수 있습니까? 자, 이것은 결국 섭리의 문제입니다. 섭리가 만들어 내는 질서에 따라 계절이 바뀌고 비와 눈이 내리며 농작물이 결실하는 모든 것들이 하나님을 나타내고 있습니다.

일반 계시의 세 번째 측면은 역사입니다. 우리가 볼 줄 몰라서 그렇지, 세계 역사 자체가 하나님의 계시입니다.

그러나 이러한 일반 계시만으로는 충분하지 않다는 점을 지적해야 합니다. 일반 계시로 충분하면 좋을 텐데, 그렇지가 못합니다. 제가 보기에는 이것이 "그들이 핑계하지 못할지니라"는 로마서 1:20에 담긴 논지입니다. 증거가 있기는 있지만 충분치 못합니다. 왜 그렇습니까? 죄 때문입니다. 죄만 짓지 않았어도 피조세계와 섭리와 역사에 나타난 하나님의 기적과 행하심을 보면서 추론하는 과정을 통해 하나님께 이를 수 있었을 것입니다. 그러나 죄 때문에 그렇게 할 수가 없습니다. 사람들은 의도적으로 그렇게 하기를 거부합니다. 이것이 로마서 1장의 나머지 부분에 나오는 중요한 논지입니다. 바울은 말합니다. "하나님을 알되 하나님을 영화롭게도 아니하며 감사하지도 아니하고 오히려 그 생각이 허망하여지며 미련한 마음이 어두워졌나니 스스로 지혜 있다 하나 어리석게 되어"(1:21-22). 그는 연이어 사람들이 창조주 대신 피조물을 섬기기 시작했다고 말합니다.

특별 계시

손을 거두리니 네가 내 등을 볼 것이요 얼굴은 보지 못하리라.
출애굽기 33:23

우리에게는 어떤 소망이 있습니까? 그 대답은 성경이 말하는 두 번째 유형의 계시, 곧 특별 계시에서 찾아볼 수 있습니다. 성경에 나오는 특별 계시에는 아주 특징적이고 명확한 목적이 있는데, 그것은 하나님의 성품과 본성, 특히 구원의 은혜에 나타나는 성품과 본성을 계시하는 것입니다.

성경은 이 부분과 관련하여 독특한 주장을 하고 있습니다. 오직 성경만이 하나님에 대한 이 특별한 지식을 줄 수 있다는 것입니다. 성경은 스스로 사람들과 관련된 그 모든 은혜로운 구원의 목적과 하나님 자신에 대한 특별 계시를 기록해 놓은 책이라고 말합니다. 성경은 인류의 위대한 종교적 탐색을 기록해 놓은 책이 아닙니다. 그렇습니다. 장막을 걷고 하나님과 그의 위대하고 은혜로운 목적에 대한 통찰과 지식을 얻게 하시는 분은 크고 영원하신 하나님 자신입니다. 이것이 성경이 다루는 주제입니다.

하나님은 우리가 신의 현현이라고 부르는 하나님의 나타나심을 통해, 그 다양한 모습을 통해 자신을 계시하시기를 기뻐하셨습니다. 이 일은 모세에게도 일어났습니다. "내 영광이 지나갈 때에 내가 너를 반석 틈에 두고 내가 지나도록 내 손으로 너를 덮었다가 손을 거두리니 네가 내 등을 볼 것이요 얼굴은 보지 못하리라"(출 33:22-23). 요컨대 하나님은 "너는 나를 직접 보지 못한다. 나를 직접 보고도 살아남을 수 있는 사람은 없기 때문이다. 그럼에도 불구하고 내 영광을 네게 계시해 주겠다"라고 말씀하신 것입니다. 모세는 하나님의 영광을 보았습니다. 지나가시는 하나님의 등을 보았습니다.

성경은 어떻게 감동으로 기록되었는가

모든 성경은 하나님의 감동으로 된 것으로 교훈과 책망과 바르게 함과 의로 교육하기에 유익하니.
디모데후서 3:16

감동이란 무엇입니까? 성경이 하나님의 감동으로 기록되었다고 말할 때, 그 정확한 의미는 무엇입니까? 소극적인 측면부터 살펴봅시다. 이것은 성경의 어떤 부분은 감동으로 기록되었지만 나머지는 그렇지 않다는 뜻이 아닙니다. 이런 식으로 생각하는 이들도 있는데, 그들은 성경의 일정 부분이나 특정한 진술 및 가르침이 감동으로 기록되었다고, 특히 주예수 그리스도와 관련한 부분이 그렇게 기록되었다고 말합니다. 역사서나 그 밖의 부분들은 그렇지 않다는 것입니다. 그러나 이는 성경이 하나님의 감동으로 기록되었다는 말의 의미가 아닙니다.

또한 성경 기자들이 심리적으로 고양된 상태나 창조력이 왕성해진 상태에서 성경을 기록했다는 뜻도 아닙니다. 사람들은 시인들이 훌륭한 작품을 쓸 때 흔히 "영감을 받았다"고 말합니다. 그러나 성경 기자들은 그런 식으로 영감을 받아서 기록한 것이 아닙니다. 또 다른 이들은 성경에 나오는 개념들만 감동으로 주어졌다는 의미로 받아들이기도 합니다. 물론 그것도 사실이기는 하지만, 이 말은 그 이상을 의미합니다. 또한 이것은 원래 인간이 쓴 책, 기록물 그 자체에 하나님의 호흡 내지는 영감이 임해서 성경이 되었다는 뜻도 아닙니다.

그렇다면 무슨 뜻입니까? 이것은 하나님이 호흡을 불어넣어 만드신 신적 소산물이라는 뜻입니다. 성경이 하나님의 감동으로 되었다는 말의 진정한 의미는 '하나님이 호흡을 불어넣으셨다'는 것입니다. 하나님은 이 메시지를 사람에게 불어넣으셨으며, 사람을 통해 불어넣으셨습니다. 성경은 그러한 하나님의 행동에서 나온 결과물입니다. 우리는 전능하신 하나님의 창조적인 호흡이 성경을 만들어 냈다고 믿습니다. 간단히 말하자면, 하나님이 성경에 있는 모든 내용을 인간에게 주셨다고 믿는 것입니다.

성경은 하나님이 호흡을 불어 넣어 만드신 신적 소산물입니다.

축자 영감

내가 그들의 형제 중에서 너와 같은 선지자 하나를 그들을 위하여 일으키고 내 말을 그 입에 두리니 내가 그에게 명령하는 것을 그가 무리에게 다 말하리라. 신명기 18:18

성경에 사용된 개개의 단어들은 하나님의 감동으로 된 것입니다. 성경 자체가 주장하고 있는 이른바 축자 영감을 설명해 보겠습니다. 성경은 사상이나 개념만 감동으로 된 책이 아니라 개개의 단어에 이르기까지 실제적인 기록 자체가 감동으로 된 책입니다. 진술만 정확한 책이 아니라 단어 하나하나까지 하나님의 감동으로 된 책인 것입니다.

축자 영감이란, 성령이 성경 기자들을 지배하시고 통제하시며 인도하시되 개개의 단어를 선택하는 부분에서까지 그렇게 하심으로써 단 하나의 실수도 발생하지 않게 하시며 무엇보다 하나님의 원래 의도대로 기록되게 하셨다는 뜻입니다.

성경은 감동의 문제에 대해 독특한 주장을 펴고 있습니다. 성경이 스스로를 지칭하는 말인 'Scripture' 같은 단어를 생각해 보십시오. 이것은 '거룩한 글'이라는 뜻입니다. 보통 글이 아닌 특별한 글, 거룩한 글이라는 것입니다.

더욱 독특한 주장을 살펴봅시다. 이 문제와 관련된 아주 결정적인 예언, 신명기 18:18에 기록된 모세의 위대한 예언을 보십시오. "내가 그들의 형제 중에서 너와 같은 선지자 하나를 그들을 위하여 일으키고 내 말을 그 입에 두리니 내가 그에게 명령하는 것을 그가 무리에게 다 말하리라." 이것은 구약성경에 나오는 모든 선지자들의 주장이기도 합니다. 그들은 갑자기 글을 쓰기로 한 것이 아니라고 말합니다. "여호와의 말씀이 임하여" 썼다는 것입니다(겔 1:3, 호 1:1, 욘 1:1의 예를 보십시오). 그들은 언제 그 말씀이 임했는지도 정확히 밝히고 있습니다. 그들은 부름을 받았고 사명을 받았습니다. 하나님이 전할 말씀을 그들에게 주셨습니다. 그래서 "주께서 이르시되" 같은 표현을 계속 사용한 것입니다. 이것이 성경 기자들의 주장입니다.

성경은 진술만 정확한 책일 뿐만 아니라 단어 하나하나까지 하나님의 감동으로 된 책입니다.

주님과 성경

내가 율법이나 선지자를 폐하러 온 줄로 생각하지
말라. 폐하러 온 것이 아니요 완전하게 하려 함이라.
진실로 너희에게 이르노니 천지가 없어지기 전에는
율법의 일점일획도 결코 없어지지 아니하고 다
이루리라.
마태복음 5:17-18

성경의 권위에 대해 가장 중요하게 제시할 증거는 주 예수 그리스도 자신의 증거입니다. 복음서를 읽어 보십시오. 주님이 계속해서 구약을 인용하시는 방식에 주목하십시오. 어떻게 구약성경의 권위를 전제하고 말씀하시는지, 어떻게 구약성경을 어떤 논쟁이나 논란도 허락하지 않는 책으로 여기며 말씀하시는지 보십시오. 주님은 단순히 "기록되었으되"라고 말씀하시는 것이 전부였습니다(눅 19:46, 요 6:45의 예를 보십시오). 그는 구약성경 전체를 최종적이며 권위 있는 최고의 책으로 받아들이신 것이 분명합니다.

주님이 특별히 이에 대해 언급하신 말씀이 있습니다. "내가 율법이나 선지자를 폐하러 온 줄로 생각하지 말라. 폐하러 온 것이 아니요 완전하게 하려 함이라. 진실로 너희에게 이르노니 천지가 없어지기 전에는 율법의 일점일획도 결코 없어지지 아니하고 다 이루리라"(마 5:17-18). 모세와 선지자란, 어떤 의미에서 구약성경 전체를 가리키는 말입니다. "내가……폐하러 온 것이 아니요 완전하게 하려 함이라." 또한 예수께서 "사람을 지으신 이가 본래 그들을 남자와 여자로 지으시고……하신 것을 읽지 못하였느냐?"라고 물으신 예도 알 것입니다(마 19:4-5). 주님이 인용하신 말씀 하나만 보아도 그가 창세기 앞 장에 나오는 말씀을 남녀의 전반적인 문제 및 그들이 세상에 존재하게 된 경위를 말해 주는 권위 있는 본문으로 간주하신다는 사실을 충분히 알 수 있습니다. 그러므로 성경의 권위와 축자 영감을 가지고 장난을 치기 시작하면, 주님이 누구신지에 대해 아는 일에도 반드시 어려움을 겪게 되어 있습니다.

성경의 권위

그리스도는 모세와 선지자와 시편을 전부 받아들이시면서, 그것들이 자신에 대해 무엇을 가르치고 있는지 생각하라고 제자들에게 말씀하셨습니다. 그리고 그 내용을 해설해 주셨습니다. 제가 언급하고 있는 요한복음 10:35에서 주님은 "성경은 폐하지 못하나니 하나님의 말씀을 받은 사람들을 신이라 하셨거든"이라고 말씀하십니다. 이처럼 성경의 감동을 이해하는 최종적인 근거는 주 예수 그리스도께 있습니다. 그는 성경을 이런 관점에서 바라보셨습니다.

이에 대해 질문을 던지고 싶어 하는 이들이 많다는 것을 저도 압니다. 그렇다면 성경에 나타나는 차이점들이나 몇몇 모순되는 내용들은 어떻게 된 것이냐는 식의 질문 말입니다. 우리가 사용하는 번역본들에도 나타나듯이 성경에는 분명 그런 문제들이 있으며, 개중에는 간단히 설명할 수 없는 것들도 있습니다. 우리는 아주 기꺼이, 그리고 솔직하게 이 점을 인정할 의무가 있습니다. 그러나 서둘러 덧붙여야 할 말은, 비평가들이 제기하는 이른바 난점들이나 모순점들은 대부분 설명이 가능하다는 것입니다. 실제로 대부분의 문제들이 설명될 수 있습니다. 최근 몇 년간 성경과 관련된 언어학적 지식이 늘어나고 고고학이 진전됨으로써 풀린 문제들도 많습니다.

몇몇 차이점들은 여전히 남아 있지만, 중요한 점은 그것들이 교리나 역사적 사실의 문제가 아니라는 것입니다. 성경을 베낀 사람이나 번역자의 실수 등, 아주 쉽게 설명할 수 있는 비교적 덜 중요한 사실들이나 숫자상의 문제일 뿐입니다. 어떤 식으로든 핵심적이고 중대한 교리와 관련된 문제는 없습니다. 그러므로 우리가 확신하며 단언하는 바는, 맨 처음 주어진 원본은 정확하며 무오하다는 것입니다.

마지막으로, 성경이 유일무이하게 하나님의 감동으로 기록되었다는 사실을 입증하기란 불가능합니다. 결국 성령의 조명을 받아야 합니다.

맨 처음 주어진 성경의 원본은 정확 무오합니다.

계시의 범위

우리가 지금은 거울로 보는 것 같이 희미하나 그
때에는 얼굴과 얼굴을 대하여 볼 것이요 지금은 내가
부분적으로 아나 그 때에는 주께서 나를 아신 것 같이
내가 온전히 알리라.
고린도전서 13:12

성경에는 우리가 단언할 수 없는 내용들이 있습니다. 훌륭한 실력자들
도 동의하지 않으며 동의하지 못하는 내용들이 있습니다. 이런 문제들
에 대해서는 분명히 모른다고 말할 의무가 있습니다. 이런 문제들은 입
증할 길이 없기 때문에 영광에 들어갈 때까지 기다리는 데 만족해야 합
니다. 그러면 모든 것이 분명하고 명확해질 때가 옵니다. 지금은 부분
적으로만 보고 이해하는 것이기 때문에 "거울로 보는 것 같이 희미"합니
다. 우리 지식은 충분치 않습니다. 최종적인 것도 아닙니다. 그러니 주
어진 계시에 만족하기로 합시다.

그러나 우리가 절대적으로 단언해야 할 교리들이 있는데, 그것은 구
원의 방법과 관련된 핵심 교리들입니다. 저는 지금 구원의 작동 방식에
대해 말하고 있는 것이 아닙니다. 그 부분에 대해서는 훌륭한 사람들 사
이에도 종종 이견이 있음을 아실 것입니다. 저도 그 차이는 인정합니다.
저는 "이것은 믿지만 저것은 믿기가 좀 어렵습니다"라고 말할 준비가 되
어 있습니다. 그러면 다른 사람이 말합니다. "괜찮습니다. 구원의 방법
에만 서로 동의한다면 말이지요." 그러나 그리스도가 누구신지에 대해
서는, 기적과 초자연적인 일들에 대해서는, 십자가에서 이루어진 대속
의 죽음에 대해서는, 그리스도가 말 그대로 몸을 가지고 부활하셨다는
사실에 대해서는 어떤 논쟁도 없어야 합니다. 여기에는 다툼이 있을 수
없습니다. 이것은 최종적인 사실이며, 절대적인 사실입니다.

그러나 최종적이고 절대적으로 단언할 수 없는 다른 문제들에 관해
서는 호의를 나타내기로 합시다. 관용을 보이기로 합시다. 자신의 주장
을 입증할 능력이 없음을 인정하고 우리 모두 참여하고 있는 위대한 구
원을 함께 즐거워하면서, 감추어진 것들이 분명히 밝혀질 날을 기다립
시다. 그날이 오면 주께서 우리를 아신 것같이 우리도 온전히 알게 될
것입니다.

우리 지식은 충분하지 않습니다. 결정적인 것도 아닙니다. 그러니 주어진 계시에 만족하기로 합시다.

하나님의 존재

태초에 하나님이 천지를 창조하시니라.
창세기 1:1

우리는 하나님을 예배하고 싶고 알고 싶다고 말합니다. 그렇다면 무엇보다 먼저 하나님의 존재에 대해 생각해 보아야 합니다. 여러분도 잘 알듯이, 하나님의 존재를 믿을 수 없다고 말하는 이들이 많기 때문입니다. 우리는 그런 사람들이나 그런 사람들의 주장에 신경을 쓰기 때문이라기보다는 우리 입장에서 볼 때 이 주제를 명확히 해야 할 필요가 반드시 있기 때문에 이 점을 생각해 보아야 합니다.

성경은 하나님의 존재에 대해 논쟁하지 않고 선포합니다. 증명하지 않고 전제합니다. 성경 맨 처음에 나오는 말씀을 보십시오. 창세기는 다음과 같은 말로 시작되지 않습니다. "자, 아래와 같은 증거들에 따라 하나님의 존재를 입증할 수 있으며, 하나님이 존재하시기에 그가 태초에 천지를 창조하셨음을 입증할 수 있다." 성경은 절대 그렇게 말하지 않습니다! "태초에 하나님이 천지를 창조하시니라." 성경은 그저 하나님이 계신다고, 존재하신다고 말할 뿐입니다.

어떤 신학 책들은 하나님의 존재와 실재를 증명하는 많은 '증거들'을 제시합니다. 이른바 우주론적인 증명에서는 자연을 근거로 삼아 모든 결과에는 원인이 있다고 말합니다. 또 목적론적인 증명에서는 만물에 나타난 질서와 의도를 근거로 삼아 모든 것이 한 가지 목적을 향해 나아간다고, 그 점이 명백하게 드러나 있다고 말합니다. 도덕적인 논증에서는 우리가 선과 악을 의식하고 있으며 옳고 그른 것을 느끼고 있다는 것 자체가 도덕적인 하나님의 존재를 지시해 준다고 말합니다.

그러나 성경은 그런 논증으로는 믿음이 생기지 않는다고 가르칩니다. 소극적인 의미에서는 유용하지만 믿음에 이르게 할 수는 없습니다. 성경에 따르면, 믿음이 없이는, 믿음에 이르게 하는 성령의 내적 역사 없이는 그 어떤 사람도 하나님을 믿을 수 없습니다.

성경은 하나님의 존재에 대해 논증하지 않습니다. 다만 선포할 뿐입니다.

하나님을 아는 지식

여호와의 말씀에 내 생각은 너희 생각과 다르며 내 길은 너희 길과 달라서 하늘이 땅보다 높음같이 내 길은 너희 길보다 높으며 내 생각은 너희 생각보다 높으니라.

이사야 55:8-9

우리가 하나님을 알 수 있을까요? 여기에서 거창하지만 아주 중요한 단어를 소개해야겠습니다. 성경은 이른바 하나님의 불가해성을 가르치고 있습니다. 이것은 결국 인간은 하나님을 파악할 수 없으며 이해할 수 없다는 뜻입니다. 하나님에 대한 이런저런 교리들을 읽으면서 지적으로 파악해 보고자 노력한다 해도, 하나님은 그 정의상 이해할 수 없는 분이라는 뜻입니다. 궁극적이고 최종적이며 온전한 의미에서 우리는 하나님을 알 수 없습니다. "이는 내 생각이 너희의 생각과 다르며 내 길은 너희의 길과 다름이니라. 여호와의 말씀이니라. 이는 하늘이 땅보다 높음같이 내 길은 너희의 길보다 높으며 내 생각은 너희의 생각보다 높음이니라." 로마서 11:33과 디모데전서 6:16도 읽어 보십시오. 하나님은 누구도 범접할 수 없는 빛 가운데 거하십니다. 하나님은 영원하고 절대적인 존재라는 점에서 불가해한 분입니다.

이렇게 하나님이 최종적으로는 불가해한 분임에도 우리는 그분을 알 수 있습니다. 파악할 수는 없지만, 감사하게도 알 수는 있습니다. 이 점을 분명히 해야 합니다. 어떤 이들은 하나님을 그 실제 존재 자체로는 알 수 없으며 그가 사람을 대하시는 방식을 통해서만 알 수 있다는 믿음을 심어 주려 합니다. 성경의 가르침에 비추어 볼 때 그것은 아주 그릇된 주장입니다. 하나님의 존재에 대해 우리가 알고 있는 지식은 부분적인 것에 불과하지만, 그럼에도 실제적인 것입니다. 완전하지는 않지만, 참된 지식으로 이끌어 하나님께 영광을 돌리게 하기에는 충분한 것입니다. 우리가 이 지식을 얻게 된 것은 하나님이 이 지식 주기를 기뻐하셨기 때문입니다.

하나님은 최종적으로는 불가해한 분임에도 우리는 그분을 알 수 있습니다. 파악할 수는 없지만 알 수는 있습니다.

하나님의 속성

산이 생기기 전, 땅과 세계도 주께서 조성하시기 전
곧 영원부터 영원까지 주는 하나님이시니이다.
시편 90:2

이제 하나님의 몇 가지 속성에 대해 생각해 봅시다. 제가 말하는 속성이란 하나님의 완전하심에서 나오는 특징들을 가리키는 말, 다시 말해 하나님의 덕에서 나오는 특징들을 가리키는 말입니다. 베드로는 첫 번째 서신에서 "이는 너희를 어두운 데서 불러내어 그의 기이한 빛에 들어가게 하신 이의 아름다운 덕을 선포하게 하려 하심이라"고 말했습니다 (2:9). 바로 이것입니다. 그리스도인은 하나님의 속성, 곧 하나님의 완전하심과 탁월하심을 선전하도록 부름 받은 자들입니다.

하나님의 속성에 대한 또 다른 정의는 이것입니다. 속성은 하나님에 관한 것, 곧 그의 위대하고 영광스러우며 영원한 본성의 어떤 측면들을 가리키는 말입니다. 하나님이 우리에게 계시하기를 기뻐하셨기 때문에 우리는 어느 정도까지 그것들을 파악할 수가 있습니다. 그 동안 하나님의 속성을 분류하는 갖가지 방식들이 등장했습니다. 어떤 이들은 하나님의 본유적인 속성과 도덕적인 속성, 즉 원래 하나님께 속해 있는 속성과 도덕적인 의미가 담겨 있는 속성에 따라 분류해야 한다고 말합니다. 이름이야 어떻게 부르든 상관이 없습니다. 제가 제안하고 싶은 분류 방식은 첫째 하나님께 속한 절대적인 성품에서 나오는 속성과, 둘째 하나님의 도덕적인 속성으로 나누는 것입니다.

하나님께는 절대적인 의미의 성품이 있습니다. 그 성품에서 나오는 속성은 무엇일까요? 그 속성들은 당연히 그가 영원하신 존재임을 표현하는 것들입니다. 따라서 우리가 첫째로 주목해야 할 것은 하나님의 영원하심이며, 그와 더불어 그의 불변하심에도 주목해야 합니다. 하나님께서는 처음이 없으며 마지막도 없습니다. 하나님은 영원하신 분입니다. 이에 대한 훌륭한 진술을 시편 90편에서 볼 수 있습니다. "산이 생기기 전, 땅과 세계도 주께서 조성하시기 전 곧 영원부터 영원까지 주는 하나님이시니이다"(2절). 시편 102편에도 같은 내용이 나옵니다. 하나님의 영원하심은 우리가 반드시 역설해야 하는 속성이며, 우리를 놀라게 하는 속성입니다.

그리스도인은 하나님의 속성, 곧 하나님의 완전하심과 탁월하심을 선포하도록 부름 받은 자들입니다.

하나님의 전지하심

우리 주는 위대하시며 능력이 많으시며 그의 지혜가 무궁하시도다.
시편 147:5

하나님의 또 한 가지 위대한 속성은 전지하심입니다. 하나님은 모든 것을 아시며, 그 지식은 언제나 절대적인 지식입니다. 그것은 완벽한 지식이고, 모든 것을 아시는 완전한 지식입니다.

성경에는 당연히 이에 대한 진술이 아주 많이 나옵니다. 예를 들어 시편 147:5을 보십시오. "우리 주는 위대하시며 능력이 많으시며 그의 지혜가 무궁하시도다." 잠언 15:3도 읽어 보십시오. "여호와의 눈은 어디서든지 악인과 선인을 감찰하시느니라."

성경은 하나님의 전지하심에 대해 꽤 많은 내용을 자세히 전달하고 있습니다. 자연에 대한 지식을 통해서 이야기하기도 합니다. "그가 별들의 수효를 세시고 그것들을 다 이름대로 부르시는도다"(시 147:4). 또 다른 보기도 있습니다. 우리 아버지의 허락 없이는 참새 한 마리도 땅에 떨어지지 않는다는 주님의 다정한 말씀을 기억하십니까?(마 10:29) 하나님은 자연의 영역에 있는 모든 것을 아십니다. 우리로서는 상상도 할 수 없는 일이지만, 하나님은 그러하시다고 성경은 단언합니다. 별이 빛나는 밤, 하늘에 별이 얼마나 많은지 한번 쳐다보십시오. 하나님은 그 별 하나하나를 다 아시며, 그 각각의 이름을 부르십니다. 이처럼 친밀하고도 인격적인 의미에서 하나님이 모르시는 피조물은 세상에 하나도 없습니다.

그러나 보다 우리의 관심을 끄는 것은 우리와 우리 인간이 겪는 일에 대한 하나님의 지식임이 분명합니다. 시편 139편은 이를 매우 웅변적으로 말해 주고 있습니다. "주께서 내가 앉고 일어섬을 아시고 멀리서도 나의 생각을 밝히 아시오며"(2절). 그는 내 생각을 아십니다! 나의 모든 것을 아십니다. "나의 모든 길과 내가 눕는 것을 살펴보셨으므로 나의 모든 행위를 익히 아시오니"(3절). 실제로 4절에는 이보다 더한 말이 나오고 있습니다. "여호와여 내 혀의 말을 알지 못하시는 것이 하나도 없으시니이다." 우리에 대한 하나님의 지식이 얼마나 정확하고 세세한지요!

하나님은 모든 것을 아시며, 그 지식은 언제나 절대적입니다.

하나님의
전능하심

모든 일을 그의 뜻의 결정대로 일하시는 이.
에베소서 1:11

하나님의 또 다른 속성은 전능하심입니다. 하나님은 권능이십니다. 그 전능하심으로 모든 것을 의지대로 이루어 나가십니다. 전능하시다는 것은 하나님의 의지가 그대로 실현된다는 뜻입니다. 성경에는 그 의지에 대한 말씀이 자주 나옵니다. 한 예로, 바울은 하나님을 "모든 일을 그의 뜻의 결정대로 일하시는 이"라고 부릅니다. 하나님의 의지는 무엇일까요? 모든 만물, 모든 존재의 최종적인 토대입니다. 이제까지 일어난 모든 일과 앞으로 일어날 모든 일의 최종적인 설명입니다. 또한 성경은 그의 의지가 주권적인 것이라고 가르칩니다. 다시 말해서 그의 의지는 하나님 자신 외에 그 어떤 것에도 좌우되지 않습니다. 하나님의 의지는 그의 주 되심, 곧 그 절대적인 존재의 표현입니다.

그러나 기억하십시오. 하나님의 의지는 결코 자의적인 것이 아닙니다. 하나님의 의지는 위대하고 영광스러운 존재이신 하나님의 다른 모든 속성과 완벽한 조화를 이루지 않는 한 실행되지 않습니다. 전능하신 하나님은 영광스럽고 놀라운 하나님이십니다. 또한 사랑과 긍휼과 자비의 하나님이시기도 합니다. 생각하고 이해하기 위해 그 속성들을 구분할 수는 있지만, 결코 별개의 것으로 나누어 버려서는 안 됩니다.

더 나아가, 하나님의 의지는 주로 두 가지 방식으로 표현된다는 사실을 아실 것입니다. 하나님은 자신이 하고자 하시는 일을 선포하십니다. 이를 하나님의 작정적인 의지라고 부릅니다. 하나님은 또한 우리가 해야 할 일을 규정하시는데, 이를 규정적인 의지라고 합니다. 이런 용어들에 대단한 중요성이 있는 것은 아니지만, 성경에는 계속해서 이러한 두 측면이 나오고 있습니다. 하나님은 자신이 하고자 하시는 일을 우리에게 알려 주시며, 우리가 해야 할 일을 명하십니다.

하나님은 그 전능하심으로 모든 것을 의지대로 이루어 나가십니다.

하나님의 능력

그의 능력이 그리스도 안에서 역사하사 죽은 자들 가운데서 다시 살리시고.
에베소서 1:20

하나님의 능력은 무한합니다. 그는 전능하십니다. 하나님은 아브라함에게 "여호와께 능하지 못한 일이 있겠느냐"고 물으셨으며(창 18:14), 가브리엘 천사는 마리아에게 "대저 하나님의 모든 말씀은 능하지 못하심이 없느니라"고 말했습니다(눅 1:37). 그의 힘과 능력과 권세는 무한한 것입니다. 성경은 이와 같은 내용으로 가득 차 있습니다! 하나님은 아무것도 없는 데서 만물을 만들어 내셨습니다. 말씀하신 그대로 되었습니다. "빛이 있으라 하시니 빛이 있었고"(창 1:3). 또한 하나님은 눈과 서리를 내리십니다. 시편을 읽어 보면, 시인들이 하나님의 한없는 능력을 자랑하고 있음을 알게 됩니다.

이러한 하나님의 주권적인 의지와 능력은 무엇보다 세 가지 방식으로 가장 분명하게 나타나는데, 그 세 가지 방식이란 창조와 구원과 섭리입니다. 제가 볼 때, 바울이 에베소서 첫 장에서 언급한 말씀보다 하나님의 능력을 더 위대하게 나타낸 말씀은 없습니다. "그의 능력이 그리스도 안에서 역사하사 죽은 자들 가운데서 다시 살리시고."

하나님의 전능하심은 우리를 압도하는 개념입니다! 하나님의 뜻 가운데는 우리가 이해하지 못할 것들이 많습니다. 그러나 그 뜻을 전부 이해해야 하는 것은 아닙니다. 경외함과 두려움과 경배하는 마음으로 바라보기만 하면 됩니다. 그의 전능하심이 없었다면 우리에게 아무 소망이 없었으리라는 점을 깨닫기만 하면 됩니다. 경외감을 가지고 말하건대, 그의 전능하심이 없었다면 단 한 영혼도 구원받지 못했을 것입니다. 그러나 감사하게도 하나님은 전능하시며, 우리는 그 능력으로 주 예수 그리스도 안에서, 그를 통해 구원을 받았습니다. 하나님의 위대하심, 광채, 위엄을 묘사하는 성경적인 표현은 하나님의 영광입니다. 우리는 하나님의 영광이 성전을 가득 채우는 모습과(왕상 8:11), 어떤 이들에게는 흐릿한 묵시 가운데 나타나는 모습을 성경에서 찾아볼 수 있습니다. 이는 그들이 하나님의 위대하심과 광채와 위엄과 강한 힘에 대해 어느 정도는 알고 있었음을 뜻합니다.

시편을 읽어 보면, 시인들이 하나님의 무한한 능력을 자랑하고 있음을 알게 됩니다.

하나님의 거룩하심

내가 거룩하니 너희도 거룩할지어다.
베드로전서 1:16

하나님의 도덕적인 속성은 어떤 의미에서 전달이 가능합니다. 곧, 그 속성에 상응하는 특징이 인간에게도 나타난다는 것입니다. 그중에 어떤 것들이 있습니까? 첫째로 언급해야 할 것은 하나님의 거룩하심입니다. 거룩함이란 무엇일까요? 제 생각에 우리는 이 개념을 소극적인 의미에서 볼 수밖에 없는 것 같습니다. 우리는 하나님의 거룩하심을 그가 죄와 동떨어진 분이며 완전히 분리되어 있는 분이라는 뜻으로 정의합니다.

그러나 거룩함은 당연히 적극적인 것이기도 합니다. 거룩함은 절대적인 정결을 가리킵니다. 성경은 곳곳에서 하나님이 거룩하신 분이라고 가르치고 있는데, 그 거룩하심은 죄를 미워하시며 죄에서 분리되시는 모습으로, 죄인과 모든 악한 것들로부터 분리되시는 모습으로 나타나고 있습니다.

이에 대한 성경의 가르침을 몇몇 눈에 띄는 보기와 예증으로 설명해 보겠습니다. 하나님은 몇몇 사람들에게 자신의 모습을 묵시로 보여주심으로써 그 거룩하심을 계시하셨습니다. 그중에서도 중요한 것이 모세의 경우입니다. 출애굽기 33장과 그 밖의 성경에서 하나님은 모세에게 이를테면 자신의 모습을 드러내셨으며, 모세는 그 거룩하심에 압도당했습니다. 같은 일이 욥과 이사야와 에스겔에게도 일어났습니다. 어디서든지 하나님께 가까이 나아간 사람은 항상 그의 절대적인 거룩하심에 깊은 인상을 받았습니다.

성경은 확실한 용어를 사용해서 이 점을 가르치고 있습니다. 성경은 하나님을 "거룩하신 이"(사 40:25)라고 부르며 "내가 거룩하니 너희도 거룩할지어다"(벧전 1:16)라는 명령을 전하는데, 이것은 하나님의 거룩하심에 대한 구체적이면서도 명백한 진술입니다.

그러나 하나님의 거룩하심을 가장 힘있게 가르치는 성경 본문을 찾으라고 할 때에는 갈보리로 나아가야 한다고 저는 생각합니다. 하나님은 너무나 거룩하시며 온전히 거룩하신 분이기 때문에 그 두려운 죽음

없이는 우리를 용서하실 수가 없었습니다. 십자가는 하나님의 거룩하심에 대한 최고의 선언이자 가장 숭고한 계시입니다.

하나님의 의

**아들을 믿는 자에게는 영생이 있고 아들에게
순종하지 아니하는 자는 영생을 보지 못하고 도리어
하나님의 진노가 그 위에 머물러 있느니라.**
요한복음 3:36

성경이 강조하는 하나님의 또 다른 도덕적인 속성은 하나님의 의 또는 공의입니다. 이것은 당연히 하나님의 거룩하심에서 나오는 속성입니다. 의가 무엇입니까? 그것은 우리를 대하시는 방식에 나타나는 거룩함입니다. 저는 이것이야말로 여러분이 내릴 수 있는 훌륭한 정의라고 생각합니다. 또는 이렇게 생각할 수도 있습니다. 의는 하나님이 의로운 일을 하실 때 나타나는 특질이며, 의롭지 못한 일은 절대하실 수 없게 만드는 특질입니다. 의와 공의는 하나님의 거룩하심이 세상을 다스리시는 일에 실행되는 것이며 표현되는 것입니다.

더 세부적으로 정의하자면, 하나님의 의는 거룩함을 사랑하시는 것이며 공평은 죄를 미워하시는 것입니다. 저는 이것이 가장 권할 만한 정의라고 생각합니다.

하나님의 의와 공의는 당연히 성경 거의 모든 곳에 계시되어 있습니다. 신구약성경 모두 하나님의 진노에 대해 가르칩니다. 주님도 친히 그것을 가르치셨습니다. 성경 전체의 주요한 교리 중 하나가 하나님이 죄를 미워하신다는 것인데, 하나님은 그것을 진노로 표현하십니다. 요한은 누구든지 믿지 않을 때 "하나님의 진노가 그 위에" 있다고 말합니다 (요 3:36). 또 바울은 우리 모두가 본질상 "진노의 자녀"라고 말합니다(엡 2:3).

그러나 하나님의 의와 공의가 진노로만 나타나는 것은 아닙니다. 죄를 사하실 때에도 똑 같은 특질이 나타납니다. 죄 사함의 길은 이미 열려 있습니다. 그 길을 따라가면 하나님의 공의가 우리 안으로 들어오며, 하나님이 그 공의로 우리를 용서해 주십니다. 하나님은 우리 죄를 위한 화목제물을 제공하심으로써 죄 사함의 길을 열어 놓으셨습니다. 이것이야말로 무엇보다 주목할 만한 일입니다.

의는 우리를 대하시는 방식에 나타나는 거룩함입니다.

하나님의 신실하심

너희를 불러 그의 아들 예수 그리스도 우리 주와
더불어 교제하게 하시는 하나님은 미쁘시도다.
고린도전서 1:9

하나님의 또 다른 도덕적 속성은 신실하심입니다. 그 의미가 무엇입니까? 하나님이 신실하시다는 것은 마음 놓고 기댈 수 있는 분이라는 뜻입니다. 갑자기 가버리실지도 모른다는 의심 없이 절대적으로 의지하며 의존할 수 있는 분, 나를 내맡길 수 있는 분이라는 뜻입니다.

성경에는 이에 대한 영광스러운 진술들이 나오고 있습니다. 성경은 하나님이 언제나 약속을 지키시며 언약을 결코 깨뜨리지 않는 신실하신 분이라고 말합니다. 한번 입 밖으로 내신 말은 무엇이든 이루신다고 말합니다(사 55:11). 그 종들이 시험과 연단을 당하고 싸움을 할 때마다 신실하고 확실하게 보호하시며 구원하신다고 말합니다. 부르신 모든 자들을 향한 계획이 성취될 때까지 악에서 보호하시고 지키시며 인도하시고 그 모든 자들을 견고히 세우실 것을 믿을 수 있다고 말합니다.

이 모든 것을 포괄하는 위대한 진술을 들어 보십시오. "너희를 불러 그의 아들 예수 그리스도 우리 주와 더불어 교제하게 하시는 하나님은 미쁘시도다"(고전 1:9). 바울은 무슨 일이 일어나든 부름 받은 자들은 그의 신실하심을 확신해야 한다고 말합니다. 또한 그는 "평강의 하나님이 친히 너희를 온전히 거룩하게 하시고 또 너희의 온 영과 혼과 몸이 우리 주 예수 그리스도께서 강림하실 때에 흠 없게 보전되기를 원하노라"고 말합니다(살전 5:23). 그다음으로 주목할 말씀은 이것입니다. "너희를 부르시는 이는 미쁘시니 그가 또한 이루시리라"(24절). 이것은 절대적으로 확실한 사실입니다. 어떤 것도 하나님의 계획을 좌절시킬 수 없습니다. 어떤 것도 하나님의 약속을 중지시킬 수 없습니다. 어떤 것도 여러분을 향한 하나님의 목적을 변경시킬 수 없습니다.

하나님은 마음 놓고 기댈 수 있는 분입니다.

하나님의 영원한 작정

곧 창세전에 그리스도 안에서 우리를 택하사 우리로 사랑 안에서 그 앞에 거룩하고 흠이 없게 하시려고.
에베소서 1:4

하나님이 일하시는 방식이나 방법을 흔히 하나님의 영원한 작정에 대한 교리라고 부릅니다. 이것은 하나님이 무슨 일을 이루시기 전에 미리 작정하시고 결정하신다는 것을 가리키는 말입니다. 이 주제에 접근할 때에는 열린 마음으로 성경의 가르침을 찾고 조사할 필요가 있습니다.

우리의 제한된 지성으로는 서로 조화시킬 수 없는 내용들이 있기 때문입니다. 저는 여기에서 이율배반이라는 말을 쓸 수밖에 없습니다. 이율배반이 무엇입니까? 서로 조화시킬 수 없는 두 가지 진리를 다 가지고 있는 상태입니다. 성경에는 분명히 이율배반적인 내용들이 있는데, 우리는 믿음의 사람으로서 그것을 받아들일 준비를 해야 합니다. 누군가 여러분에게 그 두 가지를 조화시킬 수 없다고 말할 때, 기꺼이 "맞습니다. 조화시킬 수 없지요. 조화시킬 수 있는 척할 마음도 없고요. 그러나 저는 성경이 말하는 바를 믿습니다"라고 말할 준비를 해야 합니다. 성경은 인간이 어떤 의미에서는 자유로운 행위자이지만, 또 한편으로는 하나님의 영원한 작정이 모든 것을 통제한다고 말하기 때문입니다.

하나님의 본성과 성품에 비추어 볼 때, 영원한 작정에 대한 교리는 절대적으로, 반드시 나올 수밖에 없습니다. 하나님은 그 하나님 되심 때문에 이런 방식으로 일하셔야 합니다. 하나님은 영원 전부터 피조물에 대해 불변하는 계획을 세워 놓으셨습니다. 그래서 성경은 "창세전에"라는 표현을 계속 사용합니다(엡 1:4).

하나님의 계획은 세상에 일어나는 온갖 사건과 모든 일을 포괄하며 결정합니다. 하나님이 종착점을 정해 놓으셨다고 믿는다면, 그 종착점으로 나아가는 길에 발생하는 일들도 전부 정해 놓으셨음을 믿어야 합니다. 하나님의 영원한 작정에 대한 교리는 결국 하나님이 모든 것을 결정하시고 명하신다는 사실을 알려 주고 있습니다.

하나님은 영원 전부터 피조물에 대해 불변하는 계획을 세워 놓으셨습니다.

영생을 주시기로 작정하심

이방인들이 듣고 기뻐하여 하나님의 말씀을 찬송하며 영생을 주시기로 작정된 자는 다 믿더라.
사도행전 13:48

하나님은 세상의 기초를 놓기 전에 이미 사람들 중에 특별히 어떤 자들을 구원할지 작정해 놓으셨습니다. 이 일은 전적으로 하나님의 선한 의지와 은혜에 따라 이루어졌습니다. 마태복음 11:25-26을 읽어 보십시오. "그때에 예수께서 대답하여 이르시되 천지의 주재이신 아버지여, 이것을 지혜롭고 슬기 있는 자들에게는 숨기시고 어린아이들에게는 나타내심을 감사하나이다. 옳소이다. 이렇게 된 것이 아버지의 뜻이니이다." 요한복음 6:37도 보십시오. "아버지께서 내게 주시는 자는 다 내게로 올 것이요." 주님은 44절에서도 이렇게 말씀하십니다. "나를 보내신 아버지께서 이끌지 아니하시면 아무도 내게 올 수 없으니." 사도행전 13:48도 읽어 보십시오. "영생을 주시기로 작정된 자는 다 믿더라."

여러분이 하나님의 자녀라면 무엇보다 하나님의 작정 때문에 자녀가 되었음을 알아야 합니다. 하나님의 작정은 확실하고 안전하며 틀림없는 것입니다. 그 무엇도, 그 누구도 여러분을 하나님의 손에서 빼앗을 수 없으며, 여러분을 향한 하나님의 목적을 중단시킬 수 없습니다. 하나님의 영원한 작정이 세상의 기초를 놓기도 전에 그 목적을 정해 놓았습니다! 하나님은 저를 아십니다. 여러분도 아십니다. 세상이 만들어지기 전, 저나 여러분을 비롯하여 세상의 그 어떤 사람도 태어나기 전에 이미 우리 이름이 어린양의 생명책에 기록되었습니다.

엄위하신 하나님 앞에 고개를 숙입시다. 그의 거룩한 임재 앞에 우리를 낮춥시다. 하나님이 은혜로 주시기를 기뻐하신 계시 앞에 복종합시다.

그 무엇도, 그 누구도 여러분을 하나님의 손에서 빼앗을 수 없으며, 여러분을 향한 하나님의 목적을 중단시킬 수 없습니다.

선한 천사

하늘에 있는 천사들과 같으니라.
마태복음 22:30

선한 천사에 대해 성경이 말하는 바를 살펴볼 필요가 있습니다. 성경은 선한 천사들이 하늘에 있다고 말합니다. 주님은 우리가 "하늘에 있는 천사들과" 같아질 것이라고 말씀하십니다. 또 마태복음 18:10은 이렇게 말합니다. "그들의 천사들이 하늘에서 하늘에 계신 내 아버지의 얼굴을 항상 뵈옵느니라." 이처럼 선한 천사들의 처소와 생활공간은 하늘에 있는 하나님의 보좌 주변입니다.

이 선한 천사들의 임무 또는 목적은 무엇입니까? 성경은 그들이 하나님과 어린양에게 영광을 돌리며 지낸다고 말합니다. 요한계시록 5장에는 어린양을 찬양하고 예배하며 그에게 영광을 돌리는 천사들의 모습이 나옵니다. 이것이 선한 천사들이 기뻐하는 일이며 그들이 사는 목적입니다.

천사들이 아주 바쁘게 행하는 또 다른 일이 있습니다. 저는 이에 대한 본문을 읽을 때마다 제가 받은 구원의 영광스러움을 훨씬 더 잘 이해하게 됩니다. 성경은 천사들이 우리 구원의 문제를 살펴보는 데 아주 많은 시간을 쓴다고 말합니다. 이렇게 말할 수 있는 근거를 말씀드리겠습니다. 베드로는 우리 구원에 대해 말하면서 "천사들도 살펴보기를" 원한다고 말합니다(벧전 1:12). 항상 하나님을 그 앞에서 모시고 서 있는 이 하늘의 영적 피조물들이 우리의 구원을 이를테면 모든 것을 능가하는 가장 놀라운 일로 바라본다는 것은 대단히 놀랍고 경이로운 사실입니다.

천사들은 하나님의 얼굴을 바라보며 우리 구원을 살펴볼 뿐 아니라 우리 자신도 살펴보고 있습니다. 바울은 고린도전서 11:10에서 이렇게 말합니다. "그러므로 여자는 천사들로 말미암아 권세 아래에 있는 표를 그 머리 위에 둘지니라." 그 당시 여자들은 남자의 권위 아래 있다는 표시로 머리에 무언가를 써야 했습니다. 그런데 바울은 덧붙이기를, 천사 때문에 그렇게 해야 한다고 합니다. 다시 말해서, 그리스도인들이 기도하러 함께 모일 때 하나님의 천사도 그 자리에 와 있음을 알아야 한다는 것입니다.

선한 천사들은 하나님과 어린양에게 영광을 돌리며 지냅니다.

계시를 전하는 천사들

모든 천사들은 섬기는 영으로서 구원받을 상속자들을 위하여 섬기라고 보내심이 아니냐.
히브리서 1:14

천사들이 하는 또 다른 일은 하나님의 목적을 계시하는 것입니다. 하나님은 천사를 통해 소돔과 고모라에 대한 목적을 아브라함에게 계시하셨으며(창 18), 야곱에게도 천사를 통해 여러 번 그 뜻을 계시하셨습니다. 기드온도 천사를 통해 하나님의 목적을 들었으며, 신약성경에 나오는 사가랴도 성전에 나타난 천사를 통해 장차 세례 요한이 될 아들의 출생 소식을 들었습니다. 요셉에게 약혼자 마리아의 상태에 대해 걱정하지 말라는 말을 전해 준 이도 천사였습니다. 요셉에게 애굽으로 도망가라고 일러 준 이도 천사였으며, 애굽을 떠나라고 말해 준 이도 천사였습니다.

그러나 천사에 대한 성경의 가르침 중에서 가장 놀랍고 위로가 되는 측면은, 하나님이 천사를 보내 자신의 백성을 돌보시며 축복하시는 것이라고 말하고 싶습니다. "모든 천사들은 섬기는 영으로서 구원받을 상속자들을 위하여 섬기라고 보내심이 아니냐."(히 1:14). 천사가 하는 가장 큰 일이 무엇입니까? 여러분과 저를 섬기는 일입니다. "구원받을 상속자들을" 섬기는 일입니다.

이러한 성경의 가르침으로 볼 때, 하나님이 우리나 우리의 구원에 관련된 일에 천사들을 사용하신다고 말해도 된다는 생각이 듭니다. 한 예로, 사도행전 10장에 나오는 고넬료의 회심 이야기를 보십시오. 어느 날 고넬료가 기도하고 있을 때 천사가 갑자기 나타나 앞으로 있을 일, 곧 고넬료 자신의 구원에 대해 말해 주었으며 이를 위해 무슨 일을 해야 하는지 일러 주었습니다.

하나님은 천사를 보내 자신의 백성을 돌보시며 축복하십니다.

마귀의 이름

그때에 너희는 그 가운데서 행하여 이 세상 풍조를 따르고 공중의 권세 잡은 자를 따랐으니 곧 지금 불순종의 아들들 가운데서 역사하는 영이라.
에베소서 2:2

성경은 마귀에 대해 무슨 이야기를 하고 있습니까? 우선, 성경에 나오는 마귀의 이름들을 살펴봅시다. 성경은 그를 사단이라고 부르는데, 그것은 '적대자'라는 뜻입니다. 또 마귀라고도 하는데, 그것은 '헐뜯는 자'라는 뜻입니다. 그는 '마귀들의 왕'을 뜻하는 "바알세불"로 묘사되기도 하고 "아볼루온"이나 "무저갱의 사자"로 묘사되기도 합니다. "이 세상 임금"이나 "이 세상 신"으로 불리기도 하며 "공중의 권세 잡은 자……곧 지금 불순종의 아들들 가운데서 역사하는 영"(에베소서 2:2)으로 묘사되기도 합니다. 그리고 "용"이나 사자, "루시퍼, 곧 옛 뱀"으로 불리기도 합니다. 이 모든 이름들 중에 가장 의미심장한 이름은 아마도 "악한 자"일 것입니다.

여러분은 신약성경에 나오는 "악"이라는 말이 "악한 자"를 가리키는 경우가 종종 있다는 사실을 알 것입니다. 때로는 "사악한"(우리말 개역성경에서는 "악한")이라는 말이 "사악한 자"(개역성경에서는 "악한 자")를 가리킨다는 사실도 알 것입니다. "악에서 구하시옵소서"라는 것도 "악한 자에게서 구하시옵소서"라는 뜻이라고 말하는 이들이 있습니다(마 6:13). 요한은 첫 번째 편지 마지막 장에서 온 세상이 사악함 속에 있다고 말하는데, 그것은 분명 온 세상이 "악한 자 안에" 처해 있다는 뜻입니다(요일 5:19).

마찬가지로 주님은 요한복음 17장에서 대제사장의 기도를 하시면서 "내가 비옵는 것은 그들을 세상에서 데려가시기를 위함이 아니요 다만 악에 빠지지 않게 보전하시기를 위함이니이다"라고 하셨는데(15절), 여기 나오는 "악에" 역시 "악한 자에게로" 번역되어야 합니다. "악한 자"야말로 가장 중요한 단어입니다.

성경은 그를 사단이라고 부르는데, 이는 '적대자'라는 뜻입니다.

마귀도
한 인격이다

너희는 너희 아비 마귀에게서 났으니 너희 아비의
욕심대로 너희도 행하고자 하느니라.
요한복음 8:44

성경이 마귀에 대해 말해 주는 두 번째 내용은 마귀도 한 인격이라는 것입니다. 이것은 이 시대에 특히 유념해야 할 사실입니다. 최근 백 년간 마귀를 인격으로 믿지 않는 추세가 유행해 왔기 때문입니다. 불신자들은 물론이요 그리스도인으로 자처하는 이들 중에도 마귀를 인격으로 생각하지 않는 사람들이 많습니다. 그들은 악한 힘이나 영향력이 있다는 것은 믿으며 우리 안에 있는 일종의 결함이 있다는 것은 믿는다고 말합니다. 그러나 마귀를 인격적인 존재로 믿는 것은 시대에 매우 뒤떨어진 일이라고 말합니다. 그러나 그것은 완전히 비성경적인 태도입니다. 성경은 마귀가 한 인격임을 분명히 가르치고 있기 때문입니다.

제가 볼 때, 그 자체만으로도 충분한 증거가 되는 본문이 있습니다. 그것은 주님이 시험받으신 일에 대한 복음서의 기록입니다. 주님은 분명히 어딘가로부터 시험을 받으셨습니다. 악의 시험이 사람의 내부에서 비롯된다거나 그 속에 어떤 적극적인 특성이나 힘이 결여된 데서 비롯된다고 말할 경우, 주님이 받으신 시험을 적절히 설명할 길은 사라져 버립니다. 주님을 시험한 존재는 한 인격이었고, 주님도 인격을 가진 존재에게 말씀하시듯이 말씀하셨습니다. 주님께 말을 건 존재는 마귀였습니다(눅 4:1-13). 어떤 영향력이 아니라 한 인격이었습니다. 또한 욥기 1장에서도 같은 내용을 볼 수 있는데, 마귀는 거기에서 분명히 한 인격으로 하나님께 이야기하고 있으며 하나님도 그를 향해 말씀하고 계십니다.

이에 대한 성경의 가르침은 의심할 여지 없이 분명한 것입니다. 어느 날 주님은 유대인들을 향해 "너희는 너희 아비 마귀에게서 났으니 너희 아비의 욕심대로 너희도 행하고자 하느니라"고 말씀하셨습니다(요 8:44). 성경에는 '악한 자'라는 말이 얼마나 많이 나오는지 모릅니다. "악한 자가 와서" 같은 표현처럼 말입니다(마 13:19).

주님을 시험한 존재는 한 인격이었고, 주님도 인격을 가진 존재에게 말씀하시듯이 말씀하셨습니다.

세계를 창조하심

믿음으로 모든 세계가 하나님의 말씀으로 지어진 줄을 우리가 아나니 보이는 것은 나타난 것으로 말미암아 된 것이 아니니라.
히브리서 11:3

성경은 창조에 대해 자세한 설명이나 철학을 제공해 주지 않습니다. 그러나 일단 성경이 제공하는 이야기는 전체적으로 정확하다는 것이 우리의 주장입니다. 성경은 하나님이 세상을 만드셨다고 말합니다. 히브리서 11:3에는 "믿음으로 모든 세계가 하나님의 말씀으로 지어진 줄을 우리가 아나니 보이는 것은 나타난 것으로 말미암아 된 것이 아니니라"는 말씀이 나옵니다. 하나님은 모세와 그 밖의 사람들에게 창조를 설명해 주셨습니다. 이처럼 창조는 사람의 생각이나 이론에서 나온 것이 아닙니다. 그렇다고 성경에 모든 설명이 나온다고 주장하는 것은 아닙니다.

둘째로, 우리는 창조의 의미를 분명히 알아야 합니다. 창조는 다음과 같이 정의할 수 있습니다. "하나님은 자유로운 행동으로……기존의 물질을 사용하지 않고 태초에 보이는 세계와 보이지 않는 세계 전체를 만드셔서, 하나님과 구별되면서도 그에게 항상 의존하는 상태로 존재하게 하셨다"(루이스 벌코프).

자, 우리는 이 말로 이제까지 나온 여러 다른 이론들을 반박할 수 있습니다. 물질은 그 자체로 영원하다고 믿는 이들이 있으며, 자연적으로 발생해서 발전해 나간다고 믿는 이들도 있습니다. 또 다른 견해를 가진 이들은 하나님이 기존의 것으로 물질을 형성하셨을 뿐이며 그 물질은 신성한 실체의 발산에 불과하다고 말합니다. 범신론에서는 물질이 다름 아닌 하나님의 형상이라고, 하나님 자신이라고 가르칩니다. 또 한편으로 이원론을 믿는 자들은 하나님과 물질이 영원하다고 주장하는 반면, 어떤 이들은 적대적인 영이나 또 다른 신 내지는 조물주가 세계를 만들었다고 가르칩니다.

그러나 성경의 교리는 분명합니다. 하나님은 무에서 만물을 만들어 내셨습니다. 세계는 하나님과 구별되면서도 항상 하나님께 의존하는 존재입니다. 바울은 "만물이 그 안에 함께 섰느니라"고 말합니다(골 1:17).

성경의 교리는 분명합니다. 하나님은 무에서 만물을 만들어 내셨습니다.

섭리

만민의 우두머리들의 총명을 빼앗으시고 그들을 길 없는 거친 들에서 방황하게 하시며.
욥기 12:24

섭리란 정확히 무엇일까요? 저는 다음의 정의 내지 설명보다 더 나은 것을 생각해 낼 수가 없습니다. '섭리란 창조주가 모든 피조물을 유지시키시고, 세상에서 일어나는 모든 일에 영향을 끼치시며, 그 정하신 목적대로 만물을 이끌어 가시기 위해 신적인 에너지를 계속 행사하시는 상태를 말한다.'

시편 104:28-30에 그 점이 어떻게 나타나 있는지 보십시오. "주께서 주신즉 그들이 받으며 주께서 손을 펴신즉 그들이 좋은 것으로 만족하다가 주께서 낯을 숨기신즉 그들이 떨고 주께서 그들의 호흡을 거두신즉 그들은 죽어 먼지로 돌아가나이다. 주의 영을 보내어 그들을 창조하사 지면을 새롭게 하시나이다." 하나님은 지상의 동물들을 계속 만들어 내시지 않습니다. 그가 하시는 일은 생명을 유지시키시며 이미 창조하신 것을 보전하시는 것입니다.

성경은 하나님의 섭리가 국제 문제에도 작용한다고 말합니다. 욥기 12:24을 보십시오. "만민의 우두머리들의 총명을 빼앗으시고 그들을 길 없는 거친 들에서 방황하게 하시며."

또한 성경은 하나님이 그 섭리로 한 사람의 출생과 세상에서의 운명을 다스리신다고 말합니다. 사무엘상 16:1에는 이런 내용이 나옵니다. "여호와께서 사무엘에게 이르시되 내가 이미 사울을 버려 이스라엘 왕이 되지 못하게 하였거늘 네가 그를 위하여 언제까지 슬퍼하겠느냐. 너는 뿔에 기름을 채워 가지고 가라. 내가 너를 베들레헴 사람 이새에게로 보내리니 이는 내가 그의 아들 중에서 한 왕을 보았느니라." 또 바울은 갈라디아서 1:15-16에서 자기 자신에 대해 이렇게 말하고 있습니다. "그러나 내 어머니의 태로부터 나를 택정하시고 그의 은혜로 나를 부르신 이가 그의 아들을 이방에 전하기 위하여 그를 내 속에 나타내시기를 기뻐하셨을 때에."

창조주는 모든 일에 영향을 끼치시며, 만물을 그 정하신 목적대로 이끌어 가십니다.

은혜 언약

**너희를 내 백성으로 삼고 나는 너희의 하나님이
되리니.
출애굽기 6:7**

하나님은 우리에게 약속을 주셨습니다. 그가 은혜 언약으로 주신 크고
핵심적인 약속이 무엇입니까? 사람의 하나님이 되시겠다는 것입니다.
"나는 너희의 하나님이 되리니." 이는 굉장한 약속입니다. 여러분은 그
중요성과 의미를 알고 있습니까? 하나님은 아담의 하나님이 되어 주셨
지만, 아담은 그분께 죄를 짓고 타락해 버렸습니다. 그는 사단의 노예
가 되었고, 하나님과의 관계는 끊어져 버렸습니다. 그런데 우리를 놀라
게 하는 굉장한 일은, 하나님이 사람을 외면하지 않으시고 은혜 언약을
통해 여전히 그 하나님이 되실 수 있는 길을 마련해 놓았음을 확신시켜
주신 것입니다. "너희를 내 백성으로 삼고 나는 너희의 하나님이 되리
니"(출 6:7).

이 위대한 약속은 성경 전체에 여러 번 반복되어 나오는 만큼, 주의해
서 보시기 바랍니다. 여러분은 그 약속을 예레미야 31:33; 32:38-40, 에
스겔 34:23-25; 36:25-28; 37:26-27, 고린도후서 6:16-18, 히브리서 8:10
에서 볼 수 있습니다. 그리고 요한계시록 21:3에서 아주 놀라운 말씀을
만나게 됩니다. "보라, 하나님의 장막이 사람들과 함께 있으매 하나님이
그들과 함께 계시리니." 이것은 최종적인 진술입니다. 이것이야말로 하
나님이 은혜 언약으로 약속하신 내용, 죄와 타락으로 인해 깨진 것을 회
복시키신다는 내용의 핵심적인 본질입니다. 그러므로 최고의 복, 궁극
적인 복, 복 중의 복은 하나님이 내 하나님 되어 주시는 것, 그를 "내 하
나님"이라고 부를 자격을 얻는 것입니다. 구원의 모든 것이 이 안에 포
함되어 있습니다.

우리는 얼마나 자주 다른 것으로 구원을 정의하려 듭니까? 그러나 타
락 이후에도 인간이 여전히 말할 수 있는 최고의 말은 "하나님은 내 하
나님"이라는 것입니다.

타락 이후에도 인간이 여전히 할 수 있는 최고의 말은 "하나님은 내 하나님"이라는 것입니다.

구약성경에 나오는 은혜 언약

내가 너로 여자와 원수가 되게 하고 네 후손도 여자의 후손과 원수가 되게 하리니 여자의 후손은 네 머리를 상하게 할 것이요 너는 그의 발꿈치를 상하게 할 것이니라.
창세기 3:15

구약 시대에는 은혜 언약이 어떻게 시행되었을까요? 가장 먼저 창세기 3:15을 보시기 바랍니다. 혹시 전문용어에 관심이 있다면, 일반적으로 이 구절을 원(原)복음이라고 부른다고 말씀드릴 수 있습니다. 다시 말해서 창세기 3:15은 온전한 복음의 그림자입니다.

사람마다 마음을 끌어당기며 두근거리게 만드는 구절이 있을 텐데, 제게는 이 구절이 그렇습니다. 여기, 위대한 책이 있습니다. 우리는 이 책을 두 부분으로 나누어 각각 구약과 신약이라고 부릅니다. 우리는 그 말의 뜻을 알고 있습니다. 그러나 조금 더 엄밀하게 나눈다면 그런 식으로 나누지 않을 것입니다. 성경을 제대로 나누려면 창세기 1:1부터 3:14까지 한 부분, 창세기 3:15 이후부터 성경 끝까지 한 부분으로 나누어야 합니다. 창세기 3:14까지는 창조에 대한 이야기와 하나님이 원래 인간과 맺으신 행위 언약의 이야기, 어떻게 인간이 실패하여 그 언약이 깨졌는지에 대한 이야기가 나옵니다. 그리고 창세기 3:15에서 복음과 은혜 언약과 구원의 길이 선포되면서, 그것이 요한계시록 마지막 구절까지 성경 전체의 주제를 형성합니다. 이것이 성경을 제대로 나누는 방식입니다.

물론 우리는 이 한 가지 위대한 은혜 언약이 두 가지 주요 방식으로 시행된다는 점을 강조하기 위해 구약과 신약이라고 말하는 것인데, 그 언약이 바로 여기 창세기 3:15에서 시작되고 있습니다. 복음 전체가 바로 이 구절 안에 들어 있습니다. 거의 숨어 있는 형태, 아직 드러나지 않은 형태로 이 안에 들어 있습니다.

원복음

하나님이 창세기 3:15에서 우리에게 하시는 말씀이 무엇입니까? 첫 번째는 여자 및 여자의 후손과 뱀이 서로 원수가 되게 하시겠다는 것입니다. 지금까지는 원수 사이가 아니었습니다. 뱀이 하와를 속이면서 친한 사이가 되었고, 여자는 마귀의 지배 아래 들어갔습니다. 하나님이 아무 조치도 하지 않으셨다면 그것으로 이야기는 끝나 버렸을 것입니다. 그러나 하나님이 오셔서 "이제 그 친한 관계를 끊어 버리겠다. 너는 마귀가 아닌 나와 친해야 할 존재이다. 이제 너와 마귀, 마귀와 네가 서로 원수가 되게 하겠다"라고 말씀하셨습니다. 이것이 구원의 첫 번째 선포입니다. 마귀의 친구이자 하나님의 원수로 있는 한, 사람은 구원받을 수 없습니다. 사람은 하나님의 친구이자 마귀의 원수가 되어야 합니다.

따라서 여기 함축되어 있는 두 번째 의미는 하나님이 사람에게 마귀와 싸울 수 있는 능력과 은혜를 주신다는 것입니다. 사람은 이미 마귀에게 패해서 노예가 되었습니다. 사람에게는 도움과 힘이 필요한데, 하나님은 바로 그것을 주겠다고 약속하신 것입니다. 원수와의 싸움에서 사람 편이 되어 주겠다고 약속하셨습니다. 하나님은 이 약속을 그 "후손"에게도 적용하여 "너의 후손도 여자의 후손과 원수가 되게" 하겠다고 하셨습니다. 이 점이 아주 중요합니다. 에덴동산에서 주신 약속은 일시적인 것이 아니었습니다. 그 궁극적인 목적이 성취될 때까지 지속되는 것이었습니다.

하나님은 이 싸움이 여자 및 여자의 후손과 마귀 사이에서 벌어질 뿐 아니라 여자의 후손과 뱀의 후손 사이에서도 벌어질 것이라고 말씀하셨다는 사실을 아실 것입니다. 따라서 인류는 하나님과 그리스도의 후손, 마귀의 후손으로 나누어지게 되어 있으며, 그들 사이에는 싸움이 벌어지게 되어 있습니다. 이 모든 내용이 창세기 3:15에서 선포되고 있습니다.

하나밖에 없는 은혜 언약

나는 그들의 하나님이 되리라.
창세기 17:8

은혜 언약의 새로운 성격에 대해 생각해 보십시오. 여기에서 '새롭다'는 것은 같은 언약이 새롭게 시행된다는 뜻에 불과합니다. 이 은혜 언약 안에 있는 하나님의 목적을 기억합시다. 사람은 죄와 타락으로 인해 하나님을 아는 지식을 잃고 그로부터 멀리 떨어져 버렸습니다. 그러다가 하나님이 세우신 구속의 목적에 따라 다시 하나님을 알게 된 것입니다. 이 언약의 새로운 섭리가 우리 주요 구주 되신 예수 그리스도 안에서, 그를 통해 이루어졌습니다. 우리가 다루고 있는 것은 여전히 같은 언약이라는 사실을 확실히 하는 것이 무엇보다 중요합니다. 그 증거들을 제시해 보겠습니다.

첫째로, 은혜 언약은 하나밖에 없습니다. 구약에 나오는 언약이 신약에도 나옵니다. 구약에 나오는 위대한 약속(창세기 17:8에서 아브라함에게 주신 "나는 그들의 하나님이 되리라"는 약속)이 신약에도 몇 차례 언급되고 있다는 사실에 주목하십시오. 이것은 한 가지 약속, 같은 약속입니다. 사람이 경험할 수 있는 가장 큰 일은 하나님을 "내 하나님"으로 부르는 것입니다. 이에 비견될 만한 일은 아무것도 없습니다. 이것은 구약의 용어일 뿐 아니라 신약의 용어이기도 합니다.

두 번째 증거는 구약과 신약에 같은 종류의 복이 나온다는 것입니다. 시편 51편에서 다윗이 무엇을 기도하는지 보십시오. "하나님이여, 내 속에 정한 마음을 창조하시고 내 안에 정직한 영을 새롭게 하소서"(10절). 그는 구원의 기쁨이 회복되기를 바랐습니다(12절). 구약의 성도들이 누렸던 영적인 경험을 크게 오해하는 그리스도인들이 가끔 있습니다. 그들은 우리가 누리는 경험을 구약의 성도들은 누리지 못했던 것처럼 말하는 경향이 있습니다. 시편 기자가 여러분보다 영적으로 더 앞서 있었다고 말한다면 여러분은 아마 깜짝 놀랄 것입니다.

성경에 나타난
은혜 언약

또 하나님이 이방을 믿음으로 말미암아 의로 정하실 것을 성경이 미리 알고 먼저 아브라함에게 복음을 전하되 모든 이방인이 너로 말미암아 복을 받으리라 하였느니라.
갈라디아서 3:8

언약은 하나뿐임을 보여주는 세 번째 증거는 성경이 복음은 하나뿐이라는 사실을 아주 명백히 가르친다는 점에 있습니다. 구약에 나오는 복음이 신약에도 나옵니다. 저는 구약에 나오는 복음을 모르는 설교자를 볼 때 놀라움을 느낍니다. 구약의 복음을 모르면서 과연 신약의 복음은 이해할 수 있는지 의문이 듭니다. 하나님이 에덴동산에서 전하신 복음과 아브라함에게 주신 약속을 보십시오. 거기 복음의 핵심이 있습니다. 또 그 모든 모형과 그림자들을 보십시오. 레위기와 그 밖의 여러 곳에서 설명하고 있는 그 다양한 제사들을 보십시오. 성막 안에 있던 여러 기구들도 보십시오. 그것들은 전부 복음을 전하고 있습니다. 그것들은 복음과 복음 메시지의 모형입니다.

성경을 읽을 때마다 이 점을 이해하는 것이 아주 중요합니다. 선지자들의 가르침을 보십시오. 이사야서와 예레미야서를 비롯하여 모든 선지서에 나오는 위대한 말씀들을 보십시오. 복음을 말한다는 점에서는 구약이나 신약이나 다를 바가 없습니다. 바울이 갈라디아서 3:8에서 구체적으로 진술하고 있는 내용도 살펴보십시오. 바울은 거기에서 이방인을 믿음으로 의롭게 하시는 일에 대해 말하고 있습니다. "또 하나님이 이방을 믿음으로 말미암아 의로 정하실 것을 성경이 미리 알고 먼저 아브라함에게 복음을 전하되 모든 이방인이 너로 말미암아 복을 받으리라 하였느니라." 이 말씀만으로도 복음은 하나뿐임을 보여주기에 충분합니다.

네 번째 증거는 구약의 성도들도 우리와 똑같은 방법으로 하나님 나라에 들어와 있으며 우리와 함께 하나님의 복에 참여하고 있음을 직접적으로 가르치고 있는 말씀이 많다는 것입니다. 누가복음 13:28의 예를 보십시오.

구약의 성도들도 우리와 똑같은 방법으로 하나님 나라에 들어와 있습니다.

두 가지
구원 섭리가
하나가 되다

의인은 그의 믿음으로 말미암아 살리라.
하박국 2:4

언약은 하나뿐임을 보여주는 다섯 번째 증거는 명백합니다. 성경에 따르면, 구원과 그 모든 축복을 얻는 방법은 단 한 가지, 믿음으로 의롭게 되는 것뿐입니다. 구약의 모든 성도들은 하나님을 분명히 믿었으며, 그 믿음을 사용했습니다. 하박국 2:4은 "의인은 그 믿음으로 말미암아 살리라"고 말합니다. 이것은 구약을 처음부터 끝까지 관통하고 있는 주제요 메시지입니다. 이 말씀은 히브리서 11장 등 신약성경 곳곳에서 반복되고 있습니다. 바울은 로마서 1:17에서 하박국의 말을 인용하여 "오직 의인은 믿음으로 말미암아 살리라"고 말하는데, 이는 바울 서신 전체의 주제이기도 합니다.

바울은 로마서 4:23-25에서 그 점을 더 분명히, 구체적으로 표현하고 있습니다. 그는 아브라함을 언급하면서 "그에게 의로 여겨졌다 기록된 것은 아브라함만 위한 것이 아니요 의로 여기심을 받을 우리도 위함이니 곧 예수 우리 주를 죽은 자 가운데서 살리신 이를 믿는 자니라. 예수는 우리가 범죄한 것 때문에 내줌이 되고 또한 우리를 의롭다 하시기 위하여 살아나셨느니라"고 말합니다. 아브라함이 믿음으로 의롭게 된 것처럼 우리도 믿음으로 의롭게 된 것이 분명합니다. 같은 항목에 속하는 예를 한 가지 더 보고 싶다면, 히브리서 10장 마지막 부분부터 11장을 거쳐 12장 첫 부분까지 읽어 보시기 바랍니다. 같은 진리가 보다 더 자세히 나오고 있습니다.

여섯 번째 증거는 섭리는 두 가지지만 중보자는 오직 한 분이라는 것입니다. 중보자는 "죽임을 당한 어린양"이신 예수 그리스도 한 분뿐입니다(계 13:8). 아담에게 여자의 후손에 대해 주신 약속을 보십시오. 하나님은 구원이 그렇게 임할 것이라고 말씀하셨는데, 성경 다른 곳은 하나님이 말씀하신 여자의 후손이 다름 아닌 주 예수 그리스도이심을 입증하고 있습니다. 그는 구약의 모형들이 예시하는 중보자입니다. 모든 모형이 그를 가리키고 있습니다. 모든 예언도 그를 가리키고 있습니다. 중보자는 언제나 주님뿐입니다.

아브라함이 믿음으로 의롭게 된 것처럼 우리도 믿음으로 의롭게 된 것이 분명합니다.

9월

그리스도 안에 있는 생명

회의적인 그리스도인

그러나 우리나 혹은 하늘로부터 온 천사라도 우리가 너희에게 전한 복음 외에 다른 복음을 전하면 저주를 받을지어다.
갈라디아서 1:8

사람들이 종종 지적하듯이, 기독교는 곧 그리스도입니다. 그가 기독교의 중심이자 결정적으로 중요한 존재이기에 항상 그에게 우선적인 관심을 두어야 한다는 사실을 우리는 알아야 합니다. 그리스도인을 자처하는 이들 중에 사실은 그리스도인이 아닌 이들이 많은데, 그리스도를 전혀 본질적인 분으로 생각하지 않는 것을 보면 금방 그 점을 알 수 있습니다.

제가 여기에서 말하는 사람들은 스스로 그리스도인이라고 생각하지만 사실은 단순히 선한 사람들에 불과한 이들입니다. 여러분은 주 예수 그리스도를 언급하지 않고도 '선한' 사람이 될 수 있습니다. 그러나 기독교에서 결정적으로 중요한 분은 그리스도이십니다. 그리스도에 관한 진리들이 사실이 아니라면 기독교 자체가 무너질 수밖에 없습니다. 이 점은 아무리 강조해도 지나치지 않습니다. 기독교 신앙은 전적으로 그리스도와 관련되어 있습니다. 그가 누구이시며 무엇을 하셨는지, 우리가 무엇을 얻을 수 있고 행할 수 있게 하셨는지가 중요합니다. 그러므로 이 모든 내용을 한 치의 어긋남 없이 올바르게, 아주 분명히 아는 것이 극히 중요합니다.

따라서 이 점을 이토록 독단적이고 노골적으로 말씀드리는 것에 대해 양해를 구하지 않겠습니다. 이런 말을 한다고 양해를 구하는 이들은 설사 그리스도인이라 하더라도 아주 회의적인 그리스도인일 것이라고 저는 생각합니다. 사도 바울의 표현대로 기독교 신앙에는 타협의 여지가 전혀 없습니다. "그러나 우리나 혹은 하늘로부터 온 천사라도 우리가 너희에게 전한 복음 외에 다른 복음을 전하면 저주를 받을지어다"(갈 1:8). 우리도 그렇게 말해야 합니다. 진리는 분명하고 잘 정의되어 있으며 완전히 명확한 것입니다. 그러므로 우리는 그리스도에 대해 믿고 있는 바를 확실히 해야 합니다. 그리스도를 믿는다는 말만으로는 충분하지 않습니다.

사람들이 종종 지적하듯이, 기독교는 곧 그리스도입니다.

예수 그리스도를 믿는 믿음

오직 이것을 기록함은 너희로 예수께서 하나님의 아들 그리스도이심을 믿게 하려 함이요 또 너희로 믿고 그 이름을 힘입어 생명을 얻게 하려 함이니라.
요한복음 20:31

여러분은 그리스도에 대해 무엇을 믿고 있습니까? 그리스도에 대한 가르침의 내용은 무엇입니까? 왜 사복음서가 기록되었다고 생각합니까? 이것은 주저 없이 대답할 수 있는 질문임이 분명합니다. 사복음서는 주 예수 그리스도에 관한 진리를 정확히 알리기 위해 기록되었습니다. 하나님이 사람들로 하여금 복음서를 기록하게 하셨고, 그들이 기록할 때 성령으로 인도해 주셨습니다. 1세기에는 온갖 종류의 잘못된 이야기가 퍼져 있었습니다. 외경 복음서에 주님이 하시지도 않은 일이나 말씀하지도 않은 내용이 실려 있었던 것입니다. 그래서 진리를 규명하고 잘못된 내용을 몰아내어 사실을 분명하고도 명확히 밝히기 위해 사복음서가 기록되었습니다.

누가는 자신의 복음서 서문에서 이렇게 말합니다. "우리 중에 이루어진 사실에 대하여 처음부터 목격자와 말씀의 일꾼 된 자들이 전하여 준 그대로 내력을 저술하려고 붓을 든 사람이 많은지라. 그 모든 일을 근원부터 자세히 미루어 살핀 나도 데오빌로 각하에게 차례대로 써 보내는 것이 좋은 줄 알았노니 이는 각하가 알고 있는 바를 더 확실하게 하려 함이로라"(1:1-4). 요한도 자신의 복음서 마지막 부분에서 실질적으로 같은 이야기를 하고 있음을 아실 것입니다. "오직 이것을 기록함은 너희로 예수께서 하나님의 아들 그리스도이심을 믿게 하려 함이요"(20:31).

복음서만 이런 말을 하고 있는 것은 아닙니다. 특별히 이 점을 지적하는 본문들이 신약성경에 몇 군데 있습니다. 예를 들어, 요한일서를 보십시오. 요한일서가 왜 기록되었습니까? 예수 그리스도가 육신으로 오신 것을 부인하는 가현설이 퍼져 있었기 때문에 그 잘못된 가르침에 반박하기 위해 기록되었습니다.

구약성경의 예언이 성취됨

하나님의 약속은 얼마든지 그리스도 안에서 예가 되니 그런즉 그로 말미암아 우리가 아멘 하여 하나님께 영광을 돌리게 되느니라.
고린도후서 1:20

구약성경이 그리스도에 대해 생각하지 않을 수 없도록 우리의 주의를 집중시키면서 하는 말이 무엇입니까? 첫째로, 그는 구약의 모든 예언과 약속을 성취하신 분이라는 것입니다. 이와 관련하여 가장 중심이 되는 진술은 고린도후서 1:20입니다. "하나님의 약속은 얼마든지 그리스도 안에서 예가 되니 그런즉 그로 말미암아 우리가 아멘 하여 하나님께 영광을 돌리게 되느니라." 모든 약속은 그리스도께 초점이 맞추어져 있습니다.

그리스도는 에덴동산에서 하나님이 하신 약속, 곧 여자의 후손이 뱀의 머리를 상하게 하리라는 약속의 성취입니다(창 3:15). 창세기 17장에도 그 후손과 관련하여 아브라함에게 주신 약속이 나오는데, 바울은 갈라디아서 3:16에서 그에 대해 언급하고 있습니다. "여럿을 가리켜 그 자손들이라 하지 아니하시고 오직 한 사람을 가리켜 네 자손이라 하셨으니 곧 그리스도라."

예를 들어, 창세기 49:10의 약속을 보십시오. "규가 유다를 떠나지 아니하며 통치자의 지팡이가 그 발 사이에서 떠나지 아니하기를 실로가 오시기까지 이르리니 그에게 모든 백성이 복종하리로다." 이것은 엄청난 약속이자 지극히 중요한 말씀으로, 주 예수 그리스도가 오심으로 문자 그대로 성취되었습니다. 주후 70년까지 규와 통치자가 유다에 계속 남아 있었다는 것은 역사적인 사실입니다. 그 후에 예루살렘이 멸망하고 유대 민족이 세계 여러 나라로 흩어지면서 규는 유다를 떠나게 되었습니다. 규와 통치자는 그리스도가 오셨을 때까지만 남아있었으며, 외적인 의미로 볼 때 그 후에는 사라져 버렸습니다. 그처럼 "그에게 모든 백성이 복종하리로다"라는 말씀도 오직 주 예수 그리스도 안에서 성취된 것이 분명합니다.

그리스도는 구약의 모든 예언과 약속을 성취하신 분입니다.

그리스도의 탄생에 대한 예언

**베들레헴 에브라다야 너는 유다 족속 중에 작을지라도 이스라엘을 다스릴 자가 네게서 내게로 나올 것이라. 그의 근본은 상고에, 영원에 있느니라.
미가 5:2**

그리스도의 탄생과 관련된 여러 예언들을 보십시오. 무엇보다 먼저 알수 있는 것은 그리스도가 나타나시는 시기입니다. 말라기 3:1에서 선지자는 말합니다. "만군의 여호와가 이르노라. 보라, 내가 내 사자를 보내리니 그가 내 앞에서 길을 준비할 것이요 또 너희가 구하는 바 주가 갑자기 그의 성전에 임하시리니 곧 너희가 사모하는 바 언약의 사자가 임하실 것이라." 이것은 매우 의미심장한 본문입니다. 또한 그리스도가 탄생하실 정확한 장소를 예언하는 미가 5:2도 기억할 것입니다. 미가는 그가 베들레헴에서 태어나신다고 말했습니다. "베들레헴 에브라다야 너는 유다 족속 중에 작을지라도 이스라엘을 다스릴 자가 네게서 내게로 나올 것이라. 그의 근본은 상고에, 영원에 있느니라." 예레미야 23:5-6은 그리스도가 유다 족속, 다윗의 집에서 나오신다고 말합니다. "여호와의 말씀이니라. 보라, 때가 이르리니 내가 다윗에게 한 의로운 가지를 일으킬 것이라. 그가 왕이 되어 지혜롭게 다스리며 세상에서 정의와 공의를 행할 것이며 그의 날에 유다는 구원을 받겠고 이스라엘은 평안히 살 것이며 그의 이름은 여호와 우리의 공의라 일컬음을 받으리라."

그다음으로 이사야 7:14은 그리스도가 동정녀에게서 나실 것을 예언합니다. 선지자는 한 가지 표적, 틀림없이 범상치 않은 표적이 나타날 것을 약속하고 있습니다. 동정녀가 아이를 낳는다는 것은 범상치 않은 일, 곧 표적입니다. 우리는 특히 마태복음 1:22-23을 통해 이사야의 이 말씀이 실제로 주님이 동정녀에게서 태어나신다는 예언이었음을 알게 됩니다.

그리스도가 태어나실 곳을 정확히 말해 주는 예언이 있습니다.

특정한 약속들이 성취되다

그들이 그 찌른 바 그를 바라보고 그를 위하여
애통하기를.
스가랴 12:10

그리스도는 "이방을 비추는 빛"이 될 것이라고 예언되었는데(눅 2:32), 이것은 유대인들이 깜짝 놀랄 만한 말입니다. 그러나 이사야도 42:6과 60:3을 비롯한 여러 곳에서 같은 예언을 하고 있습니다. 또한 우리는 이사야 53장을 통해 그리스도의 죽음이 우리를 대신하는 것임을 알게 됩니다. 성경은 그가 나귀를 타고 예루살렘에 들어갈 것도 말하고 있습니다(슥 9:9). 여러분은 그 예언이 어떻게 성취되었는지 기억할 것입니다. 또한 그는 은 삼십에 팔릴 것이며, 그 값으로 토기장이의 밭을 사게 될 것입니다(슥 11:12-13). 사람들은 그의 옷을 차지하려고 제비뽑기를 할 것입니다(시 22:18). 괴로워하고 있는 그에게 쓴 포도주가 주어질 것입니다(시 69:21). 심지어 성경은 그가 십자가에서 하실 말도 알려 주고 있습니다. "내 하나님이여, 내 하나님이여, 어찌 나를 버리셨나이까"(시 22:1). 시편 22:16은 그의 손과 발이 찔릴 것이라고 말하고 있으며, 스가랴 12:10은 그에 더하여 "그들이 그 찌른바 그를 바라보고 그를 위하여 애통"할 것이라고 말하고 있습니다. 또한 이사야 53:9은 그의 무덤이 악인과 함께 있고, 그 묘실이 부자와 함께 있을 것이라고 말하는데, 우리는 주님이 실제로 아리마대 사람 요셉의 무덤에 장사되었음을 알고 있습니다.

성경은 그리스도에 대해 생각할 것을 권고합니다. 오직 그를 통해서만 하나님과 화목할 수 있으며 그를 통해서만 하나님을 알 수 있기 때문입니다. 히브리서 12:24은 그를 "새 언약의 중보자"라고 부릅니다. 주님도 친히 "내가 곧 길이요 진리요 생명이니 나로 말미암지 않고는 아버지께로 올 자가 없느니라"고 하셨습니다(요 14:6). 누군가 이런 말을 했을 때에는 반드시 그를 주시하고 그에 대해 생각해 보아야 합니다. 자신의 구원을 소중히 여기며 하나님을 알기 원하는 마음이 있다면 그의 말을 주의해서 들어 보아야 합니다.

우리는 이사야 53장을 통해 그리스도의 죽음이 우리를 대신하는 것임을 알게 됩니다.

성육신

성육신 교리는 성자의 위격에 변화가 있었다고 가르치지 않습니다. 이 교리는 그런 생각과 아무런 관련이 없습니다. 다만 그의 모습이 바뀌었을 뿐이며 자신을 나타내시는 방식이 바뀌었을 뿐이지, 그의 위격에는 전혀 변화가 없습니다. 성자의 위격은 항상 동일합니다. 동정녀 마리아의 뱃속에 계실 때에든, 무력한 아기의 모습으로 구유에 누워 계실 때에든, 그는 여전히 거룩한 삼위일체의 두 번째 위(位)십니다.

그러므로 성육신 교리를 말할 때 하나님의 아들이 인간으로 변한 것 같은 인상을 주어서는 안 됩니다. 하나님이 사람이 되셨다는 표현을 오해하는 이유가 여기 있습니다. 흠정역(KJV)은 요한복음 1:14을 이렇게 번역하고 있습니다. "말씀이 육신으로 만들어져 우리 가운데 거하시매". "만들어져"라는 표현 때문에 사람들은 종종 하나님의 아들이 사람으로 변했다고 생각합니다. 이런 오해가 생긴 부분적인 이유는 실제로 최상의 번역을 하지 못한 데 있습니다. "말씀이 육신으로 만들어져"라고 하는 대신 "말씀이 육신이 되어"나 "말씀이 육신을 입어"라고 함으로써 원래의 의미를 살렸어야 합니다. 만들어졌다는 개념은 변화되었다는 인상을 주는 잘못된 표현입니다.

다시 말해서 성경이 일반적으로 성육신을 표현하는 방식은 이런 것입니다. 로마서 8:3은 하나님의 아들이 "죄 있는 육신의 모양으로" 오셨다고 말합니다. 이것이 더 좋은 표현입니다. 또는 요한일서 4:2을 보십시오. "이로써 너희가 하나님의 영을 알지니 곧 예수 그리스도께서 육체로 오신 것을 시인하는 영마다 하나님께 속한 것이요." 예수 그리스도는 사람으로 변하신 것이 아닙니다. 영원하신 위격이 육신으로 오신 것입니다. 이것이 바른 표현입니다.

성육신 교리를 말할 때 하나님의 아들이 인간으로 변한 것 같은 인상을 주어서는 안 됩니다.

신성을 주장하심

아버지 품속에 있는 독생하신 하나님이.
요한복음 1:18

성경은 그리스도가 신적인 존재라는 취지의 주장을 많이 하고 있습니다. 성경은 그리스도의 신성, 더 정확하게는 신격을 주장하고 가르칩니다. 그 첫 번째 증거는 그리스도께 붙여진 이름들로서, 각 이름들은 분명히 그의 신격을 함축하고 있습니다. 그중에 몇 가지를 살펴봅시다. 그리스도는 40회에 걸쳐 "하나님의 아들"로 묘사되고 있습니다. 성경은 그를 "그(하나님)의 아들"로 부르고 있으며, 하나님도 귀에 들리는 소리로 "내 아들"이라고 부르셨습니다. 이처럼 여러 가지 형태로 "아들"이나 "하나님의 아들"이라는 호칭이 나오고 있습니다.

또 그는 5회에 걸쳐 "하나님의 독생자"로 불리고 있습니다. "아버지 품속에 있는 독생하신 하나님이"(요 1:18)를 비롯한 여러 곳에서 그 이름을 볼 수 있습니다. 그중에서도 주목할 만한 예가 악한 농부의 비유에 나옵니다. 하나님이 "그들이 내 아들은 존대하리라"고 말씀하시는 부분이 그것입니다(마 21:37). 이 가르침은 더할 나위 없이 분명한 것입니다. 주님이 친히 하신 말씀이기 때문입니다.

요한계시록 1장은 그를 "처음이요 마지막"이신 분으로 묘사하고 있으며, 같은 1장에서 "알파와 오메가", 곧 시작이요 끝이신 분으로도 묘사하고 있습니다. 이는 신격을 나타내는 이름임이 분명합니다. 시작이신 그분의 앞에는 아무것도 없으며, 끝이신 그분의 뒤에도 아무것도 없습니다. 그래서 베드로는 예루살렘에서 설교할 때 그리스도를 "거룩한 자"로 부르면서 "너희가 거룩하고 의로운 이를 거부"했다고 말합니다(행 3:14). 이 또한 신격을 나타내는 이름입니다.

또한 그리스도는 실제로 "하나님"으로 불리기도 하셨습니다. 도마는 "나의 주님이시요 나의 하나님"이라고 말했습니다(요 20:28). 마태복음 1:23도 "임마누엘……하나님이 우리와 함께 계시다"라고 묘사하고 있습니다. 또 디도서 2:13에는 "우리의 크신 하나님 구주 예수 그리스도"라는 주목할 만한 표현이 나옵니다. 이렇게 주님께 붙여진 이름들은 모두 신적인 것들입니다. 그리스도께 붙여진 각각의 이름은 분명히 그리스도의 신격을 함축하고 있습니다.

그리스도의 신적인 속성

만물을 그의 발 아래에 두셨다 하셨으니 만물을 아래에 둔다 말씀하실 때에 만물을 그의 아래에 두신 이가 그중에 들지 아니한 것이 분명하도다.
고린도전서 15:27

성경은 그리스도께 일정한 신적인 속성들이 있다고 말합니다. 예를 들어, 전능하심을 꼽을 수 있습니다. 히브리서 1:3은 "그의 능력의 말씀으로 만물을 붙드시며"라고 말하는데, 아마 이보다 더 강력한 진술은 없을 것입니다. 또한 "만물을 그의 발 아래에 두셨다"는 말씀도 있습니다(고전 15:27).

그다음 속성은 전지하심입니다. 요한복음 2:24-25에 그 주장이 나옵니다. "친히 사람의 속에 있는 것을 아셨음이니라." 아무도 그에게 무언가를 알려 드릴 필요가 없었습니다.

그다음은 편재하심입니다. 주님은 마태복음 18:20에서 "두세 사람이 내 이름으로 모인 곳에는 나도 그들 중에 있느니라"고 말씀하십니다. 또 마태복음 28:20에서는 "볼지어다. 내가 세상 끝날까지 너희와 항상 함께 있으리라"고 하십니다. 요한복음 3:13에도 아주 놀랄 만한 진술이 나옵니다. "하늘에서 내려온 자 곧 [하늘에 있는] 인자 외에는 하늘에 올라간 자가 없느니라." 그리스도는 땅에 계실 때 자신을 "하늘에 있는" 인자라고 부르셨습니다. 실제로 사도 바울은 그리스도를 "만물 안에서 만물을 충만하게 하시는" 분이라고 쓰고 있습니다(엡 1:23). 이 또한 매우 포괄적인 진술입니다.

또 다른 신적인 속성은 영원하심입니다. "태초에 말씀이 계시니라"(요 1:1). 그리스도의 불변성에 대한 진술도 있습니다. 그는 변하지 않으십니다. 히브리서 13:8은 "예수 그리스도는 어제나 오늘이나 영원토록 동일하시니라"고 말합니다. 또 성경은 당연히 그의 선재하심을 주장하고 있습니다. 골로새서 1:17은 "그가 만물보다 먼저" 계셨다고 말합니다. 또한 주님은 요한복음 17:5에서 "아버지여, 창세전에 내가 아버지와 함께 가졌던 영화로써 지금도 아버지와 함께 나를 영화롭게 하옵소서"라고 기도하셨습니다.

성경은 그리스도께 일정한 신적인 속성들이 있다고 말합니다.

그리스도의
신적 직무

그는 만물을 자기에게 복종하게 하실 수 있는 자의
역사로 우리의 낮은 몸을 자기 영광의 몸의 형체와
같이 변하게 하시리라.
빌립보서 3:21

성경은 그리스도가 일정한 신적 직무를 맡아서 완수하셨다고 말합니다. 가장 우선되는 것은 창조입니다. "만물이 그로 말미암아 지은 바 되었으니 지은 것이 하나도 그가 없이는 된 것이 없느니라"(요 1:3). 같은 내용이 골로새서 1:16과 히브리서 1:10에도 반복되어 나오고 있습니다. 성경은 또한 그리스도가 만물을 유지하신다고 말합니다. 히브리서 1:3은 그리스도가 "그의 능력의 말씀으로 만물을" 붙드신다고 말합니다. 또 골로새서 1:17도 "만물이 그 안에 함께 섰느니라"고 말합니다.

그가 자신에게 죄를 사하는 권세가 있음을 서슴지 않고 주장하셨다는 점에도 주목하십시오. 그는 중풍병자에게 "작은 자야, 네 죄 사함을 받았느니라"고 말씀하셨습니다(막 2:5). 그는 또한 죽은 자를 살리는 권세가 있음도 주장하셨습니다. 이 점은 요한복음 6:39-44에 여러 번 언급되고 있습니다. "나를 보내신 이의 뜻은 내게 주신 자 중에 내가 하나도 잃어버리지 아니하고 마지막 날에 다시 살리는 이것이니라. 내 아버지의 뜻은 아들을 보고 믿는 자마다 영생을 얻는 이것이니 마지막 날에 내가 이를 다시 살리리라 하시니라. 자기가 하늘에서 내려온 떡이라 하시므로 유대인들이 예수에 대하여 수군거려 이르되 이는 요셉의 아들 예수가 아니냐. 그 부모를 우리가 아는데 자기가 지금 어찌하여 하늘에서 내려왔다 하느냐. 예수께서 대답하여 이르시되 너희는 서로 수군거리지 말라. 나를 보내신 아버지께서 이끌지 아니하시면 아무도 내게 올 수 없으니 오는 그를 내가 마지막 날에 다시 살리리라."

또한 사도 바울은 그리스도께 우리 몸의 형체를 변화시키는 권세가 있다고 주장했습니다. "그는 만물을 자기에게 복종하게 하실 수 있는 자의 역사로 우리의 낮은 몸[비천한 몸]을 자기 영광의 몸의 형체와 같이 변하게 하시리라"(빌 3:21).

그리스도는 죄를 사하는 권세가 있음을 서슴지 않고 주장하셨습니다.

이름과 예배

그러므로 너희는 가서 모든 민족을 제자로 삼아
아버지와 아들과 성령의 이름으로 세례를 베풀고.
마태복음 28:19

그리스도의 신성을 입증해 주는 또 다른 증거는 성부 하나님과 성자 예수 그리스도의 이름이 나란히 나온다는 것입니다. 그 보기가 몇 가지 있습니다. 그리스도는 친히 이렇게 말씀하셨습니다. "그러므로 너희는 가서 모든 민족을 제자로 삼아 아버지와 아들과 성령의 이름으로 세례를 베풀고"(마 28:19). 또 로마서 1:7은 "하나님 우리 아버지와 주 예수 그리스도"라고 말하고 있으며, 이른바 '사도의 축도'라는 고린도후서 13:13에도 "주 예수 그리스도의 은혜와 하나님의 사랑과 성령의 교통하심이 너희 무리와 함께 있을지어다"라는 말씀이 나옵니다. 데살로니가전서 3:11도 "하나님 우리 아버지와 우리 주 예수는 우리 길을 너희에게로 갈 수 있게 하시오며"라고 말합니다. 야고보서 1:1에서도 같은 표현을 볼 수 있습니다. "하나님과 주 예수 그리스도의 종 야고보는."

　그리스도의 신성을 입증해 주는 더 구체적인 증거는 그리스도께 신적인 예배가 드려진다는 사실에서 찾아볼 수 있습니다. 그는 이 땅에 계실 때 사람들에게서 그런 예배를 받으셨습니다. 그 이야기가 마태복음 28:9과 누가복음 24:52에 나옵니다. 또 고린도전서 1:2의 권면에서도 같은 내용을 발견할 수 있습니다. 바울은 "각처에서……우리의 주 되신 예수 그리스도의 이름을 부르는 모든 자"라고 말하는데, 이는 곧 예배를 가리키는 말입니다. 또 고린도후서 12:8-9에서도 바울은 "이것이 내게서 떠나가게 하기 위하여 내가 세 번 주께 간구하였더니"라고 말하는데, 문맥으로 볼 때 주 예수 그리스도께 기도한 것이 분명합니다. 사도행전 7:59에는 스데반의 이야기가 나옵니다. 그는 돌을 맞으며 "주 예수여, 내 영혼을 받으시옵소서"라고 기도했습니다. 실제로 주님은 이미 다음과 같은 말씀으로 이 모든 것을 준비시켜 주셨습니다. "이는 모든 사람으로 아버지를 공경하는 것 같이 아들을 공경하게 하려 하심이라"(요 5:23).

그리스도의 인성

아기가 자라며 강하여지고 지혜가 충만하며 하나님의 은혜가 그의 위에 있더라.
누가복음 2:40

성경은 그리스도의 인성에 대해서도 가르치고 있습니다. 예를 들어, 디모데전서 2:5을 보십시오. "하나님은 한 분이시요 또 하나님과 사람 사이에 중보자도 한 분이시니 곧 사람이신 그리스도 예수라." 그리스도는 여기에서 "사람"으로 묘사되고 있습니다. 또 "인자"라고 불리는 경우도 얼마나 많은지를 생각해 보십시오. 복음서를 읽다 보면 이 말에 주목하지 않을 수가 없습니다. 이 말은 무려 80회 이상 사용되고 있습니다! 인자는 매우 특별한 말, 아주 특별한 의미를 지닌 말입니다.

또한 성경은 그리스도가 전형적인 인간의 신체적 본질을 지니고 계셨음을 분명하고도 명확하게, 아주 여러 번 밝히고 있습니다. 히브리서 2:14 말씀을 들어 보십시오. "자녀들은 혈과 육에 속하였으매 그도 또한 같은 모양으로 혈과 육을 함께 지니심은."

이 주제를 살펴볼 때 아주 두드러지게 나타나는 또 하나의 증거는 그가 겉보기에도 분명한 사람이었다는 것입니다. 그뿐 아니라 우리는 그가 전형적인 유대인의 모습을 가지고 계셨음을 입증해 주는 증거도 가지고 있습니다. 여러분은 사마리아 여자가 우물가에서 주님을 만난 일과, 주님이 자신에게 말을 걸었다는 사실에 놀라움을 표한 일을 알 것입니다. "당신은 유대인으로서 어찌하여 사마리아 여자인 나에게 물을 달라 하나이까"(요 4:9). 여자는 이 분이 누구신지 몰랐지만, 자신에게 하는 말을 듣는 즉시 그가 유대인임을 알아차렸습니다.

그리스도의 신체라는 주제하에 성경이 그다음으로 가르치고 있는 내용은, 그가 부활하신 후에도 여전히 인간의 몸을 가지고 계셨다는 것입니다. 그는 도마가 제자들과 함께 방에 있을 때 나타나셔서, 자신이 예전과 똑같은 사람임을 도마에게 확인시켜 주려 하셨습니다. "네 손가락을 이리 내밀어 내 손을 보고 네 손을 내밀어 내 옆구리에 넣어보라. 그리하여 믿음 없는 자가 되지 말고 믿는 자가 되라"(요 20:27).

그리스도는 겉보기에도 분명한 사람이었습니다.

신체적인 제약

그러나 그날과 그때는 아무도 모르나니 하늘에 있는
천사들도, 아들도 모르고 아버지만 아시느니라.
마가복음 13:32

그리스도의 인성을 보여주는 또 다른 증거는 그리스도가 이 땅에 계실
때 지식의 제약스스로 부과한 제약을 받으셨다는 것입니다. 그 예가 마
가복음 11:13의 열매 없는 무화과나무 이야기에 나옵니다. 성경은 주님
이 열매가 있을까 해서 나무에 다가가셨다고 말합니다. 그는 나무에 열
매가 없음을 모르고 계셨습니다. 또 마가복음 13:32에도 지극히 중요하
고 중대한 말이 나옵니다. "그러나 그날과 그때는 아무도 모르나니 하늘
에 있는 천사들도, 아들도 모르고 아버지만 아시느니라." 주님은 다가오
는 그날이 정확히 언제인지 모른다고 하셨습니다. 천사들뿐 아니라 주
님도 모르신다고, 오직 아버지만 아신다고 특별히 말씀하신 것입니다.

　이것은 그리스도의 인성을 보여주는 또 다른 증거로 우리를 이끌어
갑니다. 그것은 그가 신체적 제약을 받으셨다는 것입니다. 요한복음 4장
은 그가 사마리아 여인을 만나셨을 때 피곤한 상태였다고 말합니다. 그
는 제자들과 함께 음식을 사러 가시는 대신 우물가에 앉아 계셨는데, 그
것은 몸이 지쳐 있었기 때문입니다. 또 성경은 그가 배를 타고 바다에
나가셨을 때, 고물에서 베개를 베고 주무셨다고 말합니다(막 4:36-41).
열매 없는 무화과나무의 이야기에서도, 그는 시장한 채로 아침에 예루
살렘을 향해 가고 계셨습니다. 또 겟세마네 동산에서는 피땀을 쏟는 몸
의 고통을 견디셨습니다. 마지막으로 가장 중요하면서도 결정적인 증
거는 당연히 그가 말 그대로 죽으셨다는 사실입니다. 그의 죽음, 곧 신
체적 제약은 그의 인성을 보여주는 궁극적인 증거입니다.

　그의 인성을 보여주는 또 다른 증거는 그가 시험을 받으셨다는 것입
니다. 광야에서 받으신 시험에 대해 전해 주는 복음서 이야기 외에도 히
브리서 2:18에서 그 사실을 찾아볼 수 있습니다.

그리스도는 신체적 제약을 받으셨습니다.

선지자이신 그리스도

나를 본 자는 아버지를 보았거늘.
요한복음 14:9

그리스도는 이 땅에 계실 때 선지자로서 어떻게 활동하셨을까요? 모든 것을 가르침으로써 활동하셨습니다. 그는 성부 하나님에 대해 가르치셨으며, 산상설교를 통해 율법을 강해하셨습니다. 또 하나님의 사랑과 은혜로운 목적, 그 본성과 인격을 모두 말씀해 주셨습니다. 이것은 다 선지자의 역할에 속한 일입니다. 그리고 그중에서도 최고의 일은 그 자신에 대해 알려 주신 것입니다. 이 모든 가르침은 지극히 중요합니다. 제가 이 점을 강조하는 것은 우리 구원의 일부가 주님이 주신 이 지식을 받아들이는 데 있음을 종종 잊어버리기 때문입니다. 이 복음이 바로 우리에게 적용되는 것임을 알아야 하는 이유가 여기 있습니다. 그가 가르치신 모든 내용은 바로 우리에게 적용되는 것입니다. 복음은 그리스도인과 그리스도인의 삶에 없어서는 안 될 필수적인 것입니다. 그리스도는 우리의 선지자이십니다.

또한 그는 삶의 본을 보임으로써 우리를 가르치셨습니다. "나를 본 자는 아버지를 보았거늘"(요 14:9). 이 말은 "나를 보거라. 내가 행한 일을 너희가 보지 않았느냐?"라는 뜻입니다(요 10:37-38 참조). "빌립아,……네가 나를 알지 못하느냐"(요 14:9). "나를 보면 하나님을 알게 될 것이다."

그다음으로 말하고 싶은 점은, 그가 승천하신 후, 이 세상을 떠나 하늘로 돌아가신 후에도 계속 선지자의 역할을 수행하고 계시다는 것입니다. 그는 성령을 통해 말씀하시겠다고 하셨습니다. "내가 아직도 너희에게 이를 것이 많으나 지금은 너희가 감당하지 못하리라. 그러나 진리의 성령이 오시면 그가 너희를 모든 진리 가운데로 인도하시리니 그가 스스로 말하지 않고 오직 들은 것을 말하며 장래 일을 너희에게 알리시리라. 그가 내 영광을 나타내리니 내 것을 가지고 너희에게 알리시겠음이라"(요 16:12-14). 성령은 자의로 말하거나 자신의 이야기를 하는 대신 들은 내용을 전하실 것입니다. 그리스도는 성령을 보내 우리를 교훈하고자 하셨습니다. 성자가 자의로 말하지 않고 성부의 말씀을 전하신 것처럼, 성령도 주님이 교훈하신 내용을 전하십니다.

그리스도는 자신에 대해 알려 주심으로써 선지자의 역할을 수행하셨습니다.

제사장이신 그리스도

그러므로 함께 하늘의 부르심을 받은 거룩한 형제들아, 우리가 믿는 도리의 사도이시며 대제사장이신 예수를 깊이 생각하라.
히브리서 3:1

그리스도가 하나님이 세우신 대제사장이라고 말할 수 있는 근거가 무엇입니까? 자, 성경 중에서 그를 직접적이고 명시적으로 제사장이라고 부르는 책이 단 한 권 있다는 것은 흥미로운 사실입니다. 그 책은 물론 히브리서입니다. 히브리서에는 그리스도를 대제사장으로 부르는 부분이 많이 있습니다. "그러므로 함께 하늘의 부르심을 받은 거룩한 형제들아, 우리가 믿는 도리의 사도이시며 대제사장이신 예수를 깊이 생각하라"(3:1). "그러므로 우리에게 큰 대제사장이 계시니 승천하신 이 곧 하나님의 아들 예수시라"(4:14). "또한 이와 같이 그리스도께서 대제사장 되심도 스스로 영광을 취하심이 아니요 오직 말씀하신 이가 그에게 이르시되 너는 내 아들이니 내가 오늘 너를 낳았다 하셨고"(5:5). "그리로 앞서 가신 예수께서 멜기세덱의 반차를 따라 영원히 대제사장이 되어 우리를 위하여 들어가셨느니라"(6:20). "이러한 대제사장은 우리에게 합당하니 거룩하고 악이 없고 더러움이 없고 죄인에게서 떠나 계시고 하늘보다 높이 되신 이라"(7:26). "이러한 대제사장이 우리에게 있다는 것이라. 그는 하늘에서 지극히 크신 이의 보좌 우편에 앉으셨으니"(8:1).

물론 이 가르침이 함축되어 있는 본문은 성경 여러 곳에 있습니다. 주님이 친히 하신 말씀을 들어 보십시오. "인자가 온 것은 섬김을 받으려 함이 아니라 도리어 섬기려 하고 자기 목숨을 많은 사람의 대속물로 주려 함이니라"(막 10:45). 사도 바울도 계속해서 이 점을 가르쳤습니다. 그는 로마서 3:24-25에서 이렇게 말하고 있습니다. "그리스도 예수 안에 있는 속량으로 말미암아 하나님의 은혜로 값없이 의롭다 하심을 얻은 자 되었느니라. 이 예수를 하나님이 그의 피로써 믿음으로 말미암는 화목제물로 세우셨으니 이는 하나님께서 길이 참으시는 중에 전에 지은 죄를 간과하심으로 자기의 의로우심을 나타내려 하심이니."

그리스도인과 세상

또 아는 것은 우리는 하나님께 속하고 온 세상은 악한
자 안에 처한 것이며.
요한일서 5:19

신약성경은 겉모습이야 어떻게 변하든 간에 세상은 항상 죄와 악의 지배 아래 있다고 가르칩니다. 물론 악의 세력이 상당히 누그러질 수 있다는 사실은 저도 인정하며, 실제로 지난 몇백 년간 그 세력이 누그러진 것도 사실입니다. 이처럼 세상이 좀 나아진 때도 있었지만, 곧이어 끔찍한 내리막길이 이어지곤 했습니다. 신약성경은 세상의 모든 시대가 "악한 자 안에" 속해 있다고 가르칩니다.

저는 이 점에서 우리가 지난 백 년간 계속 속아 왔다고 생각합니다. 제가 "우리"라고 말하는 것은 비그리스도인들뿐 아니라 그리스도인들도 똑같이 속아 넘어갔기 때문입니다. 19세기 말로 가면서 사람들은 세상이 기독교화되고 있다고 확신했습니다! 그러나 피상적인 변화에 현혹되어서는 안 됩니다. 요한은 이들에게 세상이 사단과 죄의 지배 아래 있다고 말합니다. 세상은 악의 손아귀에 잡혀 있습니다. 지금까지 늘 그래 왔고, 앞으로도 늘 그럴 것입니다.

신약성경에 따르면(여기에서 현실주의를 배우게 되는데), 세상은 언제나 세상으로 남아 있을 것이며 결코 개선되지 않을 것입니다. 저는 미래를 알지 못합니다. 분명한 개혁과 개선의 시기가 또 오겠지만, 그래도 세상은 계속 "악한 자 안에" 있을 것입니다. 실제로 신약성경은 세상이 "더욱 악하여"질 것이라고 말하고 있습니다(딤후 3:13). 악은 세상과 세상의 삶에 본질적인 것이기에, 그 마지막은 심판과 멸망으로 나타나게 되어 있습니다. 우리는 성경 곳곳에서 이 가르침을 찾아볼 수 있습니다. 세상의 악은 제거될 수 없습니다. 파괴되어야 합니다. 세상은 최후의 절정에 이르러 무서운 종말을 맞이하게 될 것입니다.

신약성경은 세상 모든 시대가 "악한 자 안에" 속해 있다고 가르칩니다.

충만하게
계속되는 기쁨

우리가 이것을 씀은 우리의 기쁨이 충만하게 하려 함이라.
요한일서 1:4

사도 요한은 이 편지를 받는 그리스도인들이 악한 자의 권세 아래 있는 세상에 살면서도 기쁨을 충만히 경험하기를 간절히 바라고 있습니다.

이것이 신약성경이 우리에게 제시하며 약속하고 있는 놀라운 내용입니다. 이것은 요한일서에만 나오는 메시지가 결코 아닙니다. 바울이 빌립보 교회에 보낸 편지에도 나옵니다. "주 안에서 항상 기뻐하라. 내가 다시 말하노니 기뻐하라"(4:4). 주님은 요한복음 16:33에서 "세상에서는 너희가 환난을" 당할 것이라고 예견하셨습니다. 세상을 악한 곳으로 묘사하며, 그런 세상에서 예상되는 일이 무엇인지 미리 경고해 주신 것입니다. 주님은 "세상이 너희를 미워하면 너희보다 먼저 나를 미워한 줄을 알라"고 말씀하시면서(요 15:18), 그럼에도 그들에게 주님의 기쁨을 주겠다는 위대한 약속을 해주셨습니다. 그가 십자가에 달리실 때, 그리고 부활하시기 전에 잠시 슬프고 비참한 시기가 찾아올 것입니다. 그러나 주님은 "내가 다시 너희를 보리니 너희 마음이 기쁠 것이요 너희 기쁨을 빼앗을 자가 없으리라"고 말씀하셨습니다(요 16:22). 또 "내가 이것을 너희에게 이름은……너희 기쁨을 충만하게 하려 함이라"고도 말씀하셨습니다(요 15:11). 요한은 자신의 첫 번째 서신에서 이 말씀을 반복하고 있습니다.

이것이 그리스도의 약속입니다. 이 기쁨보다 더 사도행전에 특징적으로 나타나는 요소는 없을 것입니다. 스스로 지쳐서 영적인 격려가 필요하다는 느낌이 들 때에는 사도행전을 펼치십시오. 주님의 약속이 사실임을 확증해 주는 기쁨, 억누를 수 없는 기쁨을 사람들이 경험하고 있는 장면을 보게 될 것입니다.

주님은 세상을 악한 곳으로 묘사하시면서도, 주님이 가지고 계신 기쁨을 주겠다는 위대한 약속을 해주셨습니다.

기쁨을 알려면

우리가 이것을 씀은 우리의 기쁨이 충만하게 하려
함이라.
요한일서 1:4

이 기쁨을 계속 누리고 지키기 위해 절대적으로 필요한 첫 번째 조건은 주 예수 그리스도를 완전한 중심에 모시는 것입니다. 요한은 요한일서 1:1-4에서 그리스도에 대한 이야기를 가장 먼저 꺼내고 있습니다. "태초부터 있는 생명의 말씀에 관하여는 우리가 들은 바요 눈으로 본 바요 자세히 보고 우리의 손으로 만진 바라. 이 생명이 나타내신 바 된지라. 이 영원한 생명을 우리가 보았고 증언하여 너희에게 전하노니 이는 아버지와 함께 계시다가 우리에게 나타내신 바 된 이시니라. 우리가 보고 들은 바를 너희에게도 전함은 너희로 우리와 사귐이 있게 하려 함이니 우리의 사귐은 아버지와 그의 아들 예수 그리스도와 더불어 누림이라. 우리가 이것을 씀은 우리의 기쁨이 충만하게 하려 함이라."

그리스도를 알기 전에는 어떤 기쁨도 알 수 없습니다. 그가 기쁨의 근원이십니다. 모든 복의 원천이십니다. 모든 것이 그로부터 나옵니다. 그래서 요한이 다른 논의를 시작하기 전에 그리스도에 대한 이야기부터 꺼낸 것입니다.

이것이 기독교의 설교 및 가르침과 다른 가르침들을 가르는 중대한 분수령입니다. 기독교의 설교 및 가르침은 오직 주 예수 그리스도께 그 기초를 두고 있습니다. 세상이 그를 믿기 전까지는 교회가 해줄 말이 아무것도 없습니다. 그때 교회가 세상에게 줄 수 있는 메시지는 정죄의 메시지뿐입니다. 그리스도가 중심이자 핵심이시며 처음이자 마지막이시기에, 요한은 이들이 그리스도를 지극히 분명하게 알지 않는 한 격려의 말을 해줄 수가 없었습니다. 우리는 오직 그를 통해서만 하나님께 나아갈 수 있습니다. 오직 그를 통해서만 하나님과 사귈 수 있습니다.

그리스도를 알기 전에는 어떤 기쁨도 알 수 없습니다.

하나님과의 사귐을 막는 장애물

우리가 그에게서 듣고 너희에게 전하는 소식은 이것이니 곧 하나님은 빛이시라. 그에게는 어둠이 조금도 없으시다는 것이니라.
요한일서 1:5

하나님과의 사귐을 방해하며 우리에게서 그 사귐을 빼앗으려 하는 것들이 있습니다. 기쁨을 주는 사귐과 우리 사이를 막는 것들이 있습니다.

첫째는 죄, 곧 불의입니다. 요한은 우리가 충만한 기쁨을 누릴 수 있다고 말했습니다(요일 1:4). 그런데 바로 다음에 우리를 거의 주저앉히는 듯한 말씀이 나옵니다. "우리가 그에게서 듣고 너희에게 전하는 소식은 이것이니 곧 하나님은 빛이시라. 그에게는 어둠이 조금도 없으시다는 것이니라." 이 말대로라면 사귐은 바랄 수도 없습니다. 그러나 감사하게도 요한은 연이어 이 문제를 해결할 방법을 보여주고 있습니다. 우리가 죄를 인정하고 자백하면 그 피가 우리를 깨끗하게 하실 것이며 미쁘고 의로우신 하나님이 우리 죄를 사해 주신다는 것입니다(1:7, 9).

요한은 요한일서 2:9에서 두 번째 장애물을 이야기하는데, 그것은 형제를 사랑하지 않는 것입니다. 우리와 하나님의 관계에 문제가 생기면 사귐이 끊어지고 기쁨이 사라집니다. 우리와 형제자매들과의 관계에 문제가 생겨도 기쁨은 사라집니다. 요한은 이 문제를 아주 치밀하게 다루고 있습니다. 형제와의 관계가 깨지면 하나님과의 관계도 깨지고, 마찬가지로 하나님을 향한 사랑도 잃게 됩니다.

세 번째 장애물은 세상을 사랑하는 것, 곧 세상의 쾌락과 죄로 물든 사고방식 전체를 동경하거나 갈망하는 것입니다. 이 또한 하나님과의 사귐을 방해합니다. 빛과 어둠은 서로 섞일 수 없습니다.

요한이 요한일서 2장 마지막 부분에서 하나님과의 사귐을 방해하는 네 번째 장애물로 제시하는 것은 예수 그리스도가 누구신지에 대한 잘못된 가르침입니다. 우리는 분명 그리스도를 통해서만 하나님께 나아갈 수 있습니다. 그런데 그 그리스도에 관한 가르침이나 교리를 잘못 배울 때, 하나님과의 교제는 자동적으로 깨지고 기쁨 또한 사라지게 됩니다.

선포

교회가 이 모양이 되고 세상과 사회가 이 모양이 된 대부분의 이유는 교회의 설교에서 선포가 사라져 버린 데 있습니다. 교회 강단에 서는 사람의 임무는 "제가 제안하는 바는"이라든지, "이렇게 표현해도 된다면"이라든지, "제가 전반적으로 생각하는 바는"이라든지, "제가 대체로 수긍하는 바는"이라든지, "제가 조사하고 연구하고 사색해 본 결과 모든 내용이 이 방향을 지시하는 것 같습니다"라는 식으로 말하는 것이 아닙니다. 절대 아닙니다! "너희에게도 전함[선포함]은."

오래전부터 교회와 설교자들이 자주 듣는 비난은 독단적이라는 것입니다. 그러나 신약성경의 의미로 볼 때 독단적이지 않은 설교자는 설교자가 아닙니다. 자기의 견해를 밝힐 때에는 신중해야 하며, 자기가 사색한 내용을 발표할 때에는 조심해야 합니다. 그러나 감사하게도 우리는 그런 범주에 해당되지 않습니다. 따라서 그런 문제로 염려할 필요가 없습니다. 우리는 세상을 설명하고 세상에서 우리가 할 수 있는 바를 설명해 주는 괜찮은 이론을 제시하려는 것이 아닙니다. 신약성경의 전체적인 토대는 이것이 선언이며 선포라는 것입니다. 신약성경은 바로 이 점을 주장하고 있습니다.

신약성경에 따르면 복음은 전령입니다. 나팔을 불며 사람들을 불러 모아 소식을 전하는 자와 같습니다. 전령은 그 내용을 전달하는 데 망설임이 없습니다. 그의 임무는 자신이 전달받은 내용을 그대로 되풀이하는 것입니다. 여기에서 무엇보다 중요한 점은, 전달 내용의 신빙성을 검사하는 것은 전달자의 임무가 아니라는 사실입니다. 그는 전달만 하면 됩니다. 우리는 하나님 나라의 대사입니다. 자기 생각이나 신념을 밝히는 것은 대사의 임무가 아닙니다. 본국 정부가 그에게 맡긴 일은 메시지를 전달하는 것입니다. 이것이 신약성경에 나오는 설교자들의 자세이며, 요한이 여기에서 말하고 있는 내용입니다. 요컨대 "내게는 밝혀야 할 놀라운 내용이 있다"라는 자세를 가져야 하는 것입니다.

복음을 전하는 자는 나팔을 불며 사람들을 불러 모아 소식을 전하는 자와 같습니다.

사도들의 권위

태초부터 있는 생명의 말씀에 관하여는 우리가 들은 바요 눈으로 본 바요 자세히 보고 우리의 손으로 만진 바라.
요한일서 1:1

교회의 선포는 사도들의 권위를 힘입어 우리에게 전달됩니다. 베드로후서 1:16을 보십시오. 우리의 유일한 권위는 사도들의 증거입니다. 우리가 가진 복음은 그들의 말에 토대를 두고 있습니다. 요한은 요한일서 첫머리에서 이 점을 계속 이야기하고 있습니다. 그는 '보았다'라는 말을 세 번 하고 '우리가 들었다'라는 말을 두 번 합니다. 또 '우리가 만졌다'라는 말도 하고 있습니다. 요한이 이 점을 반복하여 강조하는 것은 이것이야말로 설교의 전체 토대이기 때문이며, 이것을 떠나서는 어떤 메시지도 존재할 수 없기 때문입니다. 이 메시지는 사도들이 듣고 보고 증거하며 경험하고 공유한 것입니다.

자, 우리가 첫째로 다시 확인해야 하는 것은 증거와 체험의 본질적인 차이입니다. 그리스도인으로서 우리의 근본적인 권위는 어디에서 나옵니까? 오늘날에는 체험에서 나온다고 보는 이들이 많습니다. 얼마 전, 한 그리스도인과 인본주의적인 현대 과학자 사이에 벌어진 토론을 라디오에서 듣고 기록해 놓은 글을 보았습니다. 그 과학자는 토론 중에 이렇게 물었다고 합니다. "하나님이 실제로 존재하신다는 주장의 결정적인 증거는 무엇입니까?" 그 글을 쓴 사람은 이렇게 말했습니다. "내 생각에는 그리스도인이 참패했다. 그는 여러 주장을 제시하려 했는데, 그럴 것이 아니라 그 인본주의 과학자를 향해 '내가 바로 그 증거요'라고 말해야 했다."

제가 그 자리에 있었다면 전적으로 그 그리스도인의 편을 들었을 것입니다. 왜냐하면 저 자신이나 저의 체험은 하나님의 존재에 대한 증거가 못 되기 때문입니다. 하나님의 존재를 보여주는 유일한 분은 주 예수 그리스도이십니다. 이런 것들을 믿도록 도와주고 지원해 주며 확신시켜 준다는 점에서는 체험도 소중한 것이지만, 그렇다고 거기에 내 신분의 토대를 두어서는 안 됩니다.

그리스도인의 경험

우리가 보고 들은 바를 너희에게도 전함은 너희로 우리와 사귐이 있게 하려 함이니 우리의 사귐은 아버지와 그의 아들 예수 그리스도와 더불어 누림이라.
요한일서 1:3

그리스도인의 경험은 명확하며 확실합니다. "우리가 보고 들은 바를 너희에게도 전함은 너희로 우리와 사귐이 있게 하려 함이니." 자신이 무엇을 경험했는지도 모르면서 어떻게 그 경험을 남들과 나누기 바라겠습니까? 그러므로 우리는 이 사실, 그리스도인의 경험은 모호하지 않으며 불명확하거나 불확실하지 않다는 사실에서부터 출발해야 합니다. 그리스도인의 경험은 뚜렷한 것으로서, 참된 그리스도인은 자신이 무엇을 경험했고 무엇을 가졌는지 분명히 압니다. 자신에게 일어난 일과 자신의 신분을 확신하지 못해서 헤매는 법이 없습니다. 요한은 이렇게 말합니다. "우리가 이것을 씀은 우리의 기쁨이 충만하게 하려 함이라"(요일 1:4). 곧 자신들이 가진 것을 우리와 나누려 한다는 것입니다. 상대방과 무엇을 나누어야 할지도 정확히 모르면서 무조건 나누자고 할 수는 없는 노릇입니다.

우리는 지금 신약의 중요한 교리라고 할 수 있는 구원의 확신 문제를 다루고 있습니다. 이것은 상당히 많은 비판을 받는 교리입니다. 사람들은 이것을 주제넘은 일로 생각합니다. 구원을 확신한다는 것은 불가능한 일로서, 누구도 구원을 확신한다고 주장해서는 안 된다고 말합니다.

그러나 요한은 자신이 알고 있는 바를 우리에게 말하고 있습니다. 자신이 알고 경험한 바가 있기 때문에 이 서신을 쓰고 있는 것입니다. 그리스도인들은 구원을 희망하는 사람들이 아니라 구원을 경험한 사람들입니다. 그들은 이미 구원을 받았습니다. 거기에는 불확실한 구석이 한 군데도 없습니다. 그들은 자신들이 "믿는 자를……알고" 있습니다(딤후 1:12). 요한도 이 구원을 받았기 때문에 그에 대해 쓰고 있는 것입니다.

그리스도인들은 구원을 희망하는 사람들이 아니라, 구원을 경험한 사람들입니다.

사귐

우리의 사귐은 아버지와 그의 아들 예수 그리스도와 더불어 누림이라.
요한일서 1:3

사귐이란 무엇입니까? 사귄다는 것은 함께한다는 것입니다. 참여자나 동반자가 되는 것이라고 해도 좋습니다. 그런 개념이 이 단어 안에 들어 있습니다. 우리는 그 뜻을 다음과 같이 생각할 수 있습니다. 그리스도인 이란 하나님의 생명을 공유하는 사람이라고 말입니다. 사귐은 이토록 엄청나고 놀라운 말입니다. 그러나 성경은 그렇게 가르치고 있으며, 신약성경은 바로 그것을 우리에게 제안하고 있습니다.

베드로는 이렇게 말합니다. "이로써 그 보배롭고 지극히 큰 약속을 우리에게 주사 이 약속으로 말미암아 너희가 정욕 때문에 세상에서 썩어질 것을 피하여 신성한 성품에 참여하는 자가 되게 하려 하셨느니라"(벧후 1:4). 바로 이것입니다. 이와 비슷한 본문들이 성경 다른 곳에도 많이 있습니다. 실제로 중생과 새로운 출생이라는 교리 전부가 여기로 수렴됩니다. 거듭남, 위로부터 남, 성령으로 남, 이 모든 말은 정확히 같은 개념을 전달하고 있습니다. 요한이 편지를 받는 자들의 마음에 그토록 심어 주고 싶어 한 내용이 바로 이것입니다. 곧, 그리스도인은 단순히 전보다 약간 나아진 사람이 아니며 자기 삶에 무언가를 덧붙인 사람이 아니라는 것입니다. 그리스도인은 신적인 생명을 받은 사람입니다.

우리는 놀랍고도 경이로운 방식을 통해, 우리가 신적인 본성에 참여하는 자가 되었으며 하나님의 존재가 우리 안에 들어오게 되었다는 사실을 알게 됩니다. 어떻게 이런 일이 일어났는지는 모릅니다. 이것은 해부학 교실에서 알아낼 수 있는 일이 아닙니다. 몸을 해부한다고 영혼을 찾아낼 수 없는 것처럼, 몸을 해부한다고 그 존재를 찾아낼 수는 없습니다. 그러나 그 존재는 분명히 우리 안에 있으며, 우리는 그것을 의식하고 있습니다. 우리 안에 한 존재가 있습니다. "내가 사는 것이 아니요 오직 내 안에 그리스도께서 사시는 것이라"(갈 2:20). 그 방법은 모릅니다. 그에 대해서는 후에 영광스럽게 이해할 날이 올 것입니다. 그러나 어찌 되었든지 간에 우리가 지금 하나님의 생명을 공유하고 있다는 사실은 분명히 압니다.

그리스도인은 하나님의 생명을 공유하는 사람입니다.

우리 편에서 본 사귐

우리의 사귐은 아버지와 그의 아들 예수 그리스도와 더불어 누림이라.
요한일서 1:3

"우리의 사귐은 아버지와……더불어 누림이라." 우리는 하나님과 교제하고 있습니다. 먼저 우리 편에서 이 교제를 살펴볼 수 있습니다. 우리 편에서 볼 때 그리스도 안에서 이루어진 이 놀라운 일이 의미하는 바는 무엇입니까? 그 분명하고도 필연적인 의미는 우리가 이제 하나님을 알게 되었다는 것입니다. 하나님은 더 이상 하늘 어딘가에 계시는 낯선 분이 아닙니다. 어딘가에서 홀연히 나타나는 힘이나 세력도 아니고 최고의 기운도 아닙니다. 멀리 계시는 군주나 입법자도 아닙니다. 이제 우리는 그를 알고 있습니다.

이 점을 특별히 다루고 있는 사도 바울의 경우를 생각해 보십시오. 바울은 갈라디아 교회에 "너희는 하나님을 알고 있다"고 말하고 있습니다. "이제는 너희가 하나님을 알 뿐 아니라 더욱이 하나님이 아신 바 되었거늘"(갈 4:9). 바로 이 개념입니다. 하나님은 우리에게 실제적인 분이 되셨습니다. 우리는 그를 알고 있습니다. 여기에 사귐의 핵심이 있습니다. 모르는 사람과 교제하거나 대화할 수는 없는 법입니다. 이제 거리감은 사라졌습니다. 친밀함과 지식이 생겨났습니다.

그리스도인은 하나님을 알게 된 사람들이지만 그것이 전부는 아니라고 요한은 말합니다. 그리스도인은 하나님을 위대한 분으로만 아는 것이 아니라—경외감으로 말하건대—아버지로 아는 사람들입니다. 요한이 단어를 주의 깊게 골라서 "우리의 사귐은 아버지와……더불어 누림이라"고 말한 이유가 여기 있습니다. 그리스도인은 하나님을 의지하는 사람들이며 그를 "아빠, 아버지"라고 부르는 사람들입니다. 그것이 바울이 로마서 8:15에서 말하고 있는 바입니다. 우리는 양자의 영을 받았고, 그 결과 하나님의 자녀가 되어 그분을 친밀히 알게 되었으며 "아빠, 아버지"라고 부르게 되었습니다. 이는 우리가 하나님을 즐거워하고 그의 임재를 기뻐하게 되었다는 뜻이기도 합니다. 우리는 하나님을 이렇게 알고 있습니다.

그 분명하고도 필연적인 의미는 우리가 이제 하나님을 알게 되었다는 것입니다.

하나님 편에서 본 사귐

우리의 사귐은 아버지와 그의 아들 예수 그리스도와 더불어 누림이라.
요한일서 1:3

사귐에는 언제나 양편이 있기 마련입니다. 이번에는 하나님 편에서 사귐을 살펴보겠습니다. 바울은 빌립보서에서 "너희 안에서 행하시는 이는 하나님이시니 자기의 기쁘신 뜻을 위하여 너희에게 소원을 두고 행하게 하시나니"라고 말합니다(빌 2:13). 이것이 우리가 하나님과 사귀는 방법입니다. 사귐에 대한 거룩한 욕구가 솟구치면서 "하나님이 내게 말씀하신다. 하나님이 내게 무언가를 말씀하시며 반응할 것을 요구하신다"라고 말하게 됩니다. 또 요한은 요한일서 뒷부분에서 "우리가 사랑함은 그가 먼저 우리를 사랑하셨음이라"고 말합니다(4:19). 하나님은 이런 방법으로 우리와 사귀십니다.

그뿐 아니라 하나님은 그 뜻을 우리에게 보여주십니다. 우리가 무엇을 하기 원하는지 보여주시며, 우리를 인도해 주십니다. 문을 열기도 하시고 닫기도 하십니다. 장애물이나 걸림돌을 주실 때도 있습니다. 여러분은 제가 무슨 말을 하는지 알 것입니다. 이것은 여러분이 하나님의 손안에 있음을 안다는 뜻인 동시에, 그가 여러분을 다루시며 여러분이 인생의 여정을 걸어갈 때 함께하심을 안다는 뜻이기도 합니다. 때로는 왜 문이 열리지 않는지 이해가 되지 않습니다. 여러분은 가고 싶은 길이 있음에도 좀처럼 길이 열리지 않는다고 말합니다. 하지만 하나님이 나와 함께 계시니 그가 문을 닫으셨으리라고 받아들입니다. 그러다가 갑자기 문이 열리고, 자신과 동행하시는 그분이 문을 여셨음을 깨닫게 됩니다. 이것이 하나님과 사귀는 것입니다. 곧, 그가 우리 삶을 움직이시고 우리에게 말씀하시며 지혜와 깨달음을 주시는 등의 여러 가지 방식으로 함께하심을 아는 것입니다. 이런 일에는 위험도 따르기 때문에 조심스럽게 제한할 필요가 있습니다. 그러나 사귐과 교제에는 꼭 이런 일이 따르게 마련입니다.

또한 하나님은 우리의 필요와 상황에 따라 힘을 공급해 주십니다.

하나님과 사귄다는 것은 그가 함께하심을 아는 것입니다.

하나님의
거룩하심

우리가 그에게서 듣고 너희에게 전하는 소식은
이것이니 곧 하나님은 빛이시라. 그에게는 어둠이
조금도 없으시다는 것이니라.
요한일서 1:5

요한은 바로 앞 절에서 "우리가 이것을 씀은 우리의 기쁨이 충만하게 하려 함"이라고 했습니다. 그렇다면 어떻게 충만하게 될까요? "우리가 그에게서 듣고 너희에게 전하는 소식은 이것이니 곧 하나님은." 그다음에 나올 말이 무엇이겠습니까? 제가 볼 때 우리 대부분이 기대하는 말은 "사랑이시다"나 "자비하시다", 혹은 "긍휼하시다"입니다. 그런데 요한은 우리의 정신을 번쩍 들게 하는 말을 하고 있습니다. "빛이시라. 그에게는 어둠이 조금도 없으시다는 것이니라." 우리는 요한에게 묻고 싶습니다. "하나님이 우리에게 놀라운 기쁨을 주신다고 했다가 갑자기 이런 말을 꺼내는 이유가 무엇입니까?"

그러나 이것이 바로 그가 말하고자 하는 바입니다. 아무리 꼭 필요한 지식이라 해도 하나님에 대해 알고 있는 기존의 지식에서부터 출발해서는 안 됩니다. 하나님은 철학의 근원이라는 생각에서부터 출발해서는 안 됩니다. 심지어 사랑이라는 생각에서부터 출발해서도 안 됩니다.

우리가 즉시 알게 되는 바는, 요한의 말이 특히 1860년 이후 유행했던 경향과 완전히 상반된다는 사실입니다. 지난 100년간 사람들이 설교해 온 큰 주제는 "하나님은 사랑"이시라는 것이었습니다. 사람들은 그 점을 강조하면서, 우리 조상, 특히 청교도들이 설교했던 공의와 의와 회개와 죄와 심판과 죽음 같은 주제들은 예수 그리스도의 복음과 전적으로 반대되는 것이며 그 복음을 부인하는 것이라고 말해 왔습니다. 사람들은 하나님이 사랑이시라고, 우리에게 필요한 메시지가 바로 이것이며 하나님은 사랑으로 우리와 만나신다고 말해 왔습니다. 복음을 얼마나 우습게 만드는 주장입니까! 복음이 전하는 메시지는 이것입니다. "하나님은 빛이시라. 그에게는 어두움이 조금도 없으시니라."

하나님은 철학의 근원이시라는 생각에서 출발해서는 안 됩니다. 심지어 사랑이시라는 생각에서
출발해서도 안 됩니다.

조

만일 우리가 범죄하지 아니하였다 하면 하나님을
거짓말하는 이로 만드는 것이니 또한 그의 말씀이
우리 속에 있지 아니하니라.
요한일서 1:10

죄가 없다고 말하는 것은 자신이 용서받아야 할 죄인임을 깨닫지 못한 탓입니다. 죄의 본질을 깨닫지 못한 탓이며, 자신의 본성 자체가 죄로 가득 차 있음을 파악하지 못한 탓이고, 우리 모두 실제로 죄를 지어 죄 사함을 받아야 한다는 사실을 이해하지 못한 탓입니다.

어떤 이는 이렇게 말할지도 모릅니다. "네, 저는 하나님을 믿으며 그분과 사귀기를 좋아합니다. 하지만 아시다시피 저는 죄가 무엇인지 모르고 살아왔습니다. 그래서 목사님의 교리를 이해할 수가 없습니다. 길거리에 모인 사람들에게 이런 교리를 전했다면 이해할 수 있었겠지요. 하지만 저는 기독교 집안에서 자랐고 언제나 선하게 살려고 노력했습니다. 왜 제가 회개하고 회심해야 할 죄인인지 도무지 모르겠습니다."

자, 그런 입장에 대해 요한이 하는 말은 이것입니다. "하나님을[그를] 거짓말하는 이로 만드는 것이니 또한 그의 말씀이 속에 있지 아니하니라." 자신이 용서받아야 할 죄인임을 깨닫지 못하는 사람, 자신에게는 늘 용서가 필요했고 지금도 용서가 필요하다는 사실을 깨닫지 못하는 사람, 스스로 그리스도인으로서 늘 완전했고 지금도 완전하다고 생각하는 것은 하나님을 거짓말하는 이로 만드는 것이라고 요한은 말합니다. 흠정역(KJV)에 나오는 "그"는 다름 아닌 하나님을 가리키는 말이기 때문입니다. 요한이 여기에서 말하는 것은 성경을 처음부터 끝까지 관통하고 있는 가르침이기도 합니다.

그렇다면 요한이 가르치는 바는 무엇일까요? 바울은 로마서 3장에서 그 가르침을 완벽하게 요약해 주고 있습니다. 그의 판결은 이렇습니다. "의인은 없나니 하나도 없으며"(10절). 이것이 성경의 교리입니다. 따라서 스스로 죄를 짓지 않았다고 말하는 사람은 성경의 교리를 부인하는 것입니다.

사귐을
분석하는 일

만일 우리가 하나님과 사귐이 있다 하고 어둠에 행하면 거짓말을 하고 진리를 행하지 아니함이거니와 그가 빛 가운데 계신 것 같이 우리도 빛 가운데 행하면 우리가 서로 사귐이 있고 그 아들 예수의 피가 우리를 모든 죄에서 깨끗하게 하실 것이요.
요한일서 1:6-7

이 사귐이 실제로 이루어지게 하기 위해 우리도 할 일이 있고 하나님도 하실 일이 있습니다. "그가 빛 가운데 계신 것 같이 우리도 빛 가운데 행하면 우리가 서로 사귐이 있고." 이것은 우리가 할 일입니다. "그 아들 예수의 피가 우리를 모든 죄에서 깨끗하게 하실 것이요." 이것은 하나님이 하실 일입니다. "만일 우리가 우리 죄를 자백하면"(9절). 이것도 우리가 할 일입니다. 그러면 하나님은 "미쁘시고 의로우사 우리 죄를 사하시며 우리를 모든 불의에서 깨끗하게 하실 것"입니다. 이러한 사귐의 문제를 다룰 때 꼭 밝혀야 할 점이 있습니다. 논리적인 차원에서는 계속 두 측면, 하나님 편과 사람 편으로 나누어 생각하게 되지만, 사귐이란 서로 함께하는 상호작용이기 때문에 사실 두 측면은 항상 섞여 있다는 점입니다.

다시 말해서 사귐은 기계적인 것이 아니라 항상 살아 있는 유기적인 것입니다. 물론 사귐을 제대로 이해하려는 목적으로 생각을 명료하게 하기 위해 지금 우리처럼 두 측면으로 나누어서 분석할 수는 있지만, 원래는 유기적인 것임을 기억해야 합니다. 예를 들어 보겠습니다. 사귐을 분석하는 일은 음악가들이 소나타나 교향곡 같은 작품을 분석하는 일과 같습니다. 하나의 음악 작품은 여러 부분으로 구성되어 있으며, 여러분은 그 각 부분을 나누어서 분석할 수 있습니다. 그러나 참으로 그 작품을 감상하려 한다면 그것이 하나의 전체를 이루고 있다는 사실을 항상 염두에 두고 있어야 합니다. 분석하면서 여러 조각과 부분으로 나누어 놓기만 할 수는 없습니다. 여러 부분이 있기는 하지만 그 부분들은 전부 하나의 전체에 속해 있기 때문입니다.

사귐은 기계적인 것이 아니라 항상 살아 있는 유기적인 것입니다.

빛 가운데 행함

만일 우리가 하나님과 사귐이 있다 하고 어둠에 행하면 거짓말을 하고 진리를 행하지 아니함이거니와 그가 빛 가운데 계신 것 같이 우리도 빛 가운데 행하면 우리가 서로 사귐이 있고 그 아들 예수의 피가 우리를 모든 죄에서 깨끗하게 하실 것이요.
요한일서 1:6-7

요한은 "빛 가운데 행하면"이라는 구절을 좋아합니다. 자신의 복음서에서도 이 개념을 자주 사용하고 있으며, 지금 여기에서도 사용하고 있습니다. 이 표현을 문자 그대로 받아들인다면 절대적인 완전함이라는 한 가지 뜻을 가리킨다고 해야 할 텐데, 표면적으로만 보더라도 명확히 그런 뜻으로는 생각할 수가 없습니다. 하나님이 빛 가운데 계신 것 같이 우리도 빛 가운데 행하라는 말을 엄격하게 문자적으로 받아들일 때 나올 수 있는 결론은 하나뿐입니다. 죄 사함을 받고 그리스도인이 될 수 있는 유일한 희망은 하나님이 완전하신 것처럼 우리도 완전해져야 한다는 것입니다.

그러나 그것은 분명히 불가능한 일입니다! 우리 중에 완전한 사람이 누가 있습니까? 죄 없는 사람이 누가 있습니까? "만일 우리가 죄가 없다고 말하면 스스로 속이고 또 진리가 우리 속에 있지 아니할 것이요"(8절). 그러므로 우리는 절대적으로 완전할 수가 없습니다. 여기에서 우리가 즉시 알게 되는 사실은, 요한이 어떤 맥락에서 이런 묘사를 관용적으로 사용했느냐 하는 관점에서 이 말을 해석해야 한다는 것입니다. 우리는 그 열쇠를 어둠에 행하는 일에 대해 말하고 있는 요한일서 1:6에서 찾아볼 수 있습니다. "만일 우리가 하나님과 사귐이 있다 하고 어둠에 행하면 거짓말을 하고 진리를 행하지 아니함이거니와."

우리는 "빛 가운데 행하면"이라는 구절을 "어둠에 행하면"이라는 구절의 반대되는 의미로, 정확히 반대되는 의미로 해석해야 합니다. 그러므로 이 구절은 우리가 절대적으로 완전해져야 한다는 것을 의미하지 않습니다. 이 구절의 진정한 의미는 우리가 전혀 다른 영역, 빛의 나라와 하나님 나라에 속하게 되었다는 것입니다.

우리는 전혀 다른 영역, 빛의 나라와 하나님 나라에 속해 있습니다.

칭의와 성화

만일 우리가 우리 죄를 자백하면 그는 미쁘시고
의로우사 우리 죄를 사하시며 우리를 모든 불의에서
깨끗하게 하실 것이요.
요한일서 1:9

요한은 칭의(의롭다 하심)나 성화(거룩하게 하심)라는 용어를 사용하지
않습니다. 이런 용어를 중요하게 사용한 사람은 바울입니다. 그러나 요
한도 당연히 똑같은 교리를 가르치고 있습니다. 저는 이 문제와 관련
하여 많은 혼란이 일어나고 있는 이유가 사람들이 이 사실을 보려 하지
않는 데 있다고 생각합니다. 사도 바울이 칭의나 성화, 의로움이나 구속
같은 용어를 통해 논리적이고 법률적인 방식으로 진리를 가르친다면,
요한은 똑같은 진리를 그림을 그리는 듯한 자신만의 방식으로 가르칩
니다.

　칭의란 무엇입니까? 칭의는 신약성경의 용어로서 하나님 앞에서 우
리의 위치를 가리키는 말입니다. 칭의는 죄가 용서되었음을 의미할 뿐
아니라 죄가 처리되고 제거되었음을 의미합니다. 칭의는 하나님이 우
리를 죄 없는 의인으로 여기신다고 선언합니다. 다시 말해서 용서보다
강한 의미를 가지고 있는 것입니다. 용서를 받아도 죄는 그대로 남아 있
습니다. 그러나 하나님은 칭의를 통해 그 죄책을 완전히 제거하시며 그
죄를 제거하십니다. 그 죄 때문에 우리를 벌하지 않으십니다. 우리를 죄
없는 의인으로 여기십니다. 우리의 죄를 완전히 제거하십니다.

　또한 성화란 죄의 원리가 처리된 상태를 가리킵니다. 칭의는 우리 안
에 있는 죄의 원리를 처리해 주지는 않습니다. 이미 지은 죄를 처리해 줄
뿐입니다. 죄가 용서되고 죄와 죄책이 제거된 후에도 죄의 원리는 여전
히 우리 안에 남아 있습니다. 신약성경이 말하는 성화란 우리 안에 있는
바로 그 죄의 원리와 활동성이 사라지고 제거되는 과정을 의미합니다.

그 아들 예수

저는 선을 고취하는 도덕적인 가르침이 전혀 중요치 않다고 말하는 것이 아니며, 인생에 대한 고상한 사상과 높은 이상을 살펴보는 방법으로는 사회에 아무 유익을 끼칠 수 없다고 말하는 것도 아닙니다. 그런 것도 유익합니다. 그러나 그런 것이 곧 기독교는 아닙니다. 그런 것은 어떤 의미에서 기독교와 아무 상관이 없습니다. 그리스도의 탄생 메시지를 선의와 행복에 대한 막연하고 일반적인 메시지로 전하는 것보다 더 크게 신약성경의 교리를 침해하는 일은 없습니다. 그것은 신약성경의 메시지가 아닙니다.

주 예수 그리스도가 누구신지에서 출발하지 않는다면, 그분에 대해 아주 분명하게 알지 못한다면, 그것이 무엇이든 무익한 것입니다. 그것은 좋은 소식도 아니고, 기쁜 소식도 아니며, 복음도 아닙니다. 우리는 그런 것에서 격려를 얻을 수 없으며 희망을 찾을 수 없습니다. 세상의 어둠 가운데 살면서도 예전보다 좋아졌다고 스스로 설득하는 것은 말할 수 없이 어리석은 짓입니다. 어떤 의미에서 '크리스마스 정신'이라는 것은 존재하지 않습니다. 그것은 기독교 메시지가 아닙니다. 기독교 메시지는 그런 막연한 정신이 아니라 그리스도에 관한 소식입니다. 그러므로 우리는 바로 여기에서 출발해야 하며, 이 문제를 아주 명확히 짚고 넘어가야 합니다.

종종 지적했듯이 기독교는 곧 그리스도입니다. 기독교는 오직 그를 중심으로 삼고 있으며, 기독교의 교리와 개념은 전부 그에게서 나온 것입니다. 그러므로 우리는 반드시 그로부터 출발해야 합니다. 요한도 이 편지를 쓸 때 당연히 그렇게 했습니다. 그가 전하는 메시지는 하나님과 사귀고 교제하는 길은 하나뿐이라는 것, 예수 그리스도 한 분 때문에 그 길이 열렸다는 것입니다. 우리는 오직 그를 통해서만 이 사귐을 알 수 있습니다. 왜냐하면 "하나님과 사람 사이에 중보자도 한 분이시니 곧 사람이신 그리스도 예수"뿐이시기 때문입니다(딤전 2:5).

기독교는 곧 그리스도입니다.

10월

하나님과 동행함

하나님과의 사귐

만일 누가 죄를 범하여도.
요한일서 2:1

요한의 기본적인 관심은 하나님과 동행하며 사귀는 일에 있습니다. 그런데 요한이 "나의 자녀들아, 내가 이것을 너희에게 씀은"이라고 말하는 것은 죄가 결국에는 항상 하나님과의 사귐을 깨뜨리고, 그 사귐이 깨지는 즉시 모든 축복의 원천에서 우리를 끌어내 버리기 때문입니다. 의도적으로 죄를 지으면서 입으로만 하나님과 동행하고 싶다고 말하는 것은 아무 의미가 없습니다. 하나님과의 사귐은 죄를 짓는 즉시 깨져 버리며, 불법을 저지르는 즉시 중단되어 버리기 때문입니다. 오직 중요한 것은 하나님과의 사귐입니다. 저는 여러분 앞에 어떤 일이 기다리고 있는지 알지 못합니다. 시험이나 핍박이 닥칠지, 전쟁과 재난이 닥칠지, 어떤 무서운 일이 기다리고 있는지 모릅니다. 그러나 오직 중요한 문제는 여러분이 하나님과 올바른 관계 속에 있느냐 하는 것입니다. 그렇기 때문에 그 사귐을 깨뜨리는 죄를 지어서는 안 됩니다.

그뿐만이 아닙니다. 죄는 우리의 신앙고백에 크게 위배됩니다. 죄를 미워한다는 고백, 죄에서 건짐받기를 갈망한다는 고백에 전적으로 위배되는 것입니다. 그리스도인은 죄가 인생의 중심적인 문제임을 깨달아 알기에, 죄에서 구원받고 해방되기를 원한다고 고백하는 사람입니다. 그런 사람들이 계속 죄를 짓는 것은 자신의 신앙고백을 부인하는 행위입니다. 일관성이 없는 자기 모순적 행위입니다.

또한 죄는 항상 양심을 더럽힙니다. 죄를 지은 사람은 죄의식에 사로잡히게 되며 불행해집니다. 이것은 우리가 경험으로 알고 있는 진리 아닙니까? "나의 자녀들아, 내가 이것을 너희에게 씀은 너희로 죄를 범하지 않게 하려 함이라." 죄는 여러분의 행복과 기쁨을 빼앗아 갈 것이며, 죄의식으로 여러분을 사로잡을 것입니다.

오직 중요한 것은 하나님과의 사귐입니다.

대언자 1

아버지 앞에서 우리에게 대언자가 있으니 곧
의로우신 예수 그리스도시라.
요한일서 2:1

그리스도는 어떻게 우리와 하나님의 사귐을 회복시키실까요? 요한은
말씀으로 이를 아름답게 설명하고 있습니다. 그는 그리스도가 우리의
대언자 되심으로써 그 일을 해주신다고 말합니다. "만일 누가 죄를 범하
여도―만일 누가 어쩌다가 죄를 짓게 된다면―아버지 앞에서 우리에게
―여러분과 우리 모두에게―대언자가 있으니 곧 의로우신 예수 그리스
도시라." 요한은 요한복음 16:7에서 사용했던 단어, 곧 주님이 또 다른
보혜사를 보내주시겠다고 말씀하셨을 때 사용했던 그리스어를 여기에
서도 사용하고 있습니다. 대언자란 어떤 사람입니까? 남을 대변해 주는
사람입니다. 남을 대신해서 탄원해 주는 사람입니다. 요한은 주 예수 그
리스도가 그를 믿고 의지하는 모든 사람을 위해 "아버지 앞에서" "대언
자"가 되어 주신다고 말합니다.

그러나 이 단어는 더욱 주의 깊게 다룰 필요가 있습니다. 하나님은 내
켜 하시지 않는데 주 예수 그리스도가 우리를 위해 매달리시는 것처럼
생각해서는 안 됩니다. 그런 장면을 연상시키는 찬송가들도 있고, 마치
하나님이 우리를 대적하시거나 그 지나친 의와 완벽함 때문에 아들에게
가혹한 요구를 하시는 분인 것처럼, 자기 의를 내세우며 우리를 벌하시
는 분인 것처럼 말하는 이들도 종종 있습니다. 그런 경우에 주 예수 그
리스도는 아버지를 설득하기 위해 간절하고 절박하게 탄원함으로써 마
침내 결정을 번복시키시는 분으로 묘사됩니다.

그러나 그것은 말도 안 되는 생각입니다. 우리는 대언한다는 개념을
그런 식으로 생각하지 않도록 매우 주의해야 합니다. 그것이 말도 안 되
는 이유는 하나님의 말씀이 너무나도 명백하고 분명하게 "하나님이 세상
을 이처럼 사랑하사 독생자를 주셨으니"라고 말하고 있기 때문입니다(요
3:16). 그러므로 대언자에 대해 생각할 때, 하나님을 내켜 하지 않는 분으
로, 용서할 마음이 전혀 없는 분으로 여기는 태도는 버리기로 합시다.

하나님은 내켜 하지 않으시는데 주 예수 그리스도가 우리를 위해 매달리시는 것처럼 생각해서는 안
됩니다.

대언자 2

이는 그가 항상 살아 계셔서 그들을 위하여 간구하심이라.
히브리서 7:25

그리스도는 내켜 하지 않으시는 하나님을 설득하는 대언자가 아닙니다. 그러나 우리는 다른 극단으로도 치우치지 않도록 매우 주의해야 합니다. 곧, 요한이 말하는 "대언자"의 의미를 단순히 그리스도가 십자가에서 행하신 일이 영원히 효과를 발휘하며 하나님의 마음을 움직인다는 의미에서 그리스도와 그의 사역이 우리를 대언해 준다고 생각해서는 안 된다는 것입니다. 그렇게 생각하면 대언이 수동적인 일로 축소되어 버립니다. 요한일서 2:1 때문만이 아니라 "이는 그가 항상 살아 계셔서 그들을 위하여 간구하심이라"고 주장하는 히브리서 7장의 장엄한 말씀 때문에라도 우리는 그런 개념을 거부해야 합니다. 그리스도는 세상에 태어나서 살다가 죽고 또 다른 사람이 그 뒤를 잇는 레위 제사장들과는 완전히 다른 분입니다. 히브리서 기자는 그의 본질이 항상 살아 계시는 데 있다고 말합니다. 그의 제사장직은 영원하기에 그는 시작도 없고 끝도 없으시며 "항상 살아" 계시기 때문에 "자기를 힘입어 하나님께 나아가는 자들을 온전히", 무슨 일이 일어나든 상관없이 영원히 구원하실 수 있습니다(히 7:25).

다시 말해서, 이 또한 우리의 이해력을 뛰어넘는 개념이라고 할 수 있습니다. 그러나 이해하지는 못해도 굳게 확신할 수는 있습니다. 주 예수 그리스도가 세상에 계실 때 자신을 따르던 자들과 제자들을 돌보신 것처럼, 그들의 유익을 도모하시고 그들을 위해 어떤 일들을 행하셨던 것처럼, 지금도 하늘에서 우리를 위해 활동하고 계심을 확신할 수 있습니다. 그는 자기 백성을 대변해 주십니다. 하늘에서 우리를 돌보시며 우리의 유익을 도모하고 계십니다. 아버지와 아들은 갈등 관계에 있지 않습니다. 제가 보기에는 복 되신 삼위 하나님의 경륜 안에서 성부가 성자에게 이 특별한 사역을 맡기셨을 뿐입니다.

주 예수 그리스도는 세상에 계실 때 제자들을 돌보신 것처럼, 지금도 하늘에서 우리를 위해 활동하고 계십니다.

하나님과 동행함

우리가 그의 계명을 지키면 이로써 우리가 그를 아는 줄로 알 것이요.
요한일서 2:3

여러분은 하나님의 계명을 지키고 있습니까? 그의 계명을 지킨다는 것은 단순히 특정 금지 명령 목록을 벽에 붙여 놓고 그것을 지키기 위해 최선을 다한다는 뜻이 아닙니다. 그보다는 할 수 있는 대로 그리스도다운 삶을 살고 싶어하며 하나님 보시기에 기뻐하시는 사람이 되는 것을 자신의 큰 목적으로 삼는다는 뜻입니다. 나는 하나님이 무엇을 원하시는지 알고 있습니다. 구약과 신약이 그것을 제시해 주고 있습니다. 나에게 적용할 십계명도 있고 산상설교도 있으며 신약의 도덕적, 윤리적 가르침들도 있습니다. 바로 이런 것들이 그의 명령으로서, 나는 그것들을 지켜야 합니다.

요한은 이에 대해 요한일서에서 다음과 같이 말하는 것입니다. "너희에게 계명을 지키고 싶어하는 간절한 마음이 있다고 정직하게 말할 수 있다면, 계명을 지키고자 분투하고 있으며 그것이 너희 인생의 큰 목적이라고 말할 수 있다면, 너희는 하나님 안에 있는 것이다. 왜냐하면 그를 안다는 것은 곧 그의 행하시는 대로 행한다는 뜻이기 때문이다." "그의 안에 산다고 하는 자는 그가 행하시는 대로 자기도 행할지니라"는 말씀은 이 요점을 단번에, 완벽하게 짚어 주고 있습니다(6절).

성경은 종종 우리의 삶을 걷는 일로 묘사합니다. "에녹이 하나님과 동행하더니"(창 5:24). "그 노아는 하나님과 동행하였으며"(창 6:9). 또 창세기 17:1에서 하나님이 아브라함에게 하신 말씀도 보십시오. "너는 내 앞에서 행하여 완전하라." 예수 그리스도는 "나는 세상의 빛이니 나를 따르는 자는 어둠에 다니지 아니하고 생명의 빛을 얻으리라"고 말씀하셨습니다(요 8:12). 바울의 똑같은 말도 들어 보십시오. "너희가 전에는 어둠이더니 이제는 주 안에서 빛이라. 빛의 자녀들처럼 행하라"(엡 5:8).

걷는 일은 그리스도인의 삶을 보여주는 놀라운 그림입니다. 그리스도인의 삶은 여행입니다. 우리는 계속해서 걸어갑니다. 요한이 여기에서 구구한 설명 없이 간단하게 하고 있는 말은 이것입니다. "너희가 그분 안에 있다면, 그분이 걸어가시는 대로 너희도 걸어가야 한다."

성경은 종종 우리의 삶을 걷는 일로 묘사합니다.

형제를 사랑함

그의 형제를 사랑하는 자는 빛 가운데 거하여.
요한일서 2:10

눈을 뜨지 못한 그리스도인은 다른 사람들을 볼 때 오로지 그들의 모습 자체만을 보지만, 눈을 뜬 후에는 안타까움을 느낍니다. 그들은 미워할 만한 사람을 미워하는 대신 사랑하기 시작합니다. "우리는 다 똑같은 처지에 있는 사람들"이라고 말하면서 연민의 눈으로 바라보기 시작하는 것입니다. 그들은 그리스도 안에 있는 하나님의 사랑을 알기 때문에 자신이 사랑받았듯이 남을 사랑합니다. 그들은 새로운 눈을 가진 새사람들입니다. 그들은 새 나라에 속해 있습니다. 그들은 마음으로부터 하나님의 사랑을 느끼고 있으며, 하나님을 사랑하고 영화롭게 하기를 원하고 있습니다. 그들은 자신들이 새사람이 될 때, 곧 그리스도처럼 살면서 자신들이 참된 제자임을 입증하고 나타낼 때, 무엇보다 하나님을 영화롭게 할 수 있음을 압니다.

우리 주 되신 그리스도는 곤경에 빠진 종의 비유에서 이 점을 완벽하게 설명해 주셨습니다. 그는 주인을 찾아가 용서를 청했고, 주인은 그를 용서해 주었습니다. 그런데 그 용서받은 종은 자신보다 낮은 종이 찾아와 똑같은 청원을 하자 그의 멱살을 붙잡고 말했습니다. "아니, 절대 봐줄 수 없어. 동전 한 푼까지 다 갚아야 해." 주님은 그 종이 주인에게 용서받았다고 생각해서는 안 된다고 말씀하셨습니다(마 18:23-35). 용서하지 않는 사람은 용서받지 못하기 때문입니다.

이 비유의 뜻은 여러분과 제 안에 사랑하며 용서하는 영이 있을 때에만 우리가 그리스도인임을 기쁘게 확신할 수 있다는 것입니다. 사랑하지도 않고 용서하지도 않으면서 하나님이 우리를 용서하셨다고 말하는 것은 무의미한 일입니다. 빛 가운데 있다고 하면서 형제를 미워하며 용서하지 않는 사람은 여전히 어둠 가운데 있는 것입니다.

사랑하지도 않고 용서하지도 않으면서 하나님이 우리를 용서하셨다고 말하는 것은 무의미한 일입니다.

세상을 사랑함

이 세상이나 세상에 있는 것들을 사랑하지 말라.
요한일서 2:15

여기서 "세상"이란 무엇을 가리킬까요? 저는 요한이 이 말씀에서 피조세계를 언급하고 있지 않다는 사실을 인정하는 것이 중요하다고 생각합니다. 그는 산과 골짜기와 강, 시내와 태양과 달과 별들을 염두에 두고 있는 것이 아닙니다. 그가 말하는 것은 물질세계가 아닙니다. "이 세상이나 세상에 있는 것들을 사랑하지 말라"는 말씀이 마치 자연세계의 영광과 아름다움에 눈을 감으라는 뜻인 것처럼 생각하는 사람들도 있습니다.

그러나 이 말씀은 그런 뜻이 아닙니다. 또 일반적인 의미에서 세상의 삶을 뜻하는 말도 아니며 가족관계를 뜻하는 말도 아닙니다. 이것을 가족관계를 가리키는 말로 오해하여 결혼을 죄로 여기는 이들도 종종 있습니다. 저는 목회 생활을 하면서, 진지하게 믿는 신실하고 훌륭한 그리스도인임에도 불구하고 이런 본문을 오해한 탓에 그리스도인은 결혼해서는 안 된다고 심각하게 믿는 이들을 적잖이 만났습니다. 그들은 결혼에 자신들이 죄로 여기는 어떤 관계들이 포함되어 있기 때문에 결혼해서는 안 된다고 생각하고 있었습니다. 그들에게는 성이라는 선물 자체가 본질적으로 죄짓는 일로 보였을 것입니다.

이처럼 "세상"은 피조세계를 의미하지 않습니다. 가족관계를 의미하지도 않습니다. 국가를 의미하지도 않고, 사업을 하거나 직업을 갖거나 생활에 필수적인 일들을 하는 것을 의미하지도 않습니다. 정부와 당국과 권력을 의미하지도 않습니다. 이 모든 것은 하나님이 친히 명하신 것들이기 때문입니다. "세상"을 이런 식으로 오해하는 것만큼 심각한 잘못은 없습니다.

그렇다면 "세상"의 의미는 무엇일까요? 이 본문과 성경 전체의 가르침이 분명히 보여주는 바는, 그것이 하나님을 인정하지 않고 무시하며 오직 이생에만 토대를 두고 하나님과 상관없이 사는 인간의 체제와 정신과 시각을 의미한다는 것입니다. "세상"은 하나님을 배제한 인생관 전체를 가리킵니다.

"세상"이란 하나님을 무시하며 오직 이생에만 토대를 두고 하나님과 상관없이 사는 것입니다.

적그리스도

그가 적그리스도니.
요한일서 2:22

적그리스도의 한 가지 의미는, 그리스도를 대신하여 그의 이름을 내세우면서도 막상 그 이름이 가리키는 진리의 나라 자체는 반대하는 사람이라는 것입니다. 요한은 말합니다. "적그리스도가 오리라는 말을 너희가 들은 것과 같이 지금도 많은 적그리스도가 일어났으니……그들이 우리에게서 나갔으나 우리에게 속하지 아니하였나니 만일 우리에게 속하였더라면 우리와 함께 거하였으려니와 그들이 나간 것은 다 우리에게 속하지 아니함을 나타내려 함이니라"(18-19절). 적그리스도에 대해 생각할 때에는 이 점을 명심해야 합니다. 요한은 "지금 일어난 적그리스도들이 우리 중에 있던 사람들이기는 하지만 우리에게 속했던 사람들은 아니다"라고 말합니다. 다시 말해서 기독교적인 입장을 취하면서 그리스도인을 자처하며 교회의 선생들이라고 공언하던 사람들이기는 하지만, 결국 그리스도인들에게서 떨어져 나감으로써 사실은 그들 가운데 속하지 않음을 만인에게 명확히 드러냈다는 것입니다. 다시 말해서 그들은 참된 신앙을 추구한다고 주장했지만, 실상은 그것을 파괴한 자들이었습니다.

적그리스도는 바울과 요한 시대에도 이미 활동하고 있었습니다. 더 나아가, 이제까지 적그리스도를 흉내 낸 사람들이 많이 있었지만 그 최고의 힘은 마지막 때가 오기 직전에 발휘될 것이 아주 분명합니다. 제가 볼 때 다니엘이 그 힘의 정치적인 측면을 묘사했다면 바울은 교회적인 측면을 강조했습니다. 계시록 13장에는 바다에서 나오는 짐승으로 대변되는 정치적인 측면과 땅에서 나오는 짐승으로 대변되는 교회적인 측면이라는 두 가지 측면이 모두 나옵니다. 우리가 확신해도 좋은 마지막 요점은, 그 힘이 결국 한 특정한 인물에게 집중된다는 것입니다. 요한은 적그리스도가 많았다고 말합니다. 그러나 그가 분명히 가르치고 있는 바는, 장차 마지막 적그리스도, 가공할 힘을 가진 한 인물이 등장해서 택함 받은 백성들까지 거의 속아 넘어갈 정도로 큰 기사와 이적을 행한다는 것입니다.

장차 마지막 적그리스도, 가공할 힘을 가진 한 인물이 등장해서 택함 받은 백성들까지 거의 속아 넘어갈 정도로 큰 기사와 이적을 행할 것입니다.

성령의 기름 부음

너희는 거룩하신 자에게서 기름 부음을 받고.
요한일서 2:20

하나님과 그리스도에게서 우리를 갈라놓음으로써 정죄 받게 만드는 거짓 가르침의 유혹을 피하여 견고히 설 수 있게 해주는 것은 무엇입니까? 요한은 오직 성령의 역사가 그 모든 일을 해준다고 말합니다. 그리스도인이 그리스도인 될 수 있는 것은 성령 덕분입니다. 그리스도인은 성령의 기름 부음을 받은 사람들이라고 요한은 말합니다. 이것이 성령을 묘사하는 그의 방식입니다. 그리스도인이 교회 내부에까지 도사리고 있는 미묘한 위험을 분별하고 간파하며 피할 수 있는 것은 성령 덕분입니다. 그는 요한일서 2:20-21절에서 이렇게 말합니다. "너희는 거룩하신 자에게서 기름 부음을 받고 모든 것을 아느니라. 내가 너희에게 쓰는 것은 너희가 진리를 알지 못하기 때문이 아니라 알기 때문이요 또 모든 거짓은 진리에서 나지 않기 때문이라." 그리고 27절에서는 이렇게 덧붙입니다. "너희는 주께 받은바 기름 부음이 너희 안에 거하나니."

요한이 사용한 "기름 부음"이라는 단어는 신자에게 끼치는 성령의 영향력과 감동을 아주 시각적으로 보여주는 적절한 표현입니다. 이것은 구약에서 선지자, 제사장, 그리고 왕들에게 기름을 부을 때 자주 등장하는 말입니다. 기름을 붓는 일은 특별한 직무를 위해 사람을 따로 구별하여 세우는 절차 내지는 의식이었습니다. 사무엘은 초대 왕 사울과 그다음 왕 다윗에게 기름을 부었습니다. 제사장과 선지자들도 똑같이 기름 부음을 받았고, 그렇게 기름 부음을 받음으로써 거룩하게 구별되었습니다. 그들은 기름 부음 받은 자가 된 후부터 자신의 임무를 수행할 수 있었습니다.

요한이 사용하고 있는 "기름 부음"이라는 단어는 신자에게 끼치는 성령의 영향력과 감동을 아주 시각적으로 보여주는 적절한 표현입니다.

기름 부음을 받음

그러므로 이르기를 그가 위로 올라가실 때에
사로잡혔던 자들을 사로잡으시고 사람들에게 선물을
주셨다 하였도다.
에베소서 4:8

주님이 요단 강에서 세례 요한에게 세례를 받을 때 성령이 임하신 일은, 그가 메시아직과 구원 사역을 위해 기름 부음을 받고 따로 세움을 받으신 사건이었습니다. 어떤 의미에서 각각의 그리스도인에게도 같은 일이 일어납니다. 요한은 "너희는 거룩하신 자에게서 기름 부음을 받고"라고 말합니다(요일 2:20). 여기에서 "거룩하신 자"가 누구입니까? 문맥상 주님이신 것이 분명합니다. 27절도 그가 주 예수 그리스도이심을 밝히고 있습니다.

우리는 이 흥미로운 주제를 두 가지 방식으로 살펴볼 수 있습니다. 사도 바울은 에베소서 4:8에서 "그가 위로 올라가실 때에……사람들에게 선물을 주셨다"라고 말합니다. 갓 태어난 교회에 성령을 보내신 분은 바로 주 예수 그리스도였습니다. 성령은 그리스도가 하늘로 올라가시기 전까지는 오시지 않다가 그가 올라가신 후에야 오셨습니다. 그는 성부와 성자에게서 나오셨습니다. 또는 성자를 통해 성부에게서 나오셨다고도 할 수 있습니다. 성자가 그 사역을 온전히 이루셨기 때문에 성부가 성자에게 속한 모든 자들에게 성령을 주셨습니다. 이것이 이 주제를 바라보는 첫 번째 방식입니다.

또 다른 방식이 있습니다. 우리는 그리스도와 그분 안에 있는 생명에 연합되었기에 그에게 해당되는 것이 우리에게도 그대로 해당됩니다. 따라서 그가 성령을 한없이 받으시고 기름 부음을 받으신 것처럼, 그분 안에 있는 우리 역시 그분 안에 있다는 그 이유로 인해 성령을 선물로 받습니다. 성령을 받지 않고서도 그리스도인이 될 수 있다고 말하는 모든 가르침이 비성경적인 이유가 여기 있습니다. 먼저 그리스도인이 되고 나중에 성령을 받는 일이란 있을 수 없습니다. 그리스도 안에 있다는 것 자체가 이미 성령을 받고 있다는 뜻입니다.

성령을 받지 않고서도 그리스도인이 될 수 있다고 말하는 가르침은 모두 비성경적입니다.

모든 것

아무도 너희를 가르칠 필요가 없고 오직 그의 기름
부음이 모든 것을 너희에게 가르치며.
요한일서 2:27

요한은 여기에서 그리스도인이 모든 것을 안다고 가르치는 것이 아닙니다. 물론 어떤 이는 '모든 것을 아느니라'(20절)는 것이 말 그대로 '모든 것'을 안다는 뜻이 아닌가를 물을 수도 있겠습니다. 하지만 그렇게 생각하면 모든 그리스도인이 모든 것, 예를 들어 천문학, 기하학, 고전학을 비롯해 그 밖에 지식의 영역에 속한 모든 것을 안다는 뜻이 되는데, 그것은 분명 우스운 일입니다! 그렇지 않습니다. 우리는 이 말을 그 문맥 안에서 살펴보아야 합니다. 요한이 여기에서 말하는 것은 확실히 세상 지식이 아닙니다.

그렇다면 영적 지식일까요? 그것도 아닙니다. 어떤 의미의 영적 지식이든 그것을 말하는 것이 아닙니다. 이렇게 생각하는 것이 타당한 이유는 다음과 같습니다. 만약 요한이 성령을 받은 사람은 누구든지 자동적으로 영적인 진리 전부를 안다고 말하는 것이라면, 은혜와 지식에서 자라 가라는 신약의 가르침을 어떻게 적용할 수 있겠습니까? 지식과 이해력의 진보라는 개념이 어떻게 있을 수 있겠습니까? 그뿐 아니라 영적인 지식을 한꺼번에 전부 알 수 있다면 신약의 서신서들이 대체 무슨 필요가 있겠느냐는 것이 제 생각입니다. 이 말은 분명히 그런 뜻이 아닙니다. 요한이 말하는 "모든 것"이란 그가 여기에서 다루고 있는 특정 주제를 가리키는 말입니다. 모든 지식을 포괄하고 아우르는 말이 아닌 것입니다.

요한은 이 지식 때문에 모든 그리스도인이 어떤 오류에도 빠지지 않는다고 가르치는 것이 아닙니다. 만약 성령의 기름 부음을 받는다는 것이 모든 그리스도인이 모든 것을 안다는 뜻이라면, 기독교 교리라는 영역에서도 모든 점에서 서로 일치해야 할 것입니다. 그러나 실상은 그렇지가 않습니다. 자기 삶에 성령이 계시다고 공언하는 그리스도인들 사이에도 세례나 예언, 교회 제도를 비롯한 많은 주제들에 대해 이견이 있고 차이가 있습니다. 그뿐 아니라 그리스도인, 그중에서도 훌륭하다고 일컬어지는 그리스도인들도 때때로 오류에 빠집니다.

훌륭한 그리스도인들도 때때로 오류에 빠집니다.

과연 가르침이 필요한가

오직 우리 주 곧 구주 예수 그리스도의 은혜와 그를 아는 지식에서 자라 가라. 영광이 이제와 영원한 날까지 그에게 있을지어다.
베드로후서 3:18

성경은 그리스도인에게 가르침이 필요 없다고 말하지 않습니다. 어떤 이는 여기에 이의를 제기합니다. "하지만 그 말은 확실히 틀렸습니다. '너희는 주께 받은 바 기름 부음이 너희 안에 거하나니 아무도 너희를 가르칠 필요가 없고'라는 요한일서 말씀을 보세요. 요한은 아무도 우리를 가르칠 필요가 없다고 말하는데, 당신은 여전히 교회에 가르침이 필요하다고 하는군요. 당신의 말과 요한의 말을 어떻게 조화시키겠습니까?"

제가 볼 때 그 답은 간단합니다. 요한이 편지를 썼다는 사실 자체가 그들에게 교육이 필요했다는 증거입니다. 만약 그들에게 교육이 필요 없었다면 요한도 아무 신경을 쓸 필요가 없었을 것입니다. 그리스도인에게 가르침이 전혀 필요 없다면 사도들이 하늘의 감동을 구하며 서신서들을 쓴 것은 순전히 시간 낭비가 되어 버립니다. 서신서들은 가르침으로 가득 차 있기 때문입니다. 성경은 그리스도인이 "구주 예수 그리스도의 은혜와 그를 아는 지식에서 자라" 가야 한다고 말합니다. 그들을 위해 젖도 준비되어 있고 질긴 고기도 준비되어 있습니다. 이 구절을 문자 그대로 받아들여서, 요한이 그리스도인에게는 가르침이 필요 없다고 말했다고 볼 수는 없습니다. 그것은 분명 요한의 의도가 아닙니다.

조금 더 적극적으로 설명해 봅시다. 이 구절은 확실히 문맥에 따라 해석해야 합니다. 요한이 진정 말하려 했던 바는 고린도전서 2:13-14에서 사도 바울이 말한 바로 그것입니다. 바울은 육에 속한 사람에게는 없는 영적인 지각이 그리스도인에게는 있다고 말합니다. 이런 일들은 오직 영적인 방식으로만 이해할 수가 있다는 것인데, 요한이 여기에서 말하는 바도 성령을 받은 그리스도인에게는 이러한 영적인 지각이 있다는 것입니다. 그는 "너희가 지금 이 진리를 굳게 붙잡고 있는 것은 성령께서 깨우침과 지각을 주셨기 때문"이라고 말합니다.

성령을 받은 그리스도인에게는 영적인 지각이 있습니다.

진리를 이해함

그러나 우리가 그리스도의 마음을 가졌느니라.
고린도전서 2:16

요한일서 2:21-22에서 요한은 주님의 출생에 관한 특정 진리를 다루고 있습니다. "내가 너희에게 쓰는 것은 너희가 진리를 알지 못하기 때문이 아니라 알기 때문이요 또 모든 거짓은 진리에서 나지 않기 때문이라. 거 짓말하는 자가 누구냐. 예수께서 그리스도이심을 부인하는 자가 아니냐. 아버지와 아들을 부인하는 그가 적그리스도니." 이들은 성령과 그의 깨우침을 받은 자들이었기에 주 예수 그리스도가 누구신지, 그가 무슨 일을 하러 오셨는지 이해했습니다. 만약 성령을 받지 않았다면 이해하지 못했을 것입니다. 그러나 그들은 이 일들을 이해했습니다. 한 인격 안에 두 본성이 있다는 교리를 이해했습니다. 그들은 기름 부음을 받았기 때문에 이런 일들을 설명할 수가 있었습니다. "우리가 그리스도의 마음을 가졌느니라"(고전 2:16).

이것은 그리스도인들이 경험하는 놀라운 일입니다. 천부적인 능력이 없더라도 성령만 있으면 이 진리를 이해할 수 있습니다. 기독교 신앙이 철학자들만을 위한 것이 아닌 이유가 여기 있습니다. 기독교 신앙은 모든 이들을 위한 것입니다. 이 신앙은 자연인의 능력에 달린 것이 아니라 깨우침과 기름 부음에서 나오는 것입니다. 성령은 구원의 영광스러운 본질을 깨닫고 이해하게 해주십니다. 무식한 사람이라도, 배운 것이 없는 사람이라도, 세상에서 무지렁이 소리를 듣는 사람이라도 이 깨우침만 받으면 타고난 위대한 철학자조차 이해하지 못하는 내용들을 이해하게 됩니다.

바로 이것이 요한이 말하고 있는 바입니다. '다른 사람은 이 일들을 이해하지 못하지만 너희는 이해한다'는 것입니다. 또는 이렇게 설명할 수도 있습니다. 그리스도인들에게는 이 기름 부음이 있기 때문에 잘못된 가르침을 알아보고 자기 자신을 지켜 진리에서 벗어나지 않을 수 있습니다. 더 많이 배운 사람들은 혼란에 빠져 헤매는데, 오히려 단순한 사람들이 신앙의 중심이 되는 내용들을 듣고 알아보는 것입니다.

성령은 구원의 영광스러운 본질을 깨닫고 이해하게 해주십니다.

거짓말하는 자

거짓말하는 자가 누구냐. 예수께서 그리스도이심을
부인하는 자가 아니냐. 아버지와 아들을 부인하는
그가 적그리스도니.
요한일서 2:22

요한은 여기에서 아주 강한 언어를 쓰고 있습니다. 적그리스도를 서슴없이 "거짓말하는 자"라고 부르는 것입니다. 어떤 이들은 말합니다. "이 사람은 위대한 사랑의 사도로서 특별히 이 서신서에서 사랑에 대해 많은 이야기를 하고 있는 것 같은데, 어떻게 교회를 저버리고 떠난 사람들이라고 해서 거짓말쟁이라고 부를 수가 있습니까?"

이것은 여러 면에서 신약성경 그 자체의 특징이라고 할 수 있습니다. 요한만 예외적으로 이런 말을 한 것이 아닙니다. 그가 "보아너게, 곧 우레의 아들"이라서 이런 말을 한 것이 아닙니다(막 3:17). 다른 이들도 똑같이 강한 언어를 썼습니다. 사도 바울이 갈라디아 교회에 한 말을 보십시오. "그러나 우리나 혹은 하늘로부터 온 천사라도 우리가 너희에게 전한 복음 외에 다른 복음을 전하면 저주를 받을지어다"(갈 1:8). 여러분은 이보다 강한 말을 생각할 수 없을 것입니다. 또 고린도 교회에 한 말도 들어 보십시오. "만일 누구든지 주를 사랑하지 아니하면 저주를 받을지어다"(고전 16:22).

세례 요한이 바리새인과 그 밖의 사람들이 나아오는 것을 보고 "독사의 자식들아, 누가 너희에게 일러 장차 올 진노를 피하라 하더냐"라고 했던 것도 기억하시기 바랍니다(눅 3:7). 우리 복되신 주님이 생애 말기에 바리새인들에게 하신 말씀도 생각해 보십시오. 주님은 그들을 "회칠한 무덤"이라고 부르셨습니다(마 23:27).

제가 이 점을 강조하는 것은, 우리가 주 예수 그리스도와 그의 복된 사도들보다 더 기독교적이라고 주장하는 자리에 서지 않도록 조심해야 한다는 단순한 이유 때문입니다. 신약성경 역시도 "거짓말하는 자"와 같은 강력한 단어를 사용하며 단호한 태도를 보여주고 있습니다.

우리는 주 예수 그리스도보다 더 기독교적이라고 주장하는 자리에서 서지 않도록 조심해야 합니다.

부끄럽지 않게

자녀들아, 이제 그의 안에 거하라. 이는 주께서
나타내신 바 되면 그가 강림하실 때에 우리로
담대함을 얻어 그 앞에서 부끄럽지 않게 하려 함이라.
요한일서 2:28

요한의 가르침은 요컨대 이런 것입니다. "사랑하는 자들아, 거짓말을 믿지 마라. 거짓말은 교리만 빼앗아가는 것이 아니라 생명도 빼앗아 간다. 아들의 성육신을 통해 하나님이 주신 가장 큰 선물을 빼앗아 가는 것이다. 영원하신 아들이 하나님의 보냄을 받아 육신이 되어 오시지 않았다면, 인간의 본성과 성자의 본성이 연합되는 일이 없었다면, 우리가 어떻게 지금 새 본성을 가질 수 있겠느냐?"

요한은 요한일서 2:28에서 마지막 요점을 강조합니다. "자녀들아, 이제 그의 안에 거하라. 이는 주께서 나타내신 바 되면 그가 강림하실 때에 우리로 담대함을 얻어 그 앞에서 부끄럽지 않게 하려 함이라." 그의 말은 결국 이런 것입니다. "거짓말을 믿지 마라. 거짓말을 믿으면 사실을 직면하게 될 날이 온다. 이들은 진리를 부인하고 있다. 영원하신 하나님이 일종의 유령처럼 한 사람에게 임했다가 떠나셨다는 말을 믿지 마라. 그것은 사실이 아니다. 믿지 마라. 너희가 사실을 직면할 날이 온다. 하나님이요 인간이신 분이 곧 세상에 오실 것이다. 다시 오셔서 자신을 보여주실 것이다. 거짓말을 믿으면 그분을 뵙는 그날 부끄러움을 당하게 될 것이다."

요한은 자신의 묵시에서도 "각 사람의 눈이 그를 보겠고 그를 찌른 자들도 볼 것이요"라고 쓰고 있습니다(계 1:7). 그를 뵐 때 그들은 "산들과 바위에게 말하되 우리 위에 떨어져……어린 양의 진노에서 우리를 가리라"고 소리칠 것입니다(계 6:16). 이것은 엄연한 사실입니다. 공상이 아닙니다. 하나님이요 인간이신 분이 다시 오실 것입니다. 그날 기뻐하고 싶다면, 자신 있게 그분을 뵙고 싶다면, "주 예수여, 오시옵소서"라고 말하고 싶다면, 이 거짓말을 듣지 말고 예수가 그리스도이심을 부인하는 거짓말쟁이들을 경계하십시오.

의

너희가 그가 의로우신 줄을 알면 의를 행하는 자마다 그에게서 난 줄을 알리라.
요한일서 2:29

여기에서 의란 단순히 도덕적이거나 선한 삶을 산다는 의미가 아닌 것이 분명합니다. 오늘날 교회 밖에는 기독교 신앙의 원리를 부인하면서도 아주 도덕적이고 바르게 사는 사람들이 얼마든지 있습니다. 그들은 도덕적이거나 철학적인 의미에서 좋은 사람들입니다. 그러나 신약성경이 말하는 의에는 부합되지 않습니다. 의는 주 예수 그리스도가 사셨던 삶의 특질을 의미합니다.

요한은 그 점을 다음과 같이 설명하고 있습니다. "의를 행하는 자마다." 요한은 만약 누군가 주 예수 그리스도가 사셨던 삶의 특질을 보여준다면 그는 확실히 하나님께로서 난 자이며, 그렇지 않으면 그런 삶을 살 수 없다고 말합니다. 거듭나지 않은 사람은 산상설교대로 살 수 없습니다. 산상설교는 육에 속한 사람들이 절대 지킬 수 없는 말씀입니다. 사실 그런 사람들은 그리스도인의 삶 자체를 살 수가 없습니다. 그들이 얼마나 좋은 사람들이냐는 중요하지 않습니다. 아무리 좋은 사람이라도 그리스도인의 삶은 살 수가 없습니다. 어느 수준의 도덕적이고 윤리적인 삶은 살 수 있을지 모르지만 그리스도인의 삶은 살 수 없으며, 신약성경도 아예 그런 요구를 하지 않습니다. 신약성경이 그리스도인에게 제시하는 삶의 기준은 육에 속한 사람들을 정죄하며 다시 태어나야 할 절대적인 필요성을 일깨워 줍니다.

요한은 다음과 같이 논의를 이어갑니다. "우리가 하나님께로서 났다면 당연히 일정한 삶의 특질을 나타내야 하지 않겠느냐? 계명을 어기고 죄 가운데 살면서 하나님의 자녀라고 주장할 수는 없다. 하나님의 자녀라면 마땅히 다른 유형의 삶을 살아야 한다."

하나님의 자녀

보라, 아버지께서 어떠한 사랑을 우리에게 베푸사
하나님의 자녀라 일컬음을 받게 하셨는가, 우리가
그러하도다. 그러므로 세상이 우리를 알지 못함은
그를 알지 못함이라.
요한일서 3:1

우리는 어떻게 하나님의 자녀가 되었습니까? 요한은 다음과 같이 대답합니다. "보라, 아버지께서 어떠한 사랑을 우리에게 베푸사(Behold, what manner of love the Father hath bestowed upon us, that)." 이것은 아주 흥미로운 설명 방식입니다. 요한은 단순히 하나님이 사랑을 보여주셨다거나 계시하셨다거나 나타내셨다거나 지시하셨다고 말하지 않습니다. 하나님이 우리를 참으로 사랑하시고 그 사랑을 보여주시며 표현하신 것은 사실이지만, 단순히 하나님이 우리를 사랑하셨다고도 말하지 않습니다. 그는 "물론 그것도 사실이지만, 하나님은 거기에서 더 나아가신다. 그는 그 사랑을 우리에게 주셨다"라고 말합니다. 그 뜻은 하나님이 그 사랑을 우리 안에 집어넣으셨다, 자기 자신을 이식시켜 주셨다, 그 사랑을 우리 안에 주입하셨다는 것입니다. 여기에서 우리가 강조해야 할 점은 'that'이 아주 중요한 단어로서 '—하시려고'(in order that)라고 번역되어야 한다는 것입니다. 그러니까 요한이 실제로 하고 있는 말은 "보라, 우리로 하나님의 자녀가 될 수 있게 하시며 실제로 자녀 되게 하시려고 어떠한 사랑을 우리에게 주셨는가"라는 것입니다.

다시 말해서 하나님이 그 생명을 우리 안에 집어넣으심으로써 우리는 하나님의 자녀가 됩니다. 하나님의 본질은 사랑입니다. 하나님은 그 본질을 우리 안에 집어넣어서 우리도 그의 사랑을 가질 수 있게 하셨습니다. 하나님을 닮지 않으면 하나님의 자녀가 될 수 없습니다. 자녀는 부모를 닮게 마련이며, 자식은 그 부모의 모습을 드러내게 마련입니다. 하나님도 그와 같이 우리를 자녀로 삼으십니다. 자신의 본질을 집어넣어서 자녀 되게 하시는 것입니다. 하나님 안에 있는 본질이 우리 안에 들어와 활동하며 드러나고 표현됩니다. 바울은 "하나님의 사랑이 우리 마음에 부은 바 됨이니"라고 말하고 있습니다(롬 5:5).

하나님이 그 생명을 우리 안에 집어넣으심으로써 우리는 하나님의 자녀가 되었습니다.

우리에게 작정된 영광

우리가 그와 같을 줄을 아는 것은.
요한일서 3:2

"그의 참모습 그대로 볼 것이기 때문이니." "우리가 지금은 거울로 보는 것같이 희미하나 그때에는 얼굴과 얼굴을 대하여 볼 것이요 지금은 내가 부분적으로 아나 그때에는 주께서 나를 아신 것 같이 내가 온전히 알리라"(고전 13:12). 여러분에게 무슨 일이 작정되어 있는지 아십니까? 우리는 그를 있는 모습 그대로 볼 것이며 영원토록 그 앞에 서서 그를 바라보며 즐거워할 것입니다. 영광으로 충만하신 하나님의 아들을 있는 모습 그대로 얼굴을 맞대고 보는 것은 얼마나 복되고 영광스러운 일일까요! 그때 비로소 우리는 그가 우리를 위해 무슨 일을 하셨는지, 우리 구원을 위해 어떤 값을 치르시고 어떤 대가를 치르셨는지 이해하기 시작할 것입니다. 여러분과 저는 그런 영광스러운 모습을 보기로 작정되어 있습니다. 우리는 그분을 있는 모습 그대로, 얼굴과 얼굴을 맞대고 볼 것입니다.

그러나 그보다 더 놀랍고 믿을 수 없는 일이 있습니다. 그것은 우리가 그분처럼 된다는 것입니다. "그가 나타나시면 우리가 그와 같을 줄을 아는 것은 그의 참모습 그대로 볼 것이기 때문이니." 요한은 이런 식으로 우리 몸의 부활, 궁극적인 마지막 부활, 최종적인 영화(榮化)를 설명하고 있습니다. 다시 말해서 그가 말하려는 바는, 그 큰 날이 올 때 우리가 주님을 뵐 뿐 아니라 주님처럼 된다는 것입니다. 바울은 "그 아들의 형상을 본받게" 하는 것이 하나님의 목적이라고 말합니다(롬 8:29). 그것이 여기에서 말하고 있는 요지이자 교리입니다.

다시 말해서 우리가 이 땅에 사는 동안 성령이 우리 안에서 일하시며 죄를 제하시고 거룩하게 하실 것이며, 그 결과 우리는 흠도 없고 점도 없고 티도 없고 책망받을 일도 없는 사람이 된다는 것입니다. 우리는 모든 죄에서 구원받을 것이며 우리 안에 있는 죄의 모습과 흔적에서도 구원받을 것입니다. 그뿐 아니라 우리의 몸도 변화되어 영광스러워질 것입니다.

우리는 그를 있는 모습 그대로 볼 것이며, 영원토록 그 앞에 서서 그를 바라보며 즐거워할 것입니다.

거룩

주를 향하여 이 소망을 가진 자마다 그의 깨끗하심과
같이 자기를 깨끗하게 하느니라.
요한일서 3:3

우리가 거룩으로 부름 받은 것은 어떤 신분을 얻기 위해서가 아닙니다. 오히려 이미 얻은 신분 때문에 거룩해져야 하는 것입니다. 이 주제에 대한 많은 가르침들이 결국 내세우는 결론은, 참된 그리스도인이 되기 위해 거룩해져야 하고 거룩한 삶을 살아야 한다는 것입니다. 행위로 의롭다 하심을 얻는다는 교리가 모든 면에서 실제로 가르치고 있는 내용이 바로 이것입니다. 그러나 그리스도인이 되기 위해 어떤 일들은 거부하고 어떤 일들은 하지 않으며 스스로 훈련해야 한다는 생각은 그것이 어떤 것이든 믿음으로 의롭다 하심을 얻는다는 교리를 부인하는 것입니다. 나는 그리스도인이 되기 위해 선하고 거룩한 삶을 살아야 하는 것이 아니라, 그리스도인이기 때문에 거룩한 삶을 살아야 합니다. 천국에 들어가려고 거룩한 삶을 사는 것이 아니라, 천국에 들어갈 것을 알기 때문에 거룩한 삶을 살아야 하는 것입니다.

강조점은 여기에 있습니다. "주를 향하여 이 소망을 가진 자마다 그의 깨끗하심과 같이 자기를 깨끗하게 하느니라." 마지막에 천국에 들어가기 위해 애쓰고 땀 흘리며 기도하는 것이 아닙니다. 그런 것이 아닙니다. 오히려 나의 출발점은 주 예수 그리스도 안에 있는 은혜로 하나님의 자녀가 되었다는 그 사실에 있습니다. 나는 이미 천국에 들어가게 되어 있습니다. 내가 천국으로 부름을 받았다는 것과 하나님이 나를 그리로 데려가시리라는 확신이 있습니다. 그것을 알기에 지금 준비하는 것입니다.

우리 죄를
없애려고

하나님의 아들은 왜 세상에 오셔야 했습니까?
주 예수 그리스도와 특히 갈보리 언덕의 십자가 죽음에 대해 생각할 때,
그가 와서 죽으신 목적이 과연 무엇인 것 같습니까? 그의 죽음은 단순
히 우리의 감상을 불러일으키는 일에 불과합니까? 그의 죽음이 우리에
게 의미하는 바가 무엇입니까? 그 모든 일이 일어난 이유가 대체 무엇
입니까?

요한은 여기에서 그 질문에 대답하고 있는데, 일단 소극적인 형태로
설명해 보겠습니다. 주님은 단순히 하나님의 계시를 주려고 오신 것이
아닙니다. 그것은 주님이 오신 목적의 일부에 지나지 않습니다. 주님은
"나를 본 자는 아버지를 보았거늘"이라고 말씀하셨습니다(요 14:9). 또한
성경에는 "본래 하나님을 본 사람이 없으되 아버지 품속에 있는 독생하
신 하나님이 나타내셨느니라"는 말이 있습니다(요 1:18).

이처럼 주님은 아버지를 나타내려고 오셨지만, 그것이 목적의 전부
는 아니었습니다. 마찬가지로 주님은 단순히 하나님에 대해 가르치려
고 오신 것도 아닙니다. 세상이 전에도 몰랐고 이후에도 몰랐던 비할 데
없이 뛰어난 가르침을 주시기는 했지만, 단지 그 목적만을 위해 오신 것
은 아닙니다. 또한 아무도 필적할 수 없는 삶의 모범을 보여주셨지만,
세상에서 어떻게 살아야 하는지 모범을 보여주려는 그 목적만을 위해
오신 것도 아닙니다. 주님은 단순한 인류의 스승이나 도덕적 본보기가
아닙니다. 그저 하나님의 본질과 존재에 대해 일종의 그림을 제시해 주
려고 오신 분도 아닙니다. 물론 그 모든 것도 예수님이 오신 이유에 포
함되기는 합니다. 그러나 그가 오신 진정한 이유는 아니라고 요한은 말
하고 있습니다.

주님이 오신 진정한 이유는 우리 죄에 있으며, 인간의 처지와 곤경에
있고, 율법의 문제 전체에 있다는 것이 그의 주장입니다. 주님은 단순히
우리를 가르치고 우리의 노력을 북돋아 주며 위대한 모범을 제시하려
고 오신 것이 아닙니다. 그런 것이 아닙니다. 이 모든 일의 배후에는 한

가지 근본적인 문제가 있는데, 그것은 하나님의 거룩한 율법의 빛 안에서 그분과 우리가 어떤 관계를 맺고 있느냐 하는 것입니다

주님은 단순히 우리를 가르치고 우리의 노력을 북돋아 주며 모범을 제시하려고 오신 것이 아닙니다.

죄가 없다

그에게는 죄가 없느니라.
요한일서 3:5

주 예수 그리스도가 누구신지 바로 알지 못하면 그 안에 있는 구원과 구속도 제대로 이해할 수 없습니다. 요한이 요한일서 2장에서 주님의 인격을 부인하여 사람들을 미혹시키는 자들에 대해 그토록 강하고 공격적인 언어를 사용하고 있는 이유가 여기 있습니다. 그의 요지는 결국 이것입니다. "저 적그리스도들은 거짓말쟁이들이다. 그들은 우리의 구원을 통째로 강탈하려 하기 때문에 거짓말쟁이라고 불러 마땅하다." 그리스도가 누구신지에 대해 잘못 이해하면 다른 부분들도 전부 잘못 이해하게 됩니다.

그리스도의 인격에 대해 생각할 때 이 구절이 우리에게 다시금 일깨우는 사실은, 그가 우리의 모든 죄와 수치를 안고 세상에서 사셨지만 죄는 없었다는 것입니다. 그는 "모든 일에 우리와 똑같이 시험을 받으신 이로되 죄는 없으"신 분입니다(히 4:15). 그는 변함없이 유일무이하며 구별된 존재로 존재하십니다. 오직 그분만 하나님의 아들이십니다. 그는 위대한 도덕적 스승이나 종교적 천재가 아닙니다. 하나님과 진리를 추구하는 일에서 남들보다 조금 앞선 인물도 아닙니다. 그는 그런 존재가 아닙니다. 그는 육신을 입으신 하나님의 아들입니다. "그에게는 죄가 없느니라."

그는 태어날 때부터 죄가 없었을 뿐 아니라, 실제로도 죄를 범하지 않으셨습니다. 그는 항상 하나님의 거룩한 율법을 높이셨습니다. 그 율법을 전적으로 따르며 완전히 지키셨습니다. 하나님은 인간에게 자신의 율법을 주셨습니다. 그리고 그 율법을 지키고 높이며 따르게 하셨습니다. 저는 여기서 더 나아가, 누구라도 율법을 높이지 않으면 하나님과 함께 영원히 지낼 수 없다고 말하고 싶습니다. 우리는 하나님의 율법을 지켜야 합니다. 그렇지 않으면 하나님과 교제할 수도 없고 그와 함께 영원히 지낼 생각조차 할 수 없습니다. 하나님이 인간에게 요구하신 것을 인간은 채우지 못했습니다. 그런데 여기 그 요구를 채워 주신 분이 계십니다.

그리스도가 누구신지에 대해 잘못 이해하면, 다른 부분들도 전부 잘못 이해하게 됩니다.

구원

그가 우리 죄를 없애려고 나타나신 것을 너희가 아나니 그에게는 죄가 없느니라.
요한일서 3:5

"그가 우리 죄를 없애려고 나타나신 것"이라는 요한의 말은 단지 죄책에 대한 언급이 아닙니다. 구원은 그 이상의 것입니다. 물론 우리는 죄책에서도 구원받았습니다. 그것은 첫째로 꼭 필요한 일입니다. 그러나 감사하게도 구원의 과정은 거기에서 멈추지 않습니다. 그는 죄의 권세와 오염에서도 우리를 구원하셨습니다. 그의 사역은 보다 더 중대한 의미에서 우리 죄를 없이하는 것입니다. 우리는 주의 은혜와 그를 아는 지식에서 자라 가며, 아들의 모습을 점점 닮아갑니다. 우리는 지금도 여전히 구원받는 과정 중에 있습니다. 우리는 이미 구원받았고, 지금도 구원받고 있으며, 최종적으로 구원받을 것입니다. 그리스도가 우리 죄를 전부 제하시고 우리를 영화롭게 하시는 때가 오면, 우리는 거룩하신 하나님 앞에 흠도 없고 점도 없고 티도 없이 온전한 모습으로 설 것입니다.

찬송가는 "다른 이는 우리를 속량해 줄 수 없도다"라고 노래하며, "우리 죄를 사하려고 그가 죽으셨네"라고 노래합니다. 맞는 말입니다. 그러나 "우리를 회복시키려고 그가 죽으셨네"라는 것도 똑같이 맞는 말입니다. 사도 바울은 디도서에서 이렇게 말합니다. "그가 우리를 대신하여 자신을 주심은 모든 불법에서 우리를 속량하시고 우리를 깨끗하게 하사 선한 일을 열심히 하는 자기[특별한] 백성이 되게 하려 하심이라"(딛 2:14).

이처럼 우리는 성화와 칭의를 분리해서는 안 됩니다. 서로 상관없는 별개의 복인 것처럼 열거해서는 안 되는 것입니다. 그것은 하나의 복, 한 짝을 이루는 복입니다. 그것은 우리를 정죄하는 율법과 관련되어 있습니다. 그리스도는 십자가를 통해 새 생명을 선물로 주심으로써 우리를 그 율법에서 벗어나게 해 주셨습니다. 그는 단순히 여러분과 저를 용서하시려는 목적으로만 참혹한 십자가 죽음을 당하신 것이 아닙니다. 물론 감사하게도 그 죽음은 용서를 가져왔습니다. 그것이 첫째로 이루어진 일입니다. 그러나 그가 죽으신 진정한 목적은 우리를 자신의 특별한 보물이요 소유된 백성으로, 바울의 표현대로라면 "선한 일을 열심히 하는 자기 백성"이요 거룩한 삶을 사는 백성으로 따로 구별하여 세우시는 것입니다.

격렬한 전투

죄를 짓는 자는 마귀에게 속하나니 마귀는 처음부터 범죄함이라. 하나님의 아들이 나타나신 것은 마귀의 일을 멸하려 하심이라.
요한일서 3:8

우리는 주님이 단순히 가르치기 위해 세상에 오신 것이 아님을 압니다. 물론 그는 가르치기도 하셨으며, 그의 가르침은 비할 데 없이 뛰어난 것이었습니다. 그러나 우리는 그가 오신 주된 목적을 알아야 합니다. "하나님의 아들이 나타나신 것은" 우리를 가르치기 위해서가 아니며, 우리가 따를 훌륭한 모범을 제시하기 위해서도 아니고, 우리의 머리를 깨우며 우리를 전율하게 할 탁월한 사상을 주기 위해서도 아닙니다. 결코 아닙니다! 그가 세상에 오시고 나타나시고 모습을 보이신 것은 "마귀의 일을 멸하려 하심"입니다.

우리는 불의가 죄이고 율법을 어기는 것이 죄임을 알며, 죄를 짓는다는 것은 우리를 향한 하나님의 거룩한 뜻과 거룩한 목적을 침해한다는 뜻임을 압니다. 그러나 여기에는 또 다른 측면이 있습니다. 요한의 말은 요컨대 '계속 죄와 악을 범하며 살 때 너희는 마귀와 마귀의 방식에 동화되며 마귀에게 속한 모든 것에 동화된다'는 것입니다. 이 구절은 바로 이 점을 강조하고 있습니다.

주님은 큰 싸움을 싸우기 위해 세상에 오셔서 격렬한 전투를 시작하셨습니다. 그가 이 싸움에서 승리하신 것을 특별히 축하하는 날이 바로 부활절입니다. 부활절은 그리스도가 승리하셨다는 사실을 일깨워 주는 날이지, 생명의 어떤 원리를 일깨워 주는 날이 아닙니다. 여러분은 사람들이 '부활의 원리'에 대해 감사를 표현하면서, 봄을 맞이하여 어떻게 꽃들이 다시 피어나고 나무에 새순이 돋으며 생명이 살아나는지 경탄하는 소리를 자주 들을 것입니다. 그러나 그것은 부활이 전하는 복된 메시지와 아무 상관이 없습니다. 우리의 관심은 사실에 있지, 자연의 원리에 있지 않습니다. 그 사실이란 주님이 부활하심으로써 마귀를 완전히 정복하셨다는 것입니다.

주님은 큰 싸움을 싸우기 위해 세상에 오셨습니다.

우리의 대적

죄를 짓는 자는 마귀에게 속하나니 마귀는 처음부터 범죄함이라. 하나님의 아들이 나타나신 것은 마귀의 일을 멸하려 하심이라.
요한일서 3:8

성경이 '대적'이라고 부르는 마귀에 대해 먼저 살펴봅시다(벧전 5:8). 하나님의 아들이 세상에 오신 것은 마귀가 만들어 놓은 세상의 상태와 처지 때문이었습니다. 좋든 싫든 분명한 사실은, 마귀에 대한 성경의 교리를 받아들이지 않는 한 성경에 나오는 구속의 드라마 전체를 전혀 이해할 수 없다는 것입니다. 마귀에 대한 교리는 기독교 메시지의 핵심 부분으로서, 이 메시지의 처음부터 끝까지 나오고 있습니다.

이것이 성경의 가르침입니다. 세상의 전반적인 상태와 인류의 문제를 설명하려면 마귀에 관한 사실로 거슬러 올라가야 합니다. 성경에 따르면 하나님은 세상을 완벽하게 만드셨습니다. 그런데 왜 잘못되었습니까? 여기 그 답이 있습니다. 성경이 다양한 이름으로 부르고 있는 자, 다양한 용어로 묘사하고 있는 자가 하나님이 완벽하게 만드신 세상에 살고 있던 남자와 여자에게 찾아와 말을 걸었습니다. 그는 '계명성'이라고도 하고 '아침의 아들'이라고도 하며 '이 세상 신'이라고도 하는 자입니다. '뱀'이라고도 하고 '공중의 권세 잡은 자'라고도 하며 '무장한 강한 자'라고도 하는 자입니다.

이처럼 성경에는 다양한 이름이 나오고 있지만, 가리키고 있는 인물은 하나입니다. 성경의 가르침에 따르면, 바로 그가 세상에 악과 죄와 모든 불행을 몰고 온 장본인입니다. 마귀가 사람을 찾아와 말을 걸었고 죄를 짓도록 부추겼습니다. 그래서 사람은 하나님을 대적하게 되었습니다. 인간의 타락 이후 세상의 상태는 이 모든 일의 결과를 보여주고 있습니다.

기대하는 가운데 바라봄

하나님의 아들이 나타나신 것은 마귀의 일을 멸하려 하심이라.
요한일서 3:8

복음 메시지를 믿을 때, 우리는 어둠의 나라에서 빛의 나라, 하나님이 사랑하시는 아들의 나라로 옮겨집니다. 그는 지금 자신의 나라를 세우고 계십니다. 세상에서 사람들을 불러 모으시며 하나님 나라 세우는 일을 계속하고 계십니다. 그는 하나님 우편에 영광 가운데 앉아 원수를 발등상으로 삼으실 때까지 통치하십니다. 그는 택한 자의 수가 찰 때까지 계속 일하실 것입니다. 그리고 그 수가 차면 다시 오실 것입니다. 왕이요 주인으로 다시 오셔서 그 일을 완성하실 것입니다. 그때에는 강력한 칼을 가지고 오실 것이며, 악과 죄뿐 아니라 사탄과 그 패거리들도 불 못에 던져 하나님의 목전에서 최종적으로, 영원히 내치실 것입니다. 이 모든 일이 반드시 일어날 것을 보장해 주는 것이 바로 부활이라는 이 영광스러운 사실입니다. "하나님의 아들이 나타나신 것은 마귀의 일을 멸하려 하심이라."

그렇다면 그가 이미 멸하셨음을 기억하고 기대하는 가운데 바라보십시오. 우리 그리스도인들에게는 그가 완전히, 남김없이, 최종적으로 마귀의 일을 멸하신다는 복된 소망이 있습니다. 악과 죄는 결국 무너지고 불타서 영원히 사라질 것입니다. 하나님이 만유가 되시고 만유 안에 계실 것입니다. 우리가 무덤에서 일어나 죽음을 정복하신 강한 승리자의 군대에 속해 있으며 그리스도께 속해 있는 것이 분명하다면, 사탄이 마지막 심판 받는 모습을 목도하게 될 것이고 죄도 없고 슬픔도 없고 탄식도 없고 눈물도 없는 완벽한 상태에 영원히 거하게 될 것입니다.

죄 없이 완전할 수 있는가

죄를 짓는 자는 마귀에게 속하나니 마귀는 처음부터 범죄함이라.……하나님께로부터 난 자마다 죄를 짓지 아니하나니.
요한일서 3:8-9

의로운 자는 의로운 삶으로 그 의를 나타내고, 불의한 자는 의롭지 못한 삶으로 그 불의를 나타냅니다. 마귀에 대한 요한의 언급이 중요한 이유가 여기 있습니다. "죄를 짓는 자는 마귀에게 속하나니 마귀는 처음부터 범죄함이라." 이것이 불의한 자의 특징이고 본성이며 습성입니다. 이것이 불의한 자의 생활방식입니다. 마귀에게 해당되는 것이 그에게도 해당됩니다. 마귀는 처음부터 죄를 지었고 지금도 계속해서 죄를 짓고 있습니다. 요한의 말은 결국 이런 것입니다. "계속 죄를 짓는 사람은 자신이 마귀의 본성을 가졌음을 선포하는 것이다. 그에게는 그리스도인이 가진 새로운 본성이 없다."

우리는 사도의 말이 모든 그리스도인들에 대한 것임을 기억해야 합니다. 죄 없이 완전해질 수 있다고 믿는 자들은 사도의 말이 일부 그리스도인들에게만 적용된다고 말합니다. 그러나 그것은 일관성이 없는 주장입니다. 그들은 6절의 메시지를 잊고 있습니다. 요한은 그들의 주장처럼 일부 그리스도인들에 대해서만 말하고 있는 것이 아니라, 모든 그리스도인들에 대해 말하고 있습니다. "그 안에 거하는 자마다 범죄하지 아니하나니." 그리스도 안에 거하지 않는 사람은 그리스도인이 아닙니다. 그리스도인이 되었다는 것은 그리스도 안에 거한다는 뜻입니다. 그리스도 안에 거하지 않고서도 그리스도인이 될 수 있다고 믿게 하려는 자들이 있지만, 그것은 중생의 교리를 전면적으로 부인하는 것입니다. 그리스도 안에 있든지 밖에 있든지 둘 중에 하나입니다. 그리스도 안에 있지 않은 사람은 그리스도인이 아닙니다. "누구든지 그리스도의 영이 없으면 그리스도의 사람이 아니라"(롬 8:9). 성령으로 거듭나지 않은 사람은 그리스도인이 아닙니다. 하루는 그리스도 안에 있다가 그다음 날에는 밖에 있을 수 없습니다. 모든 그리스도인은 그리스도 안에 있는 사람들이며 그리스도 안에 거하는 사람들입니다. 요한은 지금 일부 그리스도인들에게만 말하고 있는 것이 아닙니다. 모든 그리스도인들에게 말하고 있는 것입니다.

우리는 사도의 말이 모든 그리스도인들에 대한 것임을 기억해야 합니다.

하나님의 씨

우리 안에 있는 죄의 권세는 한순간에 파괴되지 않습니다. 하나님은 그 일이 서서히 이루어지게 하셨습니다. 여기 나오는 "씨"는 상당히 중요한 말입니다. 이것이야말로 모든 영역에 해당되는 하나님의 방법과 계획을 의미하는 말이 아닐까요? 자연의 영역에서도 씨를 뿌리면 몇 주, 몇 달, 또는 몇 년이 흘러야 꽃이 피어납니다. 하나님은 왜 그렇게 하시는 것일까요? 제 대답은, 그 이유는 잘 모르겠지만 그것이 하나님의 방법이요 방식이라는 것입니다. 저는 성경이 우리에게 그 점을 가르치고 있다고 생각합니다. 성경은 "그리스도 안에 있는 갓난아이들"에 대해 가르치고, 자라고 성장하는 일에 대해 가르치며, "은혜 가운데 자라" 가는 일에 대해 가르칩니다(벧전 2:2). 요한도 이미 이 문제를 다룬 바 있습니다. "주를 향하여 이 소망을 가진 자마다 그의 깨끗하심과 같이 자기를 깨끗하게 하느니라"(요일 3:3).

이것은 과정을 거듭하며 점차 진행되는 일입니다. 이 구절을 이런 식으로 해석하지 않는 것은 요한이 1장에서 말한 내용을 부인하는 태도임이 확실합니다. "만일 우리가 죄가 없다고 말하면 스스로 속이고 또 진리가 우리 속에 있지 아니할 것이요"(8절).

요한이 이 편지를 쓴 목적은 "죄를 범하지 않게 하려 함"이며, "만일 누가 죄를 범하여도 아버지 앞에서 우리에게 대언자가 있으니 곧 의로우신 예수 그리스도"라는 것을 가르쳐 주기 위함입니다(2:1). 그리스도인이 구원받는 즉시 완전해진다면 왜 이런 가르침이 필요하겠습니까? 이것은 큰 수수께끼입니다. 이해하기 힘들어도 사실을 있는 그대로 받아들여야 합니다. 우리의 경험상, 또 가장 위대했던 성도들의 경험상, 죄 없이 완전해질 수 있다는 가르침이 틀린 것임을 알아야 합니다. 또한 우리는 그것이 성경의 가르침에도 부합되지 않는다는 것을 알고 있습니다.

요한은 자신을 청결하고 깨끗하게 하기 위해 애쓰며 매일의 삶 속에서 성경을 적용하라고 권고합니다. 단순히 자신을 굴복시키고 내어드리기만 한다고 해서 완전해지는 것이 아닙니다. 성경과 그 교리를 이해해야 합니다. 성경에 담긴 의미를 알고 매일의 삶에서 실천해야 합니다.

죄 없이 완전해질 수 있다는 가르침은 성경의 가르침에 부합되지 않습니다.

세상의
미움을 받음

형제들아, 세상이 너희를 미워하여도 이상히 여기지
말라.

요한일서 3:13

역사적인 사실을 통해 이 구절을 설명해 보겠습니다. 이것은 성경 첫 부
분부터 나오는 중대한 원리입니다. 많은 이들이 이 구절을 어렵게 생각
합니다. 만약 여러분도 그렇게 느낀다면, 중요하면서도 본질적인 성경
의 첫 부분을 제대로 이해하지 못한 것입니다. 가인과 아벨의 차이는 아
벨에게서 비롯된 것이 아니라 가인에게서 비롯된 것입니다. 가인(세상)
이 아벨(그리스도인)을 미워했습니다. 요셉과 그 형제들을 보십시오. 다
윗과 사울을 보십시오. 사울 왕이 다윗을 어떻게 대했는지, 그를 얼마나
제거하고 싶어 했는지, 그 질투와 시기와 악의에 대한 이야기를 읽어 보
십시오. 민족을 구하고자 애썼던 하나님의 사람들, 선지자들이 어떤 대
접을 받았는지도 보십시오. 이런 이야기는 성경 곳곳에서 찾아볼 수 있
습니다.

　가장 좋은 예인 주님의 경우도 보시기 바랍니다. 여기 성육신하신 하
나님의 아들이 계십니다. 육신으로 오신 영원한 생명이 계십니다. 그런
데 세상이 어떻게 그를 조롱했는지, 어떻게 돌을 들어 치려 했는지, 어
떻게 "없이하소서, 그를 십자가에 못 박게 하소서!"라고 소리쳤는지 보
십시오. 세상은 자신들을 구하러 오신 하나님의 아들을 십자가에 못 박
아 버렸습니다! "형제들아, 세상이 너희를 미워하여도 이상히 여기지 말
라." 세상은 여러분이 미운 짓을 했기 때문에 미워하는 것이 아닙니다.
가인과 아벨의 이야기가 그 증거입니다. 가인은 아벨이 무슨 미운 짓을
해서 미워한 것이 아닙니다. 아벨에게는 미워할 만한 부분이 없었습니
다. 그런데도 가인은 그를 미워했습니다.

　또한 세상은 우리가 선하다는 이유로 우리를 미워하는 것도 아닙니
다. 이 점을 명확히 짚고 넘어갑시다. 세상은 선한 사람을 미워하지 않
습니다. 오직 그리스도인들을 미워할 뿐입니다. 이것은 아주 미묘하면
서도 극히 중요한 구분입니다. 여러분이 그저 선하기만 한 사람이라면
세상은 여러분을 미워하기는커녕 칭송하고 격려할 것입니다. 개인뿐
아니라 교회도 마찬가지입니다. 성경은 그리스도인들이 미운 짓을 해

서, 또는 선하거나 선한 일을 해서 세상의 미움을 받는 것이 아니라, 단지 그리스도인이기 때문에, 하나님께 속한 사람들이기 때문에, 그리스도를 그 안에 모신 사람들이기 때문에 미움을 받는다고 말합니다.

세상은 **선한** 사람들을 미워하지 않습니다. 오직 **그리스도인들을** 미워할 뿐입니다.

기도란 무엇인가

이로써 우리가 진리에 속한 줄을 알고 또 우리 마음을 주 앞에서 굳세게 하리니.
요한일서 3:19

기도란 무엇입니까? 저는 요한일서 3:19에 나오는 내용보다 나은 설명을 찾을 수가 없습니다. "이로써 우리가 진리에 속한 줄을 알고 또 우리 마음을 주 앞에서 굳세게 하리니." 이것이 바로 기도입니다. 주 앞으로 나아가는 것이 기도입니다. 사실 우리는 항상 하나님 앞에 있으며 항상 그의 목전에 있습니다. "우리가 그를 힘입어 살며 기동하며 존재하느니라"(행 17:28). 그러나 기도는 그보다 훨씬 더 특별한 것입니다. 기도는 그분을 뵙는 것이며 그분께—"주 앞에"—곧바로, 직접 나아가는 것입니다. 기도는 다른 모든 것을 뒤로 하고 배제한 채, 잠시 동안 하나님만을 대면하는 것입니다. 어떤 의미에서 이보다 더 기도를 잘 설명해 주는 말은 없습니다. 기도는 바로 이런 것입니다.

우리는 기도할 때 하는 일이 정확하게 이런 것임을 알아야 합니다. 그러므로 어떤 의미에서 볼 때 기도에서 가장 중요한 점은 우리가 주 앞에 있다는 이 사실을 깨닫는 것임이 분명합니다. 여러분은 거룩한 사람들이 항상 이 부분에 대해 많은 이야기를 해왔다는 사실을 알 것입니다. 그러나 이것은 어려운 일입니다. 이런저런 생각들이 계속 방해하고, 오만가지 상상이 주의를 산만하게 하며, 아이디어나 제안이나 소원이나 필요가 떠올라 정신을 어지럽힙니다. 우리는 그 모든 것을 무시한 채, 우리가 문자 그대로, 실제로 살아 계신 하나님 앞에 있음을 깨닫는 데서부터 출발해야 합니다. "주 앞에서."

요한은 바로 이 점 때문에 형제 간의 사랑이라는 문제가 중요하다고 말합니다. 그 자리로 나아갈 때, 주 앞에 있을 때, 여러분은 앞으로 남은 생애 동안, 앞으로 남은 시간 동안 무엇을 할 것이냐 하는 문제의 중요성을 깨닫기 시작합니다. 바로 그 자리로 나아갈 때 그 관련성을 보기 시작하는 것입니다.

우리가 문자 그대로, 실제로 살아 계신 하나님 앞에 있음을 깨닫는 데서부터 출발해야 합니다.

담대한 기도

사랑하는 자들아, 만일 우리 마음이 우리를 책망할 것이 없으면 하나님 앞에서 담대함을 얻고.
요한일서 3:21

"담대함"은 참으로 응답 받는 기도에 절대적으로 중요한 요소입니다. 그 점을 성경이 어떻게 표현하고 있는지 말씀드리겠습니다. 성경에서 기도와 관련하여 담대함이라는 말이 사용되는 경우를 주목해서 본 적이 있습니까? 여러분은 히브리서에서 이 말을 자주 만나게 될 것입니다. "그러므로 우리는 긍휼하심을 받고 때를 따라 돕는 은혜를 얻기 위하여 은혜의 보좌 앞에 담대히 나아갈 것이니라"(4:16). "그러므로 형제들아, 우리가 예수의 피를 힘입어 성소에 들어갈 담력을 얻었나니"(10:19). "참 마음과 온전한 믿음[큰 확신]으로 하나님께 나아가자"(10:22). 에베소서 3장에 나오는 바울의 말도 생각해 보십시오. "우리가 그 안에서 그를 믿음으로 말미암아 담대함과 하나님께 당당히 나아감을 얻느니라"(12절). 이것이 기도하는 방법입니다. 우리의 간구가 조금이라도 가치 있는 것이라면, 담대하게, 확신을 가지고, 자신 있게 나아가야 합니다.

이러한 담대함은 어떻게 얻을 수 있을까요? 자, 제가 보기에는 우리가 지금 다루고 있는 문제, 곧 아들 됨이 그 답입니다. 우리가 아들임을 알고 확신하느냐는 우리가 형제를 사랑하느냐에 달려 있습니다. 그 작용 방식은 이렇습니다. 형제를 참으로 사랑하는 사람은 자신이 하나님의 자녀임을 기억하고 있는 것입니다. 따라서 하나님 앞에서 기도할 때 "저는 지금 하나님을 심판자가 아닌 아버지로 생각하고 있습니다"라고 주장할 수 있습니다. 요한은 요한일서 4장에서 이 점을 계속 상기시키고 있습니다. 우리는 두려워하는 마음으로 하나님께 나아가지 않습니다. "두려움에는 형벌"이 있기 때문입니다(요일 4:18). 이처럼 나는 내가 하나님의 아들임을 확신하기에, 그가 나를 기뻐하시며 내가 구하는 복보다 훨씬 더 큰 복을 준비하고 계심을 압니다.

하나님을 심판자가 아닌 아버지로 생각해야 합니다.

기도의 확신

사랑하는 자들아, 만일 우리 마음이 우리를 책망할 것이 없으면 하나님 앞에서 담대함을 얻고 무엇이든지 구하는 바를 그에게서 받나니 이는 우리가 그의 계명을 지키고 그 앞에서 기뻐하시는 것을 행함이라.
요한일서 3:21-22

제가 무엇보다 확신하는 사실은, 제게 하나님께 나아갈 권리가 있다는 것입니다. 나는 내 간구에 대해 확신을 가지고 있어야 합니다.

야고보는 그 점을 이렇게 표현하고 있습니다. "너희 중에 누구든지 지혜가 부족하거든……하나님께 구하라." 그러나 조심해야 할 점이 있습니다. "오직 믿음으로 구하고 조금도 의심하지 말라. 의심하는 자는 마치 바람에 밀려 요동하는 바다 물결 같으니 이런 사람은 무엇이든지 주께 얻기를 생각하지 말라"(약 1:5-7). 기도할 때 자신이 없고 의심이 들며 머뭇거려지고 확신이 생기지 않는다면, 그 기도는 응답되지 않을 것이라고 야고보는 말합니다. 시편 66:18 말씀도 보십시오. "내가 나의 마음에 죄악을 품었더라면 주께서 듣지 아니하시리라." 자기 죄를 여전히 고수하면서, 자신이 잘못된 삶을 살고 있음을 알면서, 두 마음을 품고 하나님께 나아가는 사람은 기도에 확신을 갖지 못할 것입니다. "하나님은 우리 마음보다 크시고 모든 것을 아시기 때문이라"(요일 3:20). 자기 자신조차 스스로 잘못했음을 알고 정죄하게 된다면, 하나님은 더더욱 그러하실 것이 분명합니다.

저는 주님이 요한복음에서 친히 이 문제에 대답해 주셨다고 생각합니다. 주님은 이렇게 말씀하셨습니다. "너희가 내 안에 거하고 내 말이 너희 안에 거하면 무엇이든지 원하는 대로 구하라. 그리하면 이루리라"(요 15:7). 주님은 또 말씀하셨습니다. "너희가 나를 택한 것이 아니요 내가 너희를 택하여 세웠나니 이는 너희로 가서 열매를 맺게 하고 또 너희 열매가 항상 있게 하여 내 이름으로 아버지께 무엇을 구하든지 다 받게 하려 함이라"(요 15:16). 내가 하나님의 계명을 지키고 있다면 성령이 내 삶을 다스리고 계심을 확신할 수 있으며, 따라서 내 안의 모든 간구와 소원 또한 성령에게서 나왔음을 알 수 있습니다.

자기 죄를 고수하면서, 자신이 잘못된 삶을 살고 있음을 알면서, 두 마음을 품고 하나님께 나아가는 사람은 기도에 확신을 갖지 못할 것입니다.

그리스도인은 영적인 사람이다

우리가 세상의 영을 받지 아니하고 오직 하나님으로부터 온 영을 받았으니.
고린도전서 2:12

그리스도인은 어떤 사람입니까?

제가 지치지도 않고 이 질문을 던지는 것은 이것이야말로 오늘날 세상이 오해하고 있는 문제, 그것도 심히 오해하고 있는 문제라고 생각하기 때문입니다. 그리스도인은 어떤 사람입니까? 선량한 사람, 도덕적인 사람, 교회의 정식 교인, 가끔씩 예배당에 나가는 사람입니까? 그런 사람이 정말 그리스도인입니까? 우리가 지금까지 세상에 그런 인상을 심어준 것은 부끄러운 일입니다! 그리스도인은 그런 사람이 아닙니다. 그리스도인은 영적인 사람입니다. 신약성경 곳곳에 이 말, '영적인 사람'이라는 말이 나오고 있지 않습니까?

영적인 사람은 성령을 받은 사람을 가리키는 신약의 용어입니다. 그리스도인은 비그리스도인과 완전히 다른 사람들입니다. 그들은 특정한 일들을 실천하는, 약간 더 나은 사람들이 아닙니다.

그렇습니다. 그들은 완전히 다른 사람들입니다. 영적인 사람들입니다. 바울은 말합니다. "우리가 세상의 영을 받지 아니하고 오직 하나님으로부터 온 영을 받았으니 이는 우리로 하여금 하나님께서 우리에게 은혜로 주신 것들을 알게 하려 하심이라.……신령한 자는 모든 것을 판단하나"(고전 2:12, 15). 육에 속한 사람은 그렇지 않습니다. 이것이 차이점입니다.

그리스도인이 된 후에야 성령을 선물로 받는다고 말하는 이들이 있습니다. 그러나 성령을 선물로 받지 못하면 그리스도인이 될 수 없습니다. 어떤 의미에서 성령을 받는 그 일이 사람을 그리스도인으로 만드는 것입니다. 그것은 그 사람이 새롭게 태어났다는 뜻입니다. 거듭났다는 뜻입니다. 베드로의 말을 빌리자면 "신성한 성품에 참여하는 자"가 되었다는 뜻입니다(벧후 1:4). 주님의 말씀을 빌리자면 하나님이 우리 안에 거하신다는 뜻입니다. 요한은 말합니다. "그의 계명을 지키는 자는 주 안에 거하고 주는 그의 안에 거하시나니"(요일 3:24). 이 구절에 대한 가장 훌륭한 주석을 보고 싶다면 요한복음 14장에 나오는 주님의 위대한 말씀을 읽어 보십시오. "내가 너희를 쓸쓸하게(흠정역) 버려두지 아니하고 너희에게로 오리라"(18절). 어떤 이는 이 말씀을 이렇게 번역하고 있습니다. "내가 너희를 고아와 같이 버려두지 아니하고 다시 오리라."

11월

진리와 사랑의 시금석

영들을 시험하라

사랑하는 자들아, 영을 다 믿지 말고 오직 영들이 하나님께 속하였나 분별하라. 많은 거짓 선지자가 세상에 나왔음이라.
요한일서 4:1

성경은 양극단을 포괄하는 입장을 취하고 있습니다. 성령이 꼭 필요하고 체험도 극히 중요하지만, 진리와 정의(定義), 교의와 교리도 그만큼 필요하며 중요합니다. 우리의 전체적인 입장은 진리와 교리의 토대에 굳게 세워져 있지 않은 체험은 위험하다는 것입니다.

우리는 영들을 시험하며 검증할 필요가 있습니다. "사랑하는 자들아, 영을 다 믿지 말고 오직 영들이 하나님께 속하였나 분별하라." 어떤 이들은 이렇게 분별해 보는 과정을 철저하게 반대합니다. 물론 이유는 여러 가지입니다. 어떤 이들은 그저 안이하고 나태하며 게을러서, 편하게 있고 싶어서 반대합니다.

또는 이렇게 영들을 분별하고 검증하는 과정 자체가 영적이지 못하다고 생각하는 이들도 있습니다. 그런 이들에 따르면, 어떤 문제에 대해 논의하고 고찰하며 정의하려고 하는 순간 영적이지 못한 사람이 되어 버립니다. 그러나 이러한 태도에 대한 저의 대답은 성령이 그렇게 명령하며 권고하고 계시기에 우리는 반드시 영들을 시험하고 검증해야 한다는 것입니다. 이것만으로도 제게는 충분한 이유가 됩니다. "사랑하는 자들아, 영을 다 믿지 말고 오직 영들이 하나님께 속하였나 분별하라."

더 나아가 성경은 우리가 시험해야 하는 이유도 말해 주고 있습니다. "많은 거짓 선지자가 세상에 나왔음이라." 슬프게도 세상에는 거짓 선지자들이 있으며, 악한 영들이 있고, 광명의 천사로 가장할 만큼 영리하고 교묘한 마귀가 있습니다. 이 세상에 성령만 계시다면 영들을 시험하고 검증할 필요가 없을 것입니다. 그러나 '성령', 곧 '거룩한 영'이라는 말 자체가 다른 악한 영들이 존재하고 있다는 사실, 악한 세력들이 있다는 사실을 암시하고 있습니다.

성경이 그렇게 명령하며 권고하고 계시기에 우리는 반드시 영들을 분별하고 검증해야 합니다.

진리와 미혹

우리가 세상의 영을 받지 아니하고 오직 하나님으로부터 온 영을 받았으니 이는 우리로 하여금 하나님께서 우리에게 은혜로 주신 것들을 알게 하려 하심이라.
고린도전서 2:12

영들을 시험하고 검증해야 할 한 가지 중요한 이유가 오랜 교회사에 분명히 나타나 있습니다. 사람들이 "나는 놀라운 체험을 했기 때문에 분명히 옳다"라고 말하면서 영들을 시험하고 검증하려 들지 않았기 때문에 교회에 대혼란이 빚어지곤 했던 것이 바로 그 이유입니다. 지금 우리의 관심은 진지함이나 정직함의 문제에 있지 않습니다. 진리와 미혹의 문제, 진리와 미혹을 규정하는 문제에 있습니다.

이 문제가 신학자들이나 신학 교수, 목회자나 교회 지도자들에게만 해당되는 것일까요? 특정 부류에게만 해당되는 것일까요? 이에 대한 대답은 그렇지 않다는 것, 모든 사람에게 해당됩니다. "사랑하는 자들아─요한은 평균적인 교인들에게 이 편지를 쓰고 있습니다─, 영을 다 믿지 말고 오직 영들이 하나님께 속하였나 분별하라"(요일 4:1). 그리고 나서 그들을 "자녀들아" 하고 부르는데(4절), 저는 요한이 일부러 평범한 교인들에게 '너희는 진리에 속했기 때문에 우리 말을 듣는 것'이라는 의미에서 이 표현을 썼다고 생각합니다.

영들을 조사하고 분별하며 검증하는 것은 그리스도인이라는 이름을 가진 모든 사람의 임무요 의무입니다. 실제로 우리는 그렇게 할 수 있는 능력을 부여받았습니다. "이는 너희 안에 계신 이가 세상에 있는 자보다 크심이라"(요일 4:4). 하나님은 성령을 통해 우리에게 이 능력을 주셨습니다. 곧, 우리 안에 거하시는 성령으로 인해 분별력과 지각을 얻게 하신 것입니다. 사도 바울은 고린도전서에서 그 점에 대해 길게 이야기하고 있습니다. 고린도전서 2:12이 그 보기입니다. "우리가 세상의 영을 받지 아니하고 오직 하나님으로부터 온 영을 받았으니 이는 우리로 하여금 하나님께서 우리에게 은혜로 주신 것들을 알게 하려 하심이라"(고전 2:12). 바로 이것입니다!

영들을 시험하는 방법

영들이 하나님께 속하였나 분별하라.
요한일서 4:1

영들을 어떻게 시험할 수 있을까요? 참된 영인지 거짓된 영인지 어떻게 알 수 있을까요? 성령의 은사는 절대적으로 필요한 것으로서, 성령의 은사가 없는 사람은 성령을 받지 못한 것이라고 주장하는 이들이 있습니다. 예컨대 '방언을 못하고 이러저러한 일들을 못하는 사람은 성령을 받지 못한 것'이라는 식입니다. 그들은 이처럼 특정 은사를 언급하면서 그 은사를 받지 못한 사람은 성령을 받지 못했다고 주장합니다. 사도 바울이 "다 방언을 말하는 자이겠느냐?"라고 질문하면서 분명한 가르침을 주었는데도 말입니다(고전 12:30). 고린도전서 12장은 성령이 나누어 주시는 은사를 밝히기 위해 기록된 장입니다. 바울은 은사를 받을 수도 있고 받지 않을 수도 있다고, 그 자체가 성령이 그 안에 계시다는 본질적인 증거는 아니라고 말하고 있습니다.

더 구체적으로 들어가 봅시다. 사역의 특별한 결과물이나 치유의 은사처럼 눈에 보이는 현상을 기준 삼아 성령을 받았는지 여부를 조사하고 시험하는 것은 아주 위험한 일입니다. 그런데도 사람들은 이런 것을 시험 방법을 제시하고 있습니다. 그들은 이렇게 말합니다. "이 사람은 틀림없어요. 이 사람이 무슨 일을 했는지 못 들었습니까? 치유의 소문을 못 들었어요? 그가 이룬 성과를 좀 보세요." 눈에 보이는 현상만 가지고 시험하는 것은 극히 위험한 일입니다. 악한 영들도 기적을 행할 수 있기 때문입니다. 주님도 제자들에게 악한 영들이 주님처럼 놀라운 일들을 행할 수 있음을 경고하셨습니다.

사람들이 열성적이라는 것도 성령이 그 안에 계시다는 증거는 될 수 없습니다. 악한 영들도 아주 열성적일 때가 많습니다. 크게 흥분했다고 해서 성령이 임하신 것은 아닙니다. 큰 활력이 넘치는 것도 성령의 증거는 아닙니다. 확신과 자신감에 넘치는 것도 마찬가지입니다.

눈에 보이는 현상만 가지고 시험하는 것은 극히 위험한 일입니다. 악한 영들도 기적을 행할 수 있기 때문입니다.

궁극적인 시금석

이로써 너희가 하나님의 영을 알지니 곧 예수 그리스도께서 육체로 오신 것을 시인하는 영마다 하나님께 속한 것이요.
요한일서 4:2

가장 중요한 시금석은 성경의 가르침에 일치하느냐 하는 것입니다. "이로써 너희가 하나님의 영을 알지니 곧 예수 그리스도께서 육체로 오신 것을 시인하는 영마다 하나님께 속한 것이요." 이것이 영적인 시금석임을 어떻게 알 수 있을까요? 저는 제가 그리스도에 대해 알고 있는 모든 내용을 성경의 시험대에 올려 봅니다. 실제로, 요한일서 4:6도 정확히 같은 말을 하고 있습니다. 요한은 자기 자신과 다른 사도들에 대해 이야기하면서 "우리는 하나님께 속하였으니 하나님을 아는 자는 우리의 말을 듣고 하나님께 속하지 아니한 자는 우리의 말을 듣지 아니하나니 진리의 영과 미혹의 영을 이로써 아느니라"고 말합니다. 스스로 성령 충만하다고 주장하는 사람, 비범한 교사로 자처하는 사람에 대해 가장 먼저 알아보아야 할 점은 그의 가르침이 성경에 일치하는가 하는 것입니다. 그의 가르침은 사도들의 메시지와 일치합니까? 그의 모든 가르침은 이 말씀에 기초하고 있습니까? 그는 기꺼이 이 말씀에 복종하고 있습니까? 이것은 중요한 시금석입니다.

또 다른 시금석은 성경의 가르침을 들을 준비가 되어 있느냐 하는 것입니다. 성경의 가르침을 따르는 것은 참된 선지자의 변함없는 특징입니다. 거짓 선지자는 성경의 가르침을 오히려 무시하는 경향이 있습니다. 그런 사람은 말합니다. "아, 그렇지요. 하지만 당신은 율법주의자에 신학자일 뿐입니다. 나는 직접 체험하고 느꼈습니다. 그리고 이러저러한 성과를 얻었지요." 이것은 성경의 가르침을 따르는 태도가 아니라 거의 경멸하는 태도로서, 복음의 길을 벗어난 사람들에게 늘 나타나는 특징입니다. 퀘이커 교도들의 역사를 읽어 보면 그러한 태도, 즉 성경 그 자체의 객관적인 가르침보다는 내적인 깨달음을 중시하는 태도가 주된 특징으로 자리잡게 된 것을 알 수 있습니다.

가장 중요한 시금석은 성경의 가르침에 일치하는 것입니다.

성령의 표지

하나님이 우리에게 주신 것은 두려워하는 마음이
아니요 오직 능력과 사랑과 절제하는 마음이니.
디모데후서 1:7

참된 성령은 항상 그리스도를 높이신다는 것이야말로 가장 중요한 시금
석입니다. 그리스도가 항상 중심을 차지하시며 더 우월한 자리를 차지
하십니다. 진정한 선지자는 자신의 체험이나 환상, 자신이 본 것이나 한
일을 이야기하는 것이 아니라 그리스도를 이야기합니다. 그런 사람의
이야기를 들으면 "이 사람 정말 놀라운데!"라고 말하는 것이 아니라 "주
님은 정말 놀라운 구주시다!"라고 말하게 됩니다. "이 사람 정말 놀라운
체험을 했네"라고 말하는 것이 아니라 "성령이 말씀하시는 이분은 대체
누구실까?"라고 말하게 됩니다. 모든 이목이 그리스도께 집중되는 것입
니다. 이처럼 성령은 그리스도를 높이십니다.

바울은 디모데에게 이렇게 말했습니다. "하나님이 우리에게 주신
것은 두려워하는 마음이 아니요 오직 능력과 사랑과 절제하는 마음이
니"(딤후 1:7). 성령을 받은 사람에게는 항상 균형과 조화가 나타나게 되
어 있습니다. "술 취하지 말라. 이는 방탕한 것이니 오직 성령으로 충만
함을 받으라"(엡 5:18). 성령을 받은 사람은 능력이 있고 균형이 잡혀 있
으며 극단으로 치우치지 않습니다. 바울은 고린도 사람들에게 한 번에
한 사람씩만 말하라고 했습니다. 그들은 "그럴 수 없습니다. 그것은 성
령을 소멸하는 일이 아닙니까?"라고 물었습니다. 그러나 바울은 아니라
고 말합니다. "모든 것을 품위 있게 하고 질서 있게 하라"(고전 14:40). 성
령은 무질서의 영이 아니라 질서의 영이십니다. 교리와 사랑이 전부 필
요합니다. 체험과 능력, 지성과 정신을 포함한 전인격이 포괄되어야 하
며, 완벽하게 균형 잡힌 하나의 통일체로 제 역할을 다함으로써 분열이
나 경쟁이나 다툼 없이 우리 주와 구주 되신 예수 그리스도의 영광을 위
해 진력하며 그 영광을 드러내야 합니다. 하나님의 성령이 여러분 안에
계시는지 확인하십시오. 그리고 여러분이 거짓되고 악한 영이 아니라
하나님의 성령께 귀를 기울이고 있는지 확인하십시오.

참된 성령은 항상 그리스도를 높이신다는 것이야말로 가장 중요한 시금석입니다.

적그리스도의 가르침

이로써 너희가 하나님의 영을 알지니 곧 예수 그리스도께서 육체로 오신 것을 시인하는 영마다 하나님께 속한 것이요 예수를 시인하지 아니하는 영마다 하나님께 속한 것이 아니니 이것이 곧 적그리스도의 영이니라. 오리라 한 말을 너희가 들었거니와 지금 벌써 세상에 있느니라.
요한일서 4:2-3

적그리스도는 무엇을 가르칠까요? 적그리스도는 그리스도를 부인하는 것이 아니라 그릇되게 가르칩니다. 무언가를 덧붙이거나 빼버린 채 가르치는 것입니다. 요한이 이 점을 어떻게 설명하고 있는지 기억할 것입니다. 그는 "그들이 우리에게서 나갔으나 우리에게 속하지 아니하였나니 만일 우리에게 속하였더라면 우리와 함께 거하였으려니와 그들이 나간 것은 다 우리에게 속하지 아니함을 나타내려 함이니라"고 말했습니다(요일 2:19). 그들은 원래 교회 안에 있었습니다. 역사상 적그리스도는 교회 안에서 나타났으며, 자신들도 그리스도를 믿는다고 말하곤 했습니다. 그러나 요한은 그들의 가르침 자체가 사실은 그리스도를 믿지 않는다는 사실을 입증해 준다고 말합니다.

이것은 우리가 붙잡아야 할 아주 중요한 원리입니다. 단순히 "네, 저도 주 예수 그리스도를 믿습니다. 저는 언제나 그분을 믿었습니다"라고 말한다고 해서 끝나는 것이 아닙니다. 자세히 시험해 보아야 합니다. 사도 바울은 이 사람들이 "다른 예수"를 전파했다고 합니다. 그렇습니다. 그들도 예수를 전했습니다. 그러나 그 예수는 다른 예수였습니다. 바울이 전한 예수가 아니었습니다(고후 11:4). 그들도 그리스도를 전한 것은 맞습니다. 그러나 어떤 종류의 그리스도, 어떤 종류의 예수를 전했느냐가 문제입니다.

그렇기 때문에 '예수 그리스도에 관한 이 가르침이 옳은지 그른지 어떻게 분별할 것인가?' 하는 질문이 나오는 것입니다. 그 답이 여기 아주 명확히 주어져 있습니다. 우리의 궁극적인 권위, 유일한 권위는 사도들의 가르침에 있습니다. 이것이 요한일서 전체의 요지입니다.

적그리스도는 그리스도를 부인하지 않습니다. 그릇되게 가르칩니다.

사도들의 가르침

요한이 첫 번째 서신을 쓴 목적은 초대 교회 교인들에게 '나와 다른 사도들이 말한 바를 붙잡을 것'을 말하려는 데 있었습니다. 여러분들은 요한이 어떤 말로 편지를 시작했는지 기억할 것입니다. "태초부터 있는 생명의 말씀에 관하여는 우리가 들은 바요 눈으로 본 바요 자세히 보고 우리의 손으로 만진 바라"(요일 1:1). 요한은 사도들을 언급하면서 자신이 이일들에 대해 쓰는 것은 이 그리스도인들로 하여금 "우리와 사귐이 있게하려 함"이라고 말합니다(요일 1:3). 여기에 나오는 '우리'가 누구입니까? 이 또한 사도들을 가리키는 말입니다.

이것은 참으로 주요하면서도 기초적인 토대입니다. 신약성경은 오직 사도들이 쓴 글만이 이런 문제들에 대해 말할 수 있는 권위가 있다고 주장합니다. 사도들과 선지자들이야말로 하나님이 성령을 통해 영적인 진리를 계시하신 사람들로서, 하나님은 바로 그들이 사람들을 가르치며 진리에 대해 쓰기를 원하셨음을 가르치는 것입니다. 사도 바울은 에베소서 2:20에서 교회가 "사도들과 선지자들의 터 위에 세우심을 입"었다고 말합니다. 바로 그들에게서 모든 가르침이 나왔습니다. 그래서 여러분이 신약성경의 이 비범한 주장을 듣게 된 것입니다. 그들은 유일무이한 권위를 주장했습니다.

사도 바울이 갈라디아서에서 이 점을 어떻게 표현하고 있는지 들어 보십시오. 그는 상당히 강하게 말하고 있습니다. "그러나 우리나 혹은 하늘로부터 온 천사라도 우리가 너희에게 전한 복음 외에 다른 복음을 전하면 저주를 받을지어다"(1:8). 이에 대해 어떤 이들은 지나친 자기중심주의라고 말합니다.

그렇지 않습니다. 이는 자기중심주의에서 나온 말이 아니라 하나님께 위임받은 자이기에 할 수 있는 주장입니다. 하나님이 그를 구별하여 세우셨고 계시를 주셨습니다. 그래서 그 많은 서신을 통해 자신이 전한 바가 곧 다른 사도들이 전한 메시지라고 계속 주장하는 것입니다. 사도 바울을 비롯한 모든 사도들은 자신들의 가르침에 비추어 다른 모든 가르침을 시험해 보라고 권하기를 주저하지 않았습니다. 여러분과 저 또한 같은 권고를 받고 있습니다.

예수에 관한
사도들의 가르침

예수 그리스도께서 육체로 오신 것.
요한일서 4:2

사도들은 그리스도에 대해 무엇을 가르쳤을까요? 요한은 이 구절에서 그 완벽한 답변을 제공하고 있습니다. 여기 나오는 단어들은 아무렇게나 쓰인 것이 아닙니다. 그가 어떤 식으로 설명하고 있는지 들어 보십시오. "이로써 너희가 하나님의 영을 알지니 곧 예수 그리스도께서 육체로 오신 것을 시인하는 영마다 하나님께 속한 것이요 예수를 시인하지 아니하는 영마다 하나님께 속한 것이 아니니"(요일 4:2-3). 자, 여기에는 "예수 그리스도께서 육체로 오신 것"이라는 진술이 들어 있습니다. 예수 그리스도는 "육체로" 세상에 오셨습니다. 무슨 뜻입니까? 제가 보여드리고 싶은 바는, 요한이 이런 말들을 사용함으로써 1세기도 끝나기 전, 자신이 살아 있을 때 이미 교회 안에 생겨난 심각한 이단에 어떻게 대항하며 답변하고 있는가 하는 것입니다.

"예수 그리스도"라는 표현을 보시기 바랍니다. 요한은 왜 "예수 그리스도"가 육체로 오셨다고 말하고 있습니까? 왜 예수가 육체로 오셨다든지, 아니면 그리스도가 육체로 오셨다고 말하지 않은 것일까요? 이 점이 중요합니다. 그는 이렇게 말함으로써 이 복 되신 인격의 단일성을 강조하고 있는 것입니다. 주 예수 그리스도께는 두 가지 본성, 신의 본성과 인간의 본성이 있지만, 그럼에도 그는 한 인격이십니다. 요한일서 전반부는 초대 교회에 거짓 선지자들과 적그리스도가 있었다는 사실을 명백히 밝히고 있습니다. 그들은 나사렛 예수가 다른 인간과 똑같은 인간에 불과했으며 요단 강에서 요한에게 세례를 받을 때 영원하신 그리스도가 그에게 임하여 그를 사용하기 시작하셨다고 이야기합니다. 또한 영원하신 그리스도는 십자가에 못 박힐 때까지 인간 예수 안에 거하다가 십자가에서 돌아가신 후 다시 하늘로 올라가셨으므로 결국 죽은 것은 인간 예수뿐이며 인간 예수와 영원하신 그리스도는 별개의 두 인격이라고 주장합니다. 요한은 그렇지 않다고 선언합니다. 예수 그리스도는 한 인격이되 두 본성을 가진 분, 곧 두 본성이 한 인격 안에 통합되어 있는 분이라고 말입니다.

주 예수 그리스도께는 두 가지 본성, 신의 본성과 인간의 본성이 있지만, 그럼에도 그는 한 인격이십니다.

서로 사랑하라

우리가 서로 사랑하자.
요한일서 4:7

서로 사랑하느냐 하는 것이야말로 우리의 신앙고백을 검증하는 궁극적인 시금석이라는 것을 주저 없이 말할 수 있습니다. 저는 이것이 정통 신앙보다 더 중요한 기준임을 단언하는 바입니다. 저야말로 누구보다 정통 신앙을 고수하는 사람입니다만, 그럼에도 그것은 최종적인 시금석이 되지 못합니다. 정통 신앙은 절대적으로 필요한 것입니다. 이 서신서, 요한일서가 지금까지 거듭해서 보여준 바도 그것이었고, 앞으로 보여줄 바도 그것입니다. 우리는 바른 내용을 믿어야 합니다. 그렇지 않으면 아무것도 가질 수 없으며 어떤 신분도 얻을 수 없습니다. 그러므로 정확한 신조가 절대적으로 필요합니다. 그러나 제가 말하고 싶은 바는, 경험과 자기 점검의 영역에서는 정통 신앙이 궁극적인 시금석 역할을 하지 못한다는 것입니다.

한 치의 오차 없이 정확하게 믿는데도 그리스도인이 아닐 수 있다는 사실을 인정하기로 합시다. 지적으로는 성경에 나오는 명제들에 완벽하게 동의할 수 있습니다. 신학에 대한 관심으로 이 신학이 저 신학보다 낫다고 주장하면서 그 신학을 받아들이고 옹호하며 논의할 수 있습니다. 그러나 그 마음에는 주 예수 그리스도의 은혜와 하나님의 사랑이 하나도 없습니다. 가능성만으로도 무서운 일이지만, 명백한 사실입니다. 분명히 정통 신앙을 확고하게 지킨 사람들, 신앙의 투사들 중에도 일찍이 자신들이 열렬히 수호했던 바로 그 신앙을 똑같이 열렬히 부인한 이들이 있었습니다. 다시 한번 말합니다. 정통신앙은 아주 중요하고 필요한 시금석이지만, 그것만으로는 충분하지 않습니다. 그보다 더 철저한 시금석이 있는데, 그것은 형제 사랑, 곧 서로 사랑하느냐 하는 것입니다.

하나님은
사랑이심이라

**사랑하는 자들아, 우리가 서로 사랑하자.
사랑은 하나님께 속한 것이니 사랑하는 자마다
하나님께로 나서 하나님을 알고 사랑하지 아니하는
자는 하나님을 알지 못하나니 이는 하나님은
사랑이심이라.**
요한일서 4:7-8

"하나님은 사랑이심이라." 이 말을 반박할 수 있는 사람은 아무도 없습니다. 이것은 건드리기에도 떨리는 말, 분석이 불가능한 말입니다. 다만 제가 지적하고 싶은 것은, 요한이 "하나님은 우리를 사랑하신다"라고 말하거나 "하나님은 사랑하시는 분"이라고 말하는 데 머물지 않는다는 것입니다. 그는 거기에서 더 나아가 "하나님은 사랑이심이라"고 말합니다. 하나님은 그 근본 자체가 사랑이신 분입니다. 그의 본질이 사랑입니다. 사랑을 떠나서는 하나님을 생각할 수가 없습니다. 물론 요한은 이와 똑같이 하나님은 빛이시라고 이미 말한 바가 있습니다. 그것이 첫 번째 선언입니다. "너희에게 전하는 소식은 이것이니 곧 하나님은 빛이시라"(요일 1:5). 그와 마찬가지로 "하나님은 사랑"이시며 영이십니다. 이것은 우리의 상상력과 충돌하는 말이며, 우리의 이해력을 뛰어넘는 말입니다. 그럼에도 우리는 여기에서부터 출발해야 합니다.

아우구스티누스와 다른 사람들은 이 말에서 삼위일체 교리를 끌어냈습니다. 저도 이 말에 그 요소가 상당히 많이 들어 있다고 생각합니다. 하나님이 사랑이시라는 사실 자체가 삼위일체를 선포하고 있습니다. 성부가 성자를 사랑하시며, 인격이신 성령이 그 사이를 연결하십니다. 아! 이것은 고등 교리이며 인간을 뛰어넘는 교리입니다. 제가 아는 것은 하나님의 본질과 존재의 핵심이 바로 사랑이라는 것, 사랑을 떠나서는 하나님을 생각할 수도 없고 생각해서도 안 된다는 것뿐입니다. 하나님과 관련된 모든 것, 하나님이 하시는 모든 일은 사랑으로 물들어 있습니다. 하나님의 모든 행동에는 사랑의 측면이 있는 동시에 빛의 측면이 있습니다. 하나님은 항상 이렇게 빛과 사랑으로 자신을 드러내십니다. 요한은 말합니다. "이것이 기본 원리이며 하나님께 해당되는 원리이므로 우리에게도 그대로 적용시켜야 한다. 하나님이 사랑이시기에 우리도 서로 사랑해야 하는 것이다. 사랑은 '하나님께 속한' 것이다." 사랑은 하나님에게서 오는 것이며 하나님으로부터 흘러나오는 것입니다. 요한은 이들을 향해 이렇게 말하는 듯합니다. "하나님은 사랑하신다. 이 사랑은 오직 하나님으로부터만 나오는 것, 하나님께서만 얻을 수 있는 것이다."

하나님의 본질과 존재의 핵심이 바로 사랑입니다.

하나님의 사랑이 나타남

하나님의 사랑이 우리에게 이렇게 나타난 바 되었으니 하나님이 자기의 독생자를 세상에 보내심은 그로 말미암아 우리를 살리려 하심이라. 사랑은 여기 있으니 우리가 하나님을 사랑한 것이 아니요 하나님이 우리를 사랑하사 우리 죄를 속하기 위하여 화목제물로 그 아들을 보내셨음이라.
요한일서 4:9-10

사도는 하나님이 자신의 본질인 사랑을 실제로 나타내셨다는 사실을 일깨우고 싶어 합니다. 그는 사랑이십니다. 그리고 자비롭게도 그 사랑을 나타내셨으며, 의심할 여지 없이 명백하게 드러내셨습니다. 요한의 직접적인 주장은 이렇게 표현될 수 있습니다. "너희가 이 사랑을 참으로 이해한다면, 이 사랑에 대해 조금이라도 알게 된다면, 너희가 안고 있는 문제와 어려움 대부분이 즉각 사라질 것이다." 그래서 그는 하나님의 크고 놀라우며 영광스러운 사랑에 대한 깊은 이야기로 나아갑니다.

이것은 우리에게도 똑같이 해당된다는 데에는 모두가 동의할 것입니다. 저는 신약성경을 공부하고 그리스도인의 삶을 살면 살수록, 하나님의 사랑을 보지 못하는 것이야말로 우리의 근본적인 어려움이요 근본적인 결함임을 확신하게 됩니다. 우리에게 부족한 것은 지식이 아니라 하나님의 사랑을 보는 눈입니다. 그러므로 하나님을 더 잘 알게 되는 것을 가장 큰 목표로 삼아 노력해야 그를 더 진심으로 사랑하게 될 것입니다. 요한은 이 편지를 받는 초대 교회 그리스도인들이 하나님을 사랑하게 되면 자신들끼리도 서로 사랑하게 되리라 확신했기에, 이런 내용을 써서 그들을 돕고자 했습니다.

이것이 성경 전체를 관통하고 있는 순서입니다. 둘째 계명은 첫째 계명 다음에 오게 되어 있습니다. 첫째 계명은 이것입니다. "네 마음을 다하고 목숨을 다하고 뜻을 다하여 주 너의 하나님을 사랑하라……둘째도 그와 같으니 네 이웃을 네 자신 같이 사랑하라"(마 22:37, 39). 첫째 계명을 행하기 전에는 둘째 계명을 행할 수가 없습니다. 하나님을 사랑하는 것에서부터 출발해야 합니다.

부족한 것은 우리의 지식이 아니라 하나님의 사랑을 볼 줄 아는 눈입니다.

"우리도······ 마땅하도다"

사랑하는 자들아, 하나님이 이같이 우리를 사랑하셨은즉 우리도 서로 사랑하는 것이 마땅하도다.
요한일서 4:11

문제는 이것입니다. 여러분을 화나게 하고 골치 아프게 하고 상황을 오히려 어렵게 만드는 듯한 사람들을 어떻게 대해야 할까요? 요한은 이렇게 대답합니다. "하나님이 이같이 우리를 사랑하셨은즉 우리도 서로 사랑하는 것이 마땅하도다." 이 말의 의미는 이런 것입니다. 나의 본능적인 감정에 굴복하는 대신, 즉각적으로 말하거나 행동하거나 반응하는 대신, 멈추어 서서 자신에게 말을 걸라는 것입니다. 내가 믿는 기독교의 진리를 떠올리며 그것을 상황 전체에 적용시키라는 것입니다. 이것이 여러분과 제가 해야 할 일입니다. 신약성경이 말하는 삶은 지적인 면으로 가득합니다. 감정에 좌우되지 않습니다. 남을 사랑하는 감정이 생길 때까지 기다려서는 안 됩니다. 스스로 사랑하게 만들어야 합니다("마땅하도다"). 신약성경에 따르면, 그리스도인들은 스스로 다른 그리스도인들을 사랑하게 만들 수 있으며, 그렇게 하지 않을 때 실패를 겪게 되어 있습니다.

그렇다면 어떻게 스스로 사랑하게 만들 수 있습니까? 이 진리를 떠올리면 됩니다. "하나님이 이같이 우리를 사랑하셨은즉." 다시 말해서 우리가 밟아야 할 절차는 이것입니다. 화가 나고 마음이 어지럽고 당황스러우며 적개심이 생길 때, 내가 해야 할 첫 번째 일은 나 자신부터 돌아보는 것입니다. 그러면 절반의 승리는 거둔 것입니다. 이런 종류의 문제에서 발생하는 모든 어려움은 항상 자신은 돌아보지 않고 남의 탓만 하는 데 있음을 우리는 경험을 통해 아주 잘 알고 있습니다. 그러나 나를 먼저 돌아볼 때 발견하게 되는 것이 무엇입니까? "하나님이 이같이 나를 사랑하셨은즉."

대개는 본능적으로 자신이 부당하게 취급받았으며 피해를 보았다고 느끼게 마련입니다. 상대방에게 문제가 있다고 느끼는 것입니다. 그러나 복음서는 말합니다. "잠깐만 멈추어 너 자신부터 돌아보아라. 네가 정확히 어떤 사람인지 생각해 보아라." 복음서는 그 즉시 이 모든 갈등의 원인이 된 우리 속의 자아를 대면하게 해줍니다.

그리스도인은 스스로 다른 그리스도인들을 사랑하게 만들 수 있습니다.

자랑

오호라, 나는 곤고한 사람이로다.
로마서 7:24

자만심과 자의식, 오, 이 자아에서 벗어날 수만 있다면!
"오호라, 나는 곤고한 사람이로다. 이 사망의 몸에서 누가 나를 건져내
랴"(롬 7:24). 내가 늘 의식하고 있는 이 곤고하고 흉한 자아에서 어떻게
벗어날 수 있을까요? 이것이야말로 성령으로 죄를 깨달은 모든 이들의
외침 아닙니까? 요한일서 4:9-10의 취지는 이 모든 문제를 노출시키려
는 데 있습니다. 저는 자기 문제는 다루지 않으면서 하나님 사랑의 계시
만 찬양하는 자들의 말을 들을 생각은 없습니다. 세상에서 자기 모습이
어떠한지 보여주지 않는 기독교 교의, 자아가 어떻게 표출되는지 비추어
보여주지 않는 교의는 아무리 붙들어도 소용이 없습니다. 하나님의 사
랑은 항상 그것을 보여줍니다. "사랑은 여기 있으니 우리가 하나님을 사
랑한 것이 아니요 하나님이 우리를 사랑하사." 제가 말한 것과 같은 인간
을 하나님이 사랑하실 수 있었다는 것은 도저히 믿어지지 않는 일입니
다. 정말 놀랍지 않습니까! 바로 이런 것이 사랑이라고 요한은 말합니다.
　그러므로 이 모든 것을 믿고 안다면, 자기 자신이 어떤 사람인지 볼
수 있어야 합니다. 그 즉시 어떤 일이 벌어지는지 아십니까? 자신의 모
습을 보는 순간, 존 버니언처럼 외치게 됩니다.

　쓰러져 있는 자는 넘어질까 염려할 필요 없네.
　비천한 자는 자랑하지 않네.

　존 버니언이 말하려는 바는 나의 참된 모습을 볼 때, 아무도 나를 모
욕할 수 없다는 것입니다. 아무리 큰 모욕이라도 내게는 과분할 따름이
기 때문입니다. 세상이 뭐라고 하든지 나는 그들이 생각하는 것보다 훨
씬 더 악한 사람입니다. 우리는 이 영광스러운 복음의 빛 안에서 우리
자신을 보고 있기 때문에 누구의 말에도 마음이 다치거나 상하지 않습
니다.

자만심과 자의식, 오, 이 자아에서 벗어날 수만 있다면!

보이지 않는 하나님

하나님은 왜 "어느 때나 하나님을 본 사람이 없으되"라고 말씀하시는 것일까요? 요한은 왜 갑자기 여기에서 보이지 않는 하나님이라는 개념을 소개하는 것일까요?

요한은 형제 사랑을 통해서가 아니라면 하나님을 사랑할 수 없다고 말하는 것이 아닙니다. 요한의 논지는 그것이 아닙니다. 또 하나님을 사랑할 수 있는 유일한 방법이 형제 사랑뿐이라고 말하는 것도 아닙니다. 그가 말하려는 바는 우리가 하나님을 사랑하게 되어 있다는 것, 곧 하나님을 사랑할 수 있으며 사랑해야 한다는 것입니다.

제가 볼 때 요한은 여기에서 형제 사랑에 관한 자신의 중대한 논의에 한 가지 새로운 주제, 새로운 개념을 끌어들이고 있습니다. 저는 그것을 구원의 확신이라는 주제로 설명하고자 합니다. 그것은 하나님을 아는 지식에 관한 문제이며 하나님을 아는 방법에 관한 문제입니다. 다시 말해서 저는 요한이 8절 마지막 부분에 나온 주제와 이 주제를 연결시키고 있다고 생각합니다. 그의 말을 다음과 같이 재구성해 보겠습니다. "사랑하는 자들아, 우리가 서로 사랑하자. 사랑은 하나님께 속한 것이니 사랑하는 자마다 하나님으로부터 나서 하나님을 알고 사랑하지 아니하는 자는 하나님을 알지 못하나니 이는 하나님은 사랑이심이라.……어느 때나 하나님을 본 사람이 없으되 만일 우리가 서로 사랑하면 하나님이 우리 안에 거하시고 그의 사랑이 우리 안에 온전히 이루어지느니라"(7-8, 12절).

요한은 "너희가 구원을 확신하고 있으며 하나님과 사귐이 있다는 점에서 볼 때, 형제를 사랑하는 것은 중요한 일"이라고 말하는 것입니다. 요한은 논리학자보다는 시인에 가깝습니다. 그래서 자신의 입장을 직접적으로 밝히는 대신 우회적으로 밝히고 있으며, 그 생각에도 신비스러운 요소를 담고 있습니다. 그럼에도 불구하고 그 배후에는 확고한 논리가 있으며, 추론의 명확한 흐름이 있습니다.

여러분이 구원을 확신한다는 점에서 볼 때, 형제를 사랑하는 것은 중요한 일입니다.

하나님이 우리 안에 거하시고

어느 때나 하나님을 본 사람이 없으되 만일 우리가 서로 사랑하면 하나님이 우리 안에 거하시고 그의 사랑이 우리 안에 온전히 이루어지느니라.
요한일서 4:12

하나님은 우리 안에 거하십니다. 이것이 제가 가진 확신의 한 가지 근거입니다. "어느 때나 하나님을 본 사람이 없으되." 좋습니다. 그렇다고 해서 하나님이 계시는지 안 계시는지 계속 의심하며 절망에 빠져 있어야 합니까? 요한은 아니라고 말합니다! "만일 우리가 서로 사랑하면 하나님이 우리 안에 거하시고 그의 사랑이 우리 안에 온전히 이루어지느니라."

한 가지 고백하자면, 저는 이 주제에 접근할 때마다 경외감과 두려움을 느낍니다. 성부 하나님과 성자 하나님이 믿는 자와 친밀하게 연합하시며 우리 안에 거하시고 거처를 함께하시는 일에 대해 이야기하는 요한복음 14장의 그 위대한 진술을 생각해 보십시오. 요한복음 14, 15, 16, 17장은 우리가 익히 알고 있는 본문입니다. 그런데 같은 이야기가 오늘 이 본문에도 나오고 있습니다. "하나님이 우리 안에 거하시고 그의 사랑이 우리 안에 온전히 이루어지느니라." 요한은 요한일서 4:13에서 연이어 말합니다. "그의 성령을 우리에게 주시므로 우리가 그 안에 거하고 그가 우리 안에 거하시는 줄을 아느니라." 그리고 15절에서는 이렇게 말합니다. "누구든지 예수를 하나님의 아들이라 시인하면 하나님이 그의 안에 거하시고 그도 하나님 안에 거하느니라."

이 지점에서 우리는 모세처럼 신을 벗어야 합니다! 지금 우리가 관심을 두고 있는 주제는 영광스럽고 장엄한 것인 만큼, 아주 조심해서 다루어야 합니다. 이 말씀은 우리가 서로 사랑하면 하나님, 곧 사랑 그 자체이시고, 전능하시며, 영원하신 하나님이 우리 안에 거하신다고 말합니다. 제가 볼 때 여기에서 꼭 깨달아야 할 점은 이 개념을 물질적으로 생각해서는 안 된다는 것입니다. 하나님을 물질적인 관점에서 생각해서는 안 됩니다. 하나님은 영이십니다. 영이신 하나님이 우리 안에 거하십니다.

영이신 하나님이 우리 안에 거하십니다.

도덕과 규범 준수

그의 성령을 우리에게 주시므로 우리가 그 안에
거하고 그가 우리 안에 거하시는 줄을 아느니라.
요한일서 4:13

이 말씀은 그리스도인의 삶의 본질이 무엇인지 일깨워 주고 있습니다. 제가 점점 더 확신하게 되는 바는, 그리스도인의 삶을 올바로 파악하지 못하는 데서 대부분의 문제가 발생한다는 것입니다. 저는 지금 교회 밖에 있는 사람들이 아니라 그리스도인들에 대해 말하고 있습니다. 저 자신의 의견을 말하자면, 무엇보다 그리스도인의 삶의 본질을 계속해서 자신에게 일깨워 주어야 한다고 생각합니다. 우리 모두 마찬가지입니다. 초대 교회 그리스도인들도 그러했습니다. 그래서 서신서들이 기록된 것입니다. 사도들이 하나님의 감동과 인도를 받아 이 놀라운 교훈들이 담긴 편지를 쓴 것은, 그리스도인의 삶을 잘못된 방식으로 생각하고 이해하는 이 지속적인 경향 때문이었습니다.

그리스도인의 삶이란 무엇입니까? 그리스도인으로서 산다는 것은 단지 도덕적으로 살거나 착하고 예의 바르게 사는 것이 아닙니다. 물론 그것도 포함되지만, 그것이 전부는 아닙니다. 그런데 그런 것이 그리스도인의 삶을 구성한다고 진지하게 믿는 이들이 많은 것이 분명한 사실 아닙니까? 주일 예배에 꼬박꼬박 참석하면서 자신들은 특정한 죄를 짓지 않았기 때문에 참된 그리스도인이라고 말하는 이들이 많은데, 그에 대한 저의 답변은 이것입니다. "그의 성령을 우리에게 주시므로 우리가 그 안에 거하고 그가 우리 안에 거하시는 줄을 아느니라." 이 말씀 앞에 우리의 보잘것없는 도덕은 완전히 오그라들고 맙니다. 물론 도덕은 꼭 필요합니다. 그렇다고 이 영광스러운 삶을 그저 소소한 예의범절과 도덕으로 축소시키는 일은 절대 없기를 바랍니다!

또 어떤 이들은 기독교를 단지 종교적 규범을 준수하는 문제로 생각합니다. 그러나 그것을 기독교의 전부로 생각한다면, 신약성경이 설명하는 이 굉장한 일의 광채를 놓치고 말 것입니다.

그리스도인으로서 산다는 것은 단지 도덕적으로 살거나 착하고 예의 바르게 사는 것이 아닙니다.

하나님을 아는 지식

그의 성령을 우리에게 주시므로 우리가 그 안에 거하고 그가 우리 안에 거하시는 줄을 아느니라.
요한일서 4:13

우리가 하나님과 관계를 맺고 있으며 그의 생명을 가지고 있다는 사실을 우리는 알 수 있으며 또 알아야만 합니다. 이것이 그리스도인의 삶의 본질입니다. 요한은 "우리가……아느니라"고 말합니다. 우리는 그 사실을 알며 확신합니다. 요한이 이 편지를 쓴 모든 목적은 바로 이 지식을 우리에게 주기 위해서입니다. "내가 하나님의 아들의 이름을 믿는 너희에게 이것을 쓰는 것은 너희로 하여금 너희에게 영생이 있음을 알게 하려 함이라"(요일 5:13).

이제 우리 모두 이 지식을 갖게 되었으니, 그보다 못한 것에 만족해서는 안 됩니다. 제가 보기에는 신약성경에 담긴 가르침의 핵심이 바로 이 지식에 있습니다. 성경이 우리에게 주는 것은 하나님이 우리 안에 계시며 우리가 하나님 안에 있다는 바로 이 지식으로서, 우리는 이 지식을 얻기까지 한시도 멈추어서는 안 됩니다. 우리는 확신 없이 모호한 상태에 머물 권리가 없습니다. "너희로……알게 하려 함이라." 이런 일들에 대해 확신하지 못하는 그리스도인은 예수 그리스도의 복음과 그가 십자가에서 이루신 일, 부활의 영광을 불명예스럽게 만드는 것입니다. 우리는 충만하고 분명한 확신과 자신감, 환희를 얻을 때까지 결코 멈추어서는 안 됩니다. 신약성경은 전부 이런 것을 우리에게 주기 위해 기록된 것으로서, 저는 이것이야말로 피할 수 없는 결론이라고 주장합니다. 저는 이런 확신이 없을 뿐 아니라 이런 확신을 반박할 태세까지 갖추고 있는 사람들을 이해할 수가 없습니다.

불신자였을 때 우리는 다 죽어 있었고 영적인 생명을 갖지 못했습니다. 그리스도인은 하나님의 생명을 영혼 안에 받기 위해 믿음으로 거듭나야 합니다. 우리 안에 그런 생명이 있는데 그 사실을 모를 수 있을까요? 그것은 불가능한 일입니다!

충만하고 분명한 확신과 자신감, 환희를 얻을 때까지 결코 멈추어서는 안 됩니다.

하나님을 아는 방법

그의 성령을 우리에게 주시므로 우리가 그 안에 거하고 그가 우리 안에 거하시는 줄을 아느니라.
요한일서 4:13

우리는 어떻게 하나님을 알 수 있을까요? "그의 성령을 우리에게 주시므로 우리가 그 안에 거하고 그가 우리 안에 거하시는 줄을 아느니라." 어떻게 알 수 있다고 합니까? 그 답은 "그의 성령을 우리에게 주시므로"라는 것입니다. 지난번에 분석한 내용의 결론이 그것이었습니다. 그렇다면 어떻게 하나님의 성령을 받았는지 알 수 있을까요? 어떻게 성령이 주시는 것을 받았는지 확실히 알 수 있을까요?

여러분은 이런 일들에 관심이 있습니까? 이런 내용들을 알려는 열망이 있습니까? 영혼의 생명에 관심이 있습니까? 하나님을 아는 일에 관심이 있습니까? 그렇다면 성령이 여러분 안에 계신 것입니다. 왜냐하면 하나님을 떠난 사람은 "땅의 일", 즉 육신의 일, 세상의 일을 생각하기 때문입니다(빌 3:19). 영생과 보이지 않는 영원한 것들에 관심이 있습니까? 그런 생각을 한다는 것 자체가 성령이 여러분 안에 계시다는 증거입니다.

여러분에게는 죄의식이 있습니까? 자기 속에 어떤 악한 근원이 있음을 인식하고 있습니까? 이것은 단순히 해서는 안 될 일들을 했기 때문에 자신에게 혐오감을 느끼느냐는 질문이 아닙니다. 그런 것이 아닙니다. 제가 말하려는 바는 여러분 안에 악한 본성이 있으며 마음속에 죄와 악의 근원이 있다는 사실, 가치 없고 추하고 더러운 것들이 솟아나는 샘이 있다는 사실을 아는지, 그래서 어떤 의미에서 자신에게 미움을 느끼고 있는가 하는 것입니다. 주님은 자기 자신을 사랑하는 사람은 아주 위험한 상태에 있다고 말씀하셨습니다. 사도 바울은 자신에 대해 "내 속 곧 내 육신에 선한 것이 거하지 아니하는 줄을 아노니……오호라, 나는 곧 고한 사람이로다!"라고 거침없이 말할 수 있었습니다(롬 7:18, 24). 이처럼 자신이 죄인임을 느낀 적이 있다면, 자신을 끌어내리는 힘을 미워하고 있다면, 그것이 곧 성령의 은사를 받았다는 증거입니다.

자신이 죄인임을 느낀 적이 있다면, 자신을 끌어내리는 힘을 미워하고 있다면, 그것이 곧 성령의 은사를 받았다는 증거입니다.

너희 안에서
행하시는 하나님

두렵고 떨림으로 너희 구원을 이루라. 너희 안에서 행하시는 이는 하나님이시니 자기의 기쁘신 뜻을 위하여 너희에게 소원을 두고 행하게 하시나니.
빌립보서 2:12-13

하나님이 여러분 안에서 행하고 계시다는 사실을 아십니까? 바울은 "두렵고 떨림으로 너희 구원을 이루라"고 하면서 "너희 안에서 행하시는 이는 하나님"이라고 말합니다. 이것은 참으로 놀랍고도 경이로운 일입니다. 또한 성령을 소유하고 있는지 여부를 확인하는 중요한 시금석이기도 합니다. 그 의미는 이런 것입니다. 우리는 외부의 힘이 우리를 다루고 있음을 압니다. 우리가 무엇을 하기로 결정하는 것이 아닙니다. 여러분도 알다시피 도덕주의자들과 종교 규범 준수자들은 자기가 알아서 모든 일을 하며 그로 인해 자부심을 느낍니다. 그들은 주일 오전에 침대에서 뒹구는 대신 벌떡 일어나 교회에 갑니다. 그들이 그렇게 하는 것은 어떤 감동을 받았기 때문이 아니라 자기가 그렇게 하기로 결정했기 때문입니다. 그들은 모든 시간을 관리하며, 일을 마친 후에는 자신들의 놀랍고 고상한 목표가 달성된 데 기쁨을 느낍니다. 실로 대단한 사람들입니다!

그러나 이것은 성경이 말하는 바가 아닙니다. "너희 안에서 행하시는 이는 하나님이시니……너희에게 소원을 두고 행하게 하시나니." 다시 말해서 자신을 다루시는 하나님의 능력, 자기 안에서 솟구치고 밀어닥치는 하나님의 능력을 인식하고 놀라며 경탄하게 된다는 것입니다. 여러분은 스스로 자랑하는 대신 이렇게 말하게 됩니다. "이것은 내가 하는 일이 아니다. 나는 원래 이런 사람이 아니다. 이 일을 하시는 분은 하나님이시며 내 안에 거하시는 그리스도시고 내 안에 계시는 성령이시다. 나는 내 한계를 넘어 붙들렸을 뿐이다. 그러니 하나님께 감사하자." 하나님이 여러분 안에서 행하고 계십니까? 여러분 안에서 놀랍게 움직이고 있는 이 능력, 여러분을 감동시키며 뒤흔들고 인도하며 설득하고 앞으로 끌어당기는 이 능력을 인식하고 있습니까? 그렇다면 하나님께 성령의 은사를 받은 것입니다.

여러분은 자신을 다루시는 하나님의 능력, 자기 속에서 솟아오르고 밀어닥치는 하나님의 능력을 인식하고 놀라며 경탄하게 됩니다.

충만한 복

그의 성령을 우리에게 주시므로 우리가 그 안에
거하고 그가 우리 안에 거하시는 줄을 아느니라.
요한일서 4:13

이 복은 어떻게 임합니까?

저는 이른바 '은사 집회'를 지지해 주는 증거를 신약성경 어디에서도 찾을 수가 없습니다. 어떤 이들은 그런 개념을 가지고 있습니다. 하나님이 주실 복이 있으므로 기다려서 그 복을 받아야 한다고 믿는 것입니다. 그러나 은사는 하나님이 그분의 때에, 그분의 방식대로 주시는 것입니다. 그 자리에서 바로 주셔야 하는 것이 아닙니다. 그것은 하나님이 주시는 선물입니다. 언제 주고 언제 주지 말아야 할지는 하나님이 알고 계십니다.

무디의 경우를 기억하십니까? 그의 이야기는 다음과 같습니다. 그는 자신의 부족함과 필요를 알았기 때문에 그 문제를 놓고 하나님께 기도하기 시작했습니다. 그는 최선을 다해 하나님의 말씀에 순종하는 한편, 몇 달 동안 계속해서 기도했습니다. 아무 일도 일어나지 않았지만 계속 기도했습니다. 그렇습니다. 그는 기다렸습니다. 그러나 복은 임하지 않았습니다. 그러던 어느 날, 은사 집회나 기도회에 간 것이 아니라 뉴욕의 길거리를 걸어가고 있던 중에 갑자기 하나님이 강력한 복으로 그를 압도하셨습니다. 그 느낌이 얼마나 강했던지 마치 죽을 것 같았습니다. 그래서 무디는 손을 들고 소리쳤습니다. "하나님, 그만!"

이처럼 하나님의 때가 있습니다. 언제 은사를 주어야 할지 하나님이 아십니다. 그러므로 어떤 집회에 가거나 일정한 절차만 밟으면 반드시 은사를 받을 것처럼 생각해서는 안 됩니다. 성령은 주권을 가지고 자신의 방식대로 임하십니다. 극적으로 임하실 수도 있고 갑자기 임하실 수도 있으며 조용히 임하실 수도 있습니다. 어떤 식으로 임하시든 상관이 없습니다. 정말 중요한 것은 우리가 은사를 받았다는 그 사실 자체이기 때문입니다. 이 모든 가르침의 핵심은 아주 간단합니다. "신뢰하라, 그리고 순종하라."

그리스도를 시인함

> 누구든지 예수를 하나님의 아들이라 시인하면 하나님이 그의 안에 거하시고 그도 하나님 안에 거하느니라.
> 요한일서 4:15

요한의 전체적인 주장은 하나님이 여러분 안에 거하시지 않고 여러분이 하나님 안에 거하지 않는 한, 예수를 하나님의 아들로 믿지 못한다는 것입니다. 이것이 그의 논지입니다. "누구든지 예수를 하나님의 아들이라 시인하면 하나님이 그의 안에 거하시고 그도 하나님 안에 거하느니라." 하나님은 성령을 통해 우리 안에 거하십니다. 그러므로 예수를 하나님의 아들로 시인하는 사람은 성령이 이미 그 안에 계신 것이라고 할 수 있습니다. 다시 말해서, 성령 없이는 예수를 하나님의 아들로 믿을 수 없는 것입니다.

이것은 신약성경 전체에 공통적으로 나타나는 교리입니다. 사도 바울은 그 점을 이렇게 설명하고 있습니다. "오직 은밀한 가운데 있는 하나님의 지혜를 말하는 것으로서 곧 감추어졌던 것인데 하나님이 우리의 영광을 위하여 만세 전에 미리 정하신 것이라. 이 지혜는 이 세대의 통치자들이 한 사람도 알지 못하였나니 만일 알았더라면 영광의 주를 십자가에 못 박지 아니하였으리라.……오직 하나님이 성령으로 이것을 우리에게 보이셨으니 성령은 모든 것 곧 하나님의 깊은 것까지도 통달하시느니라"(고전 2:7-8, 10).

우리는 그 전체적인 주장을 다음과 같이 정리할 수 있습니다. 이 세상 임금들도, 이 세상 위인들도 나사렛 예수를 하나의 인간, 목수로밖에 보지 못했습니다. 범상치 않은 종교 천재로는 생각했을지 모르겠습니다. 그러나 영광의 주라는 사실은 알지 못했습니다. 왜 알지 못했을까요? 바울은 그들이 성령을 받지 못했기 때문이라고 말합니다. 그러나 고린도 교인들과 바울 자신은 이런 것들을 알고 있으며 믿고 있습니다. 왜 믿습니까? 하나님이 성령을 통해 보여주셨기 때문입니다. 성령은 모든 것 "곧 하나님의 깊은 것까지도" 통달하시는 분입니다.

하나님은 성령으로 "하나님의 깊은 것"을 보이십니다.

사도의 증거

아버지가 아들을 세상의 구주로 보내신 것을 우리가 보았고 또 증언하노니 누구든지 예수를 하나님의 아들이라 시인하면 하나님이 그의 안에 거하시고 그도 하나님 안에 거하느니라. 하나님이 우리를 사랑하시는 사랑을 우리가 알고 믿었노니 하나님은 사랑이시라. 사랑 안에 거하는 자는 하나님 안에 거하고 하나님도 그의 안에 거하시느니라.
요한일서 4:14-16

사도의 증거는 아주 중요합니다. 그 내용이 무엇입니까? 요한의 말은 요컨대 이런 것입니다. "중요한 것은 하나님을 아는 일이다. 그렇다면 어떻게 하나님을 알 수 있는가? '어느 때나 하나님을 본 사람이 없으되'(요일 4:12). 그러나 우리는 보았다. 그래서 예수는 하나님의 아들이시라고 증거하는 것이다." 이것이 그의 진술입니다.

그가 어떤 식으로 증거하고 있는지 유의해서 보십시오. 그는 환상을 보지 않았습니다. 그러면 어떤 근거로 증거하고 있습니까? 감사하게도 직접 본 것을 근거로 증거하고 있습니다. 그는 서두에서 이 모든 사실을 밝힌 바 있습니다. "태초부터 있는 생명의 말씀에 관하여는 우리가 들은 바요 눈으로 본 바요 주목하고 우리 손으로 만진 바라.……우리가 보고 들은 바를 너희에게도 전함은"(요일 1:1, 3). 하나님을 본 사람이 아무도 없지만 자신들은 예수님을 보았으며, 예수님은 "나를 본 자는 아버지를 보았거늘"이라고 말씀하셨다는 것입니다(요 14:9).

다시 말해 사도들을 바라보는 저의 시각, 제 신앙의 토대를 이루고 있는 시각은 이것입니다. 저는 사도들이 직접 본 것을 우리에게 말해 주고 있다고 믿으며, 그들이 그것을 어떻게 이해했는지에 대한 설명이 사복음서에 기록되어 있다고 믿습니다. 복음서의 진술들은 단순히 객관적인 진술이 아니라 해석이 첨가된 진술입니다. 현대인들은 이제서야 그 사실을 받아들이고 있습니다. 전에는 요한과 마태, 마가, 누가를 대조하면서, 요한은 설교를 하지만 마태, 마가, 누가는 단순히 사실만 전달한다고 말했습니다. 그런데 이제는 네 사람 모두 사실에 해석을 덧붙이고 있음을 인정하게 된 것입니다. 다른 세 복음서의 저자들도 요한처럼 예수가 하나님의 아들이시요 세상의 구주이심을 믿고 알았습니다. 그들은 본 것을 증거했습니다. 다시 말해서 그들은 보았으며, 본 것을 설명한 것입니다.

사복음서에는 사도들이 본 것을 어떻게 이해했는지에 대한 설명이 기록되어 있습니다.

구주

"아버지가 아들을 세상의 구주로 보내신 것을 우리가 보았고 또 증언하노니." 이것은 복음서 전체를 요약해 주는 말입니다! 요한은 모든 서신을 통틀어 여기에서 단 한 번 "구주"라는 표현을 사용합니다. 물론 다른 곳에서도 같은 내용을 가르치고 있기는 하지만 말입니다. 그는 주님이 "우리 죄를 위한 화목제물이니 우리만 위할 뿐 아니요 온 세상의 죄를 위하심이라"고 말합니다(요일 2:2). 그는 여기에서도 어떤 의미에서 같은 사상을 반복하고 있지만, 앞과 똑같은 문구 대신 "세상의 구주"라는 말로 주님을 묘사하고 있습니다.

'구주'는 단순히 돕는 자를 뜻하는 말이 아닙니다. 성경은 성부가 인류를 돕기 위해 성자를 보내셨다고 말하지 않습니다. 또한 '구주'는 단순한 조력자를 뜻하는 말도 아닙니다. 어떻게 행동해야 할지 가르쳐 주거나 지시해 주는 자를 뜻하는 말도 아닙니다. 주님은 단순한 교사가 아닙니다. 저는 여기서도 더 나아가 '구주'라는 말과 거기 함축된 의미를 본보기나 모범, 격려자라는 측면에서 생각해서도 안 된다고 말하고 싶습니다. 제가 이런 용어들을 사용하는 것은, 주님을 구주라고 하면서도 막상 그 뜻을 물어보면 "구주 되신 그리스도란 우리 앞서 가시며 그 길을 인도하시는 분을 의미한다"고 대답하는 경우가 너무나 많기 때문입니다.

그런 생각에 드러난 입장은, 결국 우리 스스로 자신을 구원할 수 있으며 주님은 그저 우리를 돕고 지원해 주시면 된다는, 우리를 격려해 주고 우리 일이 좀 더 쉬워지도록 도와주시면 된다는 것입니다. 물론 이것은 성경의 가르침뿐 아니라 교회의 역사적인 신앙과 신조를 완전히 부인하는 입장임이 분명합니다.

'구주'는 단순히 돕는 자를 뜻하는 말이 아닙니다.

세상의 구주

이 특별한 용어의 성경적 의미는 다음과 같이 설명되어야 합니다. 그리스도는 그가 하신 일의 결과로 구주가 되셨습니다. 행위자 내지 실행자는 우리 자신이고, 그리스도는 다만 격려만 해주신다는 생각은 영원히 내버려야 합니다. 절대 그렇지 않습니다! 성경은 하나님이 그를 세상에 보내 어떤 일을 하게 하셨고, 우리는 우리 자신이나 우리의 행위와 상관없이 오직 그가 행하신 일의 결과로 구원받는다고 주장합니다. 그가 행하셨습니다. 그가 행하신 그 일이 우리에게 탈출구를 열어 주었고 구원을 이루어 냈습니다.

자, 여기 지극히 기초적이고 주요한 진술이 있습니다. 이 진술에 동의하지 않는 상태에서 이야기를 계속 진행시키는 것은 아무 유익도, 효용도 없는 일입니다. 신약성경, 예를 들어 골로새서 1장에 나오는 구원의 완벽한 예증을 보면 구원은 전적으로 주 예수 그리스도가 이루시는 일임을 알 수 있습니다. 그것은 거저 주시는 선물로서, 인간이 할 일은 그 선물을 받는 것뿐입니다. 구원은 하나님이 제공하십니다. 하나님이 그 의를 우리에게 주십니다.

이것은 아주 기본적인 요점으로서, 이 모든 내용을 무엇보다 완벽하게 표현해 놓은 구절은 아마도 주님 자신이 십자가 위에서 외치신 위대하고도 영광스러운 말씀일 것입니다. "다 이루었다"(요 19:30). 이를테면 주님은 숨을 거두시며 이렇게 외치신 것입니다. "제가 해냈습니다! 당신이 제게 하라고 하신 일을 완성했습니다." 구원하시는 분은 바로 이분입니다. 구원은 바로 이분에게서, 그가 우리 대신 단번에 행하신 일에서 나오는 것입니다.

죄책과 죄의 권세

아버지가 아들을 세상의 구주로 보내신 것을 우리가
보았고 또 증언하노니.
요한일서 4:14

우리 주요 구주되신 예수 그리스도는 무엇보다 먼저 죄책과 형벌에서 우리를 구원하시는 것이 분명합니다. 우리는 모두 하나님과 그의 거룩한 율법 앞에 죄를 지은 사람들입니다. 우리는 죄인으로 그분 앞에 서 있습니다. 그러므로 나에게 가장 먼저 필요한 일은 이 죄책에서 구원받는 것입니다. 다른 것은 차치하더라도 바로 이 점에서 내게는 구주가 필요합니다. 나는 하나님의 율법을 깨뜨렸고 거룩한 율법의 정죄를 받고 있습니다. 그러므로 구원이나 구원받는 일에 대해 말하기에 앞서, 죄책에서 해방되었는지부터 분명히 확인해야 합니다. 이것이 제가 신약성경에서 얻은 영광스러운 메시지입니다.

내 죄책은 그리스도 안에서 사라졌습니다. 미래를 기약하며 더 착하게 살겠다고 약속하는 것은 무익한 일입니다. 지금 내 앞에 버티고 있는 것은 나의 과거입니다. 나는 그것을 피할 수도, 거기에서 도망칠 수도 없습니다. 나는 율법을 어겼습니다. 그 죄책의 문제를 해결해야 하지만 그럴 수가 없습니다. 나는 과거를 취소할 수가 없습니다. 하나님을 대적한 모든 일과 잘못을 속죄할 수가 없습니다. 나는 그 죄책에서 해방되어야 하는데, 그 일을 해줄 수 있는 분은 오직 그리스도 한 분뿐입니다.

그러나 죄책이 해결되었음을 확신한 후에도 죄의 권세는 여전히 내 앞에 버티고 있습니다. 나는 세상, 육신, 마귀와 싸웁니다. 내 밖에 있는 그 세력과 요소들이 힘써 나를 끌어내리려 듭니다. 나는 그 무서운 권세를 인식합니다. 자신을 둘러싸고 있는 이 죄의 권세를 깨닫지 못한 사람은 이런 문제들에 대해 아직 아무것도 모르는 초보자입니다. 오직 한 분만이 사탄을 정복하셨고, 오직 한 분만이 세상을 쓰러뜨리셨습니다. 그는 성부가 세상에 보내어 우리 구주로 삼으신 바로 이 성자십니다. 예수 그리스도는 죄책뿐 아니라 죄의 권세에서도 우리를 해방시키실 수 있습니다.

예수 그리스도는 죄책뿐 아니라 죄의 권세에서도 우리를 해방시키실 수 있습니다.

신비주의

> 하나님이 우리를 사랑하시는 사랑을 우리가 알고 믿었노니 하나님은 사랑이시라. 사랑 안에 거하는 자는 하나님 안에 거하고 하나님도 그의 안에 거하시느니라.
>
> **요한일서 4:16**

요한은 거듭해서 하나님의 사랑에 대해 쓰고 있습니다. 여러분은 그가 지치지도 않고 이 사랑에 대해 이야기한다는 사실을 알아챘을 것입니다. "하나님의 사랑이 우리에게 이렇게 나타난 바 되었으니 하나님이 자기의 독생자를 세상에 보내심은 그로 말미암아 우리를 살리려 하심이라"(요일 4:9). "아버지가 아들을 세상의 구주로 보내신 것을 우리가 보았고 또 증언하노니"(요일 4:14). 여기[16절]에서도 그는 다시금 같은 말을 하고 있습니다. 그 당시에 하나님의 사랑에 대해 떠들고 다니던 이른바 신비 종교 내지는 기이한 사교 집단들이 있었기 때문입니다. 그들은 모두 하나님의 사랑을 직접 알 수 있다고 가르치려 했습니다. 그것은 신비주의에 항상 나타나는 특징입니다. 신비주의의 궁극적인 잘못은 주 예수 그리스도를 건너뛴다는 것입니다. 그리스도를 건너뛰는 것은 무엇이든 기독교가 아닙니다. 그것이 얼마나 선하든, 얼마나 고상하고 숭고하든 상관없습니다. 하나님의 사랑은 바로 그리스도를 통해 나타난다고 요한은 말하고 있습니다.

그러므로 저는 주저 없이 다음과 같은 강력한 주장을 덧붙이는 바입니다. 하나님에 대해 마음속에 어떤 감정이 일어나더라도 그것이 주 예수 그리스도 위에 견고한 토대를 두고 있지 않는 한 결코 신뢰해서는 안 됩니다. 하나님은 그리스도 안에서 자신의 사랑을 나타내십니다. "우리가 아직 죄인 되었을 때에 그리스도께서 우리를 위하여 죽으심으로 하나님께서 우리에 대한 자기의 사랑을 확증하셨느니라"(롬 5:8). 그러므로 나의 주요 구주되신 예수 그리스도 안에서, 오직 그분을 통해서만 하나님을 알게 하거나 사랑하게 하는 방법 및 수단이 아닌 것은 결코 시도하지 말아야 합니다. 다른 방법으로 하나님께 직접 나아가려는 시도, 하나님을 직접 대면하려는 시도는 무엇이든 피해야 합니다.

그리스도를 건너뛰는 것은 무엇이든 기독교가 아닙니다.

하나님의
사랑을 알기

하나님이 우리를 사랑하시는 사랑을 우리가 알고
믿었노니 하나님은 사랑이시라. 사랑 안에 거하는
자는 하나님 안에 거하고 하나님도 그의 안에
거하시느니라.
요한일서 4:16

어떻게 기쁨으로 충만해질 수 있습니까? 어떻게 고개를 꼿꼿이 들고 세상을 헤쳐 나갈 수 있습니까? 어떻게 승리자의 모습으로 끝까지 나아갈 수 있습니까? 자, 여기 그 요점이 있습니다. 곧, 나를 향한 하나님의 사랑을 알면 되는 것입니다. 그 사랑을 아는 사람은 "사망이나 생명이나······ 높음이나 깊음이나 다른 어떤 피조물이라도 우리를 우리 주 그리스도 예수 안에 있는 하나님의 사랑에서 끊을 수 없으리라"고 말할 수 있습니다(롬 8:38-39).

여기에서 꼬리를 물고 나오는 질문은 이것입니다. 나도 이 사랑을 알고 있습니까? 나도 이런 말을 할 수 있습니까? 이것은 신약성경 곳곳에 나오는 말입니다. 바울은 특히 더 이 말을 즐겨 했습니다. "나를 사랑하사 나를 위하여 자기 자신을 버리신 하나님의 아들"(갈 2:20). 사도 바울처럼 속죄의 교리를 충실하면서도 영광스럽게 진술한 사람은 없습니다. 그런 그가 여기에서 본질적으로 하고 있는 말은 "그가 나를 위해 죽으셨다. 그가 나를 사랑하셨다"는 것입니다. 그는 인격적으로 이 사실을 알았으며 인격적으로 이 사실을 자기 것으로 삼았습니다. 여러분은 이런 내용을 신약성경 곳곳에서 발견할 수 있습니다. 예를 들어, 베드로는 이렇게 말합니다. "예수를 너희가 보지 못하였으나 사랑하는도다. 이제도 보지 못하나 믿고 말할 수 없는 영광스러운 즐거움으로 기뻐하니"(벧전 1:8).

우리에게도 이런 지식이 있습니까? 이들은 그를 뵙지 못했습니다. 그렇기 때문에 "초대 교회 교인들은 그럴 만도 하지요. 그분을 직접 뵈었으니까요. 나도 그리스도를 뵐 수 있다면 사랑할 겁니다"라고 반박할 수가 없습니다. 그들도 우리처럼 주님을 뵙지 못했습니다. 사도의 증언과 가르침을 듣고 받아들였을 뿐입니다. 그러면서도 그들은 주님을 사랑했고 "말할 수 없는 영광스러운 즐거움으로" 기뻐했습니다.

그들은 주님을 사랑했고 "말할 수 없는 영광스러운 즐거움으로" 기뻐했습니다.

열 가지 시금석

하나님이 우리를 사랑하시는 사랑을 우리가 알고 믿었노니 하나님은 사랑이시라. 사랑 안에 거하는 자는 하나님 안에 거하고 하나님도 그의 안에 거하시느니라.
요한일서 4:16

이제 여러분이 자신을 향한 하나님의 사랑을 알고 있는지 확실히 확인할 수 있는 시금석 열 가지를 알려 드리겠습니다.

첫째는 하나님이 나를 대적하신다는 느낌이 사라지고 없는 것입니다. 육에 속한 사람은 늘 하나님이 자신을 대적하신다고 느낍니다. 그런 사람은 아침에 일어나서 주교나 그 밖의 인물들이 하나님의 부재를 증명해 놓은 글을 읽을 때 아주 기뻐합니다. 신문들은 신앙을 부인하는 글은 무엇이든 실어 줍니다. 대중의 취향을 알기 때문입니다. 육에 속한 사람이 하나님과 반목하는 이유가 여기 있습니다. 그는 하나님이 자신을 대적하신다고 느낍니다. 그래서 무엇이든 잘못되면 "어떻게 하나님이 이러실 수 있지?"라고 말합니다. 이처럼 육에 속한 사람은 하나님과 대적하는 상태에 있기 때문에 당연히 하나님을 사랑할 수 없습니다. 이런 점에서 하나님이 우리를 대적하신다는 느낌이 사라지고 없는 것이 첫 번째 시금석이자 가장 낮은 차원의 시금석이라는 것입니다.

둘째는 하나님을 경외하기는 하지만 두려워하지는 않는 것입니다. 히브리서 기자는 "경건함과 두려움으로" 하나님께 나아가자고 말합니다 (12:28). 요한은 이에 대해 요한일서 4장 나머지 부분에서 보다 더 상세하게 설명하고 있습니다. 하나님을 겁내며 두려워하는 마음은 사라지고, 경외감만 남습니다.

셋째는 하나님이 우리를 위하시며 사랑하신다는 사실을 감지하고 느끼는 것입니다. 제가 아주 의도적으로 이렇게 설명하는 것은 제 경험이 정말 이러했기 때문입니다. 하나님이 나를 대적하신다는 느낌이 사라지면서, 그가 나를 사랑하시고 나에게 인자를 베푸시며 나를 염려하시고 참으로 나를 사랑하신다는 것을 느끼고 감지하기 시작합니다.

하나님이 나를 대적하신다는 느낌이 사라지면서, 하나님이 나를 위하신다는 것을 느끼고 감지하기 시작합니다.

열 가지 시금석

하나님이 우리를 사랑하시는 사랑을 우리가 알고 믿었노니 하나님은 사랑이시라. 사랑 안에 거하는 자는 하나님 안에 거하고 하나님도 그의 안에 거하시느니라.
요한일서 4:16

넷째는 죄 사함을 받았다는 느낌이 드는 것입니다. 어떻게 사함을 받았는지 이해는 되지 않지만 인식은 됩니다. 나는 내가 죄를 지었음을 압니다. 다윗의 말처럼 "내 죄가 항상 내 앞에" 있습니다(시 51:3). 이처럼 내가 어떤 죄를 지었는지 기억하고 있는데, 기도하는 순간 그 죄가 사해졌음을 깨닫습니다. 이해는 되지 않습니다. 하나님이 어떻게 그렇게 하셨는지도 모릅니다. 그러나 그가 용서하셨다는 사실과 내 죄가 사해졌다는 사실은 압니다.

이렇게 죄 사함 받은 것을 알고 난 후에 생기는 일이 있는데, 그것이 다섯째 시험 방법입니다. 곧, 하나님께 감사하는 마음이 생기는 것입니다. 하나님이 독생자를 세상에 보내서 십자가에 죽게 하신 것을 믿으면서도 찬양과 감사의 마음이 들지 않을 수는 없습니다. 다메섹으로 가던 다소의 사울을 생각해 보십시오. 그는 자신에게 무슨 일이 일어났는지 깨닫고 이해한 순간 "주여, 누구시니이까?"라고 물었습니다(행 9:5). 곧, "어떻게 해야 이 은혜를 갚을 수 있습니까? 어떻게 해야 제 감사를 보여 드릴 수 있습니까?"라고 물은 것입니다. 여러분에게도 이런 감사하는 마음이 있습니까? 여러분도 하나님을 찬양하고 싶습니까? 감사하는 마음과 찬양하려는 갈망이 생기는 것이야말로 하나님을 알게 되었다는 분명한 증거입니다.

여섯째는 죄를 점점 미워하게 되는 것입니다. 저는 하나님을 알며 그의 사랑을 알고 있다는 증거 중에 이보다 더 좋은 증거는 없다는 생각을 가끔 합니다. 여러분도 아시다시피 죄를 미워하는 것은 곧 하나님을 좋아하는 것입니다. 하나님 자신이 죄를 미워하시고 혐오하시기 때문입니다. 성경은 그가 "악을 차마 보지 못하"신다고 말합니다(합 1:13). 그러므로 기분이야 어떻든 간에 죄를 점점 미워하고 있다면, 그것은 하나님의 사랑이 여러분 안에 계신 덕분이며, 하나님이 여러분 안에 계신 덕분입니다. 하나님 없이 죄를 미워할 사람은 아무도 없습니다.

하나님 없이 죄를 미워할 사람은 아무도 없습니다.

열 가지 시금석

하나님이 우리를 사랑하시는 사랑을 우리가 알고 믿었노니 하나님은 사랑이시라. 사랑 안에 거하는 자는 하나님 안에 거하고 하나님도 그의 안에 거하시느니라.
요한일서 4:16

일곱째는 하나님이 우리에게 해주신 일로 인해 그를 기쁘시게 하며 선한 삶을 살려는 갈망이 생기는 것입니다. 그의 사랑을 깨달으면 죄만 미워하게 되는 것이 아니라, 거룩하고 경건한 삶을 살고자 하는 갈망 또한 생기게 됩니다. 여러분에게 이런 갈망이 있다면 하나님을 사랑하는 것입니다. 왜냐하면 주님이 그렇게 말씀하셨기 때문입니다. "나의 계명을 지키는 자라야 나를 사랑하는 자니 나를 사랑하는 자는 내 아버지께 사랑을 받을 것이요 나도 그를 사랑하여 그에게 나를 나타내리라"(요 14:21).

여덟째는 하나님을 더 알아 가며 그분께 더 가까이 가려는 열망이 생기는 것입니다. 여러분은 하나님을 더 잘 알고 싶습니까? 그분께 더 가까이 가는 것, 그분과 더 친밀한 관계를 맺는 것을 일생일대의 목표로 삼고 있습니까? 여러분 안에 하나님을 더 잘 알고 싶은 마음이 조금이라도 있고 그것을 위해 작은 노력이라도 하고 있다면, 여러분은 하나님을 사랑하는 것입니다.

아홉째는 소극적인 것이지만 무엇보다 중요하다고 할 수 있습니다. 곧, 하나님을 더 사랑하고자 하는 갈망에 비해 실제로 자신의 사랑은 너무나 보잘것없다는 사실을 안타까워하는 것입니다. 여러분이 하나님을 마땅히 사랑해야 하는 만큼 사랑하지 못하고 있다는 생각 때문에 마음 아파하고 있다면, 그것은 여러분이 하나님을 사랑한다는 훌륭한 증거입니다.

마지막으로 말하고 싶은 시금석은 하나님에 대한 이야기와 이런 일들에 대한 이야기 듣기를 좋아하는 것입니다. 이것은 가장 좋은 시금석 중에 하나입니다. 세상에는 지금껏 우리가 말해 온 이런 이야기를 아주 지루하게 생각하는 사람들이 불행히도 많습니다. 그런 사람들에게는 우리 이야기가 아주 이상하게 들릴 것입니다. 그들은 영적으로 죽은 자들로서 이런 일들에 대해 아는 바가 하나도 없습니다. 그러므로 자신의 감정 상태와 상관없이 이런 일들에 귀를 기울이고 이런 이야기를 듣기 좋아한다고 정직하게 말할 수 있다면, 이런 이야기에 변화를 일으킬 만한 무언가가 있다고 말할 수 있다면, 여러분은 자신을 향한 하나님의 사랑을 알고 있는 것입니다.

12월
승리하는 믿음

무엇이 우리를 그리스도인 되게 하는가

예수께서 그리스도이심을 믿는 자마다 하나님께로부터 난 자니 또한 낳으신 이를 사랑하는 자마다 그에게서 난 자를 사랑하느니라.
요한일서 5:1

신약성경은 어떻게 해야 그리스도인이 되는지에 대한 현재의 대중적인 견해가 전적으로 잘못되었음을 즉각 보여줍니다. 신약성경은 중생과 새 창조, 거듭남 같은 용어를 사용하고 있습니다. 곧, 사람은 자기 자신이 한 일 때문이 아니라, 하나님이 그를 위해 하신 일 때문에 그리스도인이 되는 것입니다. 요한은 "예수께서 그리스도이심을 믿는 자마다 하나님께로부터 난 자니"라고 말한 후에 "낳으신 이를 사랑하는 자마다"라고 말합니다. 요한에 따르면, 하나님은 우리를 낳으시는 분입니다. 이것은 하나님이 하시는 일이지, 우리가 하는 일이 아닙니다.

　이 세부항목들이 얼마나 선명하게 대조되는지, 우리는 시간을 들여 강조할 필요가 있습니다. 우리가 어떤 일을 한 결과 그리스도인이 된다고 생각하기가 얼마나 쉬운지요! '나는 선한 삶을 사니까 그리스도인이다', '나는 교회에 가니까 그리스도인이다', '나는 어떠어떠한 짓을 하지 않으니 그리스도인이다', '나는 믿으니까 그리스도인이다'라는 식입니다. 강조점이 온통 자기 자신과 자신이 한 일에 있습니다. 반면에, 신약성경이 그리스도인을 정의할 때에는 처음부터 인간이나 인간이 한 일이 아닌 하나님께 모든 강조점을 둡니다. 그가 낳으시고, 그가 만들어 내시며, 그가 생산하시고, 그가 생명을 주어 존재하게 하십니다. 여기에서 우리는 하나님이 우리에게 어떤 일을 행하시지 않는 한 절대 그리스도인이 될 수 없다는 사실을 알게 됩니다.

　그러나 저는 여기에서도 더 나아가, 우리를 그리스도인 되게 하는 그것이 또한 우리를 하나님처럼 되게 만든다고 말하고 싶습니다. "예수께서 그리스도이심을 믿는 자마다 하나님께로부터 난 자니." 여기에서 중요한 것은 "하나님께로부터"라는 단어입니다. 이는 "하나님에게서"라는 뜻입니다. 그리스도인은 하나님 자신의 것을 받은 사람들입니다.

하나님이 우리에게 어떤 일을 행하시지 않는 한 우리는 절대 그리스도인이 될 수 없습니다.

중생의
세 가지 열매

Dec. 2

예수께서 그리스도이심을 믿는 자마다
하나님께로부터 난 자니 또한 낳으신 이를 사랑하는
자마다 그에게서 난 자를 사랑하느니라.
요한일서 5:1

중생의 첫째 열매는 '예수는 그리스도'라고 믿는 것입니다. 물론 지적으로 믿거나 머리로만 믿는 것이 아닙니다. 정말 믿는 사람은 자신의 모든 삶을 하나님께 바칩니다. 정말 믿는 사람은 그리스도가 자신을 위해 행하신 일 때문에 구원받았음을 압니다. 그를 떠나면 길을 잃고 파멸에 빠져 망하고 만다는 것을 압니다. 믿는다는 것은 깊은 차원의 행동입니다. 그것은 헌신이며, 자신이 믿는 그 사실에 전부를 거는 것입니다.

중생의 둘째 열매는 하나님을 사랑하는 것입니다. 요한은 그 점을 이렇게 표현하고 있습니다. "낳으신 이를 사랑하는 자마다." 그리스도인들은 자신이 지옥에 떨어져 마땅한 죄인이라는 것과 아들을 보내 주신 하나님의 큰 사랑이 없었다면 이미 지옥에 떨어졌으리라는 사실을 압니다. 그들은 자신을 향한 하나님의 사랑을 깨달았기 때문에 하나님을 사랑합니다. 그리고 모든 것을 그분께 빚지고 있음을 압니다. 제가 보기에 이 또한 그리스도인과 관련된 기초적인 사실 중에 한 가지인 것 같습니다. 그리스도인들은 지금 성도로 훌륭한 삶을 살면서도, 자신은 원래 지옥에 떨어져 마땅한 죄인인데 하나님의 은혜로 이 모든 것을 받아 누리고 있다고 생각합니다. 오직 하나님의 사랑이 있었기 때문에 지금과 같은 모습이 될 수 있었다고 생각하는 것입니다. 하나님을 향한 두려움과 적개심은 사라지고 깊은 감사가 마음을 가득 채웁니다.

마지막 열매는 당연히 형제를 사랑하는 것입니다. "낳으신 이를 사랑하는 자마다 그에게서 난 자를 사랑하느니라." 우리는 다른 신자들을 보면서 그들 안에도 우리와 똑같은 특징이 있는 것을 발견합니다. 그들도 우리처럼 모든 것을 하나님의 은혜에 빚지고 있음을 깨닫습니다. 하나님이 우리에게 그러하셨듯이, 죄인 된 그들을 위해서도 그 아들을 보내어 죽게 하셨음을 깨닫습니다. 우리는 그들과 우리를 묶고 있는 끈을 인식합니다. 그리하여 설사 우리가 싫어하는 면들이 그들에게 많이 있다 해도, "저 사람은 내 형제요 자매"라고 말합니다.

하나님이 우리에게 그러하셨듯, 죄인 된 그들을 위해서도 그 아들을 보내어 죽게 하셨음을 깨닫습니다.

하나님의 계명을 지킴

하나님을 사랑하는 것은 이것이니 우리가 그의
계명들을 지키는 것이라. 그의 계명들은 무거운 것이
아니로다.
요한일서 5:3

하나님을 사랑한다는 것만큼 스스로 속이기 쉬운 감정도 없을 것입니다. 누군가 저를 찾아와 하나님을 사랑한다고 말할 수 있습니다. 그는 브라우닝의 시를 인용하여 "하나님이 하늘에 계시니 만사가 태평하도다"라고 말합니다. 그러나 무언가 좋지 않은 일이 생기면 자신이 하나님을 사랑하지 않는다는 사실을 발견하게 됩니다. 그는 "하나님이 왜 이런 일을……?"이라고 묻습니다. 이처럼 감정은 아주 속기 쉬운 것입니다. 그렇다면 어떻게 해야 하나님을 사랑하는지 알 수 있을까요? 여기 그다음 단계가 있습니다. 우리는 "그의 계명들을" 지킬 때 하나님을 사랑하는지 알 수 있습니다.

주님은 요한복음 14:21에서 이 점을 강조하셨습니다. "나의 계명을 지키는 자라야 나를 사랑하는 자니." 이 두 가지는 분리될 수 없습니다. 사랑은 감상에 젖는 것이 아닙니다. 사랑은 이 세상에서 가장 적극적이며 힘찬 것입니다. 내가 하나님을 사랑한다면, 하나님을 기쁘시게 하기 위해 그 계명을 지킬 것입니다. 하나님의 계명을 지키며 하나님이 원하시는 삶을 사는 자리로 나아가지 않으면서 내 영혼이 하나님을 사랑한다고 생각하는 것은 순전한 착각입니다.

어떤 이는 말할 것입니다. "당신은 지금 또 다른 문제로 건너뛰었습니다. 이제 계명을 지키는 문제에 대해 말하는군요. 그렇다면 계명을 지킨다는 것은 무엇입니까?" 요한이 그다음 구절에서 부연하고 있는 내용의 핵심은 이것입니다. "자, 계명을 지키는 이 모든 문제에서 중요한 것은 그 계명들에 대한 나의 태도이다. 나는 하나님의 계명을 대할 때 화가 나는가? 하나님이 감당할 수 없는 짐을 지우신 것 같은 느낌이 드는가? '에이, 불가능한 일을 요구하는 엄한 주인 같네' 하면서 투덜거리며 불평하게 되는가?"

요한은 요컨대 이렇게 말하고 있는 것입니다. "만약 하나님의 계명을 이렇게 대하고 있다면 너희는 그 계명을 지키는 것이 아니며 하나님을 사랑하는 것도 아니고 형제를 사랑하는 것도 아니다. 너희는 생명에서 완전히 벗어나 있는 것이다." 진정한 그리스도인이라면 하나님의 계명을 못마땅하게 여길 리가 없습니다.

우리는 "그의 계명들을" 지킬 때 비로소 하나님을 사랑하는지 알 수 있습니다.

세상

이 세상이나 세상에 있는 것들을 사랑하지 말라. 누구든지 세상을 사랑하면 아버지의 사랑이 그 안에 있지 아니하니 이는 세상에 있는 모든 것이 육신의 정욕과 안목의 정욕과 이생의 자랑이니 다 아버지께로부터 온 것이 아니요 세상으로부터 온 것이라. 이 세상도, 그 정욕도 지나가되 오직 하나님의 뜻을 행하는 자는 영원히 거하느니라.
요한일서 2:15-17

이것은 세상이라는 말이 신약성경에서 의미하는 바를 가장 잘 드러내 주는 성경 분문 중에 하나일 것입니다. 요한은 여기에서 다시 한번 이 주제로 돌아오고 있습니다. 신약성경의 다른 모든 저자들처럼, 요한도 항상 이 부분을 염려합니다. 그리스도인의 삶 전체가 투쟁이라는 것을 모른다면 신약성경을 제대로 읽은 것이 아닙니다. 우리가 살고 있는 세상과 그 주변에서는 큰 싸움이 벌어지고 있습니다. 빛의 나라와 어둠의 나라가 있는데, 성경은 그 두 나라를 끊임없이 비교하며 대조하고 있습니다. 바울은 에베소 교회에 말합니다. "우리의 씨름은 혈과 육을 상대하는 것이 아니요 통치자들과 권세들과 이 어둠의 세상 주관자들과 하늘에 있는 악의 영들을 상대함이라"(엡 6:12). 또 요한은 "세상은 항상 있었는데, 그리스도인은 그 세상과 싸우고 있다"라고 말합니다. 그러므로 이 말의 의미를 파악하는 것이 대단히 중요합니다.

"세상"이 신약성경에서 의미하는 바를 가장 잘 정의한 것은 '하나님과 성령을 대적하는 모든 것'이라는 말일 것입니다. 하나님은 그를 예배하고 영화롭게 하도록 사람들을 부르셨습니다. 그의 영광을 위해 살도록 부르신 것입니다. 웨스트민스터 신앙고백 소요리문답에는 다음과 같은 유명한 표현이 나옵니다. "사람의 제일 되는 목적은 하나님을 영화롭게 하고 그를 영원토록 즐거워하는 것이라." 바로 이 제일 되는 목적을 위해 하나님은 우리를 창조하셨습니다. 우리는 온갖 방법으로 하나님을 영화롭게 해야 할 사람들입니다.

세상을 이김

요한이 여기에서 말하는 바는 그리스도인이 세상을 정복하며 다스린다는 것입니다. 실제로 그는 이 구절에서 아주 비범한 이야기를 하고 있는데, 이 구절만큼은 영어성경 개정역(RV)의 번역이 흠정역보다 훌륭함을 인정하지 않을 수 없습니다! 흠정역은 "세상을 이기는(overcometh)이김은 이것이니"라고 번역한 데 반해, 개역판은 "세상을 이긴(has overcome) 이김은 이것이니"라고 번역하였습니다. 곧, 이미 일어난 일로 보고 있는 것입니다.

요한은 두 가지 이야기를 하고 있는데, 요한의 다른 이야기들이 자주 그렇듯이 이 두 이야기 또한 얼핏 보면 서로 상반되는 것처럼 보입니다. 그는 그리스도인이 이미 세상을 이겼으며 지금도 이기고 있다고 말합니다. 그리스도인은 이 부분에서 완전히 새로운 자리에 있는 사람들입니다. 그들은 비그리스도인들 같지 않습니다. 그리스도인은 믿음 때문에 이 새로운 자리에 서게 되었습니다. 세상의 진정한 의미를 알게 되었으며, 세상의 실상을 알고 그것을 미워하게 되었습니다. 그들은 주 예수 그리스도가 이미 세상을 정복하셨음을 알며, 자신들이 그분 안에 있음을 압니다. 이것은 그리스도인이 이미 세상을 이겼다는 의미도 됩니다. 그리스도가 세상을 이기셨고 나는 그 그리스도 안에 있으므로, 나 또한 세상을 이긴 것입니다.

또한 여기에는 내가 지금도 여전히 세상을 이기고 있다는 의미도 들어 있습니다. 나는 이미 승리했지만, 그럼에도 여전히 싸워야 합니다. 신약성경은 즐겨 그 이야기를 하고 있습니다. 바울은 말합니다. "너희는 하나님으로부터 나서 그리스도 예수 안에 있고 예수는 하나님으로부터 나와서 우리에게 지혜와 의로움과 거룩함과 구원함이 되셨으니"(고전 1:30). 그리스도는 이미 우리에게 이런 분이 되셨습니다. 여기에는 내가 이미 거룩해졌으며 영화로워졌다는 의미가 담겨 있습니다. 로마서 8장을 읽어 보면 바울이 이 점을 명확히 하고 있음을 알게 됩니다(29-30절). 그리스도 예수 안에서 우리는 이미 온전해졌습니다. 그 모든 일이 이미 일어났습니다. 그렇지만 동시에 나는 여전히 거룩해지는 과정에 있으며, 영화로워지는 길을 걷고 있습니다.

우리는 이미 이겼고 지금도 이기고 있다

무릇 하나님께로부터 난 자마다 세상을 이기느니라. 세상을 이기는 승리는 이것이니 우리의 믿음이니라.
요한일서 5:4

저는 우리가 그리스도인으로서 이미 이겼다고 말하는 동시에 지금도 이기고 있다고 말할 수 있다는 점을 알리고자 애쓰고 있습니다. 퀘벡 전투를 통해 생각해 봅시다. 울프 장군은 에이브러햄 언덕에서 프랑스 장군 몽칼름과 싸워 이겼고, 그 결과 캐나다를 정복했습니다. 그러나 역사는 캐나다를 소유하려는 그 싸움이 70~80년 동안이나 계속되었다고 기록하고 있습니다. 그렇습니다. 나라가 먼저 점령당한 후에 세부 지역들이 점령당했습니다. 세상에서 그리스도인의 상황도 마찬가지입니다. 그들은 더 이상 사탄의 지배를 받지 않습니다. 그들은 사탄의 왕국에서 벗어났습니다. 그러나 사탄과의 관계까지 완전히 끝난 것은 아닙니다.

또는 이런 관점에서 살펴봅시다. 두 개의 큰 사유지 사이로 길이 나 있다고 생각해 보십시오. 한 사유지는 길 이쪽에, 또 한 사유지는 길 저쪽에 있습니다. 하나는 사탄의 나라이고 다른 하나는 하나님의 나라입니다. 그리스도인에게 일어난 일은 다음과 같은 것입니다. 그들은 원래 사탄이 다스리는 땅에 있다가 길을 건너 하나님의 나라에 속하게 되었습니다. 그리하여 세상에 살면서 새로운 땅, 하나님 나라에서 일하게 되었지만, 옛 원수는 여전히 자기 나라에 버티고 있으면서 '그리스도인들은 어리석기 때문에 내 말을 들을 것'이라고 생각합니다. 그는 그리스도인들이 영원히 자기 손에서 벗어났다는 사실을 잊고 있습니다. 이제 그들은 자유라는 사실을 잊고 있습니다. 이처럼 그리스도인들은 그의 손에서 벗어났으면서도 여전히 그의 공격과 습격과 제안과 교묘한 유혹에 노출되어 있습니다. 그들은 이미 이겼지만, 그럼에도 여전히 싸워야 합니다. 하나님과 그리스도와 함께 인생을 걸어가면서 여전히 싸워 이겨야 합니다.

그리스도인은 이미 이겼지만, 그럼에도 여전히 싸워야 합니다.

믿음으로 이김

나는 그리스도인으로서 내게 일어난 일을 힘입어 믿음을 사용할 수 있으며 그 믿음으로 살아갈 수 있습니다. 이것이 두 번째 단계입니다. 첫 번째로 우리가 살펴본 것은 "하나님께로부터 난 자마다 세상을 이기느니라"는 말씀과 "세상을 이기는 승리는 이것이니 우리의 믿음이니라"는 말씀이었습니다(4절). 다시 말해서 나는 중생함으로써 믿음의 기능을 얻게 되었고, 그 믿음을 사용하며 그 믿음으로 살 수 있게 된 것입니다.

현실적으로 설명해 보겠습니다. 내가 싸우고 있는 세상은 아주 강력한 힘을 가지고 있습니다. 우리 중 그 누구보다 강력합니다. 세상은 세상에 태어난 모든 사람을 정복해서 다스리고 있습니다. 실제로 우리는 죄악 가운데 태어났고 "죄 중에서……잉태"되었습니다(시 51:5). 우리가 삶을 시작하는 순간, 세상은 이미 우리 속에 들어와 있었습니다. 구약성경을 읽어 보십시오. 위대한 믿음의 영웅들과 족장들, 경건한 왕들, 선지자들을 살펴보십시오. 하나같이 세상에 정복당해 넘어졌습니다. "의인은 없나니 하나도 없으며"(롬 3:10). 온 세상이 하나님의 심판 아래 놓여 있습니다(롬 3:19). 그러므로 내가 세상을 정복하고 이기려면, 그 일을 가능하게 해줄 무언가가 있어야 합니다. 직접 세상과 싸우는 것은 무모한 일입니다. 전혀 승산이 없습니다. 수도원에서는 그것을 알기에 세상을 피하라 말하는 것입니다.

그렇다면 내게 필요한 것은 무엇입니까? 해방입니다. 다른 영역으로 옮겨지는 것입니다. 내게 없는 힘과 능력과 권세를 얻는 것입니다. 내게는 바로 이런 것이 필요한데, 그 필요를 채울 길이 여기 있습니다. 곧, 내게 주어진 믿음이 그 해답인 것입니다. 나는 눈이 열리고 지각이 생겼으며, 힘의 근원에 발을 디뎠고, 남들이 보지 못하는 것을 보고 있습니다. 나를 대적하는 모든 세력보다 훨씬 더 큰 힘과 권세를 보고 있습니다. 그리스도인들은 이 다른 영역에 발을 디딘 사람들입니다.

세상을 이긴 이김

우리는 순전한 믿음으로 주 예수 그리스도를 전폭적으로 의지함으로써 세상을 이기고 승리할 수 있습니다. 이는 나를 온전히 그분께 내맡길 때만 가능하며 이것이야말로 그리스도인이 세상을 살면서 배울 수 있는 가장 큰 교훈이라는 확신이 점점 강하게 듭니다. 우리는 부활하신 주님의 능력과 힘을 전폭적으로, 즉시, 온전히 내맡기는 자세로 의지할 수 있습니다. "세상을 이기는 승리는 이것이니 우리의 믿음이니라"(4절). 나는 그가 하나님의 아들이심을 믿는 신앙을 가지고 있습니다. 그래서 그에게 나아가 그를 의지합니다.

여러분은 성경 곳곳에서 이런 의미를 담고 있는 진술들을 발견할 것입니다. 이를 완벽하게 보여주면서 다른 모든 구절들을 대표하고 있는 말씀 한 가지만 인용하겠습니다. "여호와의 이름은 견고한 망대라. 의인은 그리로 달려가서 안전함을 얻느니라"(잠 18:10). 바로 이것입니다! 시편도 여기저기 읽어 보십시오. 그러면 구약의 경건한 인물들이 세상과 세상의 유혹 및 미혹과 어떻게 싸웠는지 알게 될 것이며, 그럴 때 그들이 할 수 있었던 유일한 일이 무엇이었는지 듣게 될 것입니다. 그들은 자신들이 감당하기에는 주변 세력들이 너무 강력했다고 말합니다. 그렇기 때문에 실패할 수도 있었습니다. 그러나 그들은 고백했습니다. "내가 할 수 있는 일은 한 가지뿐이다. 이 망대로 피하자. 그러면 안전하다."

혹시 신약성경의 예를 더 좋아한다면, 주님이 말씀하신 포도나무와 가지의 교리를 봅시다. "나를 떠나서는 너희가 아무것도 할 수 없음이라"(요 15:5). 사도 바울은 같은 이야기를 다음과 같이 적극적으로 표현하고 있습니다. "내게 능력 주시는 자 안에서 내가 모든 것을 할 수 있느니라"(빌 4:13), "그런즉 이제는 내가 사는 것이 아니요 오직 내 안에 그리스도께서 사시는 것이라"(갈 2:20).

단순한 믿음

**예수께서 하나님의 아들이심을 믿는 자가 아니면
세상을 이기는 자가 누구냐.
요한일서 5:5**

단순한 믿음은 가장 배우기 힘든 교훈 중 하나입니다. 우리의 실패는 대부분 우리 스스로 세상과 싸우며 담판 지으려 드는 데서 비롯된다고 생각합니다. 믿음으로 의지하라는 것은 어떤 의미에서 죄와 싸우려 들지 말고 단순히 그리스도만 바라보아야 할 때가 있다는 뜻입니다.

아마도 다음의 예가 제 요점을 명확히 보여줄 것입니다. 일전에 소책자를 하나 읽었는데, 참 쉬운 내용이었음에도 이 교리의 이런 측면에 담긴 핵심 전체를 보여준다는 생각이 들었습니다. 그것은 남아프리카에서 여행하다가 한 농촌 마을에 이르게 된 그리스도인의 이야기였습니다. 그는 그 지역에 홍수가 나는 바람에 일종의 선술집 비슷한 곳에 묵게 되었습니다. 그런데 많은 농부들이 거기 찾아와 며칠씩 머물면서 일년 내내 힘들게 일해서 번 돈을 탕진하는 모습에 놀랍고 안타까운 마음을 갖게 되었습니다. 그 농부들은 자신도 어찌지 못하는 술 욕심에 사로잡혀 있었습니다.

그는 그중에서도 특히 더 이 무서운 재앙에 빠져 있는 듯 보이는 한 불쌍한 남자에게 마음이 쓰여서 그에게 말을 걸었습니다. 처음에는 그 남자의 아내와 아이들이 감내해야 할 고통을 상기시키며 설득을 했습니다. 그 불쌍한 남자는 이 그리스도인의 말을 전부 인정하면서, 자신도 모르는 사이에 술에 빠지게 되었고 무슨 일이 일어났는지 미처 깨닫기도 전에 헤어 나올 수 없는 술의 노예가 되어 버렸노라고, 술을 끊을 수만 있다면 온 세상이라도 내놓겠지만 이제는 도저히 벗어날 수가 없다고 말했습니다. 그 말을 들은 그리스도인은 그에게 믿음으로 승리할 수 있다고 말하면서, 우리를 구하러 세상에 오신 주 예수 그리스도를 전했습니다. [이 이야기의 결말은 내일 묵상에 나옵니다.]

그리스도를
의지함

[어제의 이야기가 이어집니다.] 그 그리스도인은 그리스도를 바라보고 의지하기만 하면 술의 노예 상태에서 벗어날 수 있다고 말했습니다. 일자무식이었던 농부는 이 사람이 말하는 분의 이름을 꼭 알고 싶어 했습니다. 그래서 그리스도인은 그분의 이름이 예수라고 말해 주었습니다.

이 이야기의 후반부에는 그 불쌍한 남자가 어떻게 다시 돌아가 일을 했는지, 그리고 같은 장소에 곡식을 팔러 왔는지에 대한 이야기가 나옵니다. 이번에도 유혹하는 자들이 찾아왔지만 그는 따라가지 않았고, 그 모습을 본 아내와 자식들은 놀라워했습니다. 일 년쯤 후에 다시 그 지역을 찾아간 그리스도인은 이 남자가 완전히 변해 있는 것을 보았습니다. 그래서 그에게 그간 무슨 일이 있었는지 물었습니다. 그의 간단한 간증은 다음과 같았습니다. "처음 왔을 때 친구들이 찾아와 유혹하자 마음이 약해지더군요. 그런데 갑자기 예수님의 이름이 생각났습니다. 저는 그저 '예수님'의 이름만 계속 부를 수밖에 없었지요. 그래서 예수님께 당신이 말해 주었던 그 일을 해달라고 소리쳤습니다." 그의 믿음은 그만큼 단순한 것이었지만, 그 믿음만으로도 충분했습니다. 그는 승리했습니다. 과거에 다시 매이지 않았습니다. 그는 해방되었습니다.

이것이 제가 말한 전폭적인 믿음의 의미입니다. 단순히 그리스도를 의지하기만 하면 됩니다. 자신이 극도로 무력하고 약하며 절망적이라는 사실을 깨닫고 어린아이처럼 나아가기만 하면 됩니다. 싸움이 극렬하고 원수가 눈앞에 있으며 곧 넘어질 것 같다는 생각이 들 때 우리가 할 일은 그저 "예수님"을 부르는 것입니다. 그가 우리를 내려다보고 계시다는 사실과 우리 앞에서 우리를 구원하며 보호할 준비를 하고 계시다는 사실을 알고 믿는 것입니다. "여호와의 이름은 견고한 망대라. 의인은 그리로 달려가서 안전함을 얻느니라."

전폭적인 믿음이란 단순히 그리스도를 의지하는 것입니다.

주 예수 그리스도를 바라보라

예수께서 하나님의 아들이심을 믿는 자가 아니면.
요한일서 5:5

세상과의 싸움이라는 관점에서 주 예수 그리스도를 바라볼 때 제가 던지게 되는 질문은 이것입니다. "주님은 왜 세상에 오셨을까?" 아시다시피 저는 지금 그리스도를 믿는 믿음을 다루고 있는 중입니다. 저는 복음서에 기록된 나사렛 예수라는 인물이 하나님의 아들이심을 믿습니다. 자, 그 즉시 나오는 질문은 이것입니다. 하나님의 아들은 왜 그처럼 죄 있는 육신의 모양을 입고 인간이 되어 오셨습니까? 그 모든 일에 담긴 의미는 무엇입니까? 이 질문의 답은 한 가지뿐입니다. 곧, 죄의 권세와 사탄의 권세, 악의 권세 때문에 오셨다는 것입니다. 다른 이유는 없습니다. 하나님의 아들만이 우리를 세상에서 구할 수 있는 유일한 길이기 때문에 인간이 되어 오신 것입니다.

다시 말해서 이 또한 죄와 관련된 교리, 사탄이나 죄나 악과 관련된 교리입니다. 세상이 죄의 지배를 받고 있기 때문에 하나님의 아들이 세상에 오셨습니다. 내가 참여하고 있는 이 싸움의 본질이 보이기 시작해야 "예수께서 하나님의 아들이심"을 믿게 됩니다. 사람들은 세상에 낙관적인 생각을 가지고 있는데, 그것은 죄의 본질을 전혀 이해하지 못한 탓입니다. 그러나 예수가 하나님의 아들이심을 믿는 사람은 죄와 악과 사탄의 권세가 너무 엄청나서 인간이 실패했기 때문에 하나님의 아들이 오셔야만 했다는 사실을 믿습니다.

이제 이 믿음이 어떻게 세상을 이기게 해주는지 알았습니까? 문제의 본질을 모르면서 어떻게 세상을 이길 수 있겠습니까? 그리스도를 믿는 순간, 우리는 문제의 실상을 이해하기 시작합니다. 세상을 꿰뚫어 볼 수 있는 사람은 그리스도인뿐입니다. 다른 사람들은 다 세상의 지배를 받고 있으며 세상의 다스림을 받고 있습니다. 그러나 그리스도인이 되면, 그 순간부터 세상을 꿰뚫어 보게 됩니다.

하나님의 아들은 우리를 세상에서 구할 수 있는 유일한 길이기 때문에 인간이 되어 오셨습니다.

하나님이요 인간이신 예수

이는 물과 피로 임하신 이시니 곧 예수 그리스도시라. 물로만 아니요 물과 피로 임하셨고 증언하는 이는 성령이시니 성령은 진리니라. 증언하는 이가 셋이니 성령과 물과 피라 또한 이 셋은 합하여 하나이니라.
요한일서 5:6-8

요한은 성육신이 사실임을 입증함으로써 예수 그리스도야말로 몸을 입고 성육신하신 성자 하나님이심을 증명하고자 합니다. 저는 그가 그 당시에 아주 널리 퍼져 있던 이단을 바로잡기 위해 이 문제에 관심을 가졌다고 생각합니다. 그 이단의 가르침은 이런 것이었습니다. "나사렛 예수는 인간이었다. 그런데 요단 강에서 요한에게 세례를 받을 때 영원하신 그리스도께서 그에게 임하여 그 안에 들어가셨다. 곧, 세례를 받은 그 순간부터 인간 예수 안에 거하신 것이다. 그는 십자가 처형 직전까지 그 안에 계시다가 하늘로 돌아가셨다. 결국 십자가에 못 박힌 것은 인간 예수뿐이었다."

이것은 1세기에 아주 흔히 볼 수 있었던 이단이었을 뿐 아니라 지난 여러 세기에도 유행했던 이단입니다. 지난 수백 년간 그리스도의 인격을 문제 삼은 가르침들은 바로 이 고대 이단을 재생한 데 지나지 않습니다. 그들은 인간 예수와 영원하신 그리스도를 분리시켜 생각합니다. 여기에서 요한의 관심은 구유에 누인 아기가 하나님이요 인간이시라는 강력한 사실을 주장하려는 데 있습니다. 그냥 예수가 아닙니다. "예수 그리스도"입니다. 성육신은 실제 사건이었습니다. 인간 예수만 십자가에서 죽은 것이 아니라 하나님이요 인간 되신 분이 죽으신 것입니다. 요한은 물과 피의 증거에 대해 언급하는데, 저는 그가 이 인격의 통일성과 단일성을 입증하기 위해 그렇게 했다고 믿습니다. 두 인격이 있는 것이 아닙니다. 한 인격 안에 두 본질이 있는 것입니다.

구유에 누인 아기는 하나님이요 인간인 분이었습니다.

구원

이는 물과 피로 임하신 이시니 곧 예수 그리스도시라.
물로만 아니요 물과 피로 임하셨고.
요한일서 5:6

세상에 오신 메시아의 큰 임무는 사람들을 죄의 속박과 굴레에서, 그 결과에서 건져 내는 것이었습니다. 사람들은 죄를 지은 결과 하나님의 진노 아래 있게 되었습니다. 그들은 세상과 육신과 마귀—안팎에 있는 죄의 권세—로부터 구원을 받아야 했습니다. 그래서 메시아이신 구주께서 우리 죄를 속죄함으로써 그 권세에서 건져내셔야 했던 것입니다. 이것이 그의 큰 사명이었습니다. 요한은 예수 그리스도가 메시아로 오셔서 그 일을 하셨다고 말하며, 우리는 세례와 십자가 죽음을 통해 그것을 보게 된다고 말합니다. 그의 세례는 어떤 의미에서 메시아로서의 그의 권세가 시작된 사건, '물'로 메시아가 되신 사건이었습니다. 그는 세례를 통해 우리 죄를 자기 것으로 삼으셨고, 십자가 위에서 그것을 해결하시고 속죄하시며 하나님의 진노에서 우리를 건져 내심으로써 죄의 권세에서, 세상과 육신과 마귀의 권세에서 우리를 건져 내셨습니다.

저는 요한이 자신의 복음서에 그리스도의 출생을 기록하지 않은 이유가 여기 있다고 생각합니다. 그는 메시아이신 그리스도께 초점을 맞추었으며 예수가 하나님의 아들이시라는 사실에 관심을 집중했습니다. 그래서 출생은 언급하지 않으면서 세례는 언급한 것입니다. 요한이 "물로만 아니요 물과 피로 임하셨고"라고 쓴 이유가 바로 이것이라고 저는 생각합니다. 주 예수 그리스도는 이처럼 우리와 우리 죄를 자기 것으로 삼으시는 데 그치지 않고 거기에서 한 걸음 더 나아가셨습니다. 그는 물로만 그 문제를 처리하신 것이 아니라 피로 처리하셨습니다. 그래서 세례에 더하여 죽음이 절대적으로 필요했던 것입니다.

그는 세례를 통해 우리 죄를 자기 것으로 삼으셨고, 십자가 위에서 그것을 해결하셨습니다.

외적 증거와
내적 증거

하나님의 아들을 믿는 자는 자기 안에 증거가 있고
하나님을 믿지 아니하는 자는 하나님을 거짓말하는
자로 만드나니 이는 하나님께서 그 아들에 대하여
증언하신 증거를 믿지 아니하였음이라.
요한일서 5:10

자, 여기 증거와 증언을 받아들이는 문제가 있습니다. 하나님은 "이는
내 사랑하는 아들이요 내 기뻐하는 자니 너희는 저의 말을 들으라"고 말
씀하셨습니다(마 17:5). 예수를 거부하겠습니까? 그렇게 할 때 무서운 점
은, 하나님의 선언을 거짓말로 만들게 된다는 것입니다.

외적 증거에 더하여 주관적, 내적 증거도 있습니다. 요한은 이에 대해
다음과 같이 말하고 있습니다. "하나님의 아들을 믿는 자는 자기 안에
증거가 있고." 우리가 지금 다루는 것은 이 두 가지 다른 근거입니다. 저
는 이것이 이 주제의 모든 측면 중에 가장 중요한 측면이라고 확신합니
다. 종교개혁자들도 이것을 아주 큰 문제로 생각했습니다. 그리고 이 문
제를 명확하게 규명해 놓았습니다. 신자 앞에는 확신의 두 가지 큰 원천
이 있는데, 하나는 외적인 원천이고 하나는 내적인 원천입니다. 곧, 외
적 증거와 내적 증거가 있는 것입니다.

이것을 이해하기에 가장 좋은 방법은 다음과 같은 질문을 던지는 것
입니다. "나는 어떻게 성경이 하나님의 말씀임을 알 수 있는가?" 여기에
는 두 가지 주된 방법이 있습니다. 한 가지는 말씀 그 자체입니다. 성경
각 책의 내용이 일치됨을 보면 알 수 있습니다. 즉 전체적으로 합의를
이루며 여러 가지 다른 논의를 펼치면서도 내적인 통일성을 유지하는
것입니다. 이것이 외적 증거입니다. 그러나 종교개혁자들에 따르면 그
것만으로는 확신을 갖기에 충분치 않습니다. 내적인 무언가도 필요합니
다. 성령은 이 내적인 확신을 주시는데, 그것이 내적 증거입니다.

저 자신의 경험을 들어 설명해 보겠습니다. 저는 한때 성경을 읽으면
서 참 놀라운 책이라고 생각했고 독특한 책이라는 느낌을 받았습니다.
그런데 후에 복음서와 구약성경 및 신약성경이 제시하는 큰 증거와 맞
닥뜨리게 되면서, 이것은 하나님의 말씀이라는 느낌이 제 안에 생겨났
습니다. 바로 이런 것이 내적 증거입니다.

신자 앞에는 확신의 두 가지 큰 원천이 있는데, 하나는 외적인 원천이고 하나는 내적인 원천입니다.

증거

하나님의 아들을 믿는 자는 자기 안에 증거가 있고.
요한일서 5:10

일단 하나님의 증거를 받아들여야 내적 증거와 지표도 얻을 가능성이 커집니다. 주님도 친히 "사람이 하나님의 뜻을 행하려 하면 이 교훈이 하나님께로부터 왔는지 내가 스스로 말함인지 알리라"고 하셨습니다(요 7:17). 그러므로 확신을 얻고 싶다면 먼저 믿으십시오. 그래야 확신을 얻을 수 있습니다.

이 순서는 아주 중요합니다. 하나님을 먼저 믿어야 마음속에 믿음이 생깁니다. 이 순서를 뒤바꾸는 사람은 하나님을 모욕하는 것입니다. 어떤 이는 물증이 있어야 믿을 수 있지 않겠느냐고 말할 것입니다. 그러나 하나님은 "내가 말했으니 믿으라"고 말씀하십니다. 믿지 않는 것은 하나님의 명예를 더럽히는 일입니다. 물증을 먼저 내놓으라고 고집을 부리는 것은 하나님의 영광을 외면하는 일입니다. 하나님 자신이 증거이시므로 먼저 믿어야 합니다. 그러면 성령이 내적 증거를 주십니다.

물론 여기에는 또 한 가지 실제적인 문제가 따르는데, 그것은 하나님의 증거를 믿는다는 것이 정확히 무엇을 의미하는지 배우는 일입니다. 요한은 그것을 몇 개의 단어로 설명해 주고 있습니다. "하나님의 아들을 믿는 자는 자기 안에 증거가 있고." 오, 이 몇 개의 단어가 얼마나 중요한지! "하나님의 아들을"이라는 이 사소한 단어가 얼마나 중요한지! 요한은 "자, 나는 대체로 이 증거에 만족한다. 나는 나사렛 예수가 하나님의 아들임을 믿을 준비가 되어 있다"라고 말하는 것이 아닙니다.

그런 것이 아닙니다! "하나님의 아들을 믿는 자는." 믿는 자는 자신을 그분께 맡깁니다. 그분께 굴복합니다. 이 말씀에 함축된 의미를 완전히 모르더라도 자신의 삶 전체를 아들의 강한 팔에 맡깁니다. 그러면 그 즉시 증거가 생깁니다. 그가 누구신지 알게 되며, 불확실한 부분들이 전부 사라져 버립니다. 예수는 단지 그리스도시기만 한 것이 아닙니다. 그는 하나님의 아들, 메시아, 세상의 구원자이십니다.

하나님 자신이 증거이시므로 먼저 믿어야 합니다. 그러면 성령이 내적 증거를 주십니다.

영생의 확신

내가 하나님의 아들의 이름을 믿는 너희에게 이것을 쓰는 것은 너희로 하여금 너희에게 영생이 있음을 알게 하려 함이라.
요한일서 5:13

우리는 우리에게 영생이 있음을 알 수 있습니다. 이 사실은 강조될 필요가 있습니다. 어떤 이들은 죽어 세상을 떠나서 내세로 들어가야만 영생을 얻을 수 있는 것처럼 말하며, 지금 영생이 있노라 주장하는 것은 잘못이라고 말합니다. 그런 사람들은 확신의 교리를 싫어합니다. 우리는 그런 것을 알지 못할 뿐 아니라 알려고 해서도 안 되며, 믿음이란 이 세상에서는 실제로 가질 수 없는 무엇을 늘 붙드는 태도를 의미한다고 말합니다.

그러나 그것은 믿음에 대한 철학적인 개념일 뿐, 여기에서 말하고 있는 바가 아닙니다. 요한의 말은 다음과 같습니다. "내가 이 편지를 쓰는 목적은 오로지 너희에게 영생이 있음을 알게 하려는 데, 그것도 확실히 알게 하려는 데 있다. 나는 너희가 영생을 소유하고 있음을 알기를 원한다."

여러분은 다른 사도들도 같은 말을 하고 있음을 발견할 것입니다. 확신이야말로 사도 바울의 가장 큰 특징 아닙니까? 그는 로마서 8장에서 이렇게 말합니다. "내가 확신하노니 사망이나 생명이나 천사들이나 권세자들이나 현재 일이나 장래 일이나 능력이나 높음이나 깊음이나 다른 어떤 피조물이라도 우리를 우리 주 그리스도 예수 안에 있는 하나님의 사랑에서 끊을 수 없으리라"(38-39절). 또한 그는 디모데에게도 "내가 믿는 자를 내가 알고"라고 쓰고 있습니다(딤후 1:12). 그는 "내가 알고"라고 말합니다. 이 말에는 불확실한 부분이 전혀 없습니다.

그러므로 제가 볼 때 믿음을 불확실한 상태에 계속 머물러 있는 일처럼 해석하는 것은 우리가 하나님의 자녀라고 가르치는 하나님의 말씀을 부인하는 태도입니다.

세상을 보는 눈

내가 하나님의 아들의 이름을 믿는 너희에게 이것을 쓰는 것은 너희로 하여금 너희에게 영생이 있음을 알게 하려 함이라.
요한일서 5:13

내게 영생이 있음을 확신할 때 세상을 어떤 눈으로 보게 됩니까? 우리 모두가 살고 있는 세상, 신문에 나타나는 세상을 어떤 태도로 대하게 됩니까? 세상에 관심을 갖고, 세상에서 무엇을 얻고자 노심초사하게 됩니까? 아니면 다른 것, 곧 영적인 것에 더 관심을 갖게 됩니까? 요한에 따르면, 그리스도인은 완전히 새로운 방식으로 세상을 바라보는 사람들입니다. 그들은 세상을 죄의 다스림을 받는 곳으로 봅니다. 악한 세력들이 활동하는 곳, 세상의 영이 모든 정신에 작용하는 곳으로 취급합니다. 그들은 세상이 싸움의 대상이자 저항의 대상임을 알며, 싸우고 저항하지 않을 때 패배하고 만다는 것을 압니다.

나는 세상을 미워합니까? 이에 대답할 수 있는 좋은 방법이 여기 있습니다. 사도 바울은 자기 상황을 보면서 다음과 같이 말했습니다. "그러므로 우리가 낙심하지 아니하노니 우리의 겉사람은 낡아지나 우리의 속사람은 날로 새로워지도다. 우리가 잠시 받는 환난의 경한 것이 지극히 크고 영원한 영광의 중한 것을 우리에게 이루게 함이니……보이는 것은 잠깐이요 보이지 않는 것은 영원함이라"(고후 4:16-18). 나는 '보이는 것'들을 바라보는 데 비해, 주 하나님을 생각하는 데 얼마나 많은 시간을 들이고 있습니까? 그의 영광에 대해 얼마나 많이 생각하고 있습니까? 내가 가장 많이 생각하는 것이 무엇입니까? 영원한 것입니까, 세상적인 것입니까?

진기한 구경거리

내가 하나님의 아들의 이름을 믿는 너희에게 이것을 쓰는 것은 너희로 하여금 너희에게 영생이 있음을 알게 하려 함이라.
요한일서 5:13

인간은 진기한 구경거리에 큰 흥미를 느끼며 관심을 쏟는 경향이 있습니다. 우리는 본능적으로 그렇게 하는 것 같습니다. 저는 그것이 타락의 결과라고 생각합니다. 평범하고 일상적인 것들보다는 진기하고 예외적인 것들이 더 큰 흥미를 유발시킵니다. 사람들이 날마다 되풀이되는 자연의 경이로운 현상보다는 일종의 재앙이나 기현상에 항상 더 큰 관심과 흥미를 보이는 이유가 여기 있습니다. 워즈워스는 자신의 위대한 시 '영생불멸을 깨닫는 노래'(Ode: Intimations of Immortality) 마지막 부분에서 자신에 대해 다음과 같이 노래했습니다.

> 피어나는 가장 하찮은 꽃도 내게는
> 너무 깊은 곳에 있어 눈물조차 흘릴 수 없는 생각들을 줄 수 있노라.

이 말이 맞습니다. 우리 모든 사람이 이렇게 말해야 합니다. 그러나 우리들 대부분의 문제는 이런 꽃은 늘 그 자리에 있기 때문에 전혀 놀랍게 보이지 않는다는 데 있습니다. 산울타리 가에 피어난 작은 꽃을 볼 때에는 "너무 깊은 곳에 있어 눈물조차 흘릴 수 없는" 생각을 하지 못합니다. 그러나 번개에 맞아 쓰러져 있는 나무를 볼 때에는 흥미를 느낍니다. 그것은 진기하고 예외적인 광경이기 때문입니다.

그리스도인의 체험이라는 문제 전반에서도 이 같은 경향이 나타납니다. 저는 이것 역시 타락의 결과라고 생각합니다. 말이 나온 김에, 이것이 쉽게 장삿거리로 전환되는 일들도 종종 있음을 지적해야겠습니다. 책을 내는 사람들은 사람들이 항상 볼 만한 구경거리에 끌린다는 사실을 알고 있습니다. 그래서 예외적인 사례를 골라 대대적으로 광고를 합니다. 그러나 이것은 신약성경의 본질적인 가르침에 위배되는 일입니다. 신약성경은 확신이 임하는 방식에 강조점을 두지 않습니다. 신약성경이 관심을 갖는 것은 확신이 임했다는 사실 그 자체입니다.

인간은 구경거리에 큰 관심을 쏟는 경향이 있습니다. 저는 그것이 타락의 결과라고 생각합니다.

우리 안에서 일하시는 하나님

내가 하나님의 아들의 이름을 믿는 너희에게 이것을 쓰는 것은 너희로 하여금 너희에게 영생이 있음을 알게 하려 함이라.
요한일서 5:13

저는 하나님이 우리 안에서 시작하신 일은 반드시 완성된다는 확신을 가지고 있습니다. 제가 영생을 얻었다면 언젠가 하나님의 영광 앞에 흠도 없고 점도 없이, 티도 없고 죄도 없이 서게 될 것을 '압니다'. 그렇기 때문에 세상에서 유혹과 죄에 부닥칠 때에도 혼자가 아님을 분명히 알고 있습니다. 이제는 더 이상 무력한 절망감을 느끼지 않습니다. '하나님이 내 안에 계시고 나를 흠 없이 만들기로 작정하셨다면, 설사 마귀와 지옥 전체가 내게 덤벼든다 해도 친히 오셔서 나를 붙들어 주실 것'이라고 생각합니다. 이것은 마르틴 루터 같은 사람의 강력한 주장이기도 했습니다. 그는 자신에게 영생이 있음을 알았기 때문에 우리가 아는 바대로 모든 원수들과 맞설 수 있었습니다. 이 소망을 가진 사람은 누구나 루터처럼 말할 수 있습니다.

이 땅에 마귀 들끓어 우리를 삼키려 하나
겁내지 말고 섰거라, 진리로 이기리로다.

우리에게 영생이 있고 우리 자신이 그 사실을 안다면, 하나님이 우리 영혼 안에서 시작하신 일 또한 최종적으로 영광스럽게 완성될 때까지 계속될 것을 알 수 있습니다. 이는 바울이 로마서 8장에서 강력한 논리를 통해 밝히고 있는 바 그대로입니다. "부르신 그들을 또한 의롭다 하시고"―그다음에 어떻게 도약하는지 보십시오―"의롭다 하신 그들을 또한 영화롭게 하셨느니라"(30절). 그가 시작하셨으니 그가 마치실 것입니다. 내 안에 생명이 있다면 영광에 이를 것도 능히 확신할 수 있습니다. 그렇다고 마음 놓고 죄짓는 데 이 확신을 이용하는 것은 아닙니다. 이 확신이 있는 사람은 오히려 요한과 같은 말을 하면서 세상을 살게 됩니다. "주를 향하여 이 소망을 가진 자마다 그의 깨끗하심과 같이 자기를 깨끗하게 하느니라"(요일 3:3).

하나님이 우리의 영혼 안에서 행하시는 일은 최종적으로 영광스럽게 완성될 때까지 계속될 것입니다.

기도하라는 권면

그를 향하여 우리가 가진 바 담대함이 이것이니 그의
뜻대로 무엇을 구하면 들으심이라.
요한일서 5:14

한 성경 말씀을 다른 성경 말씀과 비교할 때에는 특별히 주의해야 합니다. 성경은 서로 모순을 일으키지 않습니다. 그러므로 한 구절만 보고 그것을 근거 삼아 교리를 세워서는 안 됩니다. 다시 말해서, 교리가 성경의 다른 구절과 충돌하거나 성경 전체의 분명하고도 명백한 가르침과 충돌하게 해서는 안 된다는 것입니다.

그렇게 할 때, 우리는 일정한 결론에 도달하게 됩니다. 그중 한 가지는 기도에 알 수 없는 신비한 요소가 있다는 것입니다. 기도는 은혜로 우리를 대하시는 여러 측면들 가운데 하나로서, 우리의 이해를 뛰어넘는 것입니다. 저는 그로 인해 하나님께 감사하라고 말하고 싶습니다. 제가 지금 말하는 것은, 궁극적이고 절대적인 의미에서 볼 때 성경이 기도에 대해 분명히 가르치고 있는 이 말씀과 하나님의 전지전능하심 및 주권을 쉽게 조화시킬 수가 없다는 것입니다.

우리가 이해할 수 없는 일은 이 외에도 많이 있습니다. 저는 거룩하신 하나님이 어떻게 한 영혼을 계속 용서하실 마음을 품으시며 또 실제로 용서하실 수 있는지 이해가 되지 않습니다. 이해가 되지 않지만, 감사하게도 믿는 것입니다! 또 영원하신 분의 생각과 마음도 이해할 수가 없지만, 역시 감사하게도 계시를 통해 하나님이 공의로우시면서도 불의한 자들을 의롭다 하실 수 있는 분임을 확신하고 있습니다. 이런 예는 그 밖에도 많습니다. 기도의 문제도 그중 하나입니다. 최고로 철학적인 의미에서 볼 때, 기도에는 우리가 알 수 없는 신비한 요소가 있습니다. 그러나 하나님을 찬양하십시오. 우리에게는 철학만 있는 것이 아닙니다. 아주 쉽게 우리에게 다가와 해야 할 일을 일러 주는 복음서가 있습니다. 따라서 이 하찮은 머리를 가지고 철학적으로 기도를 이해할 수는 없지만, 무엇보다 명백하고 분명한 성경 말씀을 통해 기도를 배우고 기도하라는 권면을 받을 수는 있습니다. 성경을 죽 읽어 보십시오. 기도하라는 권면이 얼마나 자주 나오는지 알 것입니다.

기도는 은혜로 우리를 대하시는 여러 측면들 가운데 하나로서, 우리의 이해를 뛰어넘는 것입니다.

예수님의 기도하신 본을 따름

우리가 무엇이든지 구하는 바를 들으시는 줄을 안즉 우리가 그에게 구한 그것을 얻은 줄을 또한 아느니라.
요한일서 5:15

우리는 하나님의 아들이 친히 기도하시는 모습을 봅니다. 만약 기도의 철학적인 측면에 관심이 있다면 우리 주 예수 그리스도의 사례를 즉시 살펴보시기 바랍니다. 그는 하나님의 영원하신 아들, 독생자입니다. 땅 위에 계시면서도 하늘에도 계시다고 주장하는 분이며 "나와 아버지는 하나"라고 주장하는 분입니다(요 10:30). 그런데 그런 분이 왜 기도해야 했을까요? 왜 제자들을 뽑기 전날 밤을 기도로 지새우셨을까요? 하나님의 아들이 땅 위에서 살면서 그토록 많이 기도해야 할 필요가 과연 있었을까요? 그런데도 그는 실제로 많이 기도하셨습니다.

다시 말해서 성경은 기도가 우리에게 꼭 필요하고 중요한 일임을 가르치고 있으며, 곳곳에서 기도할 것을 권면하고 있습니다. 그뿐 아니라 기나긴 교회 역사상 가장 위대했던 성도들의 삶을 읽어 보아도 그들이 기도의 사람이었음을 알 수 있습니다. 그리스도인이라고 불릴 가치가 있는 사람은 매일 적어도 네 시간씩 기도해야 한다고 하면서 그 기준으로 교인들을 평가하려 했던 존 웨슬리가 옳다고 믿습니다. 하나님이 세상에서 남다르게 사용하신 사람들은 모두 기도에 많은 시간을 바친 이들이었습니다. 하나님께 가까이 나아가는 사람일수록 더 많이 기도하게 되어 있습니다. 이처럼 교회의 증언은 성경의 가르침을 뒷받침해 주고 있습니다.

더 나아가 성경은 하나님이 분명히 기도에 응답하심으로써 행하신 수많은 일들을 기록하고 있는데, 제가 볼 때 그 이유를 찾기란 그리 어렵지 않습니다. 목적을 정하시는 분이 하나님이시니 방법도 당연히 그분이 정하시는 것입니다. 하나님 자신이 그 무한한 지혜로 기도 응답을 통해 어떤 일들을 일으키기로 결정하신다면, 감히 묻건대, 그렇게 하셔서는 안 된다고 말할 이유가 뭐가 있겠습니까?

하나님께 가까이 나아가는 사람일수록 더 많이 기도하게 되어 있습니다.

거룩함을 위한 기도

우리는 우리와 관련된 성경의 모든 교훈, 모든 약속, 모든 예언을 이루어 달라고 기도할 수 있습니다. "하나님의 뜻은 이것이니 너희의 거룩함이라"(살전 4:3). 만약 여러분이 거룩함을 위해 기도하고 있다면 하나님이 그 기도대로 해주실 것을 확신해도 좋습니다. 우리가 하나님의 사랑을 알게 되는 것은 그분의 뜻입니다. 그러므로 성령으로 그분의 사랑을 알려 달라고 구하십시오. 그렇게 해주실 것을 능히 확신할 수 있습니다. 성경의 다른 많은 약속들도 마찬가지입니다. "구하라, 그리하면 너희에게 주실 것이요 찾으라, 그리하면 찾아낼 것이요 문을 두드리라, 그리하면 너희에게 열릴 것이니"(마 7:7).

마땅히 사랑해야 하는 만큼 사랑하지 못하는 것 때문에 염려하고 있습니까? 그분께 말씀드리십시오. 그분의 사랑을 마음에 넘치도록 흘려보내 달라고 구하십시오. 그렇게 해주실 것입니다. 자신을 낙담시키는 죄 때문에 염려하고 있습니까? 확신을 가지고 기도하십시오. 우리를 죄에서 건져내는 것이야말로 하나님의 뜻입니다. 그러므로 기도하십시오. 마음이 청결하지 못해서 염려하고 있습니까? 그렇다면 다윗의 기도를 드리십시오. "하나님이여, 내 속에 정한 마음을 창조하시고 내 안에 정직한 영을 새롭게 하소서"(시 51:10). 하나님의 말씀과 그 성품에 근거하여 장담하건대, 반드시 그 기도에 응답하여 그리스도의 피로 모든 죄와 불의에서 깨끗하게 해주실 것입니다. 성경을 읽으면서 하나님이 여러분에게 주시는 약속을 적어 나가십시오. 그리고 하나님 앞에 그 약속을 들고 나아가 주장하면서 호소하십시오. 그 간구가 받아들여질 것을 강하게 확신할 수 있습니다. 그 약속은 이미 여러분의 것입니다. 하나님의 때가 되면 하나님의 방법으로 온전히 이루시고 풍성히 누리게 해주실 것입니다.

예수의 품 안은 안전하다

하나님께로부터 난 자는 다 범죄하지 아니하는 줄을 우리가 아노라. 하나님께로부터 나신 자가 그를 지키시매 악한 자가 그를 만지지도 못하느니라.
요한일서 5:18

예수께서는 "내가 비옵는 것은 그들을 세상에서 데려가시기를 위함이 아니요 다만 악에 빠지지 않게 보전하시기를 위함이니이다"라고 기도하셨습니다(요 17:15). 요한이 요한일서 5:18에서 말하는 바가 바로 이것입니다. 우리는 여기에서 분명 주님의 기도 내용을 찾아볼 수 있습니다. 유다도 같은 점을 상기시키고 있습니다. "능히 너희를 보호하사 거침이 없게 하시고 너희로 그 영광 앞에 흠이 없이 기쁨으로 서게 하실 이"(24절). 바로 이것입니다!

우리는 찬송가에서도 계속 같은 내용을 발견할 수 있습니다. 그 찬송가들은 과거에 그 백성들을 지키시고 붙들어 주셨던 하나님이 지금도 우리 하나님이시라는 사실을 찬양하고 있습니다.

나그네와 같은 내가 힘이 부족하오니
전능하신 나의 주여, 내 손잡고 가소서. —윌리엄 윌리엄스

오거스터스 탑레이디도 그리스도가 자신을 지키시며 돌보아 주신다는 확신을 가지고 있었습니다.

지극히 높으신 보호자 계시네.
보이지는 않지만 영원히 내 곁에,
변함없는 신실함으로 구원하시며,
전능함으로 다스리시고 명령하시네.

그가 웃으시니 위로가 넘치고 은혜가 이슬처럼 내리네.
기쁨으로 지키시는 영혼을 구원의 담으로 두르시네.

과거에 그 백성들을 지키시고 붙들어 주셨던 하나님이 지금도 우리 하나님이십니다.

회개

기독교 복음에 따르면, 사람이 큰 구원을 경험하기 전에 반드시 선행되어야 할 일들이 있습니다. 이처럼 우리가 깨닫고 붙잡고 믿어야 할 일들 중 첫 번째가 바로 회개입니다.

이 회개의 문제는 반드시 명확하게 짚고 넘어가야 합니다. 성경에서 회심한 사람들의 이야기를 읽어 보십시오. 예외 없이 회개의 요소가 개입되어 있음을 발견할 것입니다. 과거에 하나님의 교회에서 두각을 나타냈던 인물들의 내력과 성도들의 생애도 읽어 보십시오. 평생에 하나님의 은혜를 경험하고 그 능력을 맛보았던 모든 이들에게 회개의 증거가 나타나고 있음을 알게 될 것입니다. 그러므로 저는 회개 없는 구원도 없다고 서슴없이 주장하는 바입니다. 회개의 필요성은 절대적인 것으로서, 성경은 여기에 재론의 여지를 두지 않습니다. 오직 회개를 명하며 회개를 요구할 뿐입니다. 다시 말하지만 회개 없이는 구원도 없습니다. 회개가 무엇인지 모르면서 구원을 경험할 수 있는 사람은 아무도 없습니다. 그러므로 저는 회개야말로 지극히 중요한 문제임을 강조하고자 합니다.

세례 요한은 사역을 시작할 때 죄 사함을 얻게 하는 회개의 세례를 전했습니다. 그것이 첫 번째 설교자의 첫 번째 메시지였습니다. 마가는 우리 주요 구주 되신 예수 그리스도도 두루 다니시며 회개를 전하셨다고 말합니다. 이처럼 회개는 절대적으로 중요한 것입니다. 바울도 두루 다니면서, 회개하고 하나님께로 돌아와 주 예수 그리스도를 믿는 일에 대해 설교했습니다. 베드로도 오순절 날 교회의 대표로서 첫 번째 설교를 마친 후 "우리가 어찌할꼬"라고 외치는 사람들에게 "회개하라!"고 했습니다(행 2:37). 이처럼 회개하지 않으면 구원을 알 수도, 경험할 수도 없습니다. 회개는 필수 단계입니다. 구원의 첫 단계입니다.

회개 없이는 구원도 없습니다.

무엇이 문제인가

나의 죄악을 말갛게 씻으시며 나의 죄를 깨끗이 제하소서.
시편 51:2

시편 51편은 회개의 문제 및 교리 전반에 대한 고전적인 진술입니다. 많은 이들이 죄에 대한 성경의 가르침을 깨닫지 못한 탓에 기독교 복음에 담긴 다른 많은 가르침도 깨닫지 못하고 있습니다. 도대체 성육신이 왜 필요한지 모르겠다고, 하나님의 아들이 세상에 내려오신 일에 대한 성경의 모든 말들을 이해할 수가 없다고, 기적과 초자연적인 일들에 대한 이야기도 이해하지 못하겠고 속죄의 개념이나 칭의니 성화니 중생 같은 용어들도 알아듣지 못하겠다고 말하는 이들이 오늘날 많이 있습니다. 그들은 이 모든 것들이 필요한 이유를 도무지 모르겠다고 말합니다.

그들의 논지는 이런 것입니다. "이 모든 이론적이고 순전히 추상적인 개념들을 발전시킨 것은 교회가 아닌가? 신학자들이 머리 속에서 다 만들어 낸 것이 아닌가? 그런 것들이 대체 우리와 무슨 상관이 있으며, 현실적으로 무슨 연관성이 있다는 말인가?" 저는 사람들이 이렇게 말하는 이유가 죄에 대한 성경의 가르침을 충분히 깨닫지 못한 데 있다는 점을 지적하고 싶습니다. 그들은 자신들이 죄인임을 모르고 있습니다. 그러나 성경은 정반대로 처음부터 끝까지 줄기차게 그 사실을 주장합니다.

우리가 살고 있는 현대 세계는 혼란에 빠져 있습니다. 무언가 잘못되었다는 것은 알지만 정작 무엇이 문제인지는 모릅니다. 정치가들은 우리 앞에 있는 문제들을 해결할 능력이 없는 것 같습니다. 철학자들도 질문은 던지지만 그에 답할 능력은 없어 보입니다. 인간의 온갖 노력도 세상을 바로잡지는 못하는 것 같습니다. 성경은 말합니다. "너희는 문제의 핵심을 모르고 있다! 그 핵심은 죄에 있다. 죄야말로 개인이 겪는 고통과 가까운 인간관계에서 겪는 고통, 세계 각지의 국제 관계에서 겪는 고통의 원인인 것이다. 이것이 너희의 어려움이다."

사람들이 이렇게 말하는 것은 죄에 대한 성경의 가르침을 충분히 깨닫지 못했기 때문입니다.

실패한 자의 기도

무릇 나는 내 죄과를 아오니 내 죄가 항상 내 앞에 있나이다.
시편 51:3

시편 51편은 '실패한 자의 기도'라고 할 수 있습니다. 여기에는 자신의 죄가 드러나 깨닫게 된 사람이 반드시 거치는 과정이 나와 있습니다.

그 첫 번째 단계는 자신이 죄를 지었다는 사실을 알고 인정하는 것입니다. 다윗의 말을 들어 보십시오. "무릇 나는 내 죄과를 아오니 내 죄가 항상 내 앞에 있나이다." 죄가 드러나서 깨닫게 된 사람에게 맨 처음 일어나는 일은 자신의 죄를 똑바로 보며 자신의 행동을 정직한 눈으로 보게 되는 것입니다. 다윗과 밧세바의 이야기는 다윗이 전에는 그러지 못했음을 보여줍니다.

사람이 그런 짓을 저지르고서도 바로 보지 못한다는 것이 믿어집니까? 다윗은 자신의 악행을 분명히 감지해야 했음에도 그렇지 못했습니다! 그는 자신의 악행을 바로 보지 않았으며 바로보기를 거부했습니다. 하나님이 나단 선지자를 보내서 그가 저지른 짓을 형태만 바꾸어 자세히 드러내지 않으셨다면, 그 후에도 자신의 무서운 악행을 바로 보지 못했을 것입니다. 그러나 다윗은 마침내 진실을 보게 되었고, 바닥까지 낮아졌습니다. 그래서 이 시편 51편을 쓰게 된 것입니다. 첫 번째 단계는 항상 이렇게 나타납니다. 걸음을 멈추고 생각해야 합니다. 잠시 멈추어 자기 자신을 똑바로 보고, 자신이 살아온 삶을 똑바로 보며, 자신이 저지른 짓과 지금 저지르고 있는 짓을 똑바로 보아야 합니다.

이것이 아주 불쾌한 일이라는 것과, 그래서 사람들이 이런 말을 하는 복음을 싫어한다는 것은 저도 압니다. 그러나 하나님의 구원을 알고 싶다면 회개해야 합니다. 그 회개의 첫 번째 단계는 죄를 깨닫는 것이며, 죄를 깨닫는 첫 번째 방법은 가던 길을 멈추고 자기 자신을 바라보는 것입니다.

죄과와 죄악

나의 죄악을 말갛게 씻으시며 나의 죄를 깨끗이
제하소서. 무릇 나는 내 죄과를 아오니 내 죄가 항상
내 앞에 있나이다.
시편 51:2-3

죄를 깨달은 사람이 거치는 두 번째 단계는 자기 행동의 정확한 성격 내
지는 본질을 인지하는 것입니다. 시편 51편에 나오는 단어들이 이 점을
완벽하게 표현해 주고 있습니다. 그 첫째 단어는 '죄과'이고, 둘째 단어
는 '죄악'이며, 셋째 단어는 '죄'입니다.

'죄과'의 뜻이 무엇입니까? 반역입니다. 권위, 특히 권위를 가진 인격
에 반발하는 것입니다. 다윗은 자신에게 죄과가 있음을 인정하고 있습
니다. 그는 권위에 반발했습니다. 자기 의지를 내세우며 자신을 주장했
습니다. 욕망에 지배권을 내주었고 정욕이 자신을 휘두르도록 내버려
두었습니다. 죄과란 이렇게 자기 방식대로 하려는 욕망, 자기 하고 싶은
대로 하려는 욕망을 의미합니다.

'죄악'은 무엇일까요? 자, 죄악이란 비틀린 행동 내지는 굽은 행동을
의미합니다. 그것은 왜곡을 의미하는 것으로서, 다윗의 경우를 보면 그
뜻을 잘 알 수 있습니다. "나의 죄악을 말갛게 씻으시며." 그는 더러운
짓, 비열한 짓을 씻어 달라고 구했습니다. "대체 내 속에 있는 무엇이 그
런 짓을 하게 만들었을까요? 제가 얼마나 왜곡된 사람이기에 그런 짓을
저지른 것인지!" 여러분 자신을 검토해 볼 때, 많은 부분이 비틀리고 왜
곡되어 있는 것이 보이지 않습니까? 그 시기와 질투와 악의를 보십시오.
얼마나 무섭게 비틀려 있습니까! 남이 해를 당하기 바라는 마음, 남이
칭찬 듣는 것을 싫어하는 마음과 같이 악한 생각, 구부러지고 비틀리고
추하고 더러운 생각, 그것이 죄악입니다! 우리는 모두 죄악을 안고 있는
사람들입니다.

'죄'라는 말에는 '과녁에서 빗나가다'라는 뜻이 있습니다. 우리는 원래
살아야 하는 모습대로 살고 있지 못합니다. 과녁을 겨냥하고 화살을 날
리지만 맞히지는 못합니다. 그것이 죄의 의미입니다. 사람은 하나님이
표시해 주신 길로 걸어가지 않습니다.

우리는 모두 죄악을 안고 있는 사람들입니다.

우리는 누구에게 죄를 짓는가

내가 주께만 범죄하여 주의 목전에 악을 행하였사오니.
시편 51:4

죄를 깨달은 사람이 거치는 세 번째 단계는 이 모든 것이 하나님 앞에서, 하나님을 거슬러 지은 죄임을 깨닫고 고백하는 것입니다. "내가 주께만 범죄하여 주의 목전에 악을 행하였사오니."

어떤 이는 말합니다. "이 말은 확실히 틀렸다. 다윗은 '밧세바에게, 우리아에게, 전쟁터에서 죽은 병사들에게, 이스라엘과 내 백성에게 범죄했다'고 말했어야 한다." 그러나 다윗은 "내가 주께만 범죄하여"라고 말합니다. 아, 이 말이 얼마나 옳은지! 그는 남들에게 범죄했다는 사실을 시인하는 데서 한 단계 더 나아가고 있습니다. 그는 자신의 행동이 단순히 그 행동 자체에 머무는 것이 아님을 알고 있습니다. 단순히 사람들에게만 영향을 끼치거나 사람들과 관련이 있는 행동만이 아니라는 사실, 그 행동의 진정한 본질은 하나님께 범죄한 데 있다는 사실을 압니다.

그것이 후회와 회개의 본질적인 차이점입니다. 후회하는 사람도 자기 잘못은 압니다. 그러나 그것이 하나님을 거스르는 범죄임을 깨닫지 못하는 한 그는 회개한 것이 아닙니다.

왜 그것을 하나님을 거스르는 범죄로 생각해야 할까요? 다음과 같이 대답해 보겠습니다. 아시다시피 죄란 하나님이 원래 인간에게 의도하신 모습을 깨뜨리는 것입니다. 서론적으로, 다음과 같이 생각해 봅시다. 어떤 사람이 죄를 지었을 때 그는 단지 해서는 안 될 일을 하는 데 그치는 것이 아니라 인간의 본성을 거슬러 죄를 짓는 것이며 그 본성을 땅에 떨어뜨리는 것입니다. 곧, 그는 인간성을 거슬러 죄를 지었다는 점에서 인간을 만드신 하나님께 죄를 지은 것입니다. 하나님은 인간을 완전하게 만드셨고, 완전한 삶을 살도록 의도하셨습니다. 그리고 그렇게 살 수 있는 가능성을 주셨습니다. 죄를 짓는 것은 그런 하나님의 의도를 땅에 떨어뜨리는 것입니다. "내가 주께만 범죄하여." 나는 하나님이 인간에게 의도하신 모습을 깨뜨렸습니다. 하나님이 만드신 것을 비틀었고 왜곡시켰습니다. 나는 죄를 지을 때마다 하나님의 거룩한 법을 깨뜨리는 것입니다.

나는 하나님이 인간에게 의도하신 모습을 깨뜨렸습니다.

인간은 변명할 수 없다

내가 주께만 범죄하여 주의 목전에 악을
행하였사오니 주께서 말씀하실 때에 의로우시다
하고 주께서 심판하실 때에 순전하시다 하리이다.
시편 51:4

그다음 단계는 자신에게 어떤 변명거리나 핑계거리도 없음을 발견하는 것입니다. 다윗은 하나님께 말씀드리고 있습니다. "저는 한마디도 변명할 말이 없습니다. 핑계 댈 말이 없습니다. 스스로 변호할 말이 전혀 없습니다. 제가 저지른 짓을 해명할 말도 없습니다. 전부 제 고집으로 저지른 일입니다. 제가 전적으로 잘못했습니다. 벌을 감해 달라고 호소할 여지가 전혀 없습니다."

저는 이 점을 강조하고 싶습니다. 이것이야말로 죄를 깨닫고 회개하는 일에서 가장 핵심적인 것입니다. 그러므로 여러분 자신과 여러분의 행동을 검토해 볼 것을 요청합니다. 여러분은 자신의 모든 행동을 정당화할 수 있습니까? 진심으로 벌을 감해 달라고 호소할 수 있습니까? 저는 지금 나단의 역할을 하고 있습니다. 제가 누군가 다른 사람의 경우에 빗대어 여러분의 자기애를 고발한다면 어떻겠습니까? 그것이 누구 이야기인지 알아차릴 수 있겠습니까? 우리는 이 점에서 자신을 검토해 보아야만 합니다. 적나라하게 말씀드리겠습니다. 여러분이 자기 합리화를 하려고 애쓰는 한 여러분은 회개한 것이 아닙니다. 자기를 합리화하고 자기 의를 지키는 일에 매달리는 한 여러분은 회개한 것이 아닙니다. 회개하는 사람은 분명히 다윗처럼 말하게 되어 있습니다. "저는 한마디도 변명할 말이 없습니다. 저 자신이 그것을 분명히 압니다. 스스로 합리화할 거리가 전혀 없습니다. 제가 살면서 저지른 일들이 밉습니다. 저는 그런 짓을 할 권리가 없는 사람입니다. 그런데도 고집스럽게 그런 짓을 했습니다. 저는 제 잘못을 압니다. 그것을 인정합니다! 정직하게 고백하오니, 주께서 뭐라고 말씀하셔도 의로우시다 할 것이며 어떻게 판단하셔도 순전하시다 할 것입니다." 여러분을 정죄하시는 하나님이 가혹하다고 생각합니까? 여러분을 지옥에 던지시는 처사가 부당하다고 생각합니까? 그렇다면 여러분은 회개한 것이 아닙니다. 회개했는지 확인해 보는 방법은 바로 이것, 자기 자신과 자신의 마음과 자신의 삶을 보면서 다음과 같이 말하는 것임을 저는 강조하고 싶습니다. "나는 지옥에 떨어져 마땅한 사람이다. 하나님이 당장 지옥에 내던지셔도 불평할 말이 없다. 나는 그 이상을 바랄 수 없는 사람이다!" 이것이 회개의 핵심입니다. 이런 회개가 없이는 구원도 없습니다.

자기를 합리화하고 자기 의를 지키는 일에 매달리는 한 여러분은 회개한 것이 아닙니다.

중생의 교리

하나님이여, 내 속에 정한 마음을 창조하시고.
시편 51:10

제가 볼 때 사람이 천성적으로 중생의 교리에 반대하는 것만큼 이상한 일은 없습니다. 또 거듭남과 중생의 교리에 반대하는 것만큼 인간의 마음속에 있는 죄의 깊이를 잘 보여주는 일은 없다는 생각도 종종 듭니다. 신약성경을 읽어 보면 그 당시 사람들도 이 교리에 반대했음을 알 수 있습니다. 우리 주요 구주 되신 예수 그리스도도 중생에 대해 말씀하실 때마다 핍박을 받으셨습니다. 사람들은 중생을 이야기한다는 이유로 주님을 싫어했습니다. 인간의 마음속에 있는 죄악의 깊이를 폭로하시고 중생에 대해 말씀하실 때마다 그를 오해했습니다. 이처럼 사람들은 그때도 중생의 교리를 싫어했고, 지금까지도 그것을 싫어하고 있습니다.

존 웨슬리도 참으로 회심한 후에 옥스퍼드 대학으로 돌아가 이 주제를 가지고 설교했다가 미움을 받았습니다. 옥스퍼드의 존경받던 종교 인사들은 이 교리가 싫어서 웨슬리가 대학에서 계속 설교하는 것을 금해 버렸습니다. 이처럼 육에 속한 사람, 중생하지 못한 사람들은 중생과 거듭남이라는 크고 놀라운 성경의 교리를 반대했습니다. 오늘날도 마찬가지입니다. 하나님의 아버지 되심이나 인간의 형제 됨 같은 주제에 대한 강연이나 설교를 들을 때에는 전혀 반박하지 않습니다. 더 나은 삶을 살라는 권면을 들을 때에도 이견을 표하지 않을 뿐 아니라 그 말이 전적으로 옳다고 인정합니다. 더 나은 삶을 살지 못한다는 책망조차 전적으로 옳고 지당한 말로 받아들이면서 자신들은 더 나은 삶을 살아야 했다고 말합니다. 그러나 설교자가 육에 속한 사람들 앞에 서서 당신들은 거듭나야 하며 하나님이 주시는 새 생명을 받아야 한다고 하면 괴상한 교리로 치부해 버립니다.

거듭남과 중생의 교리에 반대하는 것만큼 인간의 마음에 있는 죄의 깊이를 잘 보여주는 일은 없습니다.

견고한 영

내 안에 정직한 영을 새롭게 하소서.
시편 51:10

그리스도인에게 늘 나타나는 특징이 있는데, 그것은 자신을 전혀 신뢰하지 않는 가운데 하나님의 능력을 깨닫는 것입니다. 다윗의 말을 들어 보십시오. "내 속에 정한 마음을 창조하시고 내 안에 정직한 영을 새롭게 하소서." 영어성경 개정역 난외주에는 이렇게 쓰여 있습니다. "내 안에 견고한 영을 새롭게 하소서."

아시다시피 다윗은 자신이 견고하지 못함을 인식하고 있습니다. 다윗이 그렇게 느낀 것은 당연한 일입니다. 그는 하나님의 축복을 경험한 사람이었고 주가 주시는 기쁨을 아는 사람이었습니다. 그런데도 무서운 죄에 빠져 버렸습니다. 그래서 자기 속을 새롭게 하시고 신뢰할 수 있는 영을 달라고 부르짖고 있는 것입니다. 저는 모든 그리스도인이 이 말의 뜻을 안다고 감히 말하는 바입니다. 그리스도인은 자기 자신을 의지하지 않습니다. 자신의 연약함을 아는 사람은 오직 그리스도인뿐입니다. 그는 자기 마음이 얼마나 어두운지, 자기 본성이 얼마나 깨지기 쉬운지 알고 있습니다. 그러나 유감스럽게도 스스로 모든 일을 할 수 있는 것처럼 행동하는 그리스도인도 있습니다. 그는 자신이 회심을 경험했으며, 지옥과 마귀를 비롯한 모든 것과 맞설 준비가 되어 있다고 생각합니다. 그러나 그 불쌍한 사람이 자신감을 잃기까지는 그리 오랜 시간이 걸리지 않을 것입니다. 사도 바울은 그런 사람에게 "그런즉 선 줄로 생각하는 자는 넘어질까 조심하라"고 경고합니다(고전 10:12). 그렇습니다. 그리스도인은 자신의 연약함을 알며 그 연약함을 두려워할 줄 아는 사람입니다. 그렇기 때문에 견고한 영, 신뢰할 수 있는 영을 달라고 기도합니다. 흔들리지 않는 사람이 되기를 소원합니다.

그리스도인은 자신의 연약함을 알며 그 연약함을 두려워할 줄 아는 사람입니다.

찾아보기

창세기

1:1	8월 9일
1:1-3:14	8월 27일
1:2	1월 1일, 1월 8일, 1월 10일
1:3	8월 14일
3:14	8월 27일
3:15	8월 27일, 8월 28일, 9월 3일
5:24	10월 4일
6:3	1월 1일
6:9	10월 4일
17장	9월 3일
17:1	10월 4일
17:8	8월 29일
18장	8월 21일
18:14	8월 14일
19장	5월 10일
26:16	6월 2일
26:17-18	6월 2일
49:10	9월 3일

출애굽기

3:5	5월 22일
6:7	8월 26일
17:15	3월 11일
32장	6월 25일
32:9-11	6월 24일
32:30-32	6월 25일
32:32	6월 25일
33장	6월 25일
33:1, 3	6월 14일
33:4-6	6월 15일
33:7	6월 16일, 6월 17일, 6월 18일
33:8	6월 19일
33:13	6월 20일
33:13-15	6월 21일
33:16	6월 22일, 6월 26일
33:20	5월 14일
33:22-23	8월 3일
33:23	8월 3일

레위기

19:2	3월 19일
26:12	1월 26일

민수기

11:29	1월 1일, 1월 13일

신명기

18:18	8월 5일

여호수아

4:23-24	6월 10일
4:24	6월 9일, 6월 10일

사사기

6:24	3월 11일

사무엘상

14장	3월 21일
16:1	8월 25일

열왕기상

8:11	8월 14일

느헤미야

9:20	1월 5일

욥기

9:2	5월 30일
12:24	8월 25일

6:3	2월 5일
8:36	4월 10일, 5월 7일
8:37	4월 10일, 4월 17일
9:28-29	6월 1일
10:45	9월 14일
11:13	9월 12일
12:34	7월 19일
12:37	5월 3일
13:32	9월 12일

누가복음

1:1-4	9월 2일
1:37	8월 14일
2:32	9월 5일
2:40	9월 11일
3:7	10월 13일
4:1-13	8월 23일
4:18	1월 1일
6:26	3월 16일
9:59	7월 17일
9:59-60	7월 17일
9:60	7월 18일
11:1-2	5월 22일
11:2	5월 22일
11:14-20	7월 10일
11:34	5월 28일
12:7	1월 26일
13:28	8월 30일
17:20	7월 10일
18:11	7월 13일
19:10	4월 10일, 4월 14일, 4월 17일, 5월 8일
19:46	8월 6일
22:42	2월 27일
22:53	2월 20일
24:52	9월 10일

요한복음

1:1	9월 8일
1:3	9월 9일
1:9	1월 11일
1:14	9월 6일
1:16	1월 19일
1:18	5월 14일, 9월 7일, 10월 19일
2:24-25	9월 8일
3장	1월 16일, 5월 16일
3:3	1월 16일
3:3, 5	7월 20일
3:5	1월 8일
3:6	1월 15일
3:7	1월 15일
3:8	1월 8일
3:13	9월 8일
3:16	5월 16일, 10월 2일
3:36	5월 1일, 5월 16일, 8월 16일
4장	9월 12일
4:9	9월 11일
5장	5월 17일
5:23	5월 20일, 9월 10일
5:36	5월 5일
6장	5월 7일
6:37	8월 19일
6:39-44	9월 9일
6:45	8월 6일
6:63	1월 8일
7:17	7월 6일, 12월 15일
7:37-38	2월 10일
8:12	5월 29일, 10월 4일
8:31-32	5월 25일
8:44	8월 23일
9:31	4월 26일
10:28	2월 4일
10:29	1월 17일
10:30	12월 21일
10:35	8월 7일
10:37-38	9월 13일
11:41	2월 1일
11:41-42	2월 1일
12:31	2월 21일
14장	2월 8일, 4월 11일, 11월 15일
14:6	2월 24일, 5월 12일, 5월 29일, 9월 5일

14:8	5월 15일
14:9	5월 15일, 9월 13일, 10월 19일, 11월 22일
14:16	1월 6일
14:18	10월 31일
14:21	2월 15일, 11월 30일, 12월 3일
14-16장	2월 8일
14-17장	11월 15일
15:5	12월 8일
15:7	10월 30일
15:11	9월 16일
15:16	10월 30일
15:26	1월 5일
16:7	1월 6일, 10월 2일
16:8	2월 14일
16:12-13	2월 13일
16:12-14	9월 13일
16:13	1월 5일, 1월 9일, 2월 13일
16:14	1월 9일, 2월 10일
16:22	9월 16일
16:33	9월 16일
17장	2월 1일, 2월 2일, 3월 1일, 3월 5일, 3월 7일, 3월 8일
17:1	2월 8일
17:1-5	2월 19일
17:2	2월 7일, 2월 23일, 2월 25일
17:3	2월 22일, 2월 24일
17:4	2월 9일, 2월 18일, 2월 19일, 2월 28일
17:5	2월 6일, 9월 8일
17:6	3월 5, 3월 6일, 3월 7일, 3월 10일, 3월 11일, 3월 12일
17:6-19	3월 7일
17:8	3월 4일
17:9	3월 1일, 3월 2일, 3월 6일, 3월 7일
17:10	3월 4일, 3월 7일
17:11	3월 7일
17:12	3월 7일, 3월 14일
17:13	3월 13일

17:14	3월 2일, 3월 6일
17:15	3월 3일, 3월 5일, 3월 16일, 3월 20일, 8월 22일, 12월 23일
17:15, 17	3월 20일
17:16	3월 6일, 3월 18일
17:17	3월 17일, 3월 18일, 3월 19일, 3월 24일, 3월 25일
17:18	3월 21일
17:19	3월 17일, 3월 22일, 3월 23일
17:25	5월 14일
19:28	2월 29일
19:30	2월 19일, 11월 24일
20:23	5월 4일
20:27	9월 11일
20:28	9월 7일
20:31	9월 2일

사도행전

1:4	2월 8일
2장	6월 11일, 6월 12일, 6월 30일
2:1-2	6월 28일
2:4	6월 5일, 6월 29일
2:11	7월 3일
2:12-13	6월 11일
2:46-47	6월 30일
3:14	9월 7일
4:12	5월 1일
5:3	1월 6일
5:3-4	1월 7일
5:9	1월 1일
7:59	9월 10일
9:6	11월 29일
10장	8월 21일
10:10-12	6월 13일
10:15	1월 12일
10:45	1월 12일
11:12-15	6월 27일
11:15	1월 12일

13:48	8월 19일
14:17, 15	8월 1일
15장	3월 15일, 6월 27일
15:28	1월 3일
16:6-7	1월 5일
17:24	8월 1일
17:28	10월 28일
17:31	1월 14일, 4월 11일
20:21	1월 14일
22:17	6월 13일
26:18	1월 14일

로마서

1장	8월 2일
1:4	2월 6일
1:7	9월 10일
1:16	7월 16일
1:17	8월 31일
1:18	4월 11일
1:19-20	8월 1일
1:20	8월 2일
1:21-22	8월 2일
3장	4월 18일, 9월 26일
3:10	9월 26일, 12월 7일
3:19	12월 7일
3:24-25	9월 14일
3:25	4월 18일, 4월 19일
3:25-26	4월 18일
4:23-25	8월 31일
4:25	3월 30일
5장	1월 18일
5:1	1월 23일, 4월 22일, 4월 23일
5:5	1월 4일, 10월 16일
5:6-10	4월 6일
5:8	4월 9일, 11월 26일
6:4	3월 28일
6:14	4월 24일, 4월 25일
7:18, 24	11월 18일
7:24	11월 13일
8장	7월 30일, 12월 19일
8:1	1월 23일, 3월 30일

8:3	2월 5일, 4월 9일, 9월 6일
8:9	1월 1일, 10월 25일
8:11	1월 1일, 1월 8일
8:14	1월 25일
8:15	1월 25일, 1월 26일, 9월 23일
8:16	2월 14일
8:18	2월 29일, 7월 29일
8:26	1월 5일, 2월 15일
8:27	1월 4일
8:28	5월 6일, 7월 26일, 7월 27일, 7월 28일, 7월 29일, 7월 30일
8:29	10월 17일
8:29-30	7월 28일, 12월 5일
8:32	2월 4일
8:33	2월 28일
8:34	2월 28일
8:38-39	1월 17일, 2월 29일, 11월 27일, 12월 16일
10:2	5월 27일
10:4	1월 23일
11:33	8월 10일
12:2	1월 27일

고린도전서

1:2	9월 10일
1:9	8월 17일
1:21	2월 26일, 5월 11일
1:23	2월 12일, 4월 4일
1:30	1월 24일, 5월 13일
1:30-31	12월 5일
2장	2월 13일
2:4	1월 29일, 2월 16일
2:7	7월 2일
2:7-8	2월 11일
2:7-8, 10	11월 21일
2:8	5월 19일
2:10	1월 5일, 2월 11일
2:11	1월 3일
2:12	2월 12일, 10월 31일, 11월 2일
2:12, 15	10월 31일

2:13-14	10월 11일
2:14	2월 13일, 2월 26일
2:16	10월 12일
4:20	7월 15일
6:11	1월 1일, 1월 23일, 5월 18일, 7월 19일
6:19	1월 4일, 3월 29일
6:19-20	4월 29일
6:20	4월 29일
10:12	12월 31일
11:10	8월 20일
12장	1월 31일, 6월 1일, 11월 3일
12:3	2월 11일
12:4, 6	1월 7일
12:11	1월 31일
12:14-30	1월 31일
12:30	11월 3일
12-14장	6월 13일
13:12	8월 8일, 10월 17일
14:8	7월 9일
14:40	6월 6일, 11월 5일
15장	3월 31일
15:17	3월 30일
15:22	1월 18일
15:22, 49	1월 18일
15:27	9월 8일
15:34	3월 31일
16:22	10월 13일

5:17	4월 24일, 4월 25일, 4월 28일
5:19	4월 13일
5:19, 21	4월 18일, 7월 4일
5:21	4월 3일
6:16-18	8월 26일
11:4	11월 6일
12:8-9	9월 10일
12:9-10	7월 31일
13:14	1월 3일, 9월 10일

갈라디아서

1:4	4월 3일
1:8	9월 1일, 10월 13일, 11월 7일
1:15-16	8월 25일
2:20	1월 19일, 2월 16일, 4월 6일, 4월 29일, 9월 22일, 11월 27일, 12월 8일
3:8	8월 30일
3:16	9월 3일
3:26	1월 25일, 2월 25일
4:5	1월 25일
4:6	1월 1일
4:9	9월 23일
5:22	1월 4일
5:22-23	2월 15일, 2월 27일
6:7-8	4월 1일
6:14	4월 1일, 4월 2일, 4월 5일

고린도후서

1:20	9월 3일
3:3	1월 1일
3:18	1월 28일
4:3-4	5월 9일
4:6	5월 29일
4:16-18	12월 17일
4:20	7월 16일
5장	4월 28일
5:14	4월 28일
5:14-15	4월 28일
5:16	4월 28일

에베소서

1장	3월 8일, 3월 9일, 8월 14일
1:4	8월 18일
1:7	6월 4일
1:11	8월 13일
1:18	3월 9일, 3월 26일
1:19-20	8월 14일
1:23	9월 8일
2장	4월 20일
2:2	2월 3일, 8월 22일
2:3	8월 16일
2:4	1월 14일

2:8	4월 8일
2:14–16	4월 20일
2:18	4월 26일
2:20	11월 7일
3:12	10월 29일
3:16–18	1월 9일
4:8	10월 9일
4:28	1월 27일, 3월 24일
4:30	1월 4일, 1월 6일, 3월 29일
5:4	1월 27일
5:8	10월 4일
5:18	1월 30일, 11월 5일
6:12	12월 4일

빌립보서

1:19	1월 1일
1:29	7월 26일
2:7	2월 5일
2:12	3월 25일
2:12–13	2월 15일, 11월 19일
2:13	2월 5일, 9월 24일
3:7	4월 15일
3:7–9	4월 15일
3:8	7월 14일
3:10	1월 20일, 2월 16일
3:19	11월 18일
3:21	9월 9일
4:4	9월 16일
4:11	5월 6일
4:13	12월 8일

골로새서

1:13	4월 13일
1:16	9월 9일
1:17	8월 24일, 9월 8일, 9월 9일
1:24	1월 20일
2:15	2월 3일
3:2	7월 29일

데살로니가전서

3:11	9월 10일
4:3	12월 22일
5:19	6월 6일
5:20	6월 7일
5:23	8월 17일
5:24	8월 17일

디모데전서

1:11	5월 30일
1:19–20	1월 21일
2:5	9월 11일, 9월 30일
2:8	7월 22일, 7월 23일, 7월 24일
3:16	5월 2일
6:16	8월 10일

디모데후서

1:7	11월 5일
1:12	9월 21일, 12월 16일
2장	1월 21일
2:19	6월 3일
3:12	3월 15일
3:13	9월 15일
3:16	8월 4일
4:7–8	7월 16일
4:8	7월 16일
4:10	3월 15일

디도서

2:13	9월 7일
2:14	10월 21일

히브리서

1:1–2	7월 2일
1:3	9월 8일, 9월 9일
1:10	9월 9일
1:14	8월 21일
2:9	5월 12일

2:13	3월 8일
2:14	2월 20일, 9월 11일
2:18	9월 12일
3:1	9월 14일
4:14	9월 14일
4:14-16	4월 27일
4:15	10월 20일
4:16	10월 29일
5:5	9월 14일
6:20	9월 14일
7:25	10월 3일
7:26	9월 14일
8:1	9월 14일
8:10	8월 26일
10:19	4월 27일, 10월 29일
10:19-22	4월 27일
10:22	10월 29일
10:29	1월 6일
10장	8월 31일
11장	8월 31일
11:3	8월 24일
11:6	7월 24일
12장	8월 31일
12:14	5월 16일, 7월 22일
12:18-23	7월 21일
12:24	4월 16일, 4월 20일, 9월 5일
12:26	7월 21일
12:26-27	7월 21일
12:28	11월 28일
13:8	9월 8일
13:20	3월 11일

야고보서

1:1	9월 10일
1:5-7	10월 30일
1:17	2월 17일, 5월 30일
1:27	3월 3일
4:1	7월 25일
4:1, 3	7월 8일
4:8	1월 27일

베드로전서

1:2	3월 18일
1:3	2월 25일
1:3-6	1월 25일
1:8	11월 27일
1:11-12	6월 23일
1:12	8월 20일
1:14-15	3월 24일
1:23	1월 14일
2:7	1월 22일
2:9	3월 8일, 3월 18일, 3월 27일, 8월 11일
2:9-10	1월 26일
2:10	3월 27일, 7월 19일
2:11	1월 27일
2:21	4월 30일
2:21-24	4월 30일
2:24	3월 31일, 7월 4일

베드로후서

1:4	2월 25일, 9월 22일, 10월 31일
1:20-21	1월 8일
3:13	4월 12일
3:18	10월 11일

요한일서

1:1	9월 20일
1:1-3	9월 17일
1:1-2	11월 7일
1:3	9월 19일, 9월 21일, 9월 22일, 9월 23일, 9월 24일, 11월 7일
1:4	9월 16일, 9월 17일, 9월 18일
1:5	2월 17일, 2월 19일, 9월 18일, 9월 25일, 11월 10일
1:6	9월 28일
1:6-7	9월 27일, 9월 28일
1:7	9월 30일
1:7, 9	9월 18일

유다서

24절	5월 31일, 12월 23일

요한계시록

1장	9월 7일
1:7	10월 14일
2:7	1월 5일
3:17	6월 8일
5장	8월 20일
6:16	10월 14일
13장	10월 7일
13:8	8월 31일
20:12-13	4월 11일
21:3	8월 26일
21:6	7월 12일